〈제10회 소망학술상 수상저서〉

역사적 성서해석과 신학적 성서해석

김창선 지음

교육과학사

머/리/말

성경은 고대세계의 산물이다. 구약성경이 기원전 시대의 산물인 반면 신약성경은 기원후 1세기 중엽에서 2세기 초반 사이에 기록된 책이다. 이는 성경이 기록된 시점과 오늘 우리가 살아가는 시점 사이에는 수천 년이라는 엄청난 시간적 간격이 있을 뿐만 아니라, 성경이 생성된 삶의 자리는 오늘 우리의 삶의 자리와는 실로 완연하게 다르다는 사실을 뜻한다. 따라서 현대인이 성경을 이해하기 위해서는 수천 년 동안의 간격을 넘어서지 않으면 아니 된다. 그러나 그 간격을 넘어서는 일은 결코 쉬운 일이 아니다. 고대어로 기록된 성경 본문을 오늘의 현대어로 정확하게 번역하는 일도 그리 간단하지 않고, 성경 본문을 당시 문맥에 맞게 이해하는 일은 더욱 어려운 일이다. 이런 관점에서 성경은 현대인을 위해 반드시 설명과 해석이 필요한 책이다.

성경은 신앙의 규범이자 척도이다. 따라서 성경에 대한 우리의 이해가 흔들릴 경우 우리의 신앙 역시 동요하기 쉽다. 성경에 대한 바른 이해가 중요한 이유가 여기에 있다. 성경에 대한 건전한 이해가 자리 잡지 못한 사회에는 이단이 번성하게 마련이다. 오늘 우리 사회에 이단이 걷잡을 수 없이 확산된 것은 결코 우연의 일이 아니다. 그것은 분명 성경에 대한 우리의 이해 수준과 무관하지 않다. 이렇게 볼 때 성경을 이해하는 일이 얼마나 중요한가를 알 수 있다. 성경은 단지 설명과 해석이 필요한 고문서에 불과한 책이 아니라, 여전히 오늘의 신앙인을 위한 살아계신 하나님의 말씀, 즉 진리의 말씀이기도 하다. 오늘의 신앙인이 어떻게 성경을 역사적 문맥에 합당하게 이해하고 어떤 의미에서 성경이 우리를 위한 생명의 말씀인가를 밝히는 작업이 성서 해석학의 중심에 있다.

그러나 문제는 성경을 둘러싼 해석이 결코 간단하지 않고 논란이 많다는 데 있다. 성서해석의 역사는 성경의 역사만큼이나 오래되었으나, 18세기 후반에 들어와 성서학이 더 이상 교리에 종속되는 것을 거부하고 독립을 선언하면서부터 성서해석을 둘러싼 갈등이 점차 첨예화되었다. 그 갈등의 중심에 역사적 성서해석과 신학적 해석이 자리 잡고 있다(제1장을 참조하라). 성경에 대한 역사적 해석은 후대에 생겨난 교회 전통과 교리의 영향에서 벗어나 성경을 역사적 관점에서만 이해하려는 입장으로서 성경이 기록된 당시 문맥에서 성경 저자의 본래 의도를 이해하려는 입장을 뜻한다. 그와 달리 신학적 해석이란 성경을 중립적으로 관찰하고 설명만 하려는 시각에 만족하는 것을 거부하면서 성경을 교회 전통에서 유래한 교리와 긴밀하게 연관시켜 해석하려는 입장을 가리킨다.

현대에 와서 성경해석이 다양한 형태를 띠고 있는 것이 사실이다. 그럼에도 불구하고 오늘에 이르기까지 성서해석의 주류는 여전히 역사적 성서해석과 신학적 성서해석이라고 말할 수 있다. 근대 이후 성서학의 역사는 한마디로 이 두 가지 성서해석 사이에 일어난 긴장관계의 역사로 요약해도 좋을 듯하다. 그런데 이 양대 성서해석은 서로를 배제할 것이 아니라 서로의 부족함을 채워주는 것으로 이해할 필요가 있다. 그렇게 해야 성경 본문의 의미를 왜곡시키지 않고 역사적 문맥에 따라 바르게 이해할 수 있을 뿐만 아니라 오늘의 신앙인을 위한 생명의 말씀으로 받아들일 수 있을 것이라 확신한다.

이 책은 그동안 필자가 여러 기회에 집필한 글들을 수정 보완하여 하나로 묶은 것이다. 글의 성격에 따라 크게 3부로 나누었다. 제1부는 성서해석의 두 축에 해당하는 역사적 성서해석 및 신학적 성서해석과 관련된 글들을 모은 것이다. 특히 처음 두 장은 18세기 후반부터 서구에서 발전되어 내려온 성서해석의 역사를 큰 틀에서 이해하는 데 도움을 줄 수 있다. 이어서 20세기 중엽 성서학 연구에 획기적인 전기를 마련한 사해사본을 남긴 쿰란공동체의 성서해석을 소개하는데, 이를 통해 초기 그리스도교의 모태에 속하는 고대유대교의 한 주요 종파인 쿰란에센파의 성서 해석을 이해할 수 있다. 또한 위대한 종교개혁자 마르틴 루터의 성서 이해를 역사비평적 관점에서 다룬 글도 소개한다. 제2부는 신약성서학의 핵심 연구 분야에 속하는 몇 가지 주제를 다룬다. 먼저 신구약 전체와 중간기 고대유대교에 걸쳐 나타나는 메시아 대망의 역사를 다룬 두 가지 글을 담고 있고, 이어서 나사렛 예수가 선포한 하나님나라의 의미와 예배에 관한 그의 입장을 밝힌 두 가지 글을 소개한다. 이어서 정통과 이단의 관점에서 초기 그리스도교의 역사를 살핀 글이 나온다. 여기에서 처음 3세대에 걸쳐 다양한 분파로 발전한 초기 그리스도교의 역사를 개관할 수 있다. 마지막 제3부는 신약성경 최초의 저자인 사도 "바울의 복음" 이해를 포함하여 신약성경이 선포하는 핵심 메시지인 "복음" 및 "믿음"에 관한 글들을 소개한다.

이 책은 일차적으로 신학도를 위한 것이나, 신약성경과 초기 그리스도교에 대한 관심을 가진 모든 사람들도 큰 어려움 없이 이해할 수 있도록 가능하면 평이하게 서술하려고 노력했다. 또 한 권의 책을 세상에 내놓으려니 부끄러운 마음이 앞서나 우리의 모든 연구는 단지 하나의 단편에 불과하다는 생각에서 다시 용기를 낸다.

2016년 4월

김창선

Contents

제2부 메시아, 예수, 초기 그리스도교 145

Contents

제1부
역사적 성서해석과 신학적 성서해석

Chapter_ 1

역사적 성서해석과 신학적 성서해석

I. 들어가면서

독일 마르부르크 대학교에서 루돌프 불트만의 후임자로 봉직했던 저명한 신약학자인 베르너 게오르크 큄멜(Werner Georg Kümmel, 1905~1995) 교수는 1970년에 저술한 『20세기에 있어서의 신약성서』라는 제목의 신약학 연구사에서 다음과 같이 말했다.

> "20세기의 신약성서 연구는 핵심 분야와 관련해 여전히 일치된 결론에 전혀 도달하지 못했다. 신약학의 성과가 아무리 크다 할지라도 널리 인정받은 결론들에 대해 말하는 것은 단지 제한된 범위 안에서이다. 따라서 신약성서 연구가 밝히며 수행해야 할 일은 아직도 산적해 있다."[1)]

그가 지적한 신약학의 핵심 분야와 관련해 아직 완전히 합의를 보지 못한 채 신약학 전체 흐름의 중심에 위치한 핵심 문제 가운데 하나는 다름 아닌 성서를 역사적으로 (혹은 종교사적으로) 해석할 것인지, 아니면 신학적으로 해석할 것인가를 둘러싼 문제이다.

교부시대로부터 중세를 거쳐 종교개혁시대에 이르기까지 성서해석은

1) W.G. Kümmel, *Das Neue Testament im 20. Jahrhundert: Ein Forschungsbericht* (Stuttgart, 1970), 145–146. 큄멜은 신약성서와 관련된 여러 문제들의 역사를 보다 상세하게 다룬 저서도 집필했다: *Das Neue Testament: Geschichte der Erforschung seiner Probleme* (München, ^{2}1970).

신학의 중심에 있었을 뿐만 아니라 상당 부분 신학 자체와 동일시되었다. 예컨대 오리게네스와 아우구스티누스, 토마스 아퀴나스, 마르틴 루터와 같은 서구 신학사의 위대한 인물들은 한마디로 "성서 신학자"(Bibel-Theologe)였다고 말할 수 있다. 비평 이전 시대라고 특징지을 수 있는 이 기간 동안의 성서해석은 문자적 해석과 영적 · 은유적 해석이라는 두 가지 큰 틀에서 전개되었다. 문자적 해석이 역사적인 정보와 본문 자체의 의미를 구했다면, 영적 · 은유적 해석은 교리적이거나 윤리적인 혹은 종말론적인 의미를 밝히고자 했다. 이와 같은 두 가지 성서해석의 방향은 근세에 와서 좀 다른 각도에서 지속되었다. 가블러(1753~1826)가 성서신학의 독립을 선언한 이래 오늘에 이르기까지 서구 성서학계는 "역사적/종교사적 해석과 "신학적 해석"이라는 두 가지 해석의 영향 가운데 있다. 18세기말 이후 지금까지 지속되는 성서해석의 역사는 한 마디로 이 두 해석 사이의 긴장과 갈등으로 점철된 역사라고 말할 수 있다. 이 두 가지 성서해석은 오늘날까지도 성서 해석의 양대 산맥을 이루고 있는 가운데 성서해석에 중대한 영향을 끼치고 있다.[2)]

이 양대 해석 사이에 놓인 긴장과 갈등은 성서 해석의 바람직한 길을 찾는 노력과 관련되어 있다. 다시 말하면 각 성서해석은 저마다 자신의 접근방식이 성서를 해석하는 올바른 길이라고 주장하고 있다. 역사적 성서해석을 선호하는 사람들은 뒤늦게 체계화가 이루어진 교회 전통과 교리의 영향으로부터 성서를 해방시킨 가운데 성서기자가 본래 말하고자 했던 것을 밝히는 데 전력을 다한다. 오직 성서본문이 의미했던 것을 발견하여 서술하는 것을 중심과업으로 삼고 이를 수행하기 위해서는 자신의 접근방법이야말로 가장 타당한 방법이라고 말한다. 이와 달리 신학적 성서해석을 선호하는 사람들은 연구 대상을 하나님의 말씀을 담고 있는

---

2) 신약성서신학의 핵심 문제가 다음과 같은 두 가지 문제에 놓여있다고 본 독일 Erlangen 대학교의 신약학 교수 오토 메르크(Otto Merk)의 지적은 타당하다. 즉 하나는 전체 구조와 관련된 조직의 문제이고, 다른 하나는 신약성서신학 서술의 중심을 역사적 분석과 구축에 두어야 할지 아니면 현재를 위한 본문 해석에 두어야 할지에 관한 문제이다("Biblische Theologie II. Neues Testament", in: *TRE 6*, 1980, 455-477).

"교회의 정경"에 국한하여 정경의 권위와 요구에 합당하게 연구하는 가운데 성서의 말씀이 오늘날 우리에게 어떤 의미를 주는가를 밝히는 것이 중요하다고 말한다.

현재 양자 사이의 시각 차이는 상당히 크다. 상대방의 시각을 향해 한 편에선 개방된 현대사회에 어울리지 않게 교회라는 좁은 울타리에 구속된 구태의연한 시각이라 비난하는가 하면, 다른 편에선 신학을 종교사로 대치하려는 시도는 신학의 정체성을 포기하는 자기파멸의 길이라고 비난한다. 이러한 두 가지 성서해석 사이의 갈등은 이른바 "보수신학"과 "진보신학" 사이의 대립과도 무관하지 않다. 보수신학이 신학적인 해석을 선호하는 경향이 있는 반면, 진보신학은 종교사적 · 역사적 해석을 선호하는 경향이 있다고 말할 수 있기 때문이다. 이와 같이 서로 대립된 두 가지 시각 가운데 과연 어떤 입장이 옳은가? 양자 사이의 이와 같은 시각의 차이는 갈등과 대립에 머무르지 않고 서로 조화를 이룰 수는 없는가?

이 글은 이 양대 해석을 둘러싼 긴장 가운데 있는 서구 성서해석 역사의 큰 흐름을 주로 신약성서학의 역사에 초점을 맞추면서 다루려 한다.[3] 이때 중요 인물을 중심으로 그 특징적 입장을 약술하면서 이 양대 해석에 얽혀있는 상관관계의 중요성을 강조할 생각이다. 이 양대 성서해석의 역사를 파악하는 일은 서구 성서학 전체의 발전사를 이해하는 데 결정적일 뿐만 아니라, 오늘 우리 성서학계의 현주소를 파악하는 것과도 직결된 중요한 문제가 아닐 수 없다. 오늘 우리의 상황도 이 두 가지 성서 해석의 지배를 받고 있기 때문이다. 이 양대 해석의 중요한 시각을 서술함으로써 이 글은 현재까지 지속되고 있는 신약학 전체의 큰 흐름을 이해하는 데 도움을 주고자 한다. 서술의 시발점을 요한 필립 가블러에 두고자 한다. 가블러는 양대 해석의 문제점을 명확히 인식했을 뿐만 아니라, 신약학이

3) 양대 성서해석의 전통은 구약성서학에도 똑같이 적용된다. 이와 관련하여: 아이스펠트, "이스라엘과 유다의 종교 역사와 구약 신학", in: 올렌버거/마르텐스/하젤 엮음, 『20세기 구약신학의 주요 인물들』, 강성열 역 (크리스챤다이제스트, 2000), 42-56쪽; H. G. 레벤트로프, 『20세기 구약신학의 문제들』, 박문재 역 (크리스챤다이제스트, 1999); R. 알베르츠, 『이스라엘 종교사』, 강성열 역 (크리스챤다이제스트, 2003) 이곳의 "제1장 서론"을 참조하라.

속하는 성서신학의 출발이 엄격한 의미에서 그에게서 비롯되었다고 말할 수 있기 때문이다.

II. 성서해석의 양대 전통

1. Johann Philipp Gabler(1753~1826) – 역사적 해석과 교의신학적 해석의 구분

일반적으로 근대적인 의미의 성서해석은 요한 필립 가블러(Johann Philipp Gabler)로부터 시작되었다고 말한다. 1787년 3월 31일에 알트도르프 대학에 교수로 부임하면서 행한 유명한 강연 "성서신학과 교의신학의 올바른 구분과, 또한 이 양자의 목적에 관한 바른 정의에 대하여"("De iusto discrimine theologiae biblicae et dogmaticae regundisque recte utriusque finibus")[4]에서 가블러는 "독자적이며 변치 않는 기초"로 이해한 성서신학의 역사적인 성격과 "항시 변하게 마련인" 교의신학이 내세우는 지침적이며 교훈적인 성격을 대조시키는 가운데 성서신학과 교의신학을 서로 구분했다.

> "성서신학은 성서기자들이 신적인 문제에 관하여 생각한 것을 전해줌으로써 역사적인 성격을 띠고 있다. 그와 달리 교의신학은 한 특별한 신학자가 자기의 이해능력, 시점, 시대, 장소, 종파와 학파, 또한 유사한 다른 것들에 따라 이성적으로 신적인 문제에 대하여 성찰하는 것을 가르침으로써 교훈적인 성격을 지닌다."

가블러는 성서신학과 교의신학을 구분했을 뿐만 아니라 기존의 관행과 달리 "교리가 주석에 종속되어야지, 역으로 주석이 교리에 종속되어서

4) 이 강연 전문에 대한 필자의 우리말 번역이 있다: 김창선, 『21세기 신약성서신학』 (예영커뮤니케이션, 2004), 43-59.

는 안 된다"[5]고 주창하면서 성서신학의 독립을 선언했다.

그와 더불어 3단계로 이루어진 신학적 구상을 제시했다. 첫 번째 단계는, "진정한 성서신학"(wahre biblische Theologie)을 구축하는 단계로서 오늘날 말하는 역사 비평적 해석의 단계와 유사하다. 즉 구약성서와 신약성서를 각각 구분하여 다루는 가운데 각 성서 기자를 독자적으로 다룬다. 성서에 나타나는 하나님에 관한 모든 생각뿐만 아니라, 상이한 구절들의 비교를 통해 추론될 수 있는 모든 것을 체계적으로 모아 순서를 세워, 이를 토대로 성서의 종교가 갖고 있는 "진정한" 상을 제시하는 것을 과제로 한다. 두 번째 단계는, "순수한 성서신학"(reine biblische Theologie)을 구축하는 단계로서 성서 낱권 속에 담겨 있는 특징적인 역사적 지리적 종교적 내용의 차이에 주의하면서 명확하게 하며 순서를 세우는 단계를 뜻한다. 이로써 성서신학이 단순한 역사적 설명에 국한되지 않고 포괄적인 체계를 만들어가는 시도로 이해된다. 마지막 세 번째 단계는, 제2단계인 "순수한 성서신학"으로부터 시대를 초월하여 만고불변의 성서의 가르침을 제시하는 것을 과제로 삼는 단계를 뜻한다. 이로써 결국 성서에 토대를 둔 교의신학이 가능하다고 가블러는 믿었다.

이러한 시각을 통해 가블러는, 성서신학과 교의신학은 서로 화해할 수 없는 배척 관계에 있는 것이 아니라 그리스도교적 세계관의 형성에서 분명히 분리될 수 있으며 동일하게 필수적인 두 단계라는 점을 처음으로 보여주었다.[6] 이와 같은 "합리적인" 가블러의 구분은 향후 성서학의 종교사적 혹은 역사적 해석의 발전에 결정적인 영향을 끼쳤다.

---

5) J. G. Eichhorn, Urgeschichte, ed. by J. Ph. Gabler, I (1791), XV.

6) 로버트 덴탄, 『구약신학입문』, 박문재 역 (크리스챤다이제스트, 1995), 20 참조.

2. 역사적 혹은 종교사적 성서해석의 전통

성서해석을 일차적으로 역사적인 과제로 파악한 가블러의 정신을 계승하여 역사와 신학의 분리를 강조하면서 특별히 복음서에 대한 비판적 시각을 통해 예수의 생애를 "역사비평적"으로 다룸으로써 당시 가블러의 근대적 의미에서의 역사적 성서해석의 중요성을 누구보다도 강조한 사람은 D. F. 슈트라우스였다.

1) David Friedrich Strauss(1808~1874) - 역사와 신학의 분리 주창

바우어(F. Chr. Baur)와 헤겔(F. W. Hegel)의 제자였던 슈트라우스는 1832년부터 튀빙엔 신학교 기숙사에서 강사로 일했다. 1835/36년에 그의 저서 『비판적으로 다룬 예수의 생애』("Leben Jesu, kritisch bearbeitet")를 발표했는데,[7] 여기에서 그는 전통적인 교의적 예수 해석에 의존하지 않는 역사적인 해석을 감행하였다. 이 글은 당시 커다란 파장과 많은 비난을 유발하여 그는 결국 일자리를 잃게 된다. 복음서에 나타난 예수의 전승에 당시 아이히호른(J. G. Eichhorn, 1856~1926)과 데 베테(W. M. L. de Wette, 1780~1849)를 통하여 구약성서 연구에 유행하였던 "신화"(Mythos) 개념을 도입하여 신약성서에 나오는 예수에 관한 보도를 완전히 재해석했다.

슈트라우스는 요한복음을 역사적 예수에 관한 자료로서 인정하지 않았으며, 특히 복음서에 나타난 예수의 기적 묘사를 "합리적으로" 묘사하고자 하였다. 그리하여 예컨대, 예수의 부활을 단지 죽은 듯이 보였을 뿐이라고 설명하고, 또한 예수가 갈릴리 호수를 거닌 것을 제자들의 환상으로 설명하였다. 이렇듯 복음서 가운데 자연법의 질서와 상충되는 보도라든가, 혹은 종교사적으로 널리 유포된 경우, 특히 구약성서에 나오는 표상들이 예수에게 적용된 경우를 슈트라우스는 "신화"로 간주하였다. 그의 최대관심은 한마디로 예수 생애 묘사를 합리적이고 이성적으로 파악할

7) 이 책은 2012년에 Wissenschaftliche Buchgesellschaft를 통해 다시 출간되었다.

수 있도록 설명하는 데 있었다.

슈트라우스의 영향력은 대단하여, 그에 의해 자극을 받은 수많은 문헌이 쏟아져 나왔다. 그런데 슈트라우스의 주 관심은 가블러의 경우와 유사하게 일종의 교의학인 철학적 신학을 지향했기 때문에, 역사적 탐구는 단지 철학적 신학을 구축하기 위한 수단에 불과했다. 이와 같은 슈트라우스의 경향성은 그의 스승인 페르디난트 크리스티안 바우어에게 영향을 끼쳤다. 이러한 시각에서 볼 때, 슈트라우스는 철저한 역사적 관찰자였다기보다는 자기의 철학적 전제에 사로잡혔던 사람이라고 말할 수 있다.

2) Ferdinand Christian Baur(1792~1860) - 역사적 성서신학 강조

성서신학을 교의신학과 구분해야 한다는 가블러의 시각을 수용하는 가운데 신약성서신학을 역사적으로 다룬 최초의 사람은 페르디난트 크리스티안 바우어(Ferdinand Christian Baur)였다. 1864년에 출판된 그의 저서『신약성서신학에 관한 강연들』("Vorlesungen über neutestamentliche Theologie")의 서론에서 성서신학은 "순전히 역사적인 학문"("eine rein geschichtliche Wissenschaft")이 되어야 한다고 역설하였다. 또한 개신교의 근본 원리에 따르면 "성서는 근본적인 것이며 규범적인 것이며 규정하는 것인 반면, 교의신학은 인식의 근원인 성서로부터 유추된 것이며 성서를 통해 입증된 것"(p.2)이라고 강조하였다. 그러나 사실상 성서는 원초적인 것이 되지 못하고 부차적인 것으로 간주되었으며, 교리 체계를 구축하는 데 뒷받침되는 자료 정도로 사용될 뿐이라고 말하였다. 이로 말미암아 성서 주석은 교의신학을 섬기게 되고 결국 교리로부터 출발하여 교리의 지배를 받은 성서의 가르침만을 사람들이 접하고 있다고 말하는 가운데 바우어는 당시 성서가 처한 부정적인 위상을 진단해내었다.

그러나 자신의 의도와 달리 바우어는 슈트라우스의 경우와 유사하게 초기 그리스도교를 철저히 역사적으로 묘사하지 못하고 헤겔 철학의 영향을 받아 초기 교회의 역사를 변증법적 과정으로 묘사하는 가운데 유대 그리스도교와 이방 그리스도교 사이의 갈등의 역사로 해석하였다.[8] 또한 바우어는 자신의 역사신학의 핵심에 한 규범적인 전제를 두었는데, 예수의 가르침을 전체 교회사를 규정짓는 규범적인 것으로 간주하여 "신학" 혹은 교리가 아니라 "종교"라고 파악하였다. 그의 영향력은 대단하여 19세기말 "종교사적 신학의 아버지"로 불리던 오토 플라이더러(Otto Pfleiderer)는 "바우어가 튀빙엔에서 34년간 활동한 역사는 우리 세기 신학사의 핵심이다"라고 말할 정도였다.

3) Heinrich Julius Holtzmann(1832~1910) - 역사적 시각을 중시하는 "자유주의 신학"의 고전

홀츠만은 19세기의 신약성서신학을 종합한 것으로 평가받으며 향후 이른바 자유주의 신학의 시각에 따른 신약성서신학의 고전으로 통하는 책『신약성서적 신학의 교과서』(*Lehrbuch der neutestamentlichen Theologie*, 2 Vols., Freiburg/Leipzig 1897, ²1911)로 널리 알려져 있다. 이 책에서 그는 신학적이며 종교사적인 문제를 꼼꼼히 다루는 가운데 헤겔(G.F.W. Hegel)로부터 영향을 받은 F. Chr. 바우어의 철학적인 해석을 탈피하여 초기 그리스도교를 묘사하고자 했다. "신약성서 종교는 신약성서의 교리 개념을 설교함이 없이 선포되어야만 한다"(I, XIV)고 선언하는 가운데, 홀츠만은 인간의 내적 삶과 체험을 교리의 배경과 전제로 간주하면서 예수와 바울을 위대한 신약성서의 인물로서 특별히 중시하였다. 여기에서 낭만주의의 영향을 찾아볼 수 있다. 그러나 그는 종교사적인 시각에 따라 자신의 신약성서신학을 전개시킨다. 따라서 유대교에 대한 상세한 서술을 제일 먼저 다루었다. 그런데 예수 선포의 배경을 이루는 하나님의 아들로서의 자의식은 그 무엇으로부터도 유추될 수 없는 것으로 가장 순수한 종교적 완전상태를 나타낸 것으로 간주하였다. 따라서 "예수가 제단에 가져온 순수한

---

8) Cf. 1831년에 나온 그의 글을 참조하라: "Die Christusparthei in der korintischen Gemeinde, der Gegensatz der petrinischen und paulinischen Christenthums …"(AW 1,1-146).

불은 유대 민족적인 메시아주의와는 전적으로 무관하다"(I, 409)고 선언한다. 이러한 시각은 예수를 종말론적인 대망과 철저히 분리시키면서 새로운 종교창설자로 여긴 그의 입장과 관련되어 있다. 또한 바울의 경우에도 체험을 강조하여 그의 전체 가르침을 다메섹 체험 내용을 표현한 "그리스도 현현의 조직화"(II, 238)로 보았다.

4) William Wrede(1859~1906) - 철두철미한 역사적 해석 주창

브레데는 1897년에 "이른바 신약성서신학의 과제와 방법에 대하여"라는 논쟁적인 글을 발표하였다.[9] 향후 이 논문은 종교사학파의 핵심 프로그램을 담은 중요한 글로 각광을 받게 된다. 여기에서 브레데는 "신약성서적인 신학"(neutestamentliche Theologie)이라는 구상이 **구시대적인 발상**이라고 선언하는 가운데, 대안으로 "초기 그리스도교 종교사 내지는 초기 그리스도교의 종교와 신학의 역사"("urchristliche Religionsgeschichte bzw. Geschichte der urchristlichen Religion und Theologie")라는 구상을 제시하였다(p. 153f). 두 가지 이유에서 이와 같은 구상을 선호하였다. 첫째, 교회의 권위에 의해 전수된 영감설은 학적인 차원에선 인정하기 어렵다는 것이며, 둘째 신학적 시각은 연구자 개인적 시각에 채색되어 성서본문의 본래 의미를 밝히는 데 장애가 된다는 것이다.

당시 실제 있었던 것이 무엇인가를 밝히는 것이 브레데의 관심사였다. 결국 가치 평가를 내리는 신학적인 묘사가 아니라 전제 없는 역사적 시각 위에서 초기 그리스도교를 순수하게 역사적으로 묘사하는 것을 신약성서학의 과제로 삼았다. 그리스도교적인 이념들은 역사적인 차원에서 볼 때 유대교와 헬라주의를 전제하고 있다는 사실을 강조하면서 그와 같은 이념들이 유래하게 된 역사적 과정을 서술하고자 했다. 한마디로 브레데는 역사와 신학을 분명히 구분하고자 했다. 신약성서신학이 교의신학에 너무 밀착하게 되면 교의신학의 눈치를 살피게 되어 순수한 역사 분과로서

---

9) *Über Aufgabe und Methode der sogenannten Neutestamentlichen Theologie* (Göttingen, 1897).

의 신약성서신학의 독립성이 위태롭게 된다고 보았다. 다른 한편, 주석과 교리가 서로 연관되어야 할 필요성은 인정하나, 그것은 교의신학자의 과제이지 신약성서신학자의 과제로 여기지는 않았던 것이다. 브레데는 교회에 대한 봉사를 신학의 과업으로 간주하지 않았는데, 이 점에서 브레데는 신학은 교회에 봉사해야 한다는 슐라이어마허의 입장을 따랐던 이른바 "자유주의 신학"의 생각에 동의하지 않았다.[10]

또한 브레데는 정경이란 개념이 신약성서신학에 아무런 의미도 없다는 입장을 표명하였다. 역사적으로 볼 때, "신약성서의 어떤 문헌도 '정경적'(kanonisch)이라는 명예를 갖고 태어난 문헌은 없다"는 이유에서다. 정경과 이에 근접한 비정경문헌 사이의 경계가 유동적이기에 학문적 분과로서의 신약신학은 정경만을 대상으로 삼을 것이 아니라, 초창기 그리스도교 시대의 전체 문헌을 함께 고려해야 한다고 역설하였다. 이에 걸맞게 브레데는 당시 유행하던 방법론인 "가르침 개념"(Lehrbegriffe), 즉 교리 개념을 사용하여 서술하는 방법론을 버리고, 신약성서를 신학을 담고 있는 문서로서가 아니라 종교 문서로 간주하면서 전승사적인 발전과정을 밝히고자 했다. 그리하여 종국에는 초기 그리스도교가 가졌던 사고가 당시 주변의 외적 역사와 어떻게 서로 연결되어 있는가를 밝히고자 한다. 이런 의미에서 브레데는 "신약성서적 신학"(neutestamentliche Theologie)이란 명칭이 잘못된 것이라고 말하면서, 그 대신 "초기 그리스도교 종교사 내지는 초기 그리스도교의 종교와 신학의 역사"("urchristliche Religionsgeschichte bzw. Geschichte der urchristlichen Religion und Theologie", 153f)란 명칭을 사용할 것을 제안한다.

신약성서의 역사적 성격을 강조하면서 그는 다음과 같이 말했다: "우리가 신약성서신학에 대해 요청하는 것은, 초기 그리스도교의 사고와 감정이 갖고 있는 독특성을 명확하게 드러내 보이는 일이며, 그리하여 우리

---

10) A. Harnack, *Die Aufgabe der theologischen Fakultäten und die allgemeine Religionsgeschichte* (Giessen, 1904), 176: "신학부는 자유로운 사역 가운데 교회를 위해 봉사한다는 생각을 멈추어서는 안 될 것이다."

가 역사적으로 이해하도록 가르치는 일이다." 결국 브레데는 신약성서신학의 본질적인 과제를 전승사적으로 파악하는 가운데 신약성서가 전제하는 배경을 이해하고자 했다. 다시 말하면 "그리스도교 원초에 무엇을 믿고, 생각했으며, 가르쳤고, 소망했는지, 또 무엇을 요구하였으며 추구하였는지를" 알고자 했지, "특정 문헌이 신앙, 가르침, 소망 등에 대해 어떤 견해를 담고 있는지를" 밝히는 데 관심의 초점을 맞추지 않았다. 브레데의 입장을 다음과 같이 정리할 수 있다.

① **신약성서**는 해석자의 관점에서가 아니라 저자 성서기자 자신의 관점에서 해석되어야 한다. 다시 말하면 저자의 의도대로 그 당시의 의미대로 이해되어야 한다. 이런 시각에서 브레데는 신약성서와 관련된 유대적이며 또한 비유대적인 배경을 중시 여겼다. 해석자의 상황에서 신약성서를 해석할 것이 아니라, 당시 상황을 이해함으로써 해석자가 신약성서의 상황으로 옮겨가야 한다는 것이다. 이것은 곧 가블러가 말한 "진정한 성서신학"의 과제와 전적으로 일치한다. 그러나 가블러와 달리 브레데는 "순수한 성서신학"을 구축하려는 시도는 꾀하지 않았다.

② **브레데**는 정경의 개념을 불필요한 것으로 여겼다. 신약성서가 갖고 있는 정경의 틀은 후대에 결정된 것이기 때문이라는 이유에서다.

③ **그리스도교** 종교와 신학의 역사를 설명하는 것을 신약성서학의 과제로 삼은 브레데는 성서 각 문서가 담고 있는 도덕적인 내용이 아니라 초기 그리스도교 종교와 신학의 역사를 구축하고자 했다. 그래서 "그리스도교 원초에 무엇을 믿고, 생각했으며, 가르쳤고, 소망했는지, 또 무엇을 요구하였으며 추구하였는지를" 알고자 했지, "특정 문헌이 신앙, 가르침, 소망 등에 대해 어떤 견해를 담고

있는지를" 밝히는 데 관심의 초점을 맞추지 않았다.

④ **초기 그리스도교** 시대의 제문서는 문학적 차원에서 전개된 신학적 반성이 아니라 산 종교의 소산이었다는 점을 지적하였다. 단순히 문학적 내용 자료에 비추어 문제를 제기하는 것이 아니라 당시 역사적 상황에 비추어 문제를 제기할 것을 요청했다.

⑤ **브레데**는 예수의 선포를 신약학의 최초의 중심 주제로 여겼다. 예수의 선포는 교리로서 다룰 수 없는 주제로서 예수의 인격과 생애로부터 분리시킬 수 없다고 강조한다. 또한 예수의 선포는 당시 유대교의 맥락에서 다루지 않으면 이해할 수 없으며, 또한 바울신학은 고대유대교 신학에 대한 지식이 없이는 불가능하다고 말한다. 초기 그리스도교는 구약성서보다 유대교에 토대를 두고 있다는 점을 강조하였다.

5) "종교사학파"(Die Religionsgeschichtliche Schule)

초기 그리스도교를 하나의 종교사로 파악하고자 하는 위와 같은 브레데의 시각은 하나의 학파를 형성한다. 그 학파를 가리켜 "종교사학파"라 부르는데, 빌헬름 제국 말기의 독일 개신교 신학자, 특히 일련의 신약성서 학자들을 지칭한다. 이들은 종교를 고정된 그 무엇이 아니라, 끊임없이 발전하는 것으로서 인간의 역사에 종속된 것으로 이해하였다. 종교사학파란 엄밀한 의미에서 한 주창자를 중심으로 그의 생각을 수용하여 발전시킨 학파가 아니다. 1886년 이후 특히 독일 괴팅엔 대학의 소장파 신학자들을 중심으로 결성된 모임으로 대략 15년간의 생성과정을 거치며 이루어진 학파다.[11] 알버트 아이히호른(Albert Eichhorn, 1856~1926)과 빌리암 브레

11) 종교사학파에 대하여: G. Lüdemann/A. Özen, "Religionsgeschichtliche Schule", in: *TRE 28*, (1997), 618-624.

데(William Wrede, 1859~1906) 등의 학자 주변에 헤르만 궁켈(Hermann Gunkel, 1862~1932), 후고 그레스만(Hugo Greßmann, 1877~1927), 요하네스 바이스(Johannes Weiß, 1863~1914), 하인리히 바이넬(Heinrich Weinel, 1874~1936), 빌헬름 부셋(Wilhelm Bousset, 1865~1920)과 같은 사람들이 이 학파에 동참한다.

에른스트 트뢸치(Ernst Troeltsch, 1865~1923)는 성서를 순수하게 역사적인 시각에서 다루어야 한다는 종교사학파의 입장을 조직신학적으로 뒷받침하였다("Über historische und dogmatische Methode in der Theologie", 1898). "교리적인 방법"(dogmatische Methode) 대신에 "역사적인 방법론"(historische Methode)을 사용한 "종교사적 신학"(religionsgeschichtliche Theoogie)의 필요성을 강조한 트뢸치는 다른 고문서를 다룰 때와 마찬가지로 성서를 순수하게 역사적으로 다루어야 한다고 역설하였다. 그러면서 역사적 방법론이 갖고 있는 세 가지 원칙을 제시하였다. 첫째는 "비평의 원칙"(Prinzip der Kritik)으로 모든 역사적인 전승들은 방법론적으로 원리상 의혹의 대상이 된다는 것이다. 둘째는 "유비의 원칙"(Prinzip der Analogie)으로 역사적인 사건들은 전부 원리상 동일한 양상을 띤다는 것이다. 성서 전승도 성스러운 특수 영역에 속하지 않고 우리가 속한 보편적인 역사의 부분을 이룬다는 것이다. 셋째는 "관계의 원칙"(Prinzip der Korrelation)으로 역사적인 사건과 상황들은 서로 관련되었으며 영향을 주고받는다는 것이다. 반면 교리적인 방법론은 "권위"(Autorität)로 말미암아 "역사의 총체적인 연관성과 기타 사건들과의 병행성으로 분리되었으며, 고로 역사적인 비평과 그 결과의 불확실성으로부터 벗어나 있다"(p. 115)는 사실을 그 특징으로 보았다.

종교사학파는 신약성서 혹은 초기 그리스도교의 텍스트를 교리적인 구속으로부터 벗어나 엄격한 역사적 정신에 따라 자유롭게 다루었다. 따라서 이들은 극단주의자라는 비난을 받게 된다. 이들은 성서와 그리스도교를 이른바 세속사와 분리시켜 다룰 것이 아니라, 보편적인 문화사 및 정신사의 문맥에서 다룰 것을 주창했다. 따라서 그리스도교와 현대 문화의 조화를 꾀한 알브레히트 리츨(Albrecht Ritschl, 1822~1889)의 기본 입장에 반기를 들었다. 예컨대 신약성서에 담긴 여러 역사적인 문제점들을 조화시키려 한다든지, 교리적인 영향이 강한 주석을 수행하는 일 혹은 구약과 신약 사이의 긴장을 무시한 채 일직선적인 발전을 강조하는 시각 등을 거부하였다. 그러면서 그리스도교의 생성을 이해하기 위해서는 초기 그리스도교를 역사적 문맥 안에서 연구하는 것이 무엇보다 중요하다는 점을 강조하였다. 이에 따라 신약 개론을 초기 그리스도교 문학사로 대체시켰다. 이것은 곧 정경의 범주를 넘어서 동시대에 생겨난 문서들을 똑같이 중요한 자료로 다룰 것을 요청하였다. 특히 율리우스 벨하우젠(Julius Wellhausen, 1844~1918)에게서 유대 종교와 문화에 대한 연구를 수용하였고, 에밀 쉬러(Emil Schürer, 1844~1910)에게서는 신약성서 연구에 고대 유대교 연구가 중요하다는 점을 배웠고, 아돌프 하르낙(Adolf von Harnack, 1851~1930)에게서는 그리스도교 교리는 초기 그리스도교의 헬라화로 보아야 한다는 시각을 받아들였다.[12)]

6) 종교사적 시각을 강조한 대표적인 신약개론서

성서학계는 종교사학파의 입장을 점차 폭넓게 수용하였고, 신약학 분야에서 고전적인 개론서로 통하는 두 권의 책이 1975년과 1980년에 각각 출간되었다. 이 두 신약개론서는 신약성서를 단지 신학 내적인 시각으로만 접근하는 데 반대하여 당시 종교와 문화의 전체 맥락 가운데서 신약성서를 다루었다.[13)] 이것은 초기 그리스도교 문헌사라는 이상을 구체적으로 구현한 작품들이었다.

---

12) J. Wellhausen, *Prolegomena zur Geschichte Israels*, 1878; E. Schürer, *Geschichte des jüdischen Volkes im Zeitalter Jesu Christi*, 3 Vols., (1874~1909); A. Harnack, *Lehrbuch der Dogmengeschichte*, 3 Vols., 1909~1910(4판).

13) 이와 달리, W.G. Kümmel(1905~1995)의 유명한 개론서 "*Einleitung in das NT*"(="신약정경개론", 박익수 역, 대한그리스도교출판사)는 H.J. Holtzmann과 A. Jülicher(1857~1938)의 전통을 따라 "철저히 역사적인 분과"("streng historische Disziplin")로 이해한 가운데 신약정경만을 대상으로 삼았다. G. Strecker의 제자인 Udo Schnelle의 최근 각광을 받고 있는 신약개론서 "*Einleitung in das NT*"(1999, 3판)는 큄멜과 마찬가지로 신약정경만을 대상으로 삼았으나, 개론학을 "철저히 역사적이면서 동시에 신학적인 분과"(p. 26)로 이해한다.

① **Philip Vielhauer**(1914~1977), *Geschichte der urchristlichen Literatur. Einleitung in das Neue Testament, die Apokryphen und die Apostolischen Väter* [="초기 그리스도교 문헌사: 신약성서, 외경들과 교부들에 대한 개론"] (Berlin/New York: Walter de Gruyter: 1975). 여기에서 필립 필하우어는 신약성서에만 국한된 개론서가 아니라, 초기 그리스도교 시대 전체에서 유래한 문서를 문학사적으로 서술하였다. 그래서 신약의 다양한 외경들(외경 복음서들, 외경 사도행전들, 베드로 묵시록, 헤르마스의 목자서, 이그나티우스 서신, 폴리캅 서신, 다다케와 클레멘스 서신 등)도 다루고 있다.[14)]

② **Helmut Koester**, *Einführung in das Neue Testament im Rahmen der Religionsgeschichte und Kulturgeschichte der hellenistischen und römischen Zeit* [="헬라 로마 시대의 종교사와 문화사의 틀에 나타난 신약 개론"], Berlin/New York; Walter de Gruyter, 1980; Introduction to the New Testament, 2Vols., 1995.[15)] 여기에서 헬무트 쾨스터는 "헬라 시대의 역사와 문화 그리고 종교"를 전반부에서 다루고, 후반부에서는 "로마 황제 시대 그리스도교의 생성과 역사"를 다룬다. "헬라 로마 시대 종교사와 문화사의 틀 안에 있는 신약성서로의 안내"라는 책제목에 따라 신약성서에만 국한하지 않고 '낙 하마디'(Nag Hammadi) 문서를 포함하여 대략 60여 종류의 비정경적인 문서들을 다루고 있다. 정경이라는 범주를 사용하지 않는 것과 어울리게 이단과 정통의 구분도 하지 않으면서 초기 그리스도교 문헌을 유대 문헌과 헬라 문헌 또한 영지주의 문헌과 연관시키면서 교회사의 초창기 150년 동안을 다루고 있다.

---

14) 이와 관련하여 H. R. 드롭너, 『교부학』, 하성수 역 (분도출판사, 2001)을 참조하라.

15) 이 책의 제3판 제2권이 우리말로 번역되어 있다: 『신약성서 배경연구』, 이억부 역 (도서출판 은성, 2009).

위의 두 개론서에 앞서 마르틴 디벨리우스(Martin Dibelius, 1883~1947)는 신약성서에만 국한하지 않고 신약성서를 초기 그리스도교 문학의 역사라는 범주에 속하는 것으로 설명한 『초기 그리스도교 문헌의 역사』(*Geschichte der urchristlichen Literatur*, München 1990)를 이미 1926년에 세상에 내놓았다. 이러한 전통은 지속되어, 게오르크 슈트레커(Georg Strecker)는 『신약성서의 문학사』(*Literaturgeschichte des Neuen Testaments*, Götingen 1992)를 출판하였다. 또한 게르트 타이센(G. Theissen)은 『문학사적 문제로서의 신약성서의 생성』(*Die Entstehung des Neuen Testaments als literaturgeschichtliches Problem*, Heidelberg ^{2}2011)이란 책을 2007년에 출간했다.

3. 신학적 · 교리적 성서해석의 전통

중세 로마 교회는 성서의 진리 말씀에 순종하여 교리를 발전시키기보다는 교회 전통적으로 내려온 도그마를 지지하는 수단으로 성서를 사용하는 경향이 강했다고 말할 수 있다. 이러한 경향은 루터가 "오직 성서로"라는 기치를 전면에 내세웠음에도 불구하고 종교개혁시대를 관통하며 여전히 영향을 미쳤다. 필립 멜란히톤(Philipp Melanchthon, 1497~1560)은 1521년에 "*Loci communes rerum theologicarum*"를 저술했는데, 이를 통해 로마서에서 유래하는 신앙의 가르침과 관련된 기본 개념들을 강조했다. 또한 칼뱅(Jean Calvin, 1509~1564)은 성서를 토대로 1536년에 『그리스도교 강요』(*Institutio Christianae Religionis*)를 저술하였다.[16] 종교개혁자들이 "오직 성서로"라는 기치하에 신학저작물들을 내놓았으나, 일관성 있는 방법론을 취했다고 보기 어렵다. 성서 신학과 조직화된 교리 사이의 관계가 불명확한 상태에 있었다고 말할 수 있다. 당시 양자 사이의 관계를 한스 요아힘 크라우스

16) 멜란히톤의 Loci communes(1555년 판)의 우리말 번역 『신학총론』, 이승구 역 (크리스챤다이제스트, 2000); 존 칼빈, 『그리스도교 강요』, 원광연 역 (크리스챤다이제스트, 2009)을 참조하라.

는 "교리적인 성서주의"(dogmatischer Biblizismus)라고 부른다.[17)]

세계대전이 일어난 후 주석가들은 신학자로서의 자신들의 역할을 다시 강조하기 시작했다. 그러면서 신학을 철저한 역사적 해석으로 이해하고자 하는 브레데의 시각에 반기를 드는 가운데, 성서본문이 오늘의 독자들에게 직접 말하도록 하는 데 총력을 기울였다. 그리하여 신학은 교회의 학문이고 신학의 과제는 다름 아닌 선포에 있다는 점을 강조하였다. 근대에 와서 신학적/교리적 해석을 강조한 사람들로서 이른바 "구원사 학파"를 언급할 수 있다.

1) Johann Christian Konrad von Hofmann(1810~1877)
- 구원사적 신학 강조

뉘른베르크(Nürnberg)에서 태어나 먼저 역사학도로 출발하여 훗날 신학자의 길을 걸었으며 에어랑엔(Erlangen) 대학에서 명성이 높았던 콘라트 폰 호프만[18)]은 특히 구원사적 신학(heilsgeschichtliche Theologie)을 표방한 사람으로 유명하다.[19)] 『구약과 신약에 나타난 예언과 성취』(*Weissagung und Erfüllung im Alten und Neuen Testament. Ein theologischer Versuch* I, 1841; II, 1844)란 저서를 출간했는데, 여기에서 그는 성서적 예언을 부인하는 합리주의적 입장에 반대하였다. 성서를 하나님을 계시하는 역사에 대한 증언으로 이해한 폰 호프만은 성서해석을 예수 그리스도가 정점이 되는 하나님의 구원사를 설명해내는 것으로 여겼다. 이때 영감설이 그의 구원사적 신학에서 중요한 역할을 한다. 그리하여 "구원사적 신학은 영감의 산물들에 대한 역사적 자리매김을 연구하며 또한 (그것에) 권위를 부여하는 과

---

17) H.-J. Kraus, *Die Biblische Theologie*, 18.

18) Konrad von Hofmann에 대하여 *TRE 15* (1986), 477-479를 참조하라.

19) Konrad von Hoffmann 외에도 구원사 학파에 속하는 사람으로 고트프리트 멩켄(Gottfried Menken, 1768~1831)과 요한 토비아스 벡(Johann Tobias Beck, 1804~1878)이 알려져 있다.

제를 갖고 있다."[20] 구원사의 최종 목표는 예수 그리스도이고, 바로 이 목표에 의해 구원사는 의미를 갖게 된다. 예수 그리스도를 예표하는 수많은 표상이 구약성서에 담겨 있다고 본 폰 호프만은 구약성서를 예수 그리스도에 대한 준비의 역사로 이해한다.

2) Adolf Schlatter(1852~1938)
- 신학적 해석과 역사적 해석의 변증법적 상관성

아돌프 슐라터는 1852년 스위스의 상트 갈렌(St. Gallen)에서 출생하였고 1938년 독일의 튀빙엔에서 생을 마감하였다. 슐라터는 당시 지배적인 자유주의 신학에 대항하여 하나의 긍정적인 대안을 제시할 목적으로 베른(Bern) 신학부에서 교수학위논문을 썼다. 베른과 그라이스발트(Greiswald)에서 주석가로 일한 뒤 1893년 베를린으로 가서 교의신학자로 있었다. 당시 사람들은 그를 하르낙의 대적수로 여겼으나, 개인적으로는 서로 좋은 관계를 유지했다. 1898년부터는 튀빙엔 신학부로 옮겨 신약학자로 일하면서 전성기를 맞이하였다.

슐라터는 종교사학파의 철저한 역사적 해석에 이의를 제기하였다. 『신학에서의 무신론적인 방법들』(*Ätheistische Methoden in der Theologie*, 1905)에서 역사비평 방법론에 내재되어 있는 무신론을 거부하였다. 역사비평적인 방법론은 궁극적으로 무신론적인 전제로부터 출발하기 때문에 성서의 내용을 온전히 파악할 수 없다는 이유에서다. 하나님의 활동을 무시하고 순수한 역사적인 근거에서 그리스도교의 발전을 연구하는 방법론은 무신론적이라는 것이다.

슐라터는 신약성서학의 목표는 "신약성서의 말씀"이기에 정경만이 대상이 될 수 있을 뿐이라고 여겼다. 따라서 브레데의 시각과 달리 초창기 그리스도교의 문헌 전체를 대상으로 삼지 않았다. 베드로후서를 제외한 신약성서의 모든 문서들의 진정성을 인정한 슐라터는 신약성서신학을 지

---

20) Ibid., 250.

지하는 가운데, "신약성서를 중립적으로 관찰하고 설명하는" 역사가로서의 연구에 이의를 제기한다. "신약이 우리와 부딪치는 말씀은 신앙의 대상이 되기를 의도하기에, 어떤 종류의 중립적인 취급도 전적으로 배제한다. 역사가가 신앙의 문제를 제외하는 순간 그는 신약성서에 대한 자기의 관심과 진술을 신약성서에 반대하는 과격하며 전적인 논쟁으로 만들게 된다"고 보았다.

신약신학을 교의학으로부터 분리시켜 순전히 역사적인 작업으로 보는 시각에 반대하여 슐라터는 "신약신학을 교의학으로부터 독립시키려는 것은 기만하는 허구와 다름이 없다"(p. 156) 혹은 "신약신학을 교의학적 작업으로 돌리는 것이 교의학과의 관계 단절을 뜻한다면, 그것은 실로 사라져야 할 허구에 불과할 것이다"(p. 164)라고 선언한다. 이때 슐라터는 교의학적 작업과 역사적 작업의 차이를 분명히 한다. 현재 우리의 삶의 관심사와 관련을 맺지 않고 이미 일어난 과거사만 바라볼 때 우리가 행하는 작업은 역사적인 목적을 지향하게 되는데, 이로써는 진리의 문제를 제기할 수 없으며, 또한 진리에 관한 문제를 다루기 위해서는 역사적 과제를 넘어서는 그 이상의 과제가 요청되는데 바로 이 점에서 교의학적 과제의 필요성이 제기된다는 입장이다.

슐라터는 신약신학을 교의학으로부터 독립시켜 연구한 뒤, 이어서 신약신학에 의해 마련된 튼튼한 기초 위에 교의학을 구축해야 한다는 가블러 식의 접근방식에 동의하지 않는다. 해석자는 신약성서로부터 나오는 도전에 직면하여 교의학적 질문에 필연적으로 빠져들기 마련이라는 이유에서다. 교의학적 질문에 대한 감각이 결여된 역사적인 연구는 죽은 것이며, 또한 신약신학의 역사적 연구를 통해 밝혀진 과거에 대한 관련이 결여된 교의학은 연구자의 자의적인 것으로 변질되기 쉽다고 본 것이다. 이러한 시각에서 슐라터는 신약성서의 역사적 연구와 교의학적 연구 사이의 관계를 의존이나 종속의 관계가 아니라 변증법적인 상호작용의 관계로 이해한다.

비록 슐라터가 순수 역사적인 방법론에 반대하였으나, 동시에 그는 신약성서에 대한 역사적 설명을 "근본적으로 비종교적"이라고 비난한 사람들에 대항하여 신약신학을 역사적인 연구라고 변호하였다. "만일 역사가 그저 무상하며 인간적이라는 이유에서 역사를 하나님의 영향으로부터 배제시킨다면, 우리의 개인적인 삶 안에서 우리에게 허락된 하나님과의 의식적인 관계는 존재하지 않게 된다"고 보았기 때문이다. 다시 말하면, 슐라터는 초월성의 여지를 두지 않으며 원인과 결과로 완성된 연속체로 역사를 이해하는 자유주의를 비판하였으며, 다른 한편 하나님은 역사 안에서 또한 역사를 통해서가 아니라 역사를 넘어서 활동한다는 편협한 정통주의를 비판하였다. "따라서 신약성서는 계시와 역사가 동일시될 수 없다는 주장을 완전히 거부하며, 동시에 역사적인 연구가 계시를 부정한다는 입장을 무너뜨린다."

슐라터는 자신의 교의신학에서 역사적 성서비평과 교의신학적 성서비평의 과제를 강조한다. 성서에 대한 역사적 비판이 필요한 이유는, 성서의 진술이 역사 가운데 어떤 위치를 차지하고 있는가를 알아야만 하고 그 진술들의 진리가 어디까지 미치며 끝나는가를, 또한 우리가 관계하는 진술에 어느 정도의 효력이 돌려져야 할지 말아야 할지를 우리가 분명히 알아야만 하기 때문이다. 또한 교의신학적 비평이 요청되는 까닭은, 성서 말씀을 반성적으로 우리와 관련시켜야 하기 때문이며 이 말씀이 우리에게 언제 왜 적용되는지, 언제 왜 적용되지 않는지를 확정해야만 하기 때문이다.[21] 이때 슐라터는 "비판을 주도하는 의지"(der die Kritik leitende Wille)는 성서에 의해 우리에게 주어진 선물을 우리가 소유하는 것을 목표로 하지, 우리를 성서로부터 해방시키는 것을 목표로 하지 않는다는 점을 지적한다. 그가 말하는 성서비판은 "인지의 작업"(Arbeit des Vernehmens)을 뜻하지, 종교비판적인 계몽화된 해방의 작업을 가리키지 않는다.

또한 슐라터는 신약성서 자료의 배후를 추구해서는 안 된다고 말한다: "역사적인 사고는 자료들이 제시하는 것을 넘어서는 안 된다. 그렇지 않

---

21) P. Stuhlmacher, *Vom Verstehen des Neuen Testaments: Eine Hermeneutik* (Göttingen, 1986), 171.

을 경우 역사적인 탐구는 소설로 변한다".[22] 슐라터는 신약성서의 증언이 모든 다양성에도 불구하고 하나로 통일되어 있으며, 신약성서를 올바로 이해하기 위해서는 신앙이 전제되어야만 한다는 입장에서 출발한다. 이러한 시각에서 성서 해석자의 과제는 성서본문 배후에 놓여 있는 역사적인 연관성을 가설 위에서 구축하는 것이 아니라, 본문 상호 간의 역사적인 관계를 풀며 특유의 구조를 밝혀내는 "관찰 행위"(Sehakt)에 있고, 따라서 성서 해석의 제일 목표는 "재구축"(Rekonstruktion)에 있지 않고 "해석"(Interpretation)에 있다고 보았다. 관찰 행위로 끝나는 것이 아니라, 이어서 성서 해석자는 성서 본문이 지니고 있는 규범성을 둘러싼 "사유 행위"(Denkakt)를 해야 한다고 역설하였다.

살아있는 동안 자유주의자들로부터는 "무비판적인 성서주의자"(kritikloser Biblizist)로, 경건주의자들로부터는 "신앙 없는 비판가"(glaubensloser Kritiker)로 비난을 받았던 슐라터는 신학적 차원과 역사적 차원이 변증법적 상호 연관 가운데 서로 분리될 수 없다는 점을 강조하였다. 그는 당시 팽배하였던 역사적 해석의 우위성을 강조한 시대 흐름에 정면 도전하는 가운데 신학적 차원의 중요성을 특별히 부각시킨 신학자였다.

3) Karl Barth(1886~1968)
- "유치한 최초의 주석"을 넘어 "성서의 영"을 향하여

칼 바르트는 순전히 역사적인 연구에 반기를 들었던 슐라터의 시각을 보다 첨예화시켰다. 1919년 33세의 나이에 스위스 개혁교회 목사였던 바르트는 당시 지배적이던 자유주의 역사비평적 성서해석에 만족하지 않고 이를 극복하려는 시도로 "로마서"(*Der Römerbrief,* München 1922[개정판]; [18]1999)를 주석하였다. 이 책의 서문에서 당시까지 지배적이던 자유주의의 역사비평적 성서해석에 대해 다음과 같이 말하였다: "성서연구의 역사비평적 방법은 자신의 정당성을 갖고 있다. 그 방법은 어디서도 불필요한

22) A. Schlatter, *Theologie des Neuen Testaments I*, 1909, 11.

것일 수 없는 이해를 준비시킨다. 그러나 만일 내가 그것과 옛 영감론 사이에서 선택을 해야만 한다면, 나는 단호히 후자를 취할 것이다. 그것이 더 크고 더 깊고 더 중요한 정당성을 갖고 있다. 그 이유는 그것이 이해 자체의 작업을 지시해 주며, 이 작업이 없이는 모든 준비가 무가치하기 때문이다. 이 둘 사이에 선택하지 않아도 되니까 기쁘다. 그러나 나의 전체 관심은 역사를 꿰뚫고 영원한 영이신 성서의 영을 들여다보는 데로 향해 있었다"(1919년 초판 서문). 바르트는 이 책으로 명성을 얻어 괴팅엔 대학교의 교수로 초빙을 받았으나, 당시 여러 학자들로부터는 많은 비난을 받았다. 로마서 초판에 만족하지 않은 바르트는 1922년에 새롭게 개작을 하였고, 이 책이 향후 신학계에 커다란 영향을 끼치게 된다.[23]

여기에서 바르트는 역사비평적인 분석에 머무르지 않고 신학적인 사실 이해를 위한 해석의 중요성을 다음과 같이 강조하였다: "사람들은 나를 '역사비평의 완고한 반대자'라고 부르는데, 그런 흥분된 말 대신에 어째서 차라리 무엇이 문제인가를 차분히 헤아리지 않는가? … 나는 그들의 역사적 비평을 비난하지 않는다. 오히려 그것의 정당성과 필연성을 다시 한 번 분명히 인정한다. 다만 내가 설명이라고 부를 수가 없고, 단지 유치한 최초의 설명 시도에 불과한 그런 본문 설명에 그들이 머물러 있는 것을 비난한다"(1922년 개정판 서문). 이러한 바르트의 입장은 성서를 "로고스"로서, 즉 "살아계신 하나님의 말씀"으로서의 의미를 특별히 강조한 것이었다. 이로써 바르트는 비록 역사적인 해석의 정당성을 어느 정도 인정했으나, 성서의 신학적인 측면을 일방적으로 강조하는 결과를 초래하고 말았다. 이것은 그의 강점인 동시에 약점을 뜻했다. "하나님의 말씀" 로고스는 성서의 구체적인 역사 가운데 형성되었기 때문이다.

23) 바르트의 로마서 주석 제2판의 우리말 번역이 있다: 『로마서 강해』, 조남홍 역 (한들출판사, 1997).

4. Rudolf Bultmann(1884~1976)
– 역사적 해석과 신학적 해석의 종합

19세기 말 "자유주의 신학"과 종교사학파의 영향을 많이 받은 루돌프 불트만은 초기에는 신약성서에 담긴 종교사적인 문제에 관심이 많았다. 그러나 제1차 세계대전 후 앞서 언급한 바르트를 포함하여 에밀 브루너(Emil Brunner, 1889~1966)며 프리드리히 고가르텐(Friedrich Gogarthen, 1887~1967)과 함께 불트만은 자유주의 신학과 결별한다. 자유주의 신학은 종교, 문화 혹은 도덕성에 관해 말하나 실상 단지 인간에 대해서만 말하고 있다고 비판하면서, "그리스도교 신앙은 인간을 만나는 초월적인 하나님의 말씀에 대한 대답"[24]이라고 강조하였다. 성서의 케리그마의 측면만을 일방적으로 강조하는 바르트와 달리 불트만은 성서의 두 측면, 즉 역사적인 측면과 케리그마로서의 신학적인 측면을 공정하게 다루고자 했다.[25] 이러한 그의 접근은 향후 신약학계에 커다란 영향력을 끼치게 된다.

불트만은 다음과 같은 방식으로 문제에 접근했다. 우선적으로 그는 종교사학파의 후예답게 성서 본문을 탐구할 때 "순전히 역사적인" 분석에서 시작한다. 그러나 이러한 순전히 역사적인 현상만을 서술하는 것으로 만족하지 않았다. 종말론적인 케리그마는 역사적인 차원에 매달리는 한 이해가 불가능하다는 생각을 갖고 있었기 때문이다. 그래서 그가 발견한 해결책은 당시 마르부르크 대학의 동료 교수였던 철학자 마르틴 하이데거(Martin Heidegger, 1889~1976)가 강조한 실존주의 철학에 영향을 입은 이른바 "실존주의적 해석"(existentiale Interpretation)이었다. 이로써 불트만은 오늘날 사람들이 성서의 케리그마로 들어가는 열쇠를 찾았다. 이러한 실존주의적인 해석은 신약 진술들의 내재적인 의미를 전면에 부각시키는 것을 가능하게 만들었고, 그와 동시에 신약성서에 담긴 고대 세계의 신화적인

---

24) K. Barth/R. Bultmann, *Briefwechsel*, 320.

25) L. 고펠트, 『신약신학』, 박문재 역 (크리스챤다이제스트, 2003), 350.

세계관을 비본질적인 것으로 여겼다(이른바 "탈신화화" Entmythologisierung). 신약성서의 본질적인 내용을 케리그마로 여긴 불트만은 신약 메시지의 출발점을 역사적 예수가 아니라 부활절 케리그마로 여겼다.[26] 케리그마는 결단을 요구하는 하나님의 직접적인 말씀이었다.

불트만의 입장은 한마디로 역사적 해석과 오늘의 독자를 염두에 둔 신학적 해석을 종합하려는 시도였다. 이러한 시각은 1920년대 초 불트만이 종교사학파의 입장에 동조하여 신학과 종교를 구분하고자 했던 시각에서 어느 정도 이탈한 것으로 볼 수 있다. 주석가의 본래 과업을 성서본문이 말하고자 하는 본래 내용 속으로 꿰뚫고 들어가는 것으로 이해한 불트만은 신학과 케리그마를 거의 같은 개념으로 이해하는 가운데, 신약학의 과업을 과거의 역사를 재구축하는 것에("Rekonstruktion vergangener Geschichte") 그치지 않고 성서본문이 현재 우리에게 말하도록 주석하는 것으로("Interpretation der Schriften des NT")[27] 보았다. 과거 역사의 재구축과 신약성서의 해석은 상호 영향을 미치고 있음을 인정하나, 궁극적으로 역사적 작업은 신약성서 해석에 봉사해야만 한다는 입장이다. 불트만의 방법론은 향후 강한 도전에 직면하였다. 그는 신약의 케리그마를 개인주의적이며 인격적인 차원의 에토스로서만 이해하였지, 사회적이며 우주적인 차원을 간과하였다는 비판을 받고 있다.

5. 계속되는 논의

브레데와 종교사학파의 주장을 이어받아 보편적인 학문성을 지지하는

---

26) 이런 시각에서 불트만은 자기의 "신약성서신학"(*Theologie des Neuen Testaments*)을 "예수의 선포는 신약신학의 전제에 속하지, 이 자체의 한 부분이 아니다"(p. 1)라는 유명한 말로 시작한다. 1949~53년 사이에 낱권으로 출간된 이 책은 20세기 후반 신약학계에 커다란 영향을 끼쳤다(『신약성서신학』, 허혁 역, 성광문화사, 1976).

27) R. Bultmann, *Theologie des Neuen Testaments*, Tübingen ^{8}1980, 599 (=『신약성서신학』, 616).

가운데 "신약성서신학"을 넘어서는 성서해석을 주창하는 일련의 학자들이 있다. 이들은 신약성서학을 정경에 국한된 "신약성서신학"으로 파악하려는 시각을 넘어서, 종교사의 지평 가운데 "초기 그리스도교 종교사" 혹은 "초기 그리스도교의 종교적 사고"로 간주한다. 따라서 신약성서학이 교회를 위한 학문에 그치는 것으로 만족하지 않고 신약성서학을 사회 전체를 향한 보편적인 학문으로 이해하고자 한다. 이에 걸맞게 단지 교회를 위한 케리그마 선포에 목적을 두지 아니하고 사회 전체를 위한 순수한 정보 제공을 목적으로 한다. 여기서는 지면관계상 이들의 주요 저서를 단지 언급하는 것으로서 만족하고자 한다. 이러한 친종교사적 입장을 잘 대변하는 저서들 중에 다음과 같은 책들이 두드러진다.

① **Helmut Köster/James M. Robinson**, *Trajectories through Early Christianity* (Philadelphia: Fortress, 1971).
② **Heikki Räisänen**, *Beyond New Testament Theology* (London: SCM, 1990); 같은 저자, *Neutestamentliche Theologie? Eine religionswissenschaftliche Alternative* (Stuttgart, 2000).
③ **Klaus Berger**, *Theologiegeschichte des Urchristentums. Theologie des Neuen Testaments* (UTB; Heidelberg: Franck, 1994) [=『신약신학의 역사 1/2』, 박두환 역 (민들레책방, 2003/2005)].
④ **Gerd Lüdemann**, *Die Auferstehung Jesu. Historie, Erfahrung, Theologie* (Göttingen: Vandenhoeck & Ruprecht: 1994).
⑤ **Gerd Theissen**, *The Religion of the Earliest Churches. Creating a Symbolic World* (Minneapolis: Fortress, 1999) [=『그리스도교의 탄생: 예수 운동에서 종교로』, 박찬웅/민경식 역 (대한그리스도교서회, 2009)].
타이센의 의도는 교회 내적인 담론에 국한되지 않고 "일반 대화"가 가능한 초기 그리스도교 종교에 대한 분석을 시도하는 데 있다. 그래서 초기 그리스도교의 삶과 신앙 전체를 보편적인 종교학 범주로서 묘사하고 있다. 한마디로 타이센 시도는 종교사학파의 핵심 성원이었던 브레데(W. Wrede)가 1897년에 발표한 프로그램("이른바 신약성서신학의 과제와 방법에 대하여")을 완성시켰다고 말할 수 있다.

이러한 움직임과 달리, 서구 신학계에는 신구약 성서 전체의 내적인 연관성을 강조하는 가운데 신학적 해석의 중요성을 부각시키려는 성서해석이 20세기 후반부터 새롭게 언급되기 시작했으며 최근 각광을 받고 있다. 이를 가리켜 독일 학자들은 "비블리쉐 테올로기"("Biblische Theologie")라 부른다.[28] 한마디로 이 개념은 교회의 경전으로 수용된 구약성경과 신약성경을 각기 분리시켜 서로 무관한 책으로 다루는 것을 지양하고, 양자를 하나의 신학적 통일체로 보려는 연구 경향을 가리킨다. 따라서 조직신학적이며 해석학적인 관심과 직결된다. 예컨대, 비블리쉐 테올로기를 지향하는 대표주자 가운데 속하는 페터 슈툴마허(Peter Stuhlmacher)는 트뢸치가 제시한 세 가지 역사비평적 방법(Kritik, Analogie, Korrelation)에 덧붙여 네 번째 방법으로서 "인지의 원리"(Prinzip des Vernehmens)를 첨가하고자 한다. 그것은 곧 전통과 본문의 영향사를 진지하게 수용하는 자세를 뜻한다.[29] 비블리쉐 테올로기와 관련하여 아래의 저서가 널리 알려져 있다.

① **Brevard S. Childs**, *Biblical Theology of the Old and New Testaments*, (London: SCM Press, 1992) [=『신구약성서신학』, 유선명 역, 은성, 2009].

② **Hans Hübner**, *Biblische Theologie des Neuen Testaments* (제1권: Prolegomena, Göttingen 1990; 제2권: Die Theologie des Paulus und ihre neutestamentliche Wirkungsgeschichte, 1993; 제3권: Hebräerbrief, Evangelien u. Offenbarung, Epilegomena, 1995).

③ **Peter Stuhlmacher**, *Biblische Theologie des Neuen Testaments* (제1권: Grundlegung. Von Jesus zu Paulus, Göttingen 1992; ^{3}2005; 제2권: Von der Paulusschule bis zur Johannesoffenbarung. Der Kanon und seine Auslegung, Göttingen 1999; ^{2}2012).

④ **Charles H. H. Scobie**, *The Ways of Our God: An Approach to Biblical Theology* (Grand Rapids: Eerdmans, 2003).

---

28) 이에 대해서 이 책의 제1장을 참조하라.

29) P. Stuhlmacher, *ZThK 68* (1971), 121–161; 또한 이 책의 제3장을 참조하라.

조직신학자 프리드리히 밀덴베르거(Friedrich Mildenberger, 1929~2012)는 비블리쉐 테올로기를 조직신학적 관점에서 다루었다: *Biblische Dogmatik: Eine Bilische Theologie in dogmatischer Perspektive I-III* (Stuttgart/Berlin/Köln, 1991~1993). 비블리쉐 테올로기는 성서에 대한 역사적 해석을 거부하지 않으면서도 신학적 해석의 차원을 보다 중시하는 방법이라 말할 수 있다. 그 밖에도 이른바 "영적인 해석"(geisltliche Interpretation)이라 불리는 성서해석방법이 있다. 이것 역시 역사적 해석과 신학적 해석의 두 차원을 조화시키려는 노력의 일환으로 볼 수 있다.[30)]

III. 나오면서

그리스도인들이 "하나님의 살아계신 말씀"으로 고백하는 성서는 특정 시기에 특정 인간에 의해 기록된 역사적 산물임에 틀림없다. 따라서 성서는 하나님의 진리의 말씀을 선포하는 케리그마를 내세우면서 성서의 통일성을 강조하는 신학적 차원과 다른 한편 성서가 생성된 역사의 다양성과 발전을 강조하는 역사적 차원을 공유하고 있다. 이러한 시각에서 볼 때 케리그마와 역사는 서로 분리될 수 없는 두 차원임을 알 수 있다. 성서해석은 곧 이 두 차원에 대한 이해를 뜻한다. 이 두 차원은 구분될 수는 있으나 분리시켜 무관한 두 차원으로 나눠서는 안 될 것이다. 서구의 신학자들은 이 두 차원의 중요성을 잘 인식하였다. 그래서 예컨대 고펠트는 신학을 강조하는 케리그마의 차원과 역사적 차원을 서로 잘 연결시키는

30) 예컨대, U. Wilckens, "Schriftauslegung in historisch-kritischer Forschung und geistlicher Betrachtung", in: W. Pannenberg/Th. Schneider(eds.), *Verbindliches Zeugnis II: Schriftauslegung-Rezeption-Lehramt* [Dialog der Kirchen 9] (Göttingen, 1995), 13-66. 빌켄스는 자신의 신약성서신학적 구상을 5권으로 종합한 저서를 출간했다: *Theologie des Neuen Testaments*(Neukirchen-Vluyn 2002~2005). 특히 제1권에서 신약성서와 구약성서의 관계를 다룬다. "신약성서신학"의 과제 및 방법과 관련된 최근의 논의를 모아 놓은 유익한 단행본이 있다: C. Breytenbach/J. Frey(eds.), *Aufgabe und Durchführung einer Theologie des Neuen Testaments* (Tübingen, 2007).

가운데 모범적인 "신약성서신학"을 집필하였으며,[31] 로제 역시 "신약성서신학은 역사적 분과일 뿐만 아니라 동시에 조직신학적인 분과"[32]임을 천명하였다.

서구성서학계는 이 두 차원의 중요성을 잘 인식하였을 뿐만 아니라, 지금까지 지속되어 온 성서학의 전체 역사가 결국 역사적 해석과 신학적 해석이라는 두 줄기로 집약된다고 말할 수 있다. 서구 성서학계는 이 두 줄기 성서해석과 관련하여 논란을 벌여왔고 지금도 계속 논란 중에 있는 것은, 이 두 해석 가운데 어떤 것이 보다 중요한지 혹은 둘 사이의 관계를 어떻게 규정지을 것인지에 관한 문제를 둘러싼 논쟁이라고 말할 수 있다. 물론 앞서 언급했듯이 일련의 학자들이 최근 교회적 전통의 영향을 많이 받고 있는 신학적 차원을 중시하는 "신약성서신학" 대신에 고대종교의 틀 속에 위치한 초기 그리스도교의 역사로 대치해야 한다는 주장이 점차 강하게 일고 있다. 그러나 신약성서가 담고 있는 선포의 내용을 진지하게 다루고자 한다면, 이를 조직적으로 서술하기 위해서 신학적 시각은 불가피하다고 생각된다.

성서를 대하는 사람은, 성서의 역사 가운데는 역사적 · 종교사적인 방법만으로는 설명할 수 없는 초월적이며 신적인 차원이 존재한다는 사실을 기억할 필요가 있다. 궁극적으로 하나님은 역사적 존재가 아니기 때문이다. "만일 우리의 분과(=신학)가 계시된 하나님 말씀의 진리에 대한 질문을 포기하고 단순히 묘사만 하는 종교사로 바뀌어 그와 같은 질문을 더 이상 제기하지 않는다면, 자멸하고 말 것이다"[33]라는 마르틴 헹엘(Martin Hengel)의 경고를 경청할 필요가 있다. 성서학자의 포기할 수 없는 두 과제는 본문이 의미했던 것을 발견하고 서술하는 역사적 작업과 그 본문이

---

31) L. Goppelt, *Theologie des Neuen Testaments* (Göttingen, ³1985).

32) E. Lohse, *Grundriß der neutestamentlichen Theologie* (Stuttgart/Berlin/Köln, ⁵1998), 9f.

33) M. Hengel, "Aufgaben der neutestamentlichen Wissenschaft", in: *NTS* 40 (1994), 321–357, 이곳 329.

오늘날 의미하는 것을 밝히는 신학적 작업이라고 믿기 때문이다. 독일 할레(Halle) 대학교의 신약학 교수로서 현재 독일 신약학계의 선두주자에 속하는 우도 슈넬레(Udo Schnelle)가 2007년에 출간한 『신약성서신학』에 나오는 다음의 말도 곱씹을 필요가 있다: "신학적 관찰방식은 종교학적 질문을 통해 대체되어서도 아니 되고 또 그럴 필요도 없다. 신학과 종교학은 더 좋거나 더 나쁜 것도 아니며, 더 중립적이거나 더 이념적이지도 않고, 오히려 양자는 다르게 질문하고 작업할 뿐이다."[34)]

34) U. Schnelle, *Theologie des Neuen Testaments* (Göttingen, 2007), 37.

Chapter_ 2

페터 슈툴마허의 "비블리쉐 테올로기"

I. 들어가면서

여기서 다루고자 하는 주제는 신약성서신학의 새로운 모델을 제시한 페터 슈툴마허(Peter Stuhlmacher, 1932~현재)의 역저 『신약성경의 비블리쉐 테올로기』(*Biblische Theologie des Neuen Testaments*)에 관한 것이다. 먼저 언어 사용의 혼선을 피하기 위해 개념 정리를 할 필요가 있다. 현재 우리나라에서 일반적으로 사용되고 있는 개념 가운데 "성서신학"/"성경신학" 또한 "신약성서신학"/"신약성경신학"과 같은 용어가 있다. 보수신학계가 "성경신학"이란 개념을 선호하는 반면, 진보신학계는 "성서신학"이란 개념을 선호하는 경향이 있다.[1] 그런데 이런 구분은 사실 무의미하다. 우리말 뜻을 고려할 때, "거룩한 경전"과 "거룩한 책" 사이의 구분이 잘 드러나지 않기 때문이다. 일반적으로 우리는 성서 내용을 다룬 신학을 가리켜 모두 성서신학 혹은 성경신학이라 부른다.[2]

그런데 오늘날 서구 신학계에서 중요한 신학 주제로서 새롭게 이슈가 되고 있는 "비블리쉐 테올로기"(Biblische Theologie/Biblical Theology)를 우리

1) 예를 들면: 박형룡, 『신약성경신학』 (합동신학대학원출판부, 2005); Roy B. Zuk, 『신약성경신학』, 류근상 역 (크리스찬출판사, 2004); 조병수, 『신약성경총론』 (합동신학대학원출판부, 2006); 콘첼만, 『신약성서신학』, 박두환 역 (한국신학연구소, 2001); 로제, 『신약성서신학』, 박두환 역 (한국신학연구소, 2002); 한, 『신약성서신학 I–II』, 김문경 외 역 (대한그리스도교서회, 2007; 2010).

2) "성서(적) 신학" 개념이 일반적인 의미로 사용된 가장 오래된 용법은 17세기 볼프강 야콥 크리스트만(Wolfgang Jacob Christmann)의 저서 "*Teutsche Biblische Theologie*"(Kempten, 1629) 제목에 나타난다.

말로 직역하면 이 역시 "성서(적) 신학" 혹은 "성경(적) 신학"이라 부를 수 있다. 따라서 일반적 용법의 성서신학과 새로운 신학적 움직임을 나타내는 "비블리쉐 테올로기" 사이에 혼란이 생긴다. 이런 혼란을 피하기 위해 이 글에서는 "Biblische Theologie"를 독일어 원어 발음을 그대로 살려서 "비블리쉐 테올로기"로 표기하고자 한다. 이 용어는 우리가 이제껏 일반적인 의미로 사용해온 "성서신학"과는 다른 뜻을 가진다는 사실을 먼저 기억할 필요가 있다. 또한 "신약의 비블리쉐 테올로기"는 우리가 흔히 말하는 "신약성서신학"(Theologie des Neuen Testaments)과 유사하나 차이가 나는 다른 개념이라는 사실도 기억해야 한다. "비블리쉐 테올로기"가 신구약성서 사이의 내용적 통일성을 전제하는 개념인 반면, "신약성서신학"이란 개념은 대체로 그러한 통일성을 전제하지 않는다는 점에서 서로 다르다.

1. "신약의 비블리쉐 테올로기"가 신약학 역사에서 차지하는 위치

여기서 우리가 다루고자 하는 주제는 독일 튀빙엔 대학교 신약학 교수로 은퇴한 페터 슈툴마허(Peter Stuhlmacher)의 『신약의 비블리쉐 테올로기』(Biblische Theologie des Neuen Testaments)이다. 이것은 신약성서신학과 관련된 하나의 새로운 구상이라고 말할 수 있다. 이 구상은 갑자가 생겨난 것이 아니고 서구 성서학 발전사 문맥에서 나온 산물이다.[3] 따라서 슈툴마허의 구상을 온전히 이해하기 위해서는 이제까지의 성서학 역사를 큰 틀에서 살펴볼 필요가 있다. 종교개혁 이후 현재까지 발전해온 성서학 역사를 다음과 같이 5단계로 압축하여 설명할 수 있다.

• **제1단계(종교개혁시대~17세기)**: "성서 신학"(Bibel-Theologie; biblische Theologie)이 초보적 단계에 있던 시기를 가리킨다. 종교개혁(Reformation)

3) 롤로프는 "비블리쉐 테올로기의 문제는 ... 1900년 동안 지속된 성서해석사의 유산"이라고 말한다: J. Roloff, *Neues Testament* (Neukirchen-Vluyn, [7]1999), 331.

시대에 "솔라 스크립투라"(Sola Scriptura = "오직 성서로") 원칙에 따라 성서가 교회를 위한 진리의 유일한 근원으로 간주되었으나, 정통주의 교의학(die orthodoxe Dogmatik)이 성서주석을 교회의 가르침 체계에 다시 종속시키면서 성서 신학(Theologia Biblica)은 교의학의 보조학문 정도로 이해되었다. 성서는 모순이 없는 통일된 계시서로 간주되었고, 성서 신학은 구약성서와 신약성서의 진술을 조화시키는 신앙의 가르침을 신학적 주제별로(theological Loci) 나열하는 단계였다. 성서의 가르침과 교의학이 내용적으로 일치하는 것으로 간주되었다.

• **제2단계(18~19세기)**: 성서 신학이 교의학에서 독립하는 단계이면서 하나의 성서로서의 구약과 신약의 연계가 해체되는 단계이다. 계몽주의 시대의 신학자들은 교회의 교리체계에 종속되지 않은 독자적인 성서신학을 요청했다. **요한 필립 가블러**(Johann Philipp Gabler, 1753~1826)가 1787년 3월 30일 독일의 알트도르프(Altdorf) 대학교에서 행한 교수 취임 강연("De iusto discrimine theologiae biblicae et dogmaticae regundisque recte utriusque finibus")[4]이 이 단계의 출발점을 이룬다. 가블러는 역사적 성격의 성서신학과 교훈적 성격의 교의신학을 서로 구분하면서, 교리가 성서주석에 종속되어야 하지 성서주석이 교리에 종속되어서는 아니 된다는 점을 강조했다. 교의학의 지배로부터 성서신학의 독립을 천명한 이 강연은 향후 새로운 연구 방법을 발전시키는 데 큰 영향을 미친다.

또한 **게오르크 로렌츠 바우어**(Georg Lorenz Bauer, 1755~1806)도 언급할 필요가 있다. 가블러의 동료 교수인 바우어는 1800~1802년에 "신약성서 신학"(Biblische Theologie des Neuen Testaments)을 집필했다. 이 책은 역사 비평적 관점에서 구약신학과 분리된 최초의 신약신학 작품이다. 바우어는 신약의 빛을 구약에 투영시키려는 옛 방법론을 거부하면서 구약과 신약

---

4) 우리말로 번역하면: "성서신학과 교의신학의 올바른 구분과, 또한 이 양자의 목적에 관한 바른 정의에 대하여". 이 강연문 전체가 번역되었다: 김창선, 『21세기 신약성서신학』 (서울: 예영커뮤니케이션, 2004), 43−59.

을 구분하여 다루는 것이 불가피하다고 역설했다.

19세기는 역사비평적인 시각이 방법론적으로 구축되는 시기였다. 이 무렵 이른바 (옛) 튀빙엔 학파의 설립자 **페르디난트 크리스티안 바우어**(F. Chr. Baur, 1792~1860)가 중요하다. 그는 자신의 저서 "신약성서적 신학에 대한 강연"(*Vorlesungen über Neutestamentliche Theologie*)에서 신약성서 저자들의 가르침 개념들을 묘사하고 해석하는 데 머물지 않고, 순수 역사적 학문으로서의 성서신학을 강조했다. 신약성서신학을 초기 그리스도교의 신학 역사와 동일시했다.

• **제3단계(20세기 중엽~현재)**: 신약성서를 역사적이고 신학적인 이해의 산물로 이해하는 가운데 초기 그리스도교 신학역사에 집중하는 "신약성서신학"(Theologie des Neuen Testaments)이 유행하는 단계이다.[5] 이 단계의 신약성서신학 저서들은 초기 그리스도교 케리그마가 증언한 그리스도 사건을 신약성서 저자들의 신학적 구상의 출발점으로 삼았으나, 대체로 구약성서와의 관계성을 진지하게 다루지 않았다는 점에서 공통점을 가진다. 이 시기를 대표하는 저서는 **루돌프 불트만**(R. Bultmann, 1884~1976)의 "신약성서신학"(*Theologie des Neuen Testaments*, 1949~1953)이다.[6] 이 책은 신약성서신학의 고전으로 통한다. 여기에서 불트만은 나사렛 예수의 선포를 신약성서신학의 대상이 아니라 전제에 속하는 것으로 간주하여 다루지 않고, 예수의 죽음과 부활에 관한 초기교회의 선포, 특히 바울과 요한이 선포하는 케리그마에 집중했다.

독일 할레(Halle) 대학교의 신약학 교수인 **우도 슈넬레**(Udo Schnelle)의 저서 "신약성서신학"(*Theologie des Neuen Testaments*, 2007)도 이 단계에 속한다.

---

5) H. Conzelmann, 1967; W.G. Kümmel, 1969; J. Jeremias, 1971; G.E. Ladd, 1974; L. Goppelt, 1975/1976; K.H. Schelkle, 4 Vols., 1968~1976; J. Gnilka, *Theologie des NT*, 1994; K. Berger, *Theologigeschichte des Urchrisentums*, 1995 [=『신약신학의 역사』, 박두환 역 (민들레책방, 2003; 2005)]; I.H. Marshall, *New Testament Theology*, 2004; G.E. Ladd ; G.B. Caird; U. Wilckens, ; G. Strecker, *Theologie des NT* (Berlin, 1995).

6) 이 책의 우리말 번역이 있다: 불트만, 『신약성서신학』, 허혁 역 (성광문화사, 1976).

나사렛 예수의 사역과 운명을 신약성서신학의 토대로 삼으면서 신약의 저자들이 갖고 있던 의미 세계를 구축하고 묘사하는 것을 신약성서신학의 과제로 여긴다. 또한 뮌헨(München) 대학교의 신약학 교수로 은퇴한 **페르디난트 한**(Ferdinand Hahn)의 "신약성서신학 I–II"(Theologie des Neuen Testaments I–II, 2005)도 이 자리에서 언급할 수 있을 것 같다. 제1권에서 한은 불트만과 달리 부활 이전 예수의 선포와 부활 이후 초기 교회의 케리그마를 모두 중요하게 여기면서 양자를 통합하고, 신약신학의 다양성을 초기 그리스도교 발전사에 따라 묘사한다. 제1권에서 다룬 초기 그리스도교의 신학역사를 전제하는 제2권은 그리스도에 나타난 하나님의 계시를 성서의 중심으로 여기면서, 신약 각 저자들의 다양한 신학적 구상들을 넘어 이들을 서로 연결시키는 통일성 문제를 주제별로 진지하게 다룬다. 이런 의미에서 한의 저서는 아래에서 다룰 "성서적 신학"의 영향을 받았다고 말할 수 있다. 한의 시도는 종교사적 문제를 상세히 다루지 않고 경전으로 인정된 초기 그리스도교 문서에 국한했다는 차원에서 신약성서에 대한 종교사적 접근과 차이가 있다.

• **제4단계(1990년대~현재)**: 20세기 후반 이후 여전히 유행하고 있는 "신약성서신학" 모델과 대립된 모델로서 "전체 성경 신학"(Gesamtbiblische Theologie)이 구체적으로 모습을 드러내는 시기이다. 신약성서신학이 신구약성서 사이의 내용적 통일성을 전제하지 않는 것과 달리, 전체 성경 신학으로서의 "비블리쉐 테올로기"(Biblische Theologie)는 양자 사이의 신학적 통일성을 전제한다. **폰 라트**(G. von Rad)가 1960년에 간행된 그의 『구약성서신학』(*Theologie des AT*) 제2권 끝에서 구약의 구원사건을 "신약성서의 성취의 빛"으로 취급한 이래 새로운 개념으로서의 "전체 성서적 신학"이 과제로 제기되었다. 1990년대에 들어와 새로운 구상으로서의 성서적 신학 모델이 구체적인 모습을 드러낸다.[7] 오늘 우리의 주제와 직결된 슈툴마허

7) G. Kittel, *Der Name über alle Namen: I. Biblische Theologie/AT* (Göttingen: V.&R., 1989), *II. Biblische Theologie/NT* (Göttingen: V.&R., 1990); H. Klein, *Leben neu entdecken* (Stuttgart: Calwer, 1991);

의 저서 『신약의 비블리쉐 테올로기』(*Biblische Theologie des NT*, 1992/1999)도 그러한 구상의 일환으로서 구약성서와 신약성서 사이의 내적인 관계를, 즉 신학적 통일성의 문제를 진지하게 다룬다.

• **제5단계(21세기 초 현재)**: 비블리쉐 테올로기 모델 혹은 신약성서신학 모델과 대립된 구상으로서 "초기 그리스도교 종교사"(urchristliche Religionsgeschichte) 모델이 현재 부상하고 있다. 전자가 교회의 정경만을 대상으로 삼는 것과 달리, 후자는 초기 그리스도교 생성기에 나온 모든 자료를 대상으로 삼는다. 또한 전자가 초기 그리스도교 역사의 중요성을 무시하지는 않으나 신학적 중요성을 우선시하는 것과 달리, 후자는 초기 그리스도교에 대한 종교학적 접근을 선호한다. 이러한 모델의 필요성을 이미 종교사학파에 속하는 **빌리암 브레데**(William Wrede)가 1896년에 발표한 논문 "이른바 신약성서신학의 과제와 방법에 대하여"(Über Aufgabe und Methode der sogenannten Neutestamentlichen Theologie)에서 역설했고, 2000년에 **하이키 레에제넨**(Heikki Räisänen)은 이를 자신의 프로그램을 담은 단행본 『신약성서적 신학? 한 종교학적 대안』(*Neutestamentliche Theologie? Eine religionswissenschaftliche Alternative*)에서 다시 한 번 강조했다.[8] 초기 그리스도교 종교사 모델은 마침내 **게르트 타이센**(Gerd Theissen)에 의해 1999년에 실현된다. 타이센은 자신의 저서 "*A Theory of Primitive Christian Religion*"[9]에서 교회 내부에서만 통하는 신학적 담론을 넘어 일반 사람들과 대화가 가능한 초기 그리스도교 종교에 대한 분석을 시도하면서 초기 그리스도교의 삶과 신앙 전체를 보편적인 종교학 범주로 묘사한다.

B. Child, *Biblical Theology of the Old and New Testments*, (London: SCM Press, 1992); H. Hübner, *Biblische Theologie des NT* I–III(Göttingen: V.&R., 1990~1995); C. Scobie, *The Ways of Our God* (Eerdman, 2002).

8) Cf. H. Räisänen, *Beyond New Testament Theology: A story and a programme* (London: SCM Press, 1990; ²2000).

9) 확장된 독일어판이 2000년에 나왔다: *Die Religion der ersten Christen: Eine Theorie des Urchristentums*, 2000. [=박찬웅/민경식 역, 『그리스도교의 탄생: 예수 운동에서 종교로』(대한그리스도교서회, 2009)].

2. 슈툴마허의 삶과 입장 요약

슈툴마허는 1932년 독일 라이프치히(Leipzig)에서 태어나 그곳의 "토마스 슐레"(Thomasschule)에서 초등교육을 받았고, 1951년에 인문계 고등학교 졸업시험인 아비투어(Abitur)를 슈투트가르트(Stuttgart)에서 마치고, 이어서 1958년까지 튀빙엔 대학교(Eberhart-Karls-Universität)에서 7년 동안 신학을 공부한다. 그 후 1959~1968년까지 개신교 신학부 조교(Assistent)로 일한다. 그동안 1962년 튀빙엔 대학에서 신학박사학위를 취득한 다음, 5년 뒤 1967년에 같은 대학교에서 "하빌리타치온(Habilitation)"이라 부르는 교수 자격 논문을 마친다. 이어서 1968~1972년 사이에 에얼랑엔 · 뉘른베르크 대학교(Friedrich-Alexander-Universität)에서 교수로 일한다. 1972년에 다시 튀빙엔으로 돌아와 튀빙엔 대학교에서 신약학 교수로 일하다 2000년에 은퇴한다.

슈툴마허는 이제까지 해온 자기의 신학연구를 종합한 두 권으로 이루어진 『신약의 비블리쉐 테올로기』(*Biblische Theologie des Neuen Testaments*)를 1990년대에 출간한다. 이 두 권의 저서를 통해 슈툴마허는 신약성서신학이 안고 있는 두 가지 근본적인 질문에 답하고자 한다. 하나는, 신약성서신학을 어떻게 정경의 요구에 합당하게 기술하느냐의 문제이다. 다른 하나는, 신약성서가 이스라엘의 성서인 구약성서와 어떤 관계에 있는가를 밝히는 문제이다. 제1권은 "토대: 예수에서 바울까지"(*Grundlegung. Von Jesus zu Paulus*)라는 부제로 1992년(^{2}1997; ^{3}2005)에 출간되었고, 제2권은 "바울학파에서 요한계시록까지. 정경과 그것의 해석"(*Von der Paulusschule bis zur Johannesoffenbarung. Der Kanon und seine Auslegung*)이란 제목으로 1999년(^{2}2012)에 출간되었다.

슈툴마허는 신약의 비블리쉐 테올로기를 "구약성서에서 유래하며 구약을 향해 개방된 성서적 신학"[10]으로 이해하고자 한다. 신구약성서를 따로 서로 분리하여 연구하는 현대적인 경향에 강한 이의를 제기하면서, 구

10) P. Stuhlmacher, *Biblische Theologie des Neuen Testaments I*, IX.

약성서와 신약성서를 분리시켜 다뤄서는 아니 된다고 역설한다. 양자를 분리시킨다면, 신약성서를 역사적으로 또한 신학적으로 왜곡하게 된다고 경고한다. 신약성서는 구약성서와 무관하게 정경이 된 것이 아니며, 구약성서는 최초의 그리스도인들의 성서로서 교회의 기독론과 구원론 및 윤리를 이루고 있는 성서적 신학의 토대이고, 따라서 신약신학은 성서적 신학의 두 번째 부분을 이루고 있는 반면 구약신학은 첫 번째 부분을 형성하기 때문이다. 이러한 이해 위에서 "(구약과) 신약의 성서적 신학은 세상을 창조하시고, 이스라엘을 당신 소유의 백성으로 선택하시고, 유대인과 이방인의 구원을 위해 그리스도로서의 예수를 보냄 가운데 역사하신 한 분이신 하나님을 선포하는 증언에 의해 구축된다"고 말한다.[11] 튀빙엔의 동료교수인 구약학 교수 하르트무트 게제(Hartmut Gese)의 전승사적 접근을 수용한 슈툴마허는 전승에 대한 방법론적인 의심에 반대하는 가운데 성서 전승에 대한 신뢰를 강조하는 이른바 "동의의 해석학"(Hermeneutik des Einverständnisses)을 주창한다.

또한 신약성서는 구약성서를 이스라엘의 성서로 받아들여 적극적으로 사용했을 뿐만 아니라, 한 걸음 더 나아가 구약이 제시한 주제와 전승을 수용하며 발전시켰다는 점을 강조한다. 신약이 증언하는 구원선포는 "하나님의 의지에 대한 그의 가르침과 더불어 전적으로 구약성서의 토대 위에서 형성되었다"[12]는 사실이 결정적으로 중요하다. 신구약성서는 대체로 상호 일치하는 주제를 갖고 있다고 전제하는 슈툴마허는, 특히 하나님이 인간을 향한 독생자 예수 그리스도를 통한 "속죄와 화해"(Sühne und Versöhnung)의 주제를 "성서의 중심"(Mitte der Schrift)으로 여기면서 이 주제를 통해 신구약성서 사이의 내용적인 연결성을 입증하고자 노력한다.[13] 이제

11) 같은 곳, 38.

12) 같은 곳, 6.

13) 슈툴마허는 70년대 말경 3학기에 걸쳐 진행된 "성서적 신학" 강의(WS 1976/77 ~ WS 1977/78)에서 "그리스도에 나타난 화해에 대한 복음"을 "신약성서의 핵심"이라 불렀다. 이와 같은 슈툴마허의 시도를 가리켜 롤로프(J. Roloff)는 "역사적 긴장과 문제점들을 무효화시키는 변증"

슈툴마허가 제시한 신약의 비블리쉐 테올로기를 발전시키기까지 전개된 그의 학문적 주요 여정을 살펴보고자 한다.

II. 비블리쉐 테올로기를 준비하는 단계(1958~1962년)

첫 번째 단계는 향후 완성될 슈툴마허의 비블리쉐 테올로기를 위한 준비단계에 해당한다. 이는 그가 박사학위논문을 작성한 시기까지를 가리킨다. 슈툴마허가 학부과정 동안 성서적 신학을 위한 전승사의 중요성을 강조하는 구약학 교수 하르트무트 게제(Hartmut Gese)의 지도를 받았음에도 불구하고, 전승사적 접근이 그의 소논문들 가운데 나타나지 않는다(D. Graf). 그러나 슈툴마허는 바울의 두 핵심 개념인 "하나님의 의"와 "복음"에 대한 개념사적 연구를 박사학위논문에서 시도한다. 이를 통해 바울이 초기 유대교와 구약성서로부터 근본적인 영향을 받았다는 사실을 전승사적 관점에서 밝혀낸다.

1. "바울에게 있어서 하나님의 의"(Gerechtigkeit Gottes bei Paulus, 1962년 박사학위논문)

1962년의 박사학위논문에서 슈툴마허는 바울에게 나타나는 "하나님의 의"의 중요성을 전승사적 뿌리의 토대 위에서 연구한다.[14] 슈툴마허가 에른스트 케제만(Ernst Käsemann)의 조교로 일하는 동안 케제만은 "바울에게 있어서 하나님의 의"란 주제로 옥스퍼드 대학 심포지엄에서 발표했다.[15]

이라고 비판했다(*cf. ThLZ* 119, 1994, 245).

14) 이 박사학위논문은 수정 보완되어 3년 뒤 출간된다: P. Stuhlmacher, *Gerechtigkeit Gottes bei Paulus, Göttingen*: V.&R., 1965(^{2}1966).

15) 이 강연이 신학저널에 발표된다: E. Käsemann, "Gottesgerechtigkeit bei Paulus", *ZThK* 58

여기에서 케제만은 불트만(R. Bultmann)의 입장에 반대하면서, 향후 학계에 커다란 파장을 일으킨 다음과 같은 테제를 제시했다. 즉, 바울에게 있어 하나님의 의란, 불트만이 주장하듯 개인에게 주시는 하나님의 선물일 뿐만 아니라 온 세상에 대해 구원을 이루시는 하나님의 권세라는 테제이다.[16] 슈툴마허는 이와 같은 케제만의 테제를 자신의 박사학위논문에서 더욱 첨예화한다. 그리하여 고후 5:21; 롬 1:17; 롬 3:4f; 롬 3:21–26; 롬 9–11; 빌 3:9에 근거하여 바울이 말하는 하나님의 의란, 개인을 향한 하나님의 선물이 아니라 온 세상의 구원을 위한 창조주 하나님의 권세라는 점을 강조한다. 이때 그는 "하나님의 의" 개념이 유대 묵시문학에서 유래한 개념임을 밝히고, 그것이 바울의 칭의론을 이루는 핵심 개념으로서 온 세상을 감싸는 차원을 담고 있음을 강조한다.

> **슈툴마허**는 자신의 주장을 입증하는 증거자료로서 바울서신보다 훨씬 상세하게 종교사적 배경을 다룬다. 칠십인경(LXX)은 인간에게 선사되는 하나님의 의 개념 용법과 거리가 멀다고 말한다. 구약적 배경과 관련해서는 **클라우스 코흐**(Klaus Koch)의 "구약에 나타나는 Sdq"(Sdq im Alten Testament) 연구에 의지하면서, (ה)צדק 개념은 야훼 하나님의 구원활동에 대한 제의적 선포에서 유래한 것으로 구원을 이루시는 하나님의 "공동체 신실함"(Gemeinschaftstreue)을 뜻한다고 본다. 구약은 단수적 전문용어 "야훼의 의"에 대해 알지 못하며, 따라서 하나님의 의에 대한 바울의 이해는 구약에 뿌리내리지 않았다고 말한다. 오히려 바울이 사용한 "하나님의 의" 개념 형성에 결정적인 것은 묵시문학(Apokalyptik)이라고 여긴다. 묵시문학은 그 개념을 언제나 하나님 자신의 창조적인 활동을 나타낸다고 말한다. 그에 대한 근거로 특히 1QS 10:25; 11:12; 1QM 4:6을 제시한다.

동시에 하나님의 의는 바울의 종말론과 기독론, 그리고 교회론의 핵심을 나타내는 개념임을 부각시킨다. 바울에게 하나님의 의는 "자신의 창조

(1961), 367–378.

16) 이러한 케제만의 입장에 대해 불트만이 다시 반박했다: "ΔΙΚΑΙΟΣΥΝΗ ΘΕΟΥ", *JBL* 83 (1964), 12–16.

에 충실하신 하나님의 해방시키시는 의"라고 결론짓는다(*Gerechtigkeit Gottes bei Paulus*, 203-236). 또한 슈툴마허는 예수의 선포는 본질적으로 비(非)묵시문학적이기 때문에 예수와 바울 사이에 어떤 전승사적인 연속성이 없는 것처럼 보이나, 오히려 "해방시키시는 하나님의 의의 증인"으로서의 예수의 인격에서 양자 사이의 연속성이 있다고 말한다. 그리하여 슈툴마허는 1964년 쓴 논문에서[17] "하나님의 해방시키시는 의에 대한 선포"(Botschaft von Gottes befreiendem Recht)를 신약성서의 중심으로 부른다.

자신의 박사학위논문에서 슈툴마허는 아직 구약과 신약의 관계를 훗날처럼 아주 밀접하게 연결시키지는 않았다. 전승사적으로 바울은 구약/유대적 존재론의 영향이 본질적이었다고 생각했고, "하나님의 의"가 궁극적으로 구약보다는 초기 유대교 묵시문학에 뿌리를 두었다는 입장을 가졌다. 그럼에도 불구하고 "성서적 신학"에 관한 모범적인 연구사를 쓴 한스 요아힘 크라우스(Hans-Joachim Kraus, 1918~2000)는 슈툴마허의 개념사적 연구를 가리켜 "비블리쉐 테올로기 프로젝트에 관해 매우 본질적이고 꼭 필요한 예비연구를 위한 뛰어난 실례"라고 평했다.[18] 슈툴마허의 박사학위논문에서는 아직 구약에 대한 해석학적 관점이 포괄적으로 명확히 드러난다고 말하기 어렵다. 하지만 신약성서 이해를 위해 구약적/초기 유대교적 전통이 무엇보다 필요하다는 점을 부각시켰다고는 말할 수 있다.

2. "바울의 복음: I. 전(前)역사"(Das paulinische Evangelium: I. Vorgeschichte, 1967년 교수자격논문)

교수자격논문(Habilitation)의 구조는 박사학위논문의 것과 유사하다. 먼저 바울의 중심 개념인 "복음"의 "전(前)역사"(Vorgeschichte)에 대해 다룬다. 복음이 헬레니즘적 전통에서가 아니라 구약/묵시문학적 전통에서 유래한

17) P. Stuhlmacher, "Eindeutige Verkündigung", *EvTh* 24 (1964), 486-504, 이곳 504, n. 49.

18) H.-J. Kraus, *Die Biblische Theologie*, 372.

것으로 설명한다. 슈툴마허에 따르면, 구약성서와 성서 이후 유대교의 예언자 및 지혜의 전통들이 초기 그리스도교와 사도 바울의 복음 이해에 결정적인 영향을 끼쳤다. 바울에게 복음은 "말씀 안으로 감춰진 하나님의 도래"로서 종말론적 구원을 믿는 자들에게 미리 드러내는 것이다, 바울의 이러한 복음 이해는 헬레니즘적 유대 그리스도교 신앙공동체에서 유래한 것으로서 묵시문학적 계시 이해(계 10:7; 14:6)로 거슬러 올라가며, 그것은 다시 하나님의 말씀에 대한 제2이사야서(사 40:9; 31:27; 52:7; 또한 사 44:24b-28; 45:15; 51:15f; 55:10f)의 이해에 근거한 것이라고 설명한다.

박사학위논문의 경우처럼 슈툴마허는 교수자격논문에서도 유대 묵시문학과 바울 사이에 놓인 전승사적 흐름을 확고히 한다. 이러한 흐름의 뿌리가 구약의 예언자 전통에까지 이르는 것으로 간주한다. 폰 라트(G. von Rad)와는 반대로 그러나 게제와 더불어 슈툴마허는 지혜(Weisheit)가 묵시문학의 아버지가 아니라 예언(Prophetie)이, 특히 제2이사야서가 묵시문학의 아버지라는 입장을 표방한다. 따라서 바울은 자신의 소명을 구약의 예언자 소명의 연속으로 이해했고, 또한 그의 복음을 구약/묵시문학적 하나님의 말씀 개념의 연속으로 이해했다고 말한다.

III. 비블리쉐 테올로기를 향한 본격적인 출발

슈툴마허는 선배 신학자들, 특히 케제만의 영향에서 벗어나면서 독자적인 입장을 취하게 된다. 교수자격논문을 발표한 이후 2번에 걸친 공개 강연에서 그 점이 분명히 드러난다.

1. 첫 번째 공개 강연(1967)

슈툴마허의 첫 번째 공개 강연은 1967년 요세프탈(Josefal)에서 열린 학술 모임에서 이루어진다. 이 모임은 "전통-해석-수용"(Tradition-Interpretation-Rezeption)이란 제목으로 개최되었다. 슈툴마허의 강연 제목은 "로마서 서문의 신학적 문제들"(Theologische Probleme des Römerbriefpräskripts)이고,[19] 강연 주제는 "로마서 1:1-7의 빛에서 본 신약의 그리스도 증언에 대한 구약의 관계"에 관한 것이다. 이미 이런 표현을 통해 슈툴마허가 구약과 신약의 관계에 대한 질문을 본격적으로 다루기 시작했다는 점이 드러난다. 교수자격논문에서 바울적 복음의 전승사적 "전(前)역사"(Vorgeschichte) 문제를 다룬 것과 달리, 여기서는 "신학적 문제들"에 초점을 맞춘다.

한마디로 슈툴마허는 구약성서가 복음의 증인이라는 점을 부각시킨다. 바울이 자기가 받은 소명을 구약의 예언자 소명의 연속으로 이해하고, 그가 전하는 복음을 구약의 묵시문학적 하나님 말씀 개념의 연속으로 이해했기 때문에 이러한 전승사적 흐름이 뜻하는 신학적 평가에 초점을 맞춘다. 슈툴마허는 구약에 관한 바울의 이해를 분석하면서, 다음과 같은 테제를 제시한다: "바울은 구약성서를 다루면서, 하나님은 그리스도 안에 나타난 그의 은혜로 최종적으로 모든 역사보다 선행하시는 분이라는 시각을 갖게 되었다."[20] 슈툴마허는 바울의 구약성서해석을 구원사적이며 동시에 유형론적이라고 이해하며, 오스카 쿨만(Oscar Cullmann, 1902~1999)이 말하는 "단선적 구원사적 도식"이라기보다 "카리스마적 선택적 새로운 해석"으로 파악한다. 아무튼 슈툴마허가 구약과 신약의 관계를 전승사적 관점에서 바라보고 있다는 사실은 분명하다. 슈툴마허의 이러한 입장은 현재적 종말론의 중요성을 강조하는 당시 유행하던 불트만 학파의 입장과 대립된 것이다.

---

19) *EvTh* 27 (1967), 374-389.

20) P. Stuhlmacher, "Erwägungen zum Problem von Gegenwart und Zukunft in der paulinischen Eschatologie", *ZThK* 64 (1967), 423-450, 이곳 440.

2. 튀빙엔 대학 교수 취임 강연(1973) – 두 번째 공개 강연

슈툴마허는 1968부터 1972년 사이에 에어랑엔 · 뉘른베르크 대학교(Friedrich–Alexander–Universität)의 교수로 있다가 1973년에 튀빙엔 대학교(Eberhart–Karls–Universität)로 새로 부임하는데, 이를 기념한 공개 강의가 1973년 4월 26일에 "예수의 부활에 대한 신앙고백과 성경 신학"("Das Bekenntnis zur Auferweckung Jesu von den Toten und die Biblische Theologie")[21]이란 제목으로 열렸다. 이것은 그가 튀빙엔에서 행한 두 번째 공개 강연이다. 여기에서 슈툴마허는 비블리쉐 테올로기를 위한 전승사적 접근을 시도한다. 이미 그는 첫 번째 튀빙엔 강연 이후 "역사적으로 성찰한 성경 신학의 시급한 공백상태"에 대해 수차례 언급했는데, 튀빙엔 대학교 교수 취임 강연은 신약의 비블리쉐 테올로기를 위한 그의 길에 초석을 놓았다고 말할 수 있다. 심지어 조직신학자 헬무트 틸리케(Helmut Thielicke, 1908~1986)는 슈툴마허에게 보낸 편지(1974.1.18.) 가운데 그 강연이 자신에게 단번에 깨우침을 가져다 준 "일대 신학사적 사건"이라고 썼다. 슈툴마허는 그 강연에서 자신의 프로그램을 담은 비블리쉐 테올로기의 전승사적 구상의 근거를 밝힌다.

당시 학계는 종교학자 카르스텐 콜페(Carsten Colpe, 1929~2009)와 신학자 마르틴 헹엘(Martin Hengel)에 의해 그리스도교 이전 시기의 영지주의 구원자 신화뿐만 아니라, 팔레스타인 유대교와 헬레니즘 유대교를 구분하는 시각에 대해 의심했다. 반면 폰 라트(G. von Rad, 1901~1971)와 침멀리(W. Zimmerli, 1907~1983)와 게제(H. Gese, 1929~현재)와 같은 구약학자들은 신구약성서의 전승사적 연관성을 강조했다. 그러한 연관성을 슈툴마허는 신약성서로부터 밝혀내려고 했다. 그리하여 초기 그리스도교의 토

---

21) 이 논문은 *ZThK* 70 (1973), 365–403에 실려 있고, 또한 슈툴마허의 논문집 *Schriftauslegung auf dem Wege zur Biblischen Theologie* (Göttingen 1975, 128–166)에도 실려 있다. 이 논문의 우리말 번역이 있다: 슈툴마허, 『성서해석과 성서신학』 (복음주의 신학총서 제20권), 강한표 역 (한신대학출판부, 1978).

대를 이루는 전승의 기원에 관해, 즉 예수 부활에 대한 신앙고백에 관해 질문을 제기한다. 그러한 신앙고백은 부활 현현을 체험한 증인들이 그 현현을 예수의 죽음과 더불어 생각하며 또한 그것을 하나님의 역사로 이해하고자 함으로써 생성된 것이라는 사실을 밝히면서 다음과 같은 결론을 이끌어낸다.

> "그리스도교의 부활고백은 오랜 전통작업에서 형성된 이스라엘의 하나님 고백을 예수의 죽음과 현현의 관점에서 기독론적으로 엄밀히 규정한 것이다. 그러므로 그리스도교의 부활고백에서 문서로 확증되는 점은 처음으로 이스라엘의 하나님 신앙이 극도의 언어적 발전을 하는 가운데 현현의 증인들에게 도움을 주어 그들의 신앙과 모든 그리스도인들의 신앙을 근거 지우고 유지하는 예수의 부활이라는 하나님의 행위를 인식하며 진술하도록 했다는 것이다. … 따라서 초기 그리스도교의 부활고백을 그 역사적, 신학적 위상 가운데 체계적으로 진지하게 받아들이는 신약신학은 구약에 대해 개방되어 있는 신약의 비블리쉐 테올로기로 설계되어야만 한다."[22]

슈툴마허는 신약에 나오는 수많은 기독론적 진술들이 전승사적으로 구약성서와 초기유대교에서 유래한다는 사실을 통해 자신의 시각이 입증된 것으로 여긴다. 또한 복음서들이 선포적 · 종말론적 역사이야기로서 장르사적으로 볼 때 구약 · 초기유대교 전통을 따르고 있다고 여긴다.

Ⅳ. 비블리쉐 테올로기를 위한 슈툴마허의 구상

1. 전승사적 접근

슈툴마허는 특히 구약성서와 신약성서가 전승사적으로 또한 신학적으

22) P. Stuhlmacher, "Das Bekenntnis zur Auferweckung Jesu von den Toten und die Biblische Theologie", 151.

로 서로 긴밀하게 연관되었다는 하르트무트 게제(Hartmut Gese)의 입장[23]을 따른다. 바울신학의 핵심을 이루는 "하나님의 의"와 "복음"이란 개념이 개념사적으로 구약 · 초기유대교 전통에서 유래했으며, 구약 · 초기유대교적 전통이 훗날 예수의 죽음과 부활에 대한 신앙고백에 관한 구원론적 해석을 담은 복음의 전승사적 배경을 이룬다는 사실을 밝힌다. 이와 같은 연구를 통해 슈툴마허는, 구약과 신약의 특별한 연관성, 즉 18세기 말 요한 필립 가블러가 교의학으로부터 성서신학의 해방을 선포한 후 강조되어 온, 구약과 신약의 관계성에 대한 교리적 자리매김을 역사적으로 입증할 수 있다고 생각한다.

2. 성서본문에 대한 "동의의 해석학"(Hermeneutik des Einverständnisses)

슈툴마허는 "동의"(Einverständnis) 개념을 철학적 해석학의 대표자로 통하는 한스 게오르크 가다머(Hans-Georg Gadamer, 1900~2002)가 말한 "영향사적 의식"(wirkungsgeschichtliches Bewusstsein)이란 뜻에서 사용한다. 즉, 주석가는 중립적인 관찰자로서 성서본문에 대하여 서 있는 것이 아니라, 그 본문들의 영향사 안에 있다는 것을 자각해야만 한다는 뜻이다. 다시 말하면, 성서본문들은 교회적 주석과 관련된 영향사적 의식 안에서 이해되어야 한다는 뜻이다. 슈툴마허가 말하는 동의의 해석학은 3가지 특징, 즉 교회적 특징, 역사적 특징, 그리고 현재적 특징에 합당한 해석을 가리킨다.

---

23) 게제(H. Gese)의 전승사적 입장에 따르면, 구약성서와 신약성서 그리고 이른바 신구약중간기 시대의 구약외경은 성서적 전통의 한 몸체를 형성한다. 다시 말해 구약과 신약으로 이루어진 전체 성서는 하나로 연결된 성장과정의 산물이며, 성서적 정경은 이러한 전승사적 발전의 마감을 이룬다. 신약성서는 이 전승과정의 목표이며 마감이고, 따라서 구약성서는 신약성서를 통해서 생성된다. 기독론 가운데 하나님의 계시에 관한 구약의 모든 전승들이 요약되고 마감된다.

1) 교회적 특징: 성서해석은 교회를 위한 것이어야 한다.

슈툴마허에게 성서는 역사적 자료집 이상으로서 교회가 복음에 대한 순종 가운데 도출해낸 것으로서 하나님과 그리스도의 목소리를 담은 교회의 정경이다. 하나님은 성서적 증언을 통해 자신을 드러내신다는 사실을 교회 전체와 각 신앙인이 체험하기 때문에, 성서에게 모든 학문적 주석보다 선행하며 학문을 초월하는 교회의 권위가 주어진다. 그러므로 성서해석은 진리의 우월성을 갖고 있는 성서에 봉사해야만 한다. 따라서 성서해석은 고전 1:18−2:16(사람의 지혜를 넘어서는 하나님의 지혜인 십자가의 말씀); 딤후 3:14−17(하나님의 감동으로 기록된 성경은 교훈과 책망과 바르게 함과 의로 교육하기에 유익한 책); 벧후 1:16−21(성경의 모든 예언은 성령의 감동하심을 받은 사람들이 하나님께 받아 말한 것)에 제시된 이해의 규칙을 면밀히 숙고할 필요가 있다고 말한다.

2) 역사적 특징: "역사비평방법"(historisch-kritische Methode)보다 더 좋은 성서해석방법은 현재까지 없다.

슈툴마허는, 성경이 역사의 책으로서 각 문서는 구체적인 역사적 상황에서 사람들에 의해 사람들을 위해 기록된 책이라는 사실을 인정한다. 따라서 성서해석이 성서의 역사적 성격을 밝혀내어 시대를 초월하는 하나님의 증언을 듣게 될 때, 성서를 가장 합당하게 다루게 된다고 믿는다. "우리는 현재 언어로 된 역사의 증언들을 해석하기 위하여, 역사적 방법보다 더 좋고 또 더 유능한 해석 방법을 갖고 있지 않다. 이 방법은 그동안 개신교회, 가톨릭교회, 또한 (부분적으로는) 정교회에서 초교파적으로 인정을 받고 있다"(*Vom Verstehen des Neuen Testaments*, 223).[24] 역사비평방법을 사용하는 것이 더 이상 개신교만의 업적이 아니며, 또한 반(反)성서적인 신성모독행위도 아니라고 본다. 또한 성서본문전승을 밝히기 위한 세분화되고 발전

---

24) 이 책의 우리말 번역이 있다: 『신약성서 해석학』, 전경연/강한표 역 (대한그리스도교출판사, 1986).

가능한 도구로서 역사적 방법은 교회적 성서해석에 비판적으로 사용되어야 하고, 필요한 경우 더욱 보충하고 발전시켜야 한다고 말한다.

> 성서해석 방법론을 둘러싸고 슈툴마허와 게르하르트 마이어(Gerhart Maier) 사이에 논쟁(1975~1978)이 있었다. 마이어는 튀빙엔 대학 신약학 교수였던 오토 미헬(Otto Michel)의 조교였고(1966~1968), 훗날 뷔르텐베르크 개신교회(Ev. Landeskirche)의 감독이 된다. 마이어는 1974년에 "역사비평방법의 종말"(Das Ende der historisch-kritischen Methode)[25]라는 저서에서 자신의 프로그램을 밝힌다. 여기에서 성서에 대한 내용비판은 계시서로서의 성서에 적합하지 않고, 그 대신 "역사 성서적 방법"(historisch-biblische Methode)이 필요하다고 주장한다. 이러한 마이어의 입장을 슈툴마허가 강하게 비판했다. 그는 "성서의 중심"인 그리스도를 통한 화해의 선포에 비추어 성서의 진술들을 비판적으로 판단하는 일이 필요하다고 여긴다. 올바른 성서이해를 둘러싼 논쟁이 이미 신약성서에 나타날 뿐만 아니라(갈 1:8; 고후 11:4; 바울과 야고보 혹은 히브리서의 대립), 오늘날 이단과의 싸움에서도 필요하다는 이유에서다.

물론 슈툴마허가 역사비평방법을 옹호하나, 성서적 증언들을 역사비평적 분석에만 종속시켜 그 연구 결과를 신학으로 내세우는 것에는 반대한다. 역사비평적 방법이 성령의 영감에 의해 기록된 성서에 대한 주석 및 구원사적 방향성을 띤 신앙과 맺고 있는 관계를 밝히는 데 초점을 맞추고자 한다(*Biblische Theologie I*, IX).

3) 현재적 특징: 주석은 현재적 삶의 상황에 대한 적용이어야 한다.

슈툴마허에게 성서주석은 교회적 삶의 문맥에 속한 것이며, 그러한 문맥이 성서주석의 출발점이며 목표점이다. 우리가 처해 있는 교회의 상황이 우리의 성서 이해를 더불어 규정짓는다고 여긴다. 따라서 생태, 사회

25) 우리말 번역이 있다: 『역사비평학의 종말』, 김성수 역 (여수룬, 1986).

윤리, 정치와 관련된 산적한 세계적인 문제들에 직면해 있는 현대의 상황에서 성서 주석은 단지 역사적 분석과 묘사에 만족할 것이 아니라, 그리스도의 증언에 입각한 그리스도교적인 책임을 위해 역사적으로 성찰되고 기초가 마련된 지침을 주어야 한다고 말한다. 이러한 상황 아래에서 성서 주석은 단순하면서도 동시에 뜨거운 다음과 같은 질문에 대한 답을 찾아야 하는 과제를 안고 있다고 말한다. 그것은 "왜 하나님은 예수의 이름으로 부르시고 계신가?(E. Fuchs) 절망적인 이 세상 안에서 인간에게 존엄한 삶이란 어떤 것일 수 있고 또 어떻게 나타나는가?" 하는 과제이다.

3. 신약의 비블리쉐 테올로기를 위한 4가지 강령

슈툴마허는 자신의 저서 『신약의 비블리쉐 테올로기』 제1권에서 신약성서신학의 과제를 다음과 같은 네 가지 강령으로 설명한다.[26)]

1) 제1강령: 신약성서신학의 주제와 묘사방법은 신약성서 자체에서 찾아야 한다.

이것은 슈툴마허가 행하는 신약성서 연구의 토대가 되는 강령이다. 이것은 그의 구약학 동료 하르트무트 게제가 말하는 "해석학적 근본강령"에 따른 것이다. 즉, "한 본문은 그것이 이해되기를 원하는 방식으로, 즉 그것이 스스로를 이해하는 방식으로 이해되어야 한다"(H. Gese, Grundsätze, 249). 슈툴마허는 이와 같은 게제의 강령을 아무 구분 없이 모든 텍스트에 적용하지 아니하고 특별한 의미에서 신약성서에 적용한다. 이를 자신의 저서 『신약성서의 이해에 관하여: 하나의 해석학』 (*Vom Verstehen des Neuen Testaments: Eine Hermeneutik*, Göttingen [2]1986)에서 다음과 같이 좀 더 정확하게

---

26) *Biblische Theologie I*, 1−38. Cf. D. Graf, *Unterwegs zu einer Biblischen Theologie: Perspektiven der Konzeption von Peter Stuhlmacher* (Göttingen, 2011), 248−270.

표현한다: "성서적 해석학은 다른 무엇보다도 성서 자체를 통해 설정된 해석학적 규범들을 따라야 한다"(35). 이것은 예컨대 불트만이 시도한 일종의 철학적 접근법인 실존론적 해석에 대한 거부를 뜻한다. 슈툴마허에 따르면 "신약성서신학이란 분과는 신약 책들의 선포내용들과 신앙사고들을 질서 있게 함께 조망하는 것을 제시해야 한다." 그것은 종교사학파의 중심인물인 빌리암 브레데(William Wrede)가 선호한 종교사적 접근이 아니라 신학사적 접근을 선호한다는 것을 뜻한다.[27] 따라서 슈툴마허가 추구하는 신약성서신학은 구할 수 있는 온갖 자료에 근거하여 초기 그리스도교의 역사 전체를 묘사하려 하지 않고 오직 교회가 수용한 정경만을 대상으로 삼는다.

2) 제2강령: 신약성서신학은 역사적 계시요구와 신약 정경의 교회적 의미에 합당해야 한다.

슈툴마허의 해석학은 교회의 정경 본문들을 지향한다. 따라서 정경적 본문들의 계시요구에 순종하는 것이 마땅하다는 입장이다. 그 요구란 본문 자체에 의해 표현된 내적인, 또한 그것과 소통하는 본문에 대한 교회적 수용에서 나온 외적인 면을 지닌다. "신약성서의 책들은 계시의 증언이기를 원한다. 따라서 그 책들은 이 책들 안에 담겨 있는 것을 진리로 수용하고 숙고하는 독자들에게만 그것의 신학적 진리 내용 안에서 자신을 열어 보인다"(*Biblische Theologie I*, 4). 슈툴마허는 정경을 교회의 창작물이 아니라, 교회에게 주어진 것이며 교회에 의해 추후에 확정된 것으로 여긴

---

27) 브레데는 1897년에 "이른바 신약성서신학의 과제와 방법에 대하여"라는 논쟁적인 글을 발표하였다: *Über Aufgabe und Methode der sogenannten Neutestamentlichen Theologie* (Göttingen, 1897). 종교사학파의 핵심 프로그램을 담은 이 글에서 그는 "신약성서적 신학"(neutestamentliche Theologie)이라는 구상이 **구시대적인 발상**이라고 선언하는 가운데, 대안으로 "초기 그리스도교 종교사 내지는 초기 그리스도교의 종교와 신학의 역사"("urchristliche Religionsgeschichte bzw. Geschichte der urchristlichen Religion und Theologie")라는 구상을 제시하였다. 교회의 권위에 의해 전수된 영감설은 학적인 차원에선 인정하기 어렵다는 것이며, 또한 신학적 시각은 연구자 개인적 시각에 채색되어 성서본문의 본래 의미를 밝히는 데 장애가 된다는 이유에서다.

다.[28] 즉, 정경은 단순히 공회에서 결정된 것이 아니라, 특정 문서들이 예배에서 사용할 목적에 확장되었으며 마르키온주의 및 영지주의와 논쟁하는 가운데 확정된 것이다. 구약성서와 신약성서는 성서적 정경의 첫 번째 부분과 두 번째 부분으로서 서로 구분할 수 있으나 분리시켜서는 아니 된다. 양자를 분리시킬 경우, 최소한 신약성서를 역사적으로 또한 신학적으로 바르게 이해할 수 없다.

3) 제3강령: 신약성서신학의 과제가 신약성서에 의해 주어지는 한, 그것은 신약적 신앙선포가 특히 구약성서에 근거하고 있다는 사실을 밝혀내고 존중해야만 한다.

두 번째 강령에서 슈툴마허는 신약성서적 자기 이해에 관해 질문했다면, 이제 초기 그리스도교 전체가 하나님의 말씀으로 여긴 "거룩한 문서"(γραφαί ἅγιαι), 즉 구약성서와의 관계에 대해 묻고자 한다. 초창기 그리스도인들은 이 성서를 성령에 의해 영감 받은 살아계신 한 분 하나님의 말씀으로 읽었다. 즉 세상을 창조하시고 이스라엘을 자신의 백성으로 선택하시고 나사렛 예수 안에서 약속된 메시아요 세상의 구세주를 파송한 하나님의 말씀으로 읽었다. 구약성서는 그리스도교 신앙에 근본적이고, 신약의 증인들은 그들의 그리스도 선포 전체를 의식적으로 구약성서의 토대 위에서 형성했다. 구약성서는 신약적 복음과 권면을 형성하는 데 결정적인 도움을 주었다. 이처럼 슈툴마허는 신약성서 전통이 무엇보다 구약성서 전통에 뿌리내리고 있다는 사실을 강조한다. 이런 시각에서 그는

28) 정경의 자기 관철에 관한 슈툴마허의 테제는 역사신학자 캄펜하우젠(Hans Freiherr von Campenhausen)의 입장을 따른 것이다. 캄펜하우젠은 자신의 저서 『그리스도교 성경의 탄생』(*Entstehung der christlichen Bibel*, Tübingen 1968)에서 다음과 같이 말했다: "정경적 수집물인 신약성서를 마르키온 이후 시대 교회의 창조물로 이해할 수 있다. 하지만 다른 한편 이 신약적 성서수집의 내용은 또한 교회의 문서들 자체는 어느 정도 '사도적 증언'으로서 주어져 있었다. 교회는 이 증언을 삶으로 불러내었지 그 문서들을 창조하지는 않았다. 교회는 그것들을 단지 수용하고 긍정하고 확정지었을 뿐이다. 따라서 정경은 내용적으로 볼 때 스스로를 관철시킨 것이지, 아무튼 교회의 작품이라고는 볼 수 없다"(381f, n. 12).

신약성서신학이 구약성서와 그 신학과 연관된 관계에 대해 다음과 같은 결론을 이끌어낸다: “신약성서신학은 구약성서를 향해 열린 신약의 비블리쉐 테올로기로 구상되어야 하며, 또한 구약과 신약의 일부 분과로서 함께 고려하는 비블리쉐 테올로기로 이해되어야 한다. 이와 같이 구축된 신학은 신약을 향해 열린 구약성서신학을 요구하고 전체 성서적 전통을 다룸으로써 목표에 도달한다.”[29]

구약성서의 그리스도교적 형태와 관련하여 슈툴마허는 “신약성서에서 바라볼 때, (원시) 그리스도교적 구약성서는 단순히 히브리 성서로 구성되지 않고, 칠십인경의 성서범위를 포함한다”고 말한다. 예수와 신약의 중심 저자들은 모두 태생적 유대인이었으며, 이방인 선교도 유대회당에서 시작되었을 뿐만 아니라, 그곳에서 특히 할례 받지 아니한 “하나님 경외자들”에게 향했다. 따라서 고대유대교는 신약적 신앙선포의 형성과 이해를 위한 결정적인 전승틀을 이룬다.[30] 슈툴마허에게 있어서, 신약성서는 단지 구약성서와 직접 관련되고 있다는 사실이 중요할 뿐만 아니라, 구약과 신약에 놓인 “전승의 연속성”(Traditionskontinuität)이 관건이다. 전승과 신앙고백의 연속성이 구약을 향해 열린 신약의 성서적 신학을 위한 근본적인 전제를 이룬다.

4) 제4강령: 신약성서의 선포는 역사적으로 볼 때 우선적으로 주후 1/2세기 그리스 로마 세계를 위한 그리스도교적 신앙증언으로 이해해야만 한다.

슈툴마허는 신약성서의 배경이 근본적으로 헬레니즘의 영향 아래에 있다는 사실을 진지하게 고려하고자 한다. 헹엘은 자신의 저서 “유대교와

29) *Biblische Theologie I*, 6.

30) 그럼에도 불구하고 슈툴마허는 고대유대교만이 신약성서의 배경을 이루고 있는 것은 아니고, 그리스 로마 세계, 이른바 “헬레니즘”도 배경을 이룬다는 점을 인정한다. 주전 3세기 이후 유대교와 헬레니즘이 팔레스타인 본토와 디아스포라에서 여러모로 관련되었다는 사실을 인정한다.

헬레니즘"(*Judentum und Hellenismus*, [1]1969; [2]1973)[31]에서 1세기 유대교가 전반적으로 헬레니즘의 영향을 입었다는 사실을 강조했는데, 슈툴마허는 그와 같은 사실이 신약성서신학에 중요하다고 여긴다. 이로써 신약 각 책들의 보다 정확한 이해가 가능해졌다고 보기 때문이다. 신약성서는 헬레니즘 세계의 언어와 사상에 참여한 것으로 보았고, 이를 "성서 증언의 역사성과 구체적인 종의 형상"이란 말로 표현한다(*Biblische Theologie I*, 11). 따라서 신약성서의 선포는 우선적으로 주후 1/2세기의 유대 헬레니즘적 세계를 위한 케리그마로 이해해야 한다고 말한다. 신약성서의 증언 내용을 조직적으로 묘사하는 일이 신약의 저자들과 수신자들이 처한 구체적인 종교적, 사회적, 정치적 삶의 정황으로 들어가야 할 의무를 면제시켜주는 것은 아니라 한다. 사회적 정신적 삶의 상황을 보다 분명히 알게 될수록, 그 본문들을 보다 잘 이해하게 된다. 따라서 신약의 성서적 신학이 종교사적 사회사적 질문을 배제시켜서는 아니 된다고 말한다.

V. 나오면서

슈툴마허가 제시한, 구약성서에서 출발하며 구약을 향해 열린 "신약의 비블리쉐 테올로기"(*Biblische Theologie des Neuen Testaments*) 모델은 그가 수행해 온 30년 동안의 연구를 결산하는 프로젝트라고 말할 수 있다. 슈툴마허는 이 프로젝트의 결과를 두 가지 진술로 요약한다. 첫째, "(구약과) 신약의 비블리쉐 테올로기는 한 분 하나님, 즉 세상을 창조하시고 이스라엘을 자신의 백성으로 선택하시고 그리스도이신 예수의 파송 안에서 유대인들과 이방인들의 구원을 위해 충분히 행하신 하나님에 대한 케리그마 증언을 통해 구성된다." 그것은 그리스도 중심 신학과 하나님 중심 신학의 토대 위에서 구약과 신약의 통일성을 찾는 일을 뜻한다. 둘째, "그리스도 복

---

31) 이 책의 우리말 번역이 있다: 헹엘, 『유대교와 헬레니즘 I–III』, 박정수 역 (나남, 2012).

음은 구약의 하나님 증언과 분리되어서는 아니 되고, 구약의 전통과 언어와 사고방식과 무관하게 이해되어서도 아니 된다." 구약의 하나님 증언과 분리될 경우 신약의 그리스도 증언은 온전히 이해하기 어렵고 그리스도교 신앙 역시 온전하지 못하다고 보기 때문이다.

1990년대에 들어서면서 "비블리쉐 테올로기"(Biblische Theologie) 모델을 표방하는 다양한 저서들이 본격적으로 세상에 나오기 시작하는데, 이들 저서들과 구분되는 슈툴마허의 구상이 갖고 있는 특징은 구약성서에서 출발한 전승과정이 신약성서에서 완성된 것으로 여기는 전승사적 접근에 있다. 그는 이미 자신의 두 주요 저서(*Gerechtigkeit Gottes bei Paulus*, [1]1965/[2]1966; *Das paulinische Evangelium*, 1968)에서 바울의 핵심 개념인 "하나님의 의"와 "복음"을 개념사적으로 구약 및 초기유대교 전통에서 유래한 것으로 밝혔고, 또한 복음의 중심을 이루는 예수 죽음의 구원론적 해석과 그의 부활에 대한 신앙고백을 위한 전승사적 배경으로서 그 두 개념의 중요성을 밝혔다. 이 두 연구를 통해 슈툴마허는 구약성서와 신약성서의 연결성을 역사적으로 입증하려고 애썼고, 다양한 신약의 전승을 그 배경에 자리 잡은 복잡한 전승층과 역사에 근거하여 해석하고자 노력했다. 이와 같은 슈툴마허의 전승사적 접근 방식은 불트만의 실존론적 성서해석 모델을 반대한다. 성서에 낯선 관점을 가지고 성서 텍스트를 해석하려는 일체의 해석을 반대하면서, 슈툴마허는 "동의의 해석학"을 주창한다. 그것은 곧 성서해석자가 성서 텍스트와 거리를 두어서는 아니 되고, 텍스트의 영향사 안에 들어가서 텍스트를 해석할 것을 요청한다.

슈툴마허가 구상한 "신약의 비블리쉐 테올로기" 모델은 구약성서의 독자성과 완전성을 존중한다는 장점을 갖고 있다. 하지만 동시에 신학적으로 중요하나 해결되지 않은 문제와 어려움을 안고 있다. 즉, 슈툴마허가 추구하는 "신약의 비블리쉐 테올로기"가 신약성서로 귀결되는 그리스도교적 전승과정 외에도 미쉬나와 탈무드로 발전된 유대적 전승과정이라는 구약성서의 이중 발전에 대해 어떻게 설명할 수 있을까 하는 문제이다. 또한 구약성서와 신약성서의 통일성에 관한 학계의 폭넓은 합의 없이 신구약 전체를 포괄하는 전체 성서적 신학을 구상하려는 노력에 따르는 어려움을 안고 있다고 말할 수 있다.

끝으로 슈툴마허가 수용한, 신구약성서를 일직선으로 연결된 전승과정으로 간주하는 "전승사적 연속성"의 시각에 대해 독일 에얼랑엔 대학교의 신약학 은퇴교수인 오토 메르크(Otto Merk)의 비판을 염두에 둘 필요가 있다. 그는 신구약 성서 내에만 국한시키는 비블리쉐 테올로기의 관심과 달리 지평을 넓혀 종교사적인 시각의 중요성을 강조하며, 또한 신약성서만이 갖고 있는 독특성이 상대화되는 위험성에 대해 경고한다.[32] 이러한 문제점에도 불구하고 슈툴마허가 구축한 "신약의 비블리쉐 테올로기" 모델은 그동안 성서학계가 경시해온 점, 즉 그리스도교 정경으로서의 구약성서와 신약성서 사이를 연결 짓는 신학적 중요성을 새롭게 강조하고 있다는 점에서 현대 성서학 발전에 크게 기여하고 있음에 틀림없다. 정경의 중요성을 진지하게 다루는 "비블리쉐 테올로기"를 향한 슈툴마허의 노력은, 성서학은 홀로 존재하는 것이 아니라 궁극적으로 신앙인과 교회의 삶을 위한 것이어야 한다는 그의 확신에서 나온 것이다.

32) O. Merk, "Gesamtbiblische Theologie. Eine offene Diskussion", in: Ch. Dohmen/Th. Söding(eds.), *Eine Bibel – zwei Testamente: Positionen Biblischer Theologie* (Paderborn/München/Wien/Zürich, 1995), 230ff.

Chapter_ 3

쿰란공동체의 성경해석

I. 들어가면서 – 쿰란공동체와 "성경"

예루살렘에서 남동쪽으로 20km 정도 떨어진 사해의 북서쪽 키르벳 쿰란(Khirbet Qumran)에 자리 잡은 쿰란공동체는 주후 66~74년에 있었던 유대 전쟁의 소용돌이에 휘말려 다른 유대종파들과 함께 역사에서 사라진 무리이다. 전쟁의 와중에 이들은 쿰란 지역 인근에 수많은 사본들을 숨겨두었다. 1947년에 베두인이 쿰란 인근 동굴에서 처음으로 고문서들을 발견한 이후 1949~1956년 사이에 여러 동굴과 거주지에 대한 본격적인 발굴이 이루어졌다. 수백 개의 동굴을 조사했는데 그중 11개의 동굴에서 수많은 사본이 발견되었다. 이를 가리켜 흔히 "사해사본" 혹은 "쿰란문서"라 부른다. 여기에는 구약성경의 본문 연구사에 중요한 여러 성경사본들 외에도 다양한 종류의 수많은 문서들이 발견되었다. 그 가운데는 여러 종류의 성경 주석서들도 있었다. 이를 통해 그리스도교 이전 시대 고대유대교(Ancient Judaism)에 속하는 한 유대 종파의 성경해석의 원칙과 방법에 대하여 배울 수 있다.

1. 쿰란공동체와 정경(Canon)

쿰란공동체가 어떤 성경을 갖고 있었고 또한 그것을 어떻게 해석했는가를 제대로 파악하기 위해서는 우선 이 공동체가 어떤 공동체였는가를 알 필요가 있다. 이들이 에센파와 어떤 관계에 있었는가를 둘러싸고 많은 논란이 있었으나, 오늘날 학계는 이들이 다름 아닌 "에센파"라 불리는 유대 종파에 속하는 무리였다는 입장을 대체로 수용하고 있다.[1] 따라서 쿰란 사람들을 가리켜 "쿰란에센파"(The Qumran Essenes)라고도 부른다. 에센파는 당시 유대교에서 찾아볼 수 없는 독특한 자기이해를 갖고 있었다. 그들은 자신들의 공동체를 "하-야하드"(היחד)라고 불렀다. "그 공동체(the community)"를 뜻하는 이 히브리어 명칭은 실로 놀라운 자의식의 표현이다. 즉, 그들은 자신들의 야하드를 전체 이스라엘을 대표하는, 지상에 하나밖에 없는 유일한 하나님의 언약공동체로 이해했다. 따라서 자신들의 공동체를 "하나님의 백성"(1QM I,5; III,13) 혹은 "이스라엘 공동체"(1QSa I,1; I,20; II,12)라는 이름 등으로 불렀다. 그들은 자신들의 공동체를 여럿 가운데 단지 하나의 공동체가 아니라, 종말에 있을 구원에 앞서 하나님께서 예비하신 참된 이스라엘 전통의 유일한 수호자로 이해하였다. 다시 말하면, 이스라엘 전체를 대표하는 유일한 종말론적인 언약공동체로 여겼다. 그것은 마치 초기 그리스도인들이 자신들의 공동체를 종말론적인 구원공동체인 하나님의 "에클레시아"(Ekklesia)로 이해한 것과 유사하다.

이들이 남긴 다량의 쿰란문서는 신약시대의 배경을 이루는 고대유대교의 실상을 이해하기 위해 더없이 중요한 자료이다. 과거에는 쿰란공동체를 사해의 북서쪽 "쿰란"이라는 외진 장소에 자리 잡고 수도원적인 생활을 영위한 작은 극단적인 섹트로 보는 경향이 있었다. 그러나 그러한 시각이 왜곡된 것이라는 사실이 여러 연구를 통해 드러났다. 쿰란 거주지는 에센파에 속하는 여러 거주지 중 단지 하나의 거주지에 불과하며, 또한 에센파는 고대유대교 당시 사회에 커다란 종교적 영향력을 끼쳤던 종파라는 사실이 분명해졌다. 유대 역사가 요세푸스(주후 37~100년경)에 따르면 1세기

---

1) 예컨대, A. Lange, "Qumran" ^{4}RGG 6 (2003), 1880~1884; J.C. VanderKam, *The Dead Sea Scrolls Today* (Grands Rapids, Michigan: Eerdmans, ^{2}2010), 97ff; 김창선, 『쿰란문서와 유대교』(서울: 한국성서학연구소, 2007), 88-96; 티모시 H. 림, 『사해 두루마리 사본』, 황선우 역 (서울: 동연, 2011), 85-95.

중엽 팔레스타인 유대교 내에 비록 6,000명 정도의 회원을 가진 바리새파의 규모에는 못 미치나, 에센파는 그에 견줄만한 4,000명이 넘는 회원을 가진 비교적 큰 규모의 종파로서 예루살렘과 인근 유대 지역에 거주한 종파였다(Josephus, Ant. 18,20; Philo, *Prob.* 75). 독일의 저명한 쿰란전문가인 하르트무트 슈테게만(Hartmut Stegemann) 교수는 네 복음서에는 바리새파와 구분되는 독자적인 그룹으로서 서기관들이 여러 차례 언급되고 있다는 사실을 지적하면서(막 7:1,5; 마 5:20; 12:38; 15:1; 23:2; 눅 5:21; 6:7; 11:53; 15:2; 요 8:3) 서기관이란 그룹 명칭에 에센파에 대한 기억이 담겨 있을 것으로 여기며, 또한 에센파 사람들을 "팔레스타인 유대교의 엘리트 서기관들"로 부른다.[2] 그러한 추측은 나름대로 설득력이 있어 보인다. 에센파는 성경에 토대를 둔 종말론적 공동체였으며, 그 회원들은 당시 누구보다도 빼어난 성경 지식을 소지한 사람들이었기 때문이다. 그들 가운데 유대 전쟁에서 살아남은 사람들은 향후 바리새파 중심의 랍비유대교에도 많은 영향을 끼쳤음에 틀림없다. 예컨대, 유대교 최초의 율법 모음집인 미쉬나(Mishna)가 예루살렘 성전 멸망 이후의 시기인 주후 200년경에 생성되었음에도 불구하고, 거기에 성전과 제사장 계층에 대한 관심이 여전히 나타나고 있다는 점에서 제사장 중심 조직인 에센파의 흔적을 발견할 수 있다.[3]

이제 쿰란공동체가 알고 있던 "성경"에 대하여 살펴보자. 쿰란에서 발견된 206개의 성경 사본은 전체 쿰란 사본의 대략 25%에 해당하며, 다양한 본문형태를 증거하고 있음이 밝혀졌다. 예컨대 "프로토 마소라 본문형태"(proto-masoretischer Texttyp) 외에도 "프로토 사마리아 본문형태"(proto-samaritanischer Texttyp)며 칠십인경(LXX)과 유사한 본문형태도 발견되었다.[4] 쿰란공동체가 살던 시대는 오늘날 우리가 알고 있는 구약성경의 형

---

2) H. Stegemann, *Die Essener, Qumran, Johannes der Täufer, und Jesus: Ein Sachbuch*, (Freiburg: Herder, [4]1994), 363f.

3) G. Stemberger, *Pharisäer, Sadduzäer, Essener* (Stuttgart: Kohlhammer, 1991), 131-133.

4) F.G. Martinez, "Überlegungen zur kritischen Ausgabe der Qumran-Texte und ihre Bedeutung für die Forschung", In Qumran aktuell, ed. by St. Berlerle/J. Frey (Neukirchen-Vluyn: Neukirchner, 2011), 8.

태와 동일한 성경이 아직 완전히 그 모습을 갖추기 전 단계였다. 따라서 엄밀한 의미에서 쿰란공동체의 "성경"이란 표현은 적절하지 못하다. 유대교가 하나님의 계시를 담고 있는 것으로 간주한 이른바 "정경"(Canon)의 범위는 주후 100년경에 전반적으로 수용되었고(Josephus, *Contra Apionem* 1,8; 4Esr 14:44–47), 정경의 완성에 대해서는 2세기 초 이후에나 말할 수 있기 때문이다.

랍비전통의 토대가 되는 문서인 미쉬나가 주후 200년경에 생성되면서 이른바 "정통 유대교"(Orthodox Judaism)라 불리는 바리새파 랍비유대교의 전통이 틀을 잡기 시작한 때에 이르러서야 비로소 토라(Tora, 율법), 느비임(Nebiim, 예언서), 케투빔(Ketubim, 성문서)의 세 범주로 구성된 이른바 "타낙"(TaNaK) 성경이 확립된다(예컨대 yMeg 73d–74a; BB 13b). 이 세 가지 범주의 순서는 정경이 된 순서를 나타낼 뿐만 아니라, 동시에 중요성의 위상도 나타낸다. 토라는 바탕이 되는 가장 중요한 책으로서 안식일 회당예배에서 연속적으로 봉독되는 본문(lectio continua)에 속한다. 또한 예언서는 토라에 대한 주석으로 간주되면서 회당예배에서 선별적으로 봉독된다. 이때 봉독되는 예언서 본문을 가리켜 "하프타롯"(Haftarot)이라 부른다. 그러나 성문서는 회당예배 때 앞의 두 경우와 견줄만한 역할을 하지 않는다.

비교적 이른 시기에 속하는 랍비 전승들(mEd 5,3; mYad 3,5; tYad 2,14; Meg 7a)은 정경 문제에 대해 본질적으로 언급하지 않고, 단지 아가서와 전도서 또한 에스더서와 같은 몇몇 문서들을 "양손을 부정하게 만드는" 문서로, 즉 정경으로 볼 것인지 여부를 둘러싼 논란이 있었을 뿐이다. 이렇게 보면, 에센파가 존속했던 주전 2세기 중엽부터 주후 70년에 이르는 시대에는 아직 구약성경의 최종형태가 채 완성되지 않았다는 사실이 분명히 드러난다. 다시 말하면, 쿰란공동체 시대에는 타낙 성경의 세 범주 가운데 앞의 두 범주인 토라와 예언서 범주는 완성된 상태이나, 이른바 "성문서"(케투빔)는 아직 완결되기 전 상태였다.

쿰란문서에 따르면, 공동체에 가입하려는 사람은 반드시 모세 오경 전체를 수용할 것을 선언해야만 했다. 그런데 특이하게도 예언서나 다른 문서들에 대해 맹세해야 한다는 언급은 전혀 없다. 이러한 사실이 에센파 관련 모든 법적 규정들을 종합한 것으로 주전 100년경에 생성된 "다메섹 문서"(CD)에 잘 나타난다: (CD 15:8-9) **"많은 사람들을 감찰하는 자와 이야기하는 날에 (신참자는) 언약, 즉 모세가 이스라엘과 맺은 언약에 맹세를 해야만 한다. *온 마음과 온 생명을 다하여 모세의 율법으로 돌아가리라고 말이다*"**; (CD 16:1-2) **"그 사람은(=신참자는) *모세의 율법*으로 돌아갈 책임이 있다. 그곳에 모든 것이 정확히 규정되어 있기 때문이다."** 에센파의 공동체헌장에 해당하는 "공동체 규율서"(1QS 5:7-9)에도 유사한 진술이 나온다: **"공동체의 모임 안으로 들어오는 자는 누구나 스스로 원한 모든 사람 앞에서 하나님의 언약 안으로 들어와서는, 모세가 명령한 모든 것에 따라 *모세의 율법*으로 돌아가리라는 맹세를 해야만 한다. 온 마음과 온 생명을 다하여 그에 의해 사독의 아들들인 제사장들에게 계시된 모든 것으로 돌아가야 한다."** 이러한 진술 가운데 쿰란공동체는 무엇보다도 모세 오경을 중요하게 여겼다는 사실이 잘 드러난다.

그런데 모세 오경과 예언서 이외에도 성문서 가운데 특별히 시편을 따로 구분하여 언급하는 문서도 있다. 이와 같은 구분은 네 번째 쿰란동굴에서 나온 4QMMT에 나타난다. 이 문서는 쿰란공동체의 설립자인 의의 교사가 자신의 적대자였던 당시 최고 세력가인 마카비 사람 요나단에게 보낸 주전 2세기 중엽의 편지다. 즉 에센파 창립 당시 주전 150년경에 생성된 문서이다. 여기에서 의의 교사는 요나단의 불법한 행위를 비난하는 가운데, 준수해야 할 유일한 권위의 근거로 토라와, 예언서, 그리고 다윗을 언급하고 있다: **"우리는 당신께, 당신이 모세의 책과 또한 예언자들의 책 가운데, 그리고 다윗 가운데에서 인식할 수 있을 것을 [글로 전달하였습니다]."** 물론 여기서 언급하는 "다윗"은 시편을 가리키는 말이다. 문맥에 따르면 이 세 종류의 책들만이 종교적인 삶의 올바른 방향을 제시하는 것으로 언급된다. 다시 말하면, 올바른 삶의 방향을 규정하는 권위 있는 문서로서 모세 오경과 예언서 그리고 시편을 지적하고 있다. 여기에 비록 "정경"이란 개념은 나타나지 않지만, 종교적인 삶의 올바른 방향을 제시하는 규범이 된다는 의미에서 이 세 그룹의 문서를 정경적 의미로 파악할 수 있다. 그럼에도 불구하고 모세 오경을 제외하고는 여기서 말하는 "예언자들의 책"이 구체적으로 어떠한 예언서들을 가리키는지 분명하지 않다. 또한 후대에 나타나는 정경으로서의 성문서에 속한 것으로 유독 "시편"만을 언급하고 있는 것도 특이하다. 아무튼 당시 성문서에 대한 구체적인 범위가 아직 확정되지 않은 것이 분명하다.

2. 성경해석의 전권을 가진 의의 교사

쿰란공동체가 자기 자신을 이스라엘 전체를 대표하는 유일한 종말론적인 구원공동체로 여긴 놀라운 자의식은 그들의 성경해석과 직결되어 있다. 또한 그들의 성경해석은 에센파 설립자의 자의식과 분리시킬 수 없다. 그의 이름이 전해 내려오지 않고, 단지 발견된 쿰란문서 가운데 "의의 교사"(Teacher of Rightousness)라는 칭호로 나타날 뿐이다. 이 사람이 누구인가에 대한 논란이 있었다. 쿰란문서가 발견되던 초창기 1950년에 프랑스인 쿰란 전문가 뒤퐁 소메르(A. Dupont-Sommer)가 르몽드 지에 쿰란에서 발견된 하박국 주석서(1QpHab)에 나오는 "의의 교사"가 고문받고 순교한 메시아라고 주장하면서 그가 여러 면에서 예수의 전형이라고 말했다. 또한 의의 교사를 예수의 형제 "의인 야고보"와 동일시한 경우도 있다(R. Eisenman; M. Baigent/R. Leigh). 더욱 황당한 해석은 한 쿰란문서에 의의 교사와 대적 관계에 있는 "거짓 제사장"이 나오는데(1QpHab), 그를 예수와 동일시하고 의의 교사를 세례 요한으로 간주하는 주장이다(B. Thiering). 이런 주장들은 전혀 근거가 없고, 당연히 학계에 받아들여지지 않았다.

"의의 교사"라는 칭호 자체가 토라에 합당하게 올바른 것을 가르치는 교사라는 뜻으로 이해할 수 있다는 점에서 그가 대제사장이었을 가능성이 크다. 일반적으로 대제사장은 백성에게 하나님께 이르는 바른 길을 가르치는 권한을 가진 사람으로 통했기 때문이다. 그동안 쿰란문서 연구를 통해 어느 정도 합의에 이른 것은, 의의 교사는 주전 2세기 중엽에 팔레스타인의 합법적인 대제사장이었는데 마카비 가문의 요나단에 의해 강제로 축출된 후 주전 150년에 에센파를 세운 사람이라는 사실이다. 의의 교사는 실로 독특하면서도 놀라운 자의식의 소유자였다. 그의 작품으로 간주되는 찬송시에서 그와 같은 사실을 엿볼 수 있다. 이 시는 첫 번째 쿰란 동굴에서 발견된 "호다욧"(Hodayot)이라 부르는 찬송시집에 들어 있다. 그 가운데 나타나는 한 찬송시가 다음과 같이 시작한다.

> "[4]주여, 당신을 찬송하옵니다. 당신은 저를 메마른 땅 위를 흐르는 샘으로 [5]만드셨기 때문입니다. 건조한 땅 위의 샘물로 또한 정원의 관개용수로 […] 당신께서 한 상록수를, 또한 느릅나무며 삼나무를 심으셨으니, 한 가지로 당신의 영광을 위해서입니다. [6]생명의 나무들이 물가의 모든 나무들 한가운데 비밀스런 샘에 감춰져 있네. 그들은 영원한 식물로 자라기 위한 싹을 내네. [7]그들이 자라기에 앞서 뿌리를 내리기 위함이네. [8]그리하여 그의 뿌리가 생명의 나무들을 향해 자유롭게 뻗어 있어, 영원한 샘물로 되네. 그 싹의 잎사귀들에 대항하여 숲의 온갖 짐승이 살아가네. 그리하여 그의 뿌리는 그 길을 지나가는 온갖 짐승을 위한 발판이 되네. [9]동시에 그의 가지는 모든 새를 위한 것이네. 또한 물가의 모든 나무들이 그의 위로 일어설 것인즉, 그것들을 심음으로써 그들이 자랄 것이기 때문이네. [10]그들이 그 뿌리를 물가로까지 뻗지 못할지라도. 그러나 그 성스러운 싹은 잎을 내어 진리의 나무로 자라게 하네. 감춰진 채 관심도 끌지 못하며 [11]알려지지도 않은 채, 그의 영원한 비밀로 남네"(1QH VIII, 4–11).

이 본문은 본래 1QH VIII, 4–40에 속하는 찬송시 중 앞부분에서 유래한 것이다. 이 시의 특징은 기도자의 자기 진술이 여러 은유적 표현을 통해 나타나는 데 있다. 특히 은유가 많이 나타나는 제5b–14b열에 이 시의 핵심 진술이 담겨 있다. 이 시가 에센파 설립의 역사를 은유적으로 묘사하고 있다는 사실을 필자의 은사인 게르트 예레미아스(Gert Jeremias) 교수가 밝혔다.[5)]

5) G. Jeremias, *Der Lehrer der Gerechtigkeit* (Göttingen: V.&R., 1963), 특히 260 이하를 참조하라.

위의 본문에 4개의 중요한 은유가 나타난다. 제6열과 9열에서 부정적으로 묘사되고 있는 "물가의 모든 나무들"이란 은유는 당시 세력을 잡고 있던 유대교 계층을 가리킨다. 이들은 생명수, 즉 올바른 가르침이 없이는 멸망할 것이다. 반면에 제6열에 언급된 "생명의 나무들"은 비밀의 샘에 감춰져 있으며, 싹을 내 영원한 식물로 자라기 위함이라고 긍정적으로 묘사된다. 이것은 당시 밀려드는 헬라화의 물결에 저항하여 유대 전통을 회복시키고자 애썼던 하씨딤을 가리킨다(마카베오상 2:42). 또한 제10열에 "그 성스러운 싹"이 언급되는데, 이것은 에센파를 나타내는 은유이다. 그리고 이 시의 저자인 의의 교사는 하나님께서 자기를 "메마른 땅위를 흐르는 샘으로 만드셨다"고 제4열에서 말함으로써 하나님을 찬양한다. 여기서 "샘"이란 단어는 이 시를 관통하면서 전체 시의 구조를 규정하는 개념이다. 샘은 고대유대교에서 종종 올바른 가르침을 나타내는 은유로 사용되었다(예컨대, Sir 24:27; En 49:1). 여기서 샘은 의의 교사의 가르침이나 혹은 의의 교사 자신을 가리키는 은유에 해당한다.

의의 교사는, 하나님이 자기를 메마르지 않는 샘, 즉 생명수의 원천으로 세우셨음에 대하여 감사의 노래를 하고 있다. 의의 교사가 하나님으로부터 받은 가르침으로 인하여, 그의 공동체, 곧 에센파가 작은 싹에서 시작하여 커다란 "진리의 나무"(제10절)로 성장하리라고 말한다. 바로 여기에 참으로 놀라운 의의 교사의 자의식이 드러난다. 그의 가르침이 바로 진리라는 것이다. 위에 언급한 시의 제17열에 보면 "그들은 흘러넘치는 개천이 되며 […] 끝없는 강물로 변하네"라는 표현이 나오는데, 여기에서 의의 교사는, 자신의 진리의 가르침은 마치 끝이 안 보이는 거대하며 강력한 물살을 이루어 어느 누구도 저지할 수 없으리라는 강한 확신을 나타내 보인다. 자기의 가르침에 힘입어 결성된 에센파가 진리의 나무로 성장하게 되는 것이 오로지 의의 교사 자신의 가르침에 기인한다는 것이다.

Cf. James H. Charlesworth, "An Allegorical and Autobiographical Poem by the Moreh Haṣ-Ṣedeq (1QH 8:4-11)", In "*Sha'arei Talmon*" (FS for Shemaryahu Talmon) ed. by M. Fishbane/E. Tov (Winona Lake: Eisenbrauns, 1992), 295-307.

그에 걸맞게 의의 교사가 죽은 뒤 40년 정도가 지난(CD XX,15) 주전 100년경에 생성된 쿰란문서 중 하나인 "다메섹 문서"(CD)에서 쿰란사람들은 "하나님께서 그들에게 의의 교사를 세우셨으니, 그들을 그의 마음의 길로 인도하시기 위함이니이다"(CD I,11)라고 언급함으로써 의의 교사가 자신들의 영적인 지도자임을 고백했다. 쿰란에센파를 진리의 공동체로 확신한 의의 교사는 자신을 통해 의와 악이 구분된다는 놀라운 진술을 한다(1QH 7:12 "나의 모든 적대자를 당신께서 법정에서 죄 있다 선언하시니, 나를 통하여 의와 악을 구분하십니다"). 이런 놀라운 자의식을 가진 의의 교사를 쿰란사람들은 성서해석의 유일한 통로라고 믿었다. 그리하여 주전 50년경에 기록된 쿰란공동체의 하박국 주석서(1QpHab 7:1-8)에서 "하나님이 의의 교사에게 자신의 종들인 예언자들의 모든 비밀을 계시했다"고 증언한다. 쿰란공동체는 설립자 의의 교사를 하나님의 계시의 유일한 중개자이며 성서해석의 전권을 가진 자로 믿었다.

3. "성전 두루마리"(11QTemple)는 쿰란공동체의 새로운 토라인가?

쿰란공동체는 토라의 권위에 절대적으로 순종하는 공동체였다. 어느 누구도 토라의 계명에 대해 이의를 제기할 수 없다. 절대적인 권위를 갖고 있는 토라 계명을 범할 경우 공동체에서 추방된다(1QS 8:21-23). 그런데 토라와 관련된 것으로 보이는 한 흥미로운 문서가 쿰란에서 발견되었다. 그것은 11번째 쿰란동굴에서 히브리어로 기록된 문서이다. 이 문서의 앞부분에 예루살렘 성전과 관련된 내용이 담겨 있다는 이유에서 "성전 두루마리"(11QTemple)라 부른다. 여기에는 모세와 다윗, 또한 솔로몬과 예언자 에스겔을 통해 모세 오경에 기록되어 있는 이제까지 있었던 다양한 하나님의 계시를 더욱 보충하거나 강화시키는 내용을 담고 있다.

슈테게만(H. Stegemann)은 성전 두루마리를 쿰란공동체가 설립되기 훨씬 전 주전 4세기 전반에 이미 집필되었을 것으로 추정한다. 그러나 주전 2세기 때의 산물로 여기는 사람도 있다(J. Maier; Y. Yadin; G.W.E. Nickelsburg). 예컨대 이스라엘 학자 야딘(Y. Yadin)은 요한네스 휘르카누스(Johannes Hyrkanus I, 주전 135–104) 때 기록된 에센파의 작품으로 여긴다. 그러나 성전 두루마리는 에센파의 창작물로 보기 어렵다(L. H. Schiffmann; H. Stegemann; R. P. Davies; H.-J. Farby; Nickelsburg; I. C. Werrett). 이 문서가 쿰란공동체 문서에 전혀 인용되지 않았을 뿐만 아니라, 에센파의 작품인 다메섹문서(CD)가 일생에 단 한 번만 결혼을 허용하는 것과 달리, 성전 두루마리는 왕비 사후 왕의 새로운 결혼을 허용하는 할라카 규정(11QTemple 57:15–19)이 나타나기 때문이다. 그뿐 아니라 성전이 더럽혀졌다고 간주한 에센파가 성전에 드리는 희생제물을 기도로 대치한 것과 달리, 성전 두루마리에는 여전히 성전이 중심 역할을 하고 실제적인 희생제물을 요구하는 것처럼 보이기 때문이다.[6] 근자에는 성전 두루마리의 최종 편집과 그 안에 담겨 있는 전승물을 구분하여 양자의 입장을 조정하려는 시각도 있다(A. Labahn). 열한 번째의 쿰란동굴에서 2개의 사본이 비교적 양호한 상태로 발견되었고, 66개의 두루마리 단(Column)이 대체로 잘 보존되었다. 사본 본래의 길이는 9m 정도이나 그중 대략 8m만 남았다. 발견된 사해사본 가운데 가장 긴 사본이다. 성전 두루마리의 우리말 번역은 강성열 교수가 번역한 책에서 찾을 수 있다(F. 마르티네즈/E. 티그셸라아르, 『사해문서 4』, 나남, 2008, 280ff).

성전 두루마리의 성격과 관련하여 다양한 시각이 있다. 슈테게만은 이 문서의 저자가 자신의 작품을 토라의 여섯 번째 책으로 이해했을 것으로 추정한다.[7] 즉 성전 두루마리 전체가 모세 오경과 동급으로 간주되어 모세 오경에 연속된 작품일 것으로 본다. 마치 창세기부터 민수기에 이르는 4권으로 구성된 토라의 기본구조에 신명기가 다섯 번째 책으로 첨가된 것과 같은 상황으로 여긴다. 하나님의 수많은 권면이 1인칭으로 나타남에서

---

6) H. Stegemann, "The Origins of the Temple Scroll", *VT.S* 40, 238–241.

7) H. Stegemann, *Die Essener*, 137.

이 책이 토라의 다른 책들과 동일한 권위를 드러낸다는 것이다. 크룹(M. Krupp)은 불법적인 대제사장(마카비 가문의 요나단)에 의해 거행되는 기존의 성전 제의를 용납할 수 없어서 성전을 떠난 쿰란공동체 제사장의 시각에서 일종의 새로운 토라를 제시하려는 시도로 간주한다.[8] 그러나 야딘은 성전 두루마리를 다메섹문서(CD 5:2–5)가 언급하고 있는 "봉인된 율법서"와 동일시하면서 의의 교사가 사악한 제사장에게 보낸 토라였을 것으로 추정하는 반면, 와이즈(O. Wise)는 이 작품의 의도를 신명기 12–26장의 내용을 대체하는 것에서 찾는다.[9]

성전 두루마리에서 하나님이 1인칭으로 말씀하시기 때문에, 이 문서는 스스로를 이스라엘을 향한 하나님의 직접 계시로 이해했다는 사실을 알 수 있다. 마소라 본문(MT)에 나오는 모세의 이름을 종종 제거할 뿐만 아니라, 그의 진술을 하나님 자신의 1인칭 진술로 만든다. 예컨대 신명기 21장 5절은 "레위 자손 제사장들도 그리로 갈지니 그들은 네 하나님 여호와께서 택하사 자기를 섬기게 하시며 또 여호와의 이름으로 축복하게 하신 자라"는 진술이 나오는데, 이를 성전 두루마리(11QTemple 63:3)는 "레위 자손 제사장들도 그리로 갈지니 그들은 내가 택하여 나보다 앞서 섬기고 나의 이름으로 축복하는 자라"는 진술로 바꾼다. 성전 두루마리는 놀라운 구조를 갖추고 있는 문서이다. 즉 성역과 정결함의 정도에 따라 완벽한 중앙집중식 구조로 이루어져 있다. 다시 말하자면, 성지 외곽에서 시작하여 성시를 거쳐 성전을 지나서 가장 성결된 장소인 지성소에 이르기까지 여러 성역에 대한 다양한 규정을 담고 있다. 여기에서 여러 성역들이 서로 엄격하게 구분되어 있음을 알 수 있다. 이 작품의 뒷부분에는 왕, 거짓 예언, 증인, 가족법, 성폭력, 근친상간법 등에 관한 규정도 나온다.

---

8) M. Krupp, *Qumran-Texte zum Streit um Jesus und das Urchristentum* (Gütersloh: Gütersloher, 1993), 73.

9) Y. Yadin, *Temple Scroll I* (Jerusalem, 1983), 396; O. Wise, *A Critical Study of the Temple Scroll from Qumran Cave 11* (Chicago: Oriental Institute of the University of Chicago, 1990), 200ff.

II. 쿰란공동체 특유의 성경해석방법

종말론의 핵심은 하나님의 개입을 통해 미래의 마지막 날에는 현재의 고난의 상황을 역전시킬 대전환이 일어나리라는 소망에 있다. 기원전 2세기 중엽 쿰란공동체 운동이 일어나기 전에 이미 팔레스타인 유대교 내의 일부 무리 가운데 종말이 멀지 않았다는 의식이 팽배했다. 그와 같은 사실은 기원전 164년에 생성된 구약의 유일한 묵시문학인 다니엘서에서 드러나며, 또한 다니엘서와 거의 동시대에 다른 무리에서 생성된 것으로서 빛의 세력과 어둠의 세력 사이에 전개될 종말 전쟁에 대한 여러 규정을 담은 이른바 "전쟁 규율서"(The War Rule 혹은 War Scroll)를 통해서도 나타난다.[10] 그런데 쿰란공동체의 등장과 더불어 새로운 양상이 전개되었다. 즉 쿰란공동체의 설립자 "의의 교사"(Teacher of Rightousness)는 자신이 속한 현재를 역사의 마지막 종말 단계로 확신하면서, 구약의 예언서들을 자신이 속한 현재 상황에 적용시켰던 것이다. 이와 같은 상황은 종말론적 공동체였던 초기 그리스도교의 경우와 유사하다. 초기 그리스도교는 메시아로 오신 예수님의 등장과 함께 이미 이 땅에서 미래에 있을 종말론적 약속이 현실화되기 시작했다고 믿었다. 그에 따라 구약의 종말론적 예언이 신약 시대와 더불어 성취된 것으로 여겼다. 그런데 유대교의 한 종파인 쿰란공동체 역시 예수운동보다 앞서 성경을 이미 종말론적으로 해석했다는 사실이 흥미롭다.

1. 쿰란공동체의 종말론적 성경해석

고대유대교의 여러 유대 종파 가운데 쿰란공동체는 성경 연구에 남다

10) "전쟁 규율서"(1QM)는 쿰란에서 처음으로 발견된 문서이나, 쿰란공동체의 창작물에 속하지 않고 앞선 시대에서 물려받은 전승물에 속한다. 십여 개의 사본이 쿰란에서 발견된 것으로 미루어 쿰란공동체가 이 문서를 중요하게 여겼다는 사실을 알 수 있다.

른 관심을 보였다. 그와 같은 사실은 쿰란공동체가 내세우는 일종의 공동체 헌장의 성격을 담은 문서로 첫 번째 쿰란 동굴에서 비교적 잘 보존된 형태로 발견된 이른바 "공동체 규율서"(The Rule of the Community)에 명확하게 드러난다.

> (1QS 6:6−8) "열 명이 모이는 곳에서는 낮이건 밤이건 언제든지 율법을 해석함으로써 서로를 돕도록 하는 사람이 그 자리에 없어서는 안 된다. 그리고 회중은 그 해의 매일 밤 3분의 1 동안 같이 율법책을 읽고 서로에게 그 법규를 설명하고 서로를 축복하는 일을 반복해야 한다."[11]

이처럼 쿰란공동체 사람들이 열정적으로 성경을 연구한 데에는 이유가 있었다. 그것은 성경이 하나님의 계시의 말씀이기 때문에 성경에 절대적으로 순종해야만 한다는 시각 외에도, 성경 가운데 자신들의 시대를 위한 진술이 담겨 있다고 확신했기 때문이었다. 그러한 확신은 그들이 갖고 있던 종말론과 관련이 있다. 실로 쿰란공동체는 고대유대교 종파 가운데 유일하게 확고한 종말론적 의식을 가진 종파였다.

이들은 마치 초창기 그리스도인들처럼 자신들의 시대가 역사의 마지막 단계에 속한 종말의 시대('aharit ha−yamim)라고 믿었으며, 자신들의 세대가 역사의 마지막 세대라고 믿었다. 쿰란공동체의 최고 지도자인 의의 교사는 악인에 대한 하나님의 최후심판과 이스라엘을 위한 구원의 시작을 자신이 살아생전 체험할 수 있으리라 여겼다. 그러나 최후심판 날이 도래하기 전에 그가 기원전 110년경에 고령으로 사망하자, 쿰란공동체는 최후심판 도래의 날에 대해 다시 생각하기 시작했다. 그리하여 의의 교사가 사망하고 나서 최후심판의 날이 오기까지 대략 40여 년이 걸리리라고 믿었다(CD 20:14f). 즉 기원전 70년경이 되어야 그날이 도래하리라고 믿었던 것이다. 그런데 정작 그때가 되어도 최후심판이 성취되지 않고 오히려

11) 이 글에서 소개하는 쿰란문서 본문은 강성열 교수가 번역한 F. 마르티네즈/E. 티그셸라아르, 『사해문서 (1~4권)』(파주: 나남, 2008)에 따랐다. 필요한 경우 약간 수정했다.

살로메 알렉산드라 여왕의 통치는 여전했고 대적자인 바리새파의 세력은 날로 증가일로에 있었다. 그러자 쿰란공동체는 기원전 1세기 중엽에 들어와 최후심판 날을 다시 산정해내기 위해 예언서 연구에 매진했고, 그 결과 최후심판의 날을 다시 후대로 미룬다(1QpHab 6:12–7:14, 특히 7:7f, 12). 그러한 지연의 근거로 다음의 두 가지 사항을 언급한다: 첫째, "하나님의 비밀은 놀랍다"는 것이다(1QpHab 7:8). 다시 말해 인간은 놀라운 하나님의 비밀을 온전히 파악해낼 수 없다는 뜻이다. 둘째, 악인들의 죄를 두 배로 가중시켜 그들이 최후심판에서 영원히 정죄받게 되리라는 것이다(1QpHab 7:15–16).

아무튼 쿰란공동체는 자신들의 현재 상황을 끝낼 임박한 종말에 대한 대망을 항시 붙잡고 살았다. 그들이 남긴 "멜기세덱 미드라쉬"(11Melch)에 따르면 역사를 마감하는 최후심판 과정이 7년 정도 지속될 것으로 여겼다. 반면 전쟁 규율서(1QM 2)에 따르면, 6년간의 준비기간과 1년간의 해방의 해를 지나 전개될 33년 동안의 종말 전쟁기간을 합쳐 모두 40여 년 동안에 걸쳐 최후심판이 완성된다고 생각했다. 그 기간 동안 빛의 세력과 어둠의 세력이 서로 싸우게 되는데, 이 세상에 존재하는 악의 세력이 점차 멸망하는 것과 비례하여 선의 세력이 점차 확장된다고 믿었다.

쿰란공동체는 자신들이 바로 그러한 종말의 단계에 살고 있다고 확신했다. 하나님의 계시의 유일한 중개자이며 성서해석의 전권을 가진 자로 간주되는 의의 교사를 통해 전수된 성경 연구에서 그와 같은 확신을 얻었다. 그에 따라 쿰란공동체는 여러 성경주석서들을 세상에 남겼다. 이들이 남긴 주석 문헌은 기원전 175~164년 사이에 있었던 헬레니즘의 영향을 받은 종교개혁의 움직임 이래 고대유대교의 본격적인 주석 문학을 증거하며, 그 시점에 와서 비로소 성경주석서들이 양산되기 시작했다. 이와 같은 사실은 당시 권위를 지닌 텍스트를 다루는 데 커다란 변화가 있었다는 것을 암시하며, 바로 그 시점에 유대교는 비로소 하나의 틀을 갖춘 성경이해를 발전시켰다고 볼 수 있다.[12] 당시 쿰란공동체는 특정한 형태를 갖춘 주석 문학을 남겼는데, 그것이 바로 페샤림이다.

2. 페샤림 – 쿰란공동체 특유의 성경 해석

1) 페샤림(Pesharim)이란 무엇인가

발견된 쿰란문서 가운데 처음부터 성서학계의 관심을 끈 문서들이 있었다. 그것은 다름 아닌 예언서들을 해석한 문서들이었다. 여기에서 말하는 예언서란 물론 구약성경에 나오는 예언서들을 가리킨다. 게다가 이른바 "성문서"(Hagiographa) 범주에 속하면서도 이른 시기부터 영감 받아 기록된 예언자적 계시 문서로 간주된 구약의 시편도 포함한다. 예언서 해석을 담은 이 문서들은 예언서에 나오는 개별 단락별로 혹은 한 절 한 절씩 연이어서 본문에 충실하게 인용하고 있으나, 예언서 본래의 문맥을 전혀 고려하지 않고 예언서의 내용을 쿰란공동체의 삶과 관련시켜 해석한 문서임이 드러났다. 이처럼 구약성서에 나오는 예언자적 성격의 개별 구절들을 당시 상황을 염두에 둔 진술로 보지 않고 미래의 독자에게 결정적인 관계나 입장에 대한 해석으로 보는 시각은 이미 구약성경 자체 안에서도 부분적이나마 나타난다. 예컨대, 다니엘서 9장의 저자는 예레미아가 예언한 70년(year) 동안의 바벨론 포로기를(렘 25:11–12; 29:10) 70x7년(year–week), 즉 490년으로 해석하면서 저자 자신의 시대, 즉 기원전 165년경에 일어날 예언으로 해석했다. 에녹서와 희년서와 12족장의 유언서에도 유사한 시각이 나타난다. 그러나 구약의 예언서 각 책 전체를 그와 같은 방식으로 해석한 상황이 드러난 것은 비로소 쿰란문서를 통해서였다.

---

12) A. Lange, *Religion in Geschichte und Gegenwart* VI (2003), 1885f. 고대유대교 시대의 성서해석과 관련하여 다음을 참조하라: Chr. Dohmen/G. Stemberger, *Hermeneutik der Jüdischen Bibel und des Alten Testaments* (Stuttgart: Kohlhammer 1996); 천사무엘, 『신구약중간시대의 성서해석』 (서울: 대한그리스도교서회, 2014).

미래의 시점을 위해 예언한 구약의 예언서들을 쿰란공동체의 현재 시점과 관련된 예언으로 보면서 본문을 연속적으로 해석한 시도는 쿰란공동체의 설립자인 의의 교사에게서 비롯되었다고 말할 수 있다. 의의 교사에 앞서 어느 누구도 성경의 예언서 전체를 자신의 현재 시대와 직결된 예언으로 해석한 사람이 일찍이 없었다. 의의 교사로부터 전수받은 예언서 해석을 쿰란공동체는 하나의 문학적 방법으로 발전시켰다. 그러한 종류의 문서를 가리켜 단수로는 "페셔"(Pesher) 복수로는 "페샤림"(Pesharim)이라 부르고, 그러한 방법의 주석을 가리켜 "페셔 방법"(Pesher-Method)이라 부른다. "페셔"(פשר =pesher)라는 히브리어는 "해석" 혹은 "주석"을 뜻한다. 그와 같이 부르는 까닭은 쿰란공동체가 구약의 예언서 전승을 한 절 한 절씩 연속적으로 인용하면서 각 절을 주석할 때마다 "피쉬로"(פשרו = "그것의 해석은")라는 단어로 시작하는 해석에서 붙여진 이름이다. 예언서를 현재 자신의 시대에 관한 예언으로 해석하는 쿰란공동체의 방법은 훗날 세례 요한과 예수 및 초기 그리스도교에도 영향을 끼쳤을 것으로 추정된다. 쿰란에서 다수의 페샤림이 발견된 것으로 보아 쿰란공동체가 이와 같은 문학 장르를 선호했다는 사실을 알 수 있다. 한 작품에 대해 서너 개의 필사본이 발견되는 경우도 있다. 발견된 사본을 17개를 모두 나열하면 다음과 같다(소문자 p는 Pesher의 첫 철자를 따온 것이고, 1Q, 3Q, 4Q, 5Q는 발견된 쿰란 동굴 번호를 뜻한다).

- 하박국서 주석 : 1QpHab
- 미가서 주석 : 1QpMic(=1Q14), 4QpMic(=4Q168)
- 스바냐서 주석 : 1QpZeph(=1Q15), 4QpZeph(=4Q170)
- 시편 주석 : 1QpPs(=1Q16), 4QpPsa(4Q171), 4QpPsb(4Q173)
- 이사야서 주석 : 3QpIsa(=3Q4), 4QpIsaa-e(=4Q161-165)
- 호세아서 주석 : 4QpHosa(=4Q166), 4QpHosb(=4Q167)
- 나훔서 주석 : 4QpNah(=4Q169)
- 말라기서 주석 : 5QpMal(?)(=5Q10)

• 4QpUnid(4Q172)

이 작품들이 본래 생성된 시기는 대략 기원전 100~30년 사이로 추정한다. 여기에 언급된 필사본들은 하나같이 온전히 보존되지 못하고 단지 단편으로만 발견된 것이 실로 유감스럽다. 이어서 쿰란공동체가 페셔 방법에 따른 성경주석을 구체적으로 어떻게 수행했는가를 세 가지 본문을 선택하여 살펴보려 한다. 쿰란에서 발견된 페셔 필사본 중 가장 먼저 생성된 것으로 간주되는 이사야 주석부터 다루고자 한다.

2) 이사야 주석(4QpIsa)

쿰란공동체가 남긴 페샤림 가운데 가장 오래된 것은 기원전 100년경에 만들어진 "이사야 주석"(4QpIsa)이다. 이사야서 본문을 쿰란공동체의 현재 시점에 관한 진술로 파악하면서 자신들의 대적자들과 관련시켜 주석한 작품이다. 이 작품은 일종의 변증적인 성격을 띠고 있다. 쿰란공동체가 전체 이스라엘을 대표한다는 기치로 기원전 150년경에 설립되었으나, 압도적인 수의 이스라엘 사람들은 여전히 이 구원공동체에 속하지 않고 있고, 또한 바리새파를 위시하여 사두개파며 정치세도가들과 적대관계에 처한 상태를 이사야 예언자가 이미 예언한 바로 그대로 된 것이라는 사실을 입증하려고 하였다. 이사야 주석 중 일부만 아래에 소개하려 한다. 중간 중간에 본문이 파손되어 빈칸으로 되어 있어 문맥 파악이 쉽지 않다.

제1단편 〈Col. 1〉 (사 10:20) **"[그 날에 이스라엘의 남은 자와 야곱의 생존자들이 다시는]** [21]**[그들을 공격한 자들을 의지하지 않고 이스라엘의 거룩하신 분인 야훼를 진실하게 의지할 것이다.** [22](사 10:21)**[남은 자, 곧 야곱의 남은 자]가 [용사이신 하]나[님께로 돌아올 것이다.** (공백) [23][그 해석은 이렇다: 이]스라엘[의 남은 자]는 [그가 선택하신 자의 회중을 의미한다. …] [24][…] 그의 병사들과 … [… 야곱의 남은 자는] [25][…], 왜냐하면 […]
제2–6단편 〈Col. 2〉 (사 10:22) [이스라엘아, 네 백성이 바다의 모래와 같

다고 해도 남은 자만 돌아올 것이다. 파멸이 결정됨으로써] [2]**[공의가 넘칠 것이다. 왜냐하면 이미 결정된 파멸을 만군의 야훼이신 주께서 온 땅 안에서 실행하실 것이기 때문이다.]** [3][그 해석은 …과 관련되어 있다.] 그 까닭은 […의 아들들] […] [4][그의 백성의 [… 그리고 본문이 말하는 바는 이렇다: **이스라엘아, 네 백성이 바다의 모래처럼 많다고 해도]** [5]**[남은 자만 돌아올 것이다.] 파[멸이 결정]됨으로써 공[의가] 넘칠 것이다.** [(공백) 그 해석은] [6]살[육의 날]에 파[괴하는 …와 관련되어 있다.] 그리고 많은 사람들이 멸[망할 것이요 ….] [7][… 그러나 그들은] 그 땅에 심기[움]으로써 확실하게 구[원을 얻을 것이요 …]

위의 본문이 언급하는 "그가 선택하신 자"는 "의의 교사"를 가리키고, 그가 세운 "회중"은 다름 아닌 쿰란공동체를 가리킨다. 오직 쿰란공동체에 속한 사람들만이 마지막 종말의 날에 구원을 받을 것이고, 그렇지 아니한 사람들은 모두 멸망할 것임을 말한다. 이를 통해 쿰란공동체가 자신들의 공동체를 종말의 시대에 하나님이 구원해줄 "이스라엘의 남은 자"로 이해하였다는 사실이 잘 드러난다. 이어지는 시편 주석에서는 쿰란공동체의 삶과 관련된 종말론적 해석이 좀 더 구체적으로 드러난다.

3) 시편 주석(1QpPs; 4QpPs)

쿰란공동체의 "시편 주석" 필사본은 4개 발견되었다(첫 번째 쿰란동굴에서 하나[1QpPs(=1Q016)], 네 번째 쿰란동굴[4Q]에서 셋[4Q171-173]). 보존된 단편에 따르면 저자는 시편 37편에서 주석을 시작하고, 이어서 시편 45편으로 곧장 넘어간 다음, 이어서 시편 60편, 68편, 그리고 129편이 뒤따른다. 그 중간이나 그 이후에도 시편 주석이 존재할 수 있으나, 발견되지 않았다. 이 시편 주석은 쿰란공동체의 설립자 의의 교사가 사망한 기원전 110년경 이후 시점인, 바리새파에 적대적이었던 하스몬 왕 알렉산더 야나이(Alexander Jannai, 103-76 B.C.)의 통치 기간 중에 생성된 것으로 보인다(H. Stegemann). 시편 37편의 주석 일부를 소개하면 다음과 같다.

〈Column 1〉 (시 37:6) "… [[20]**그가 네 의를 빛 같이 나타내시고, 네 공의를**

정오의 햇살같이 빛나게 하실] 것이다.” [21][그 해석은 가난한 자들의 회중과 관련되어 있다. 그들은 하나님]의 뜻을 [행할 준비가 되어] 있다. [22][…] 교만한 자들을 선택하고 [23][…] 그들은 단정치 못함을 좋아하며 […]을 미혹한다. [24]에[브라]임의 손에 있는 악함을 […] (공백) (시 37:7) [25]**[“야훼] 앞에서 잠잠하고 그를 기다려라. 형통함을 누리는 자들로 인하여, 그리고 음모를 [꾸미는] 자들로 인하여 괴로워하지 마라.”** [26]그 [해석]은 거짓의 사람과 관련되어 있다. 그는 많은 사람들을 [27]속이는 말로써 미혹하였다. 왜냐하면 그들이 무가치한 것들을 선택하며, 지식의 해석자에게 귀를 기[울이]지 않았기 때문이다.

〈Col. 2〉 [1]그들은 칼과 굶주림과 전염병에 죽을 것이다. (시 37:8-9) **“분노를 버리고 노여움을 억제하여라. 안달하지 마라. [2]그것은 단지 악을 만들 뿐이다. 왜냐하면 악을 행하는 자들은 끊어질 것이기 때문이다.”** 그 해석은 율법으로부터 방향을 돌이킨 자들 모두와 관련되어 있다. [3]그들은 자기들의 악한 행동으로부터 돌이키기를 거부한다. [4]자신들의 죄로부터 돌이키기를 거부하는 자들은 모두 끊어질 것이다. (시 37:9) **“그러나 야훼를 소망하는 자들은 땅을 차지할 것이다.”** 그 해석은(wrvp): [5]그들은 그가 선택하신 자의 회중을 가리킨다. 그들은 그의 뜻을 실천하는 자들이다. (시 37:10) **“잠시 후면 악한 자들이 더 이상 존재하지 않을 것이다.** [6](공백) [7] **“내가 그곳을 바라보아도 그는 더 이상 그곳에 있지 않을 것이다.”** 그 해석은 40년 기간의 마지막에 있을 온갖 악과 관련되어 있다. [8]왜냐하면 그들은 모두 망하였기에 땅 위에서는 [악]한 자를 한 명도 찾을 수 없기 때문이다. (시 37:11) [9]**“그러나 온유한 자들은 땅을 차지할 것이요, 큰 평화를 누릴 것이다.”** 그 해석은 [10]가난한 자들의 회중과 관련되어 있다. 그들은 고통을 이겨낼 것이요, 벨리알의 모든 올무로부터 건짐 받을 것이다. [11]그 후에 그 땅을 차[지]할 자들은 모두 즐거워하면서, 육체를 즐겁게 할[만한] 온갖 것들로 배부를 것이다. (시 37:12-13) [13]**“악인이 의인을 향하여 음모를 꾀하고, [그를 향]하여 [그의 이를] 갈지만, 야훼께서는 그를 비웃으신다. 왜냐하면 그는 [14]악인의 날이 다가옴을 알고 있기 때문이다.”** 그 해석은 유다의 집에 있는 언약 위반자들과 관련되어 있다. [15]그들은 공동체 공의회 안에 있는 자들, 곧 율법을 지키는 자들을 멸하려고 애쓴다. 그러나 하나님께서 그들을 [16]그들의 손에 넘기지 않을 것이다. (시 37:14-15) **“악인들은 칼을 뽑고 활을 당겨 가난하고 궁핍한 자들을 쓰러뜨리며, [17]바른 길을 걷는 자들을 죽이려고 하지만, 그들의 칼이 도리어 그들의 가슴을 찌르고 그들의 활은 부러질 것이다.”** [18]그

해석은 에브라임과 므낫세의 악인들과 관련되어 있다. 그들은 제사장들과 [19]그의 공의회 구성원들에게 손을 대려고 애쓸 것이다. 그들에게 임할 시험의 시간 동안에 말이다. 그러나 하나님께서 그들을 [20]그들의 손으로부터 구원하실 것이요, 그 후 그들은 무자비한 민족들의 수중에 떨어져 심판을 받을 것이다.

〈Col. 3〉 (시 37:23–24) [14]"**[사람의 길]은 야[훼]로 인하여 안전하다. 그는 그의 [길]을 기뻐하신다. 그는 비틀거릴지라도 넘어지지 않는다. [15]왜냐하면 야[훼께서 그의 손을 붙드시기 때문이다.**"] 그 해석은 그 제사장, 곧 [의]의 교사와 관련되어 있다. [16]하나님은 [그를 선]택하셔서 […] 서게 하시고, 그로 하여금 [진리의 길로 선택된 자들의] 회중을 세우게 하시고, [17]자기의 [길]을 진리 안에서 곧게 하셨다.

〈Col. 4〉 (시 37:32–33) "[7]**악인은 의인을 엿보면서 [그를 죽이려고] 애쓰지만, [야]훼께서 [그를 악인의 손에 버려두지 않으시며,] 재판할 때에도 그를 정죄하지 [않]으신다.**" [8]그 해석은 사악한 [제]사장과 관련되어 있다. 그는 의[인]을 정[탐]하며, 그를 죽이려[고 애쓰지만 …] [9]그가 그에게 주신 율법 […] 그러나 하나님께서는 재판하실 때에 [그를 버려두지] 않으시고 [그를 정죄하지도 않으신다.] 도리어 [하나님께서는 사악한 제사장에게] 보복하시고, 그를 [10]무자비한 민족들의 손에 넘겨주실 것이다. 그리하여 그들은 그를 향한 [보복을] 실행할 수 있을 것이다.

위에 소개한 시편 37편에 대한 주석은 의인의 운명과 악인의 운명을 대립시키고 있다. 이 본문은 의의 교사와 그의 공동체가 사악한 제사장에 의한 박해로 인해 곤궁에 처한 상황과 관련된 것이다. 시편 37편의 진술을 쿰란공동체 역사의 과거와 현재 그리고 미래의 세 차원과 관련시켜 해석하고 있다. "지식의 해석자"(1:27)며 "그 제사장"(3:15)으로 불리고 있는 의의 교사와 그의 두 주적인 "사악한 제사장"과 "거짓의 사람"에 대한 묘사 부분은 과거의 일과 관련된다. 제3~4컬럼은 "사악한 제사장"으로 불리는 마카비 가문의 왕 요나단이 의의 교사를 살해하려고 꾀하였으나, 그것이 실패로 돌아갔다는 사실과, 또한 훗날(기원전 143년) 요나단이 셀레우코스 왕국으로 잡혀가 처형당한 과거의 사실을 반영한 해석이다. "에브라임과 므나세"(2:18)는 유다 북쪽에 위치한 변절한 두 지파로서 쿰란에센파의 대적자인 바리새파와 사두개파를 가리킨다. 이들에 대한 묘사 부분은 쿰란공동체의 현재 시점과 관련된다. 악을 행하는 모든 자들이 종말에 하나님의 심판을 받으리라는 진술은 미래와 관련된다. 다른 한편 시편 주석가의 관심은 쿰란공동체 자신에게 향하고 있다. "가난한 자들의 회중"(1:21)은 하나님이 "선택하신 자"(2:5), 즉 의의 교사의 공동체를 가리킨다. 그들은 현재 하나님께 순종하는 자들로 묘사되고, 그에 대한 상이 미래의 구원 시기에 풍성하게 주어지리라고 말한다.

4) 하박국 주석(1QpHab)

첫 번째 동굴에서 나온 "하박국 주석" 사본은 쿰란공동체가 남긴 예언서 페샤림 가운데 가장 잘 보존되었을 뿐만 아니라 최초로 발견되면서 많은 관심을 불러일으켰다. 이 작품은 페샤림 가운데 상대적으로 늦은 시기에 완성된 것으로 보인다(기원전 50년경). 이러한 추정은 하박국 2:8a("네가 많은 민족들을 노략한 까닭에 남아 있는 모든 민족들이 너를 약탈할 것이다")에 대한 주석에서 드러난다. 이 구절은 1QpHab 9:2-7에서 바로 얼마 전에 일어난 성전 약탈 사건, 즉 로마인들이 주전 54년에 행한 예루살렘 성전 약탈 사건으로 해석된다. 따라서 쿰란공동체의 하박국 주석은 이 사건 직후에 기록된 것이 분명하다.

이 작품은 예언자들이 예상한 종말 완성의 날이 도래하지 않고 지연되고 있는 문제에 직면한 저자의 성찰을 담은 주석이라고 말할 수 있다. 종말지연의 문제를 이 작품에서 두 가지로 대답하고 있다. 우선, '하나님의 신비는 경이롭다'는 것이다(1QpHab 7:8). 이 말은 종말의 완성은 인간의 모든 예측을 불허하는 하나님의 신비의 영역에 속한다는 뜻이다. 다른 이유로는, 대적자들의 죄가 중첩되면서 종말심판 때에 하나님의 자비를 절대로 기대하지 못하게 하기 위함이라는 것이다(1QpHab 7:15-16). 이 하박국 주석은 또한 우리에게 의의 교사와 그가 설립한 쿰란공동체와 관련된 당시 역사적 상황을 알려주는 중요한 자료이기도 하다. 하박국 2장 2-4절에 대한 쿰란공동체의 페셔 주석이 1QpHab 7:1–8:3에 나온다.

〈Col. 7〉 [1]그리하여 하나님께서는 하박국에게 마지막 세대에게 일어날 일들을 기록하라고 말씀하셨지만, [2]그 시대의 완성에 대해서는 아무것도 그에게 알려주지 않으셨다. [3](공백) 그는 이렇게 말씀하셨다: (합2:2) **"그것을 읽는 자가 달려가면서 읽을 수 있게 하라."** [4]그 해석은 의의 교사와 관련되어 있다. 하나님은 그에게 [5]그의 종들인 예언자들의 말에 담긴 모든 비밀을 알게 하셨다. (합2:3) [6]**"이 묵시는 정한 때가 있다. 그것은 끝을 향해 쇄도하며 결코 실패함이 없다."** (공백) [7]그 해석은: 마지막 시대는 연장될 것이요, 예언자가 말한 모든 것을 [8]넘어설 것이다. 왜냐하면 하나님의 신비는 경이로운 것이기 때문이다. (합 2:3b) [9]**"비록 더디더라도 그 때를 기다려라. 그것은 반드시 올 것이요 [10]지체되지 않을 것이다."** (공백) 그 해석은 진리의 사람들과 관련되어 있다. [11]그들은 율법을 지킬 것이요, 그들의 손은 진리를 섬기는 일을 중단하지 않을 것이다. [12]마지막 시대가 연장될 때까지 말이다. 왜냐하면 [13]하나님의 모든 시대는 그가 정하신 대로 반드시 제때에 올 것이기 때문이다. [14]그의 지혜의 신비를 통해서 말이다. (합 2:4) **"보라! 그는 교만하며 [15][그의 속에서] 정직하지 못하다."** (공백) 그 해석은: 그들은 그들에게 달려들 것이요 [16][… 그리고] [무]자비한 심판을 받을 것이다. […] (합 2:4b) [17][… **"그러나 의인은 그의 믿음으로 인하여 살 것이다."**]

〈Col. 8〉 [1]그 해석은 유다의 집에서 율법을 지키는 모든 이들과 관련되어 있다. [2]하나님은 그들을 그들의 수고로 인하여 심판의 집으로부터 자유케 하실 것이다. 또한 [3]의의 교사를 향한 충성심 때문에 그렇게 하실 것이다.

먼저 하박국 선지자의 예언이 종말에 관한 것임을 밝힌다(제1–2열). 이어서 합 2:2를 인용한 후 제4열에서 그 해석은 쿰란공동체의 설립자인 의의 교사에 해당되는 것으로 해석한다. 하나님이 구약의 예언서에 담긴 모든 비밀을 오직 의의 교사에게만 알려 주셨다고 말한다. 여기에서 의의 교사가 지닌 성경해석의 놀라운 전권을 엿볼 수 있다(cf. 1QpHab 2:7–10 **"하나님은 공동체 안에 두신 제사장의 입을 통해서 그의 종들, 곧 예언자들의 모든 말들이 성취될 것임을 예언하게 하셨다. 하나님은 그들을 통하여 자기 백성 이스라엘에게 이루어질 모든 일들을 선포하게 하셨다"**).

이어서 제5열 이하에 합 2:3a를 인용하고 그에 대한 해석이 제7-8열에 나온다. "마지막 시대"가 하박국 선지자가 예언한 것보다 더 늦게 도래하리라고 한다. 여기서 마지막 시대는 종말의 때를 가리킨다. 그것은 곧 쿰란공동체가 현재 존재하는 때를 뜻한다. 계속하여 제9-10열에 합 2:3b를 인용하고, 그 해석을 율법을 지키는 "진리의 사람들"과 관련시킨다. 이들은 다름 아닌 쿰란공동체를 가리키는데, 종말의 때가 비록 지연되더라도 진리를 섬기는 일로 인해 피곤하지 않으라고 한다(제11-12열). 제13열에 그 이유가 나온다. 하나님의 모든 시간은 인간의 예측을 넘어 지혜의 신비 가운데 결코 어김이 없이 그가 정하신 대로 반드시 도래할 것이라고 한다.

이와 같은 예언서 주석들을 통해 쿰란공동체가 종말 "시대의 완성"(cf. 1QpHab 7:2)이 도래하기를 얼마나 간절히 열망했는가를 알 수 있다. 그와 같은 종말의 완성에 대한 소망은 쿰란공동체가 갖고 있던 메시아 대망과도 직결된다(예컨대, 1QS 9:11; CD 20:1; 4QTest).[13] 앞에서 언급했듯이 쿰란에서 다수의 페샤림이 발견되었는데, 이들 페샤림의 생성 연대와 주석 형태를 함께 고려하면, 페샤림 내부에 일련의 발전이 있었다는 사실을 짐작할 수 있다. 비교적 이른 시기에 생성된 페샤림의 경우, 예언서 본문을 제시하지 않고 주석한 경우도 나타나고, 또한 특정 예언서를 한 절씩 차례로 인용하지 않고 여러 예언서에서 유래한 다양한 본문들을 취사선택하여 만든 혼합형 주석을 행한 경우도 있다. 이런 일은 후대에 생성된 페샤림에는 나타나지 않는다. 게다가 성경 인용 양식 형태도 후대로 오면서 점차 간략해지면서, 상대적으로 긴 페셔 양식(פשר הדבר על/אשר)보다 더 짧은 양식(פשרו על/אשר)을 선호한다.

---

13) 쿰란공동체의 메시아 상에 대해서는 필자의 졸저를 참조하라: 김창선, 『쿰란문서와 유대교』(서울: 한국성서학연구소, 2007), 177-201.

III. 쿰란공동체의 "주제별 미드라쉬" 성경해석

바로 앞에서 우리는 "쿰란공동체 특유의 성경해석방법"을 다루면서 쿰란에센파가 남긴 성경해석방법 중 가장 독특한 이른바 "페셔 방법"(Pesher−Method)에 따른 성경주석에 초점을 맞췄다. 여기에서는 쿰란공동체가 구사했던 성경 해석 유형 가운데 페셔 해석과 유사하나 어느 정도 차이가 나는 쿰란 미드라쉬에 대해 다루려 한다. 먼저 쿰란공동체의 미드라쉬와 성경 이후 시대에 발전된 랍비 유대교 전통에 따른 미드라쉬가 서로 어떻게 다른지 간단히 살펴보자.

1. 쿰란 미드라쉬와 랍비 미드라쉬의 차이

미드라쉬(Midrash)란 성경 본문에 대한 연구나 주석을 뜻하기도 하고, 그러한 연구나 주석에서 나온 책을 뜻하기도 한다.[14] 미드라쉬 해석은 준수해야만 하는 종교법과 관련된 "할라카 해석"(halachic interpretation)과 교화적 성격의 "하가다 해석"(haggadic interpretation)으로 양분할 수 있다. 할라카 해석이 성경에 구체적으로 언급되지 않은 세부사항을 보충하거나 성경의 윤리적 규정들을 더욱 구체적으로 밝히며 서로 모순으로 비치는 구절들을 조화시키는 일 등을 수행하는 반면, 하가다 해석은 전통에 매여 있으면서도 현대적 영향에 개방적이기 때문에 한층 자유로울 뿐만 아니라 언어유희 등을 즐겨 사용한다.

쿰란공동체의 미드라쉬와 랍비 전통의 미드라쉬가 모두 성경본문과 그에 대한 해석으로 구성되었다는 점에서는 동일하다. 그러나 양자 사이에 놓인 근본적인 차이를 간과할 수 없다. 랍비 미드라쉬의 경우, 성경 구절은 여러 가지 뜻을 담고 있기 때문에 해석 역시 다양할 수 있다는 원칙

14) 우리말로 번역된 미드라쉬 책이 있다: 『잠언 미드라쉬』, 조철수 역주 (서울: 성서와함께, 2007).

에서 출발한다. 그러한 원칙을 예컨대 "미쉬나 산헤드린"에 나오는 다음의 진술에서 확인할 수 있다: (Sanh. 34a) "한 성경 구절은 여러 가지 뜻을 지닌다." 랍비 유대교의 경우 어떤 주제를 둘러싼 성경 해석은 다양할 수 있을 뿐만 아니라 논쟁이 허용되기 때문에 "다바르 아헤르"(דבר אחר = 또 다른 해석)라는 정식을 사용한다. 그것은 어느 특정 해석만이 독점할 수 없다는 사실을 드러낸다.[15]

그러나 자신을 종말 시대를 위한 유일한 언약 공동체로 이해한 쿰란공동체는 성경본문에 대한 자신들의 해석마저도 계시에 근거한 것으로 여겼다. 자신들의 해석만이 참되고 유일하며 계시된 해석이라고 믿었기에 성경에 대한 다른 해석의 가능성을 일체 허용하지 않았다. 따라서 쿰란공동체는 예컨대 자신들의 대적자인 바리새파의 토라 해석을 결코 인정하지 않았다. 그래서 바리새파 사람들을 가리켜서 부정적인 의미로 "도르쉐 하-할라콧"(דורשי החלקות), 즉 "부드러운 것들을 구하는 이들"이라 불렀는데(4QpNah 1:2, 7; 3:6f; cf. 4QMidrEschat 9:12, 13),[16] 이는 토라의 규정을 경솔한 방식으로, 즉 위선적으로 해석하는 바리새파 사람들을 가리키는 말이다.[17] 쿰란공동체는 자신들의 공동체를 설립한 "의의 교사"에게만 성경 해석의 전권이 수여된 것으로 확신했기 때문에, 아무나 성경을 해석할 수 있다고 생각하지 않았다.[18] 오직 의의 교사에게서 비롯된 성경 해석만이 하나님으로부터 계시된 참된 성경 해석이라고 여겼다는 점에서 쿰란 미드라쉬는 후대에 발전된 랍비식 미드라쉬와 분명히 다르다. 따라서 쿰란 미드라쉬를 랍비 미드라쉬와 구분할 필요가 있다.

---

15) G. Stemberger, 『미드라쉬 입문』, 이수민 역 (서울: 바오로딸, 2008), 34.

16) "부드러운 것들을 구하는 이들"이란 표현은 사 30:10; 단 11:32ff를 염두에 둔 일종의 언어유희다.

17) 예수님 시대의 유대 종파(쿰란공동체, 바리새파, 사두개파, 젤롯당)에 관해서는 필자의 졸저 『유대교와 헬레니즘』(서울: 한국성서학연구소, 2011), 45-85를 참조하라.

18) 『성서마당』 107호, 106-109면("성서해석의 전권을 가진 의의 교사")을 참조하라.

2. 쿰란공동체의 "주제별 미드라쉬" 성경해석

쿰란공동체에서 유래한 이른바 "페셔 해석"과 "미드라쉬 해석"을 하나로 묶어 넓은 의미의 페셔 해석으로 보려는 시각이 있다. 그에 따라 연속적 페샤림(Continuous Pesharim), 주제적 페샤림(Thematic Pesharim), 독립적 페샤림(Isolated Pesharim) 등으로 구분하는 경우도 있다.[19] 그러나 양자 사이에 나타나는 차이점을 간과할 수 없다. 무엇보다 해석의 출발점이 다르다. 쿰란 페샤림의 경우 거의 한 절 한 절 인용하는 가운데 그것을 쿰란공동체가 처한 현재의 역사적 상황과 관련시켜 종말론적으로 해석한다. 다시 말해 페샤림은 일반적으로 예언서 전승에 속한 성경 한 구절 한 구절을 연속적으로 인용하고 그에 해당하는 간략한 해석을 구절마다 붙인 것이다. 반면 쿰란 미드라쉬는 성경 구절에서 출발하지 않고, 역으로 특정 주제가 성경 해석의 출발점을 이룬다. 따라서 쿰란 페샤림과 달리 쿰란공동체의 주제별 미드라쉬는 특정 주제에 합당한 성경 인용문들을 성경의 여러 곳에서 가져와 하나로 모아 해석한 것이다. 성경 인용의 완성 여부는 오직 저자의 관심사에 달려 있다.

물론 쿰란 문서 중에는 "공동체 규율서"(1QS Col. 5-11)나 "다메섹 문서"(CD)처럼 쿰란공동체의 규정과 관련된 문서이지만, 그 안에 산발적이나마 특정 주제와 관련된 성경 본문 인용이 나오는 경우도 있다. 그러나 이들 문서가 전체적인 면에서 미드라쉬 형식을 취하지 않고 있는 것과 달리, 쿰란공동체의 산물인 주제별 미드라쉬에 속하는 문서들은 성경 인용과 주석, 성경 인용과 주석이 반복되는 형식으로 문서 전체에 걸쳐 나타난다. 쿰란공동체의 주제별 미드라쉬는 대략 기원전 2세기 말경부터 집필되기 시작한 것으로 추정되고, 세 종류의 미드라쉬가 단편의 형태로 발견되었다.

---

19) 이와 같이, D. Dimant, "Pesharim, Qumran" In *Anchor Bible Dictionary*, vol. 5, 244-251. 반면 페셔 장르를 미드라쉬 장르에 속하는 하부 장르로 이해하려는 학자도 있다: G. Stemberger, *Einleitung in Talmud und Midrasch, München* [8]1992, 234(cf. W.H. Brownlee, *The Midrash Pesher of Habakkuk*, Missoula 1979; M.P. Horgan, *Pesharim: Qumran Interpretations of Biblical Books*, Washington 1979).

1) 종말론 미드라쉬(Eschatology-Midrash : 4Q174 MidrEschat[a.b])

이 작품은 기원전 1세기 후반 유대 여왕 알렉산드라 살로메 알렉산드라의 통치 시기(BC 76~67)에 기록된 것으로 추정한다. 여기에 알렉산드라 여왕이 정치적으로 우대하면서 처음으로 정치적 권세를 누렸던 바리새파 사람들(cf. Josephus, Ant. XIII,16,2 §409)을 향해 쿰란공동체가 거세게 비판하는 내용이 나타나기 때문이다. 이 작품은 3개의 사본 형태로 쿰란 제4동굴에서 발견되었다. 이 작품의 처음 여섯 단(column)을 단편적으로 담고 있는 사본을 4Q174 MidrEschat[a](=Florilegium)라고 표시한다. 이어서 나오는 5개의 단으로 이루어진 사본은 4Q177 MidrEschatb(=Catena A)로 표시한다. 또한 4Q178로 표기하는 한 작은 단편 사본도 본래 이 작품에 속한 것으로 보인다. 이 작품의 본문을 재구성하고 해석한 슈토이델(A. Steudel)은 4Q178이 원래 작품의 결론부에서 유래했을 것으로 추측한다.

쿰란 텍스트의 공식 출간물 시리즈 "*Discoverries in the Judaean Desert of Jordan*"(DJD)의 제5권(1968년 출간)에 알레그로(J.M. Allegro)가 4Q174를 "플로릴레기움"(Florilegium)이란 표제 아래에 다룬 이후, 4Q174가 여전히 그와 같이 불리고 있다(예컨대, James C. VanderKam, *The Dead Sea Scrolls Today*, [2]2010, 70f). 플로릴레기움이란 장르는 앞선 시대에 살았던 사람들의 작품에서 유래한 단락들을 선별하여 수집해 놓은 문서를 가리킨다. 그런데 4Q174가 "종말론 미드라쉬"의 첫 부분에 해당한다는 사실을 슈토이델이 밝혀냈다. 따라서 4Q174만을 떼어내어 독립적으로 명명하는 것은 적절하지 못하고, 4Q177과 4Q178을 포함시켜 하나로 묶어서 명명하는 것이 바람직하다. 하르트무트 슈테게만(H. Stegemann)이 제안한 명칭 "종말 시대 관련 미드라쉬"(Der Midrasch zur Endzeit)[20] 혹은 아네테 슈토이델의 박사학위논문에서 사용한 "종말론 관련 미드라쉬"(Der Midrasch zur Eschatologie)라는 명칭이 보

---

20) 이와 같이 H. Stegemann, *Die Essener, Qumran, Johannes der Täufer und Jesus* (Freiburg–Basel–Wien: Herder, [10]2007), 169; A. Steudel, *Der Midrasch zur Eschatologie aus der Qumrangemeinde(4Q MidrEschat[a-b])*, *Studies on the Texts of the Desert of Judah Vol. 13* (Leiden–New York–Kln : Brill, 1994).

다 설득력이 있다. 그것이 종말에 관한 성경 구절들을 모아 해석한 그 작품의 성격에 합당하기 때문이다. 실제로 이 작품의 중심 주제는 "아하릿 하-야밈"(אחרית הימים), 즉 "마지막 날", 종말이다. 전체 쿰란 문서 가운데 나타나는 "마지막 날" 개념의 3분의 1이 이 작품에서 유래한다. 우리말 명칭으로는 "종말론 미드라쉬"로 부르는 것이 좋을 듯하다.

"종말론 미드라쉬"는 본래 18개의 단(column)으로 이루어졌을 것으로 보인다. 내용상 크게 두 부분으로 구분할 수 있다. 전반부에는 신명기 33장 6-25절에 나오는 이스라엘의 12지파에 대한 모세의 축복이 주석과 함께 나타난다. 그런데 요셉 지파를 언급하지 않고 건너뛴다. 이는 쿰란공동체가 요셉 지파에 속하는 "에브라임"을 바리새파와 동일시했고, "므나세"를 사두개파 및 하스몬 왕조와 동일시하는 가운데, 잠정적이나마 이들을 이스라엘 지파에서 배제시키고자 했던 그들의 입장과 관련이 있다.

이 작품의 전반부에 사무엘하 7장 10-11절의 인용이 나오는데, 여기서 언급되는 유다 지파를 쿰란공동체로 해석하면서 쿰란공동체를 하나님이 이 땅에 마련하신 진정한 하나님의 성전으로 비유한다. 이어서 사무엘하 7장 12-14절의 인용문이 나온다. 대제사장 출신인 의의 교사를 뜻하는 "율법의 해석자"(4Q174 3:11)와 더불어 종말 때 시온에 그 모습을 드러낼 "다윗의 자손" 메시아를 언급한다. 이어서 나타나는 본문에는 비교적 긴 시편 인용이 주를 이루며(시 1:1a; 2:1-2; 5:3-4), 이에 대한 주석이 나온다. 이 시편 주석은 쿰란공동체가 벨리알의 후손들로 불리는 사악한 대적자들을 모두 물리칠 것이라는 내용을 담고 있다. 아래에 제시된 본문은 이 작품의 제3단(4Q174 Col. 3)에 해당한다.[21]

---

21) Mastinez/Tigchelaar(*The Dead Sea Scrolls Study Edition*)의 텍스트를 따르는 강성열 교수의 번역본에는 제1단에 나오나, 슈토이델이 새롭게 구축한 텍스트에는 제3단에 속한다.

(시 89:23) “[1]원수가 [그를 더 이상] 괴롭히지 못할 것이다. (삼하 7:10) 이전과 같이 악한 자들이 그를 [다시]는 [괴롭히지] 못할 것이다. 그 날 이후로 [2][내가] 내 백성 이스라엘 위에 [사사들을 임명하였다.” 이것은 [그가] 마지막 날에 [그를] 위하여 [세우실] 집을 (가리킨다.) 이는 모세의 책에 기록된 바와 같다. [3][(출 15:17-18) “야웨여,] 이것이 당신의 손으로 세[우]신 성소입니다. 야웨께서 영원토록 다스리실 것입니다.” 이것은 [4]암몬 자손이나 모압 자손, 사생아, 이방인, 개종자 등이 결코 [영]원토록 […] 들어가지 못할 집을 (가리킨다.) 왜냐하면 그의 거룩한 자들이 거기에 있기 때문이다. [5]“야[웨]께서 영원[토록 다스리실 것입니다.” 그는 영원히 그 위에 나타나실 것이다. 이방인들이 다시는 그것을 폐허로 방치하지 않을 것이다. 그들이 과거에 [6]그들의 죄로 인하여 이스라[엘의 성]전을 폐허로 만들었던 것처럼 말이다. 그리고 그는 자신을 위하여 사람들의 성전을 짓고 그 안에서 자기에게, [7]그리고 자기 앞에서 감사의 예물을 드릴 것을 명하셨다. 그리고 그가 다윗에게 말씀하신 바는 이렇다: (삼하 7:11) “내가 너를 위하여 네 모든 원수들로부터 벗어나 [쉬게 해주겠다.]”: (이것은) 그가 그들을 위하여 벨리알의 모[든] 후손으로부터 벗어나 쉬게 해줄 것임을 (가리킨다.) [8]그들은 그들을 타락하게 하며, 자기들의 [죄로써 그들을] 파멸에 빠뜨린다. 그들은 [벨]리[알]의 계획에 따라 빛의 자[녀들]을 타락하게 하며, [9]그들을 치려는 악한 계획을 세워 그들로 하여금 그들의 [죄]와 잘못으로 인하여 벨리알의 함정에 빠[지게] 한다. (공백) [10][그리고] 야웨께서는 너에게 이렇게 [선]포하신다: (삼하 7:12-14) “그가 너에게 집을 지어줄 것이다. 내가 너 이후에 네 씨를 일으키고 그의 나라의 왕위를 [영원]히 세우겠다. [11]나는 그에게 아버지가 될 것이요, 그는 나에게 아들이 될 것이다.” 이것은 다윗의 가지를 가리킨다. 그는 율법의 해석자와 함께 일어날 것이요, [12][마]지막 날에 시[온]에서 [일어날 것이다.] 이는 본문에 기록된 바와 같다: (암 9:11) “내가 다윗의 무너진 장벽을 일으키겠다.” 이것은 [13]그가 이스라엘을 구원하기 위하여 세우실 “다윗의 무너진 장막”을 가리킨다. (공백) [14](시 1:1) “악인들의 꾀를 따르지 않는 자는 복 있는 사람이다.” 이 말씀의 해석은 이렇다: [그들은 악한 자들의] 길에서 돌이킨 자들이다. [15]이는 예언자 이사야의 책에 기록된 마지막 날에 관한 말씀과 같다. (사 8:11) “강한 [손으로 그가 나를] 이 백성[의 길로 가지 말 것을 내게 깨우치셨다].” [16]그리고 (이것은) 예언자 에스겔의 책에 기록된 자들을 가리킨다. (겔 44:10) “[그들은] 그들의 [모든 우]상[들]로 [인하여 너 이상 자신을 더럽혀서는] 안 [된다].” [17]이것은 사독 자손과 [그들]의 공의회 구[성]원들을 가리킨다. 그들은 열심히 [의를 찾]는 자들이

요, 그들(사독 자손)에 이어 공동체 공의회에 속한 자들이다. [18] (시 2:1) ["어찌하여] 열방이 [분노하며] 여러 민족들이 [헛된 일을 꾸미는가? 지상의 왕들이 자기들의 지위를 이용하며, 통치]자들은 야웨와 [그의 기름 부음 받은 자를 대적하기 위하여 함께 모의한다." [19]이 말씀의 해석은 이렇다: 마지막 날에 [열방의 왕들]이 [분노하며] <u>이스라엘의 선택된 자들</u>을 [향하여 헛된 일을 꾸]민다.

"종말론 미드라쉬"에서 쿰란공동체는 그들의 종교적 자질을 강조하는 여러 칭호로 불린다. 위의 본문에서는 "빛의 자녀들"(4Q174 3:8), "마지막 날에 이스라엘의 선택된 자들"(4Q174 3:19)과 동일시된다. 그 밖에도 "유다 지파"(Col. 2:15; 4:1), "진리의 사람들"(Col. 4:3f), "하나님을 경외하는 자들"(Col. 11:15), "의인들"(Col. 4:4a), "가난한 자들"(Col. 8:6), "정화된 자들"(Col. 9:11), "거룩한 자들"(Col. 10:2) 등으로도 불린다. 이와 같은 칭호들은 쿰란공동체가 자신을 의식적으로 이스라엘의 전통 안에서 이해했음을 보여준다. 또한 쿰란공동체를 가리키는 전문 용어(terminus technicus)인 "하-야하드"(היחד =그 공동체)가 나타나는 사실에서("하-야하드의 사람들" אנשי היחד Col. 8:1 또한 "하-야하드의 의회" עצת היחד[Col. 10:5) 종말론 미드라쉬가 쿰란공동체의 산물임이 명확하게 드러난다. 흥미로운 것은 쿰란공동체가 자신을 "사람들의 성전"(מקדש אדמ Col. 3:6)으로 부르면서 하나님의 명령에서가 아니라 하나님을 위해서 지어진 것이라 말한다는 점이다. 당시 부정하다고 생각되었던 예루살렘 성전에서 희생제물이 드려지는 것처럼, 사람들의 성전인 쿰란공동체 공동체 안에서 제물이 드려진다. 물론 이때 드려지는 제물은 동물을 바치는 희생제물이 아니라 영적 제물인 "감사의 예물"(מעשי תודה Col. 3:7)이다. 그것은 다름 아닌 쿰란공동체 안에서 드려지는 기도와 찬송을 뜻한다.

2) 멜기세덱 미드라쉬(Melchsedek-Midrash : 11QMelch=11Q13)

1965년에 반 더 우드(A. S. van der Woude)는 열한 번째 쿰란동굴에서 유래한 13개의 단편을 출간했다. 이 사본은 기원전 1세기 후반에 기록된 것으로 보인다. 본문들이 상당히 파손되었기 때문에 작품 전체의 내용은 알기 어렵고, 단지 두 번째 단의 내용만 파악이 가능하다. 여기에 '멜기세덱'이라는 이름이 여러 번 나타나고 있기 때문에, 이 작품을 "멜기세덱 미드라쉬"라 부르게 되었다. 멜기세덱은 구약의 창세기 14장 17–20절과 시편 110편 4절뿐만 아니라, 신약의 히브리서도 언급하는 대제사장의 이름이다.

1987년에 에밀 퓌에쉬(Emile Puech)가 11QMelch 사본을 새롭게 편집해 3개의 단으로 복원했다. 특히 둘째 단(Column 2)은 본래 본문 형태를 거의 회복했다. 이 사본은 세계사의 마지막 단계인 열 번째 시대에 대한 내용을 담고 있다. 쿰란공동체는 이 세상의 창조로부터 시작하는 전체 세계사를 모두 10단계의 시대로 나누고, 각 시대는 490년간 지속된다고 생각하였다(490 year–period, 참조. 에녹서 91–93장). 다시 말해 전체 세계사는 4,900년 동안 지속된다고 보았다. 이들은 마지막 열 번째 시대 가운데 그 첫 49년을 "면제의 해", 즉 "희년"(year of jubilee)으로 여겼고, 멜기세덱 미드라쉬를 집필한 당시 이미 세계사의 마지막 단계인 열 번째 시대가 시작된 것으로 믿었다. 아래의 본문은 멜기시덱 미드라쉬의 둘째 단이다. 종말과 관련하여 희년에 대한 말로 시작한다.

> (레 25:13) "[이] 희년에는 [너희가 각기 자기의 소유지로 돌아갈지라." 이와 관련하여 그는 다음과 같이 말씀하셨다: (신 15:2) "이]것은 [3][면제의 규례]이다. [자신의 이웃에게] 꾸어준 모든 채주는 그것을 면제하고, 그의 이웃에게나 그 형제에게 독촉하지 말지니, 이는 하[나님]을 위하여 면제를 [선포하였음이라." [4]마지막 날들에 대한 [그것의 해석은] 포로들을 가리킨다. 그들은 […] 그들의 [5]스승들은 멜기세덱의 유업으로부터 감추었고 비밀을 지켰다. 이[는 …] … 그리고 그들은 [멜기세]덱[의] 유[업]에 해당하는 자들이다. 그는 [6]그들을 되돌아가게 할 것이다. 그리고 그들을 위하여 자유가 선포될 것이요, 그들의 모든 죄악[의 빚]이 청산될 것이다. 그리고 이 일은 [7]아[홉] 번의 희년들에 뒤이은 희년의 첫 번째 주간에 [이루어질 것이다.] 그리고 [속]죄[의] 날은 열 번째 [희]년[의 끝]에 해당한다. [8]그 날에 모든 [빛]의 자녀들[과] 멜[기]

세덱의 무리에 [속한] 자들을 위한 속죄가 이루어질 것이요 […] … [그들] 위에 … 그들의 모[든 활동]들에 따[라서 …] 왜냐하면 [9]그때는 멜기세덱과 [그의] 군[대] 및 하나님의 거룩한 자들의 [백]성, 심판의 통치 등과 관련된 "은총의 해"를 위한 때이기 때문이다. [10]그에 관해서는 다윗의 노래들에 잘 기록되어 있다. 그는 다음과 같이 말한 바가 있다: (시 82:1) "하나님은 [신들의] 모[임] 가운데에 [서]시며 하나님은 신들 가운데에서 재판하시느니라." 그리고 그에 관하여 그는 다음과 같이 말씀하신 바가 있[다: (시 7:8–9) "그리고 그것을] 넘어서서 [11]높은 곳들로 돌아갈 것이다. 하나님은 민족들을 심판하실 것이다." 그가 말씀[하신] 바는 이렇[다: (시 82:2) "언제까지 당신은] 불공평하게 판결하시고 악한 자들을 편파[적으로] 대하실 것입니까? [셀]라." [12]그 해석은 벨리알과 그의 무리에 속한 영들에 관한 것이다. 그들[은 … 악을 행하기] 위하여 하나님의 계명들로부터 방향[을 돌이켰으며 …] [13]그러나 멜기세덱은 하[나님의] 판결들에 규정된 보복을 행할 것이요, [그날에 그는] 그들을 벨리알[의 손길로부터,] 그리고 [그의 무리에 속한 모든] 영[들의] 손길로부터 [구]원 [하실 것이다.] [14]그를 돕기 위해 모든 [의]의 신들이 올 것이요, [그]는 하나님의 모든 아들들 […]하는 자이다. 그리고 … […] [15]이 날은 [… 평화]의 날이다. [이 날에 관하여] 그는 예언자 [이사]야[를 통하여 …] 말씀하신 바가 있다. 그는 다음과 같이 말했다: (사 52:7) "[얼마나] 아름다운가, [16]평화를 공포하는 사[자]와 [구원을 공포하면서] 시온을 향하여 [이]르기를 네 하나님이 [통치하신다] 하는 [선한] 사[자의] 산들을 넘는 발이!" [17]그 해석은 이렇다: 산들은 예언자[들이요 …] … […] 모든 …을 위한 […] [18]그리고 사자는 영으로 기름 부음을 받은 자[이]다. [그에 관하여] 다니엘은 이렇게 말한 바가 있다. (단 9:25) "기름 부음을 받은 자, 곧 지도자가 일어나기까지 일곱 이레가 지날 것이다." 그리고 [19][구원을] 공포[하]는 선한 [사자]에 대해서는 다음과 같이 기록된 바가 있다. […] [20]"[고통 당한 자들을] 위로[하]기 위하여." 그 해석은 이렇다: 세[상]의 모든 시대들마다 그들을 가르치기 위하여 [21]진리 안에서

Col 2:15–20를 고려할 때 이 작품은 쿰란공동체의 설립자 "의의 교사"가 아직 살았을 때 생성된 것으로 보인다. 신명기와 이사야서 또한 시편과 다니엘서에서 나온 여러 성경 구절들은 마소라 본문과 대체로 일치하나, 다만 야웨를 가리키는 신성사문자(Tetragramm)를 언제나 "엘"(אל)로 대

치한다. 11QMelch의 중심 주제는 멜기세덱이다. 그는 하늘에서 내려온 대제사장으로서 죄를 용서하는 제사장의 직능뿐만 아니라(11QMelch 2:6), 종말 심판을 행사하는 왕으로서의 심판자 직능도 갖고 있다(11QMelch 2:9, 3). 위의 본문 첫머리에 보면, 레 25:13를 신 15:2를 통해 해석한다. 이처럼 한 성경 구절을 해석하기 위해 다른 성경 구절을 인용하는 성경해석의 원칙을 가리켜 훗날 랍비 해석학은 "게제라 샤바"(gezerah shawah)라 부른다.

3) 창세기 미드라쉬(Genesis-Midrash : 4QpGen^a = 4Q252)

네 번째 동굴에서 역시 쿰란공동체의 산물로 보이는 단편 조각들로 이루어진 하나의 사본이 발견되었다. 이 사본은 창세기의 내용을 인용하면서 주석하고 있기 때문에 "창세기 미드라쉬"라 부른다.[22] 이 사본의 마지막 부분으로 추정되는 네 (혹은 다섯?) 단들의 상단 부분만 남아 있고 나머지는 소실되고 말았다. 알레그로(J. M. Allegro)는 단지 세 번째 단의 내용을 따라 이 작품을 "Patriarchal Blessings"로 불렀다(1956년). 따라서 이 작품을 4Qpatr로 표기하기도 한다. 발견된 본문에 페셔 형식이 단지 부분적으로만 남아 있을 뿐이지 연속적 페셔 형태는 보이지 않기 때문에 이 문서를 페샤림 장르에 속하는 문서로 간주하기 어렵고, 오히려 종말 관련 질문을 다루고 있는 "주제별 미드라쉬"로 여기는 것이 보다 합리적이다.

현재 남아 있는 본문에서 확인할 수 있는 내용은 주로 창세기 관련 인물들에 관한 것이다. 발견된 사본의 첫머리에 해당하는 노아의 홍수 부분은 비교적 상세하게 주석하였으나, 창세기의 긴 부분을 차지하는 아브라함과 이삭과 야곱의 이야기는 간략하게 다루고 있고, 야곱이 아들들을 축복하는 창 49장의 내용으로 끝난다. 몇몇 학자들에 의해 이 작품의 다섯 번째 단으로 추정하는[23] 한 단편은 창세기 49장 10절을 인용하면서 시

22) 이 작품은 5세기 초반에 생성된 랍비 시대의 미드라쉬인 『창세기 랍바』(Genesis Rabba / Bereshit Rabba)와 다른 책이다.

23) 이와 같이 F.G. Martinez/E.J.C. Tigchelaar, *The Dead Sea Scrolls Study Edition*, Vol. 1 (Leiden/

작한다. 여기에는 흥미롭게도 "공의의 메시아, 다윗의 자손"의 등장에 대해 언급한다. 창세기 미드라쉬의 네 번째 단의 내용을 아래에 소개하려 한다. 이 부분은 에서의 아들 엘리바스를 언급하는 창세기 36장 12절에서 유래한 인용문으로 시작한다:

> (창 36:12) ①딤나는 에서의 아들 엘리바스의 첩이었다. 그리고 그녀는 그에게 아말렉을 낳았다. 사울을 죽[인] 자가 바로 그이다. ②(공백) 이는 그가 모세에게 말한 바와 같다: "마지막 날들이 되면 (신 25:19) 네가 아말렉에 관한 기억을 ③하늘 아래에서 지울 것이다." (공백) 야곱의 축복 (창 49:3-4) "르우벤아, 너는 나의 맏아들이요, ④나의 기력의 첫 열매요, 그 키가 크고 힘이 뛰어나지만, 끓는 물과도 같아서 탁월하지 못할 것이다. 너는 ⑤네 아버지의 침상에 올라가서 그것을 더럽혔다. 그가 눕던 그곳에 말이다." (공백) 그 해석은 이렇다: 그가 그를 책망한 것은 ⑥그가 그의 첩 빌하와 동침했기 때문이다. 그리고 그는 [말]했다: "너[는 나의] 맏아[들이다" …] 르우벤은 ⑦…의 첫 열매였으며 […]

3. 테스티모니아(4QTestimonia = 4Q175)

네 번째 쿰란 동굴에서 잘 보존된 단 한 장의 양피지 문서가 발견되었다. 기원전 100년경에 생성된 것으로 쿰란 미드라쉬와는 차이가 나는 문서이다. 일련의 성경 구절들이 여기에 담겨 있다. 먼저 한 짝을 이루는 두 개의 신명기 구절(신 5:28f; 18:18f)이 나오고(4Q175 1-8), 이어서 민수기 24장 15-17절(4Q175 9-13)과 신명기 33장 8-11절(4Q175 14-20)이 나오고, 또한 이른바 "여호수아 외경"에서 유래한 인용문이 나온다(4Q175 21-30). 여기에 인용된 성경 본문들은 마소라 텍스트(MT)와 차이가 나며, 부분적으로는 칠십인경(LXX)의 대본과 일치한다. 본문 순서는 사마

New York/Köln: Brill, 1998), 504; J. Maier, *Die Qumran-Essener: Die Texte vom Toten Meer, Bd. III (München: Reinhardt, 1995), 198.*

리아 오경이나 사마리아 오경 타르굼의 것과 유사하다(J. Maier). 이처럼 동일한 주제에 관해 언급하는 성경 진술들을 나란히 배열해 놓은 문학 장르를 가리켜 "테스티모니아"(Testimonia)라 부른다. 4Q175에는 모세와 같은 "종말론적 예언자"의 등장(신 5:28–29; 18:18f)과 왕적 메시아인 "이스라엘의 메시아"(민 24:15–17)와 "제사장적 메시아"(신 33:8–11)에 대한 소망이 나타난다.

> [1]그리고 …[24]께서 모세에게 말씀하셨다. (신 5:28–29) "이 백성이 네게 말하는 소리를 네가 들었다. [2]그들이 네게 말한 모든 것은 옳다. [3]그들이 이러한 마음을 품어 나를 경외하고 모든 [4]나의 명령들을 항상 지킴으로써, 그들과 그들의 자손이 영원히 잘 살게 되기를 바란다!" [5](신 18:18–19) "내가 그들의 형제 중에서 너와 같은 예언자 한 사람을 일으켜 세울 것이요, 나의 말을 [6]그의 입에 담아 줄 것이다. 그리하여 그는 내가 그에게 명한 모든 것을 그들에게 다 말해줄 것이다. [7]그 예언자가 내 이름으로 말할 때에, 내 말을 듣지 않는 사람은, 내가 [8]벌을 줄 것이다. (공백) [9]그리고 그는 다음과 같은 시를 지어 말했다: (민 24:15–17) "브올의 아들 발람이 말하며, [10]예리한 눈을 가진 자가 말하며, 하나님의 말씀들에 귀를 기울이고 지극히 높으신 분이 지식을 아는 자, [11]전능자의 환상을 보는 자, 엎드려서 눈을 뜬 자가 말한다. 나는 그를 보지만 당장 나타날 자는 아니다. [12]나는 그를 바라보지만 가까이에 있는 모습은 아니다. 한 별이 야곱에게서 나올 것이요, 한 홀이 이스라엘로부터 일어설 것이다. 그는 [13]모압의 이마를 칠 것이요, 셋의 모든 자손들을 멸할 것이다." (공백) [14]레위에 관하여 그는 이렇게 말한다: (신 33:8–11) "레위에게 당신의 둠밈을 주고, 당신의 경건한 자에게 우림을 주십시오. 그를 [15]내가 맛사에서 시험하고, 므리바 물가에서 그와 다투었습니다. 그는 자기 아버지에게 […]하지 않다고 말하였고, [16]자기 어머니에게는 '나는 당신을 모릅니다'고 말하였으며, 자기 형제들을 인정하지 않았습니다. 그는 또한 [17]자기 자녀들을 알고자 아니하였습니다. 이는 그가 당신의 말씀에 순종하고 당신의 언약을 지켰기 때문입니다. 당신의 판단들을 야곱에게 그들을 가르치며 [18]당신의 율법을 이스라엘에게 가르치고, 당신 앞에 향을 피우며, 당신의 제단 위에 번제를 드렸습니다. [19]…여, 그의 재물에 복을 주시고, 그의 손으로 한 일

24) 발견된 사본에는 이 자리에 하나님의 이름 대신에 4개의 점이 찍혀 있다.

을 기쁨으로 받아주십시오. 그를 대적하는 자들의 허리를 꺾으시고, 그를 미워하는 자들을 [20]다시 일어나지 못하게 하십시오! (공백) [21] (공백) 여호수아는 찬양과 감사를 마친 후에 [22]이렇게 말했다: (수 6:26) "이 성을 다시 세우고자 하는 자는 저주를 받을 것이다. [23]그 기초를 쌓을 때에 그의 맏아들을 잃을 것이요, 그 성문을 세울 때에 그의 막내아들을 잃을 것이다!" 그리고 이제 저주받은 한 사람, 곧 벨리알에게 속한 한 사람이 [24]일어나서 그의 백성에게 대하여 [사]냥꾼의 올[무]가 될 것이요, 그의 모든 이웃들을 파멸에 빠뜨릴 것이다. 그리고 [25] [···] 일어나서 두 가지 폭력의 도구들이 [될] 것이다. 그들은 [26] [이 성읍을] 재건할 것이요, 그것을 위해 성벽과 망대를 [세움]으로써 그것을 [27] [그 땅에서] 죄악의 요새로 삼을 것이요, 이스라엘에서는 [큰 악]으로 삼을 것이며, 에브라임과 유다에서는 큰 두려움이 되게 할 것이다. [28] [··· 그리고 그들은] 그 땅에서 신성모독적인 행동을 할 것이요, [야곱]의 자손들 중에 크게 불경한 행동을 [저지를 것]이다. [29] [그리고 그들은] 딸 시온의 성벽 위에 [피]를 물처럼 [흘릴 것]이요, [30] (공백) 예루살렘 지역 안에서도 그러할 것이다.

위의 본문에 드러나듯이 각 메시아적 예언은 심판 위협으로 끝난다. 이로 미루어 쿰란공동체의 대적자들에 대한 심판을 선언하는 것이 이 문서의 기록 목적으로 보인다. 이 문서에 나타나는 다양한 메시아 표상은 "공동체 규율서"(1QS 9:11)에도 나타난다. 그런데 위의 본문에 3개의 구약성경 인용문 외에 이른바 "여호수아 외경"에서 유래한 인용문(4Q175 21-30)이 나타난다는 사실이 이채롭다.[25)] 이 인용문도 다른 성경구절과 동일한 증언 성격을 갖고 있다는 점에서 볼 때, 4Q175의 저자는 여호수아 외경을 정경적 권위가 있는 문서로 여긴 것으로 보인다. 4Q175는 종말 시대의 인물에 대한 "주제별 미드라쉬"를 만들기 위해 마련된 일종의 기초 작업으로 볼 수 있다.

---

25) "여호수아 외경"에 속하는 두 개의 단편이 네 번째 쿰란 동굴에서 발견되었다: 4Q378과 4Q379. Cf. C. Newsom, "4Q378 and 4Q379: An Apocryphon of Josuah", In *Qumranstudien*, ed. by H.-J. Farby/A.Lange/H. Lichtenberger(Göttingen: V.&R., 1996), 35-85.

Ⅳ. 쿰란공동체와 초기 그리스도교의 성경해석 비교

여기에서는 쿰란문서를 남긴 쿰란공동체의 성경해석과 신약성경을 배출한 초기 그리스도교의 성경해석을 비교하려 한다. 쿰란공동체는 당시 다양한 유대 종파들 가운데 유일하게 종말론적 사고방식을 갖고 있었고 새로운 이스라엘을 구축하기를 원했다는 측면에서 볼 때 초기 그리스도교 신앙공동체와 유사한 면이 있다는 사실을 간과할 수 없다. 그리하여 초기 그리스도교의 탄생을 종종 쿰란공동체에서 찾으려는 무모한 시도가 있었다. 예컨대 쿰란공동체의 설립자인 의의 교사가 예수님의 형제 야고보이고 그의 대적자로 등장하는 위선자는 사도 바울로 이해하려는 시도가 있는가 하면(M. Baigent/R. Leigh, The Dead Sea Scrolls Deception, 1991 = 『사해사본의 진실: 초기 교회의 비밀을 담은 쿰란의 문서』, 2007), 의의 교사는 세례 요한이고 악한 제사장은 예수로 파악하려는 시도도 있다(B. Thiering, *Jesus and the Riddle of the Dead Sea Scrolls: Unlocking the Secrets of His Story*, 1992). 이러한 해석은 쿰란문서를 암호화된 문서로 보고 암호들을 해독할 때 비로소 숨겨진 의미가 드러난다는 그들의 주장과 맞물려 있다. 그러나 쿰란문서는 암호화된 문서로 간주할 수 없기 때문에 그러한 주장은 설득력이 없다. 초기 그리스도교의 탄생을 쿰란공동체에서 찾으려는 시도는 결국 쿰란 텍스트에 근거한 것이 아니라 전적으로 저자들의 상상력에서 비롯된 것이다. 하이델베르크 대학교 신약학 교수로 2006년에 은퇴한 클라우스 베르거(Klaus Berger) 교수가, 베이전트와 레이와 같이 "성서의 진술을 그 역사적 문맥에서 분리시키는 자는 그것을 초인간적으로 비인간적으로 만들고, 결국 그것을 엉터리로 만든다"고 비판한 것은 전적으로 옳다.[26] 쿰란문서는 초기 그리스도교 탄생 이전 기원전 시대의 산물임이 명백하기 때문에 초기 그리스도교의 탄생을 쿰란에서 찾는 일은 전혀 가당치 않은 일이다. 앞에서 언급했듯이 쿰란공동체와 초기 그리스도교 사이에는 분

26) K. Berger, *Qumran und Jesus: Wahrheit unter Verschluss?* (Stuttgart: Quell, 1993), 59.

명 유사한 측면이 있음을 숨길 수 없다. 그러나 세부적인 면에서 볼 때 양자 사이에는 분명히 차이가 있다. 이는 성경해석의 경우에도 해당한다.

1. 유사점과 차이점

먼저 쿰란공동체의 성경해석과 초기 그리스도교의 성경해석 사이에 나타나는 큰 틀에서의 유사점에 대해 살펴보도록 하자. 다음과 같은 세 가지 유사점이 두드러진다. 첫째, 양자는 자신들이 처한 시대를 종말의 시대가 시작된 것으로 여기는 가운데 자신들의 공동체를 하나님이 종말을 위해 예비하신 언약공동체라고 확신했고, 그에 따라 "(구약)성경"을 자신들을 위한 종말론적인 계시의 말씀으로 해석했다. 특히 구약의 예언서와 시편을 즐겨 읽는 가운데 이곳에 언급된 말씀이 다름 아닌 자신들이 처한 종말론적인 현재 시대에 자신들의 공동체를 위해 기록된 것으로 믿었다(Pesharim을 참조하라). 이는 초창기 그리스도인들이 구약성경을 그리스도교 신앙공동체를 위해 기록된 것으로 여긴 것과 같다. 예컨대, 바울은 로마서와 고린도전서에서 다음과 같이 말한다: (롬 15:4) **"무엇이든지 전에 기록된 바는 우리의 교훈을 위하여 기록된 것이니"**; (고전 10:11) **"그들에게 일어난 이런 일은 본보기가 되고 또한 말세를 만난 우리를 깨우치기 위하여 기록되었느니라."**

둘째, 쿰란공동체와 초기 그리스도교는 성경해석을 위한 절대적 권위를 지닌 영적 지도자를 갖고 있었다. 쿰란공동체가 공동체 설립자인 의의 교사를 그러한 권위를 지닌 인물로 간주했다면(1QpHab 7:4-5 **"하나님이 의의 교사에게 자신의 종들인 예언자들의 모든 비밀을 계시했다"**), 초기 그리스도교는 종말론적 메시아로 고백하는 예수님을 성경해석의 전권을 지닌 분으로 여겼다. 셋째, 의의 교사와 예수님은 모두 자신들이 지닌 그러한 절대적인 성경해석의 권위가 하나님으로부터 주어진 것으로 확신했다. 성경말씀에 대한 영감 받은 해석자로 통하는 의의 교사는 자신이 지은 찬양시에서 하나님이 성령을 자기에게 부어주셨기에 흔들리지 않는다고 노래한 반면(1QH 7:6–7), 예수님은 하나님의 성령에 힘입어 귀신을 쫓아내는 데서(마 12:28) 종말론적인 새 시대가 열리고 있음을 확신했고, 그에 따라 모세의 권위를 능가하는 성경해석의 전권을 가진 자로 자신을 이해했다(예컨대, 마 5:21–48).

이와 같은 공유점에도 불구하고 쿰란공동체와 초기 그리스도교의 성경해석 사이에 나타나는 차이점을 간과할 수 없다. 그러한 차이는 무엇보다도 쿰란공동체가 성경에 나타나는 예언자들의 계시를 통해 자신들의 공동체 역사를 해석하는 일에 초점을 맞춘 반면, 초기 그리스도교는 구약의 계시를 통해 예수님을 해석하는 일에 초점을 맞추었다는 사실과 관련되어 있다. 초기 그리스도교의 시각은 예컨대, 마태복음에 자주 나타나는 이른바 "성취인용문"(Erfüllungszitat)을 통해 잘 드러난다. 성취인용문은 특별한 양식을 띤 구약 인용문으로서 특히 마태복음의 저자가 그것을 즐겨 사용했다(마 1:22–23; 2:15, 17–18, 23; 4:14–16; 8:17; 12:17–21; 13:35; 21:4–5; 27:9–10). 성취인용문은 예수님을 통해 구약 예언자들의 예언이 성취되었음을 강조한다. 예를 들면 마태복음 1장 22절은 **"이 모든 일이 된 것은 주께서 선지자로 하신 말씀을 이루려 하심이니"** 하는 전형적인 진술을 한 다음 이사야서 7장 14절을 인용한다. 쿰란문서에는 그와 유사한 정형화된 양식은 나타나지 않으나, 구약 예언자들의 말씀이 현재의 쿰란공동체 안에서 성취되었다는 이해의 방식은 찾을 수 있다. 또한 고린도전서 15장 3–5절 사이에 나오는 이른바 "믿음 양식문"(Pistis–Formel) 가운데 나오는 **"3 성경대로 그리스도께서 우리 죄를 위하여 죽으시고 4 장사 지낸 바 되었다가 성경대로 사흘 만에 다시 살아나사 5 게바에게 보이시고 후에 열두 제자에게 [나타나셨다]"**는 진술에서도 구약의 예언이 예수 사건에서 성취되었다는 믿음이 드러난다. 또한 누가복음 24장에서 부활하신 예수님은 엠마오로 가는 두 제자들을 나무라시며 **"이르시되 미련하고 선지자들이 말한 모든 것을 마음에 더디 믿는 자들이여"**(25절) 라고 말씀하신 다음 이어서 **"모세와 모든 선지자의 글로 시작하여 모든 성경에 쓴 바 자기에 관한 것을**

자세히 설명"하신다"(27절). 이러한 신약 진술들 가운데 구약성경 전체가 예수 그리스도에 대해 증언하고 있다는 확신이 전제되어 있다.

쿰란공동체와 초기 그리스도교가 모두 구약성경을 종말론적으로 해석했다는 측면에서 양자의 성서해석방법이 유사하다고 말할 수 있다. 그러나 쿰란공동체가 성경 한 구절 한 구절씩 연속하여 해석하는 이른바 "페셔 방법"(Pesher-Method)과 같은 고유한 성경해석방법을 발전시킨 것과 달리, 초기 그리스도교는 그런 종류의 문서를 전혀 남기지 않았다. 이러한 차이가 왜 생겼을까 하는 질문이 일어난다. 쿰란공동체는 예수 그리스도와 같은 종말론적인 구원자에 대한 믿음을 갖는 대신 자신들의 공동체를 종말론적인 유일한 구원공동체로 믿었다. 그리하여 자신들의 공동체에 절대적인 가치를 부여하면서 정회원이 되기까지 2년 정도의 엄격한 훈련기간을 요구하는 까다로운 입회 규정을 만들면서(1QS 6:13-23)[27] 공동체를 배타적으로 운영했다. 그들의 관심은 전적으로 자신들의 공동체를 향했고, 따라서 꼼꼼한 성경해석을 통해 종말의 시대에 자신들의 공동체가 나아갈 구체적인 길을 모색하고자 했다.

그러나 초기 그리스도교의 일차적인 관심은 공동체 자체에 있다기보다는 오히려 종말론적 구세주이자 주님(Kyrios)으로 고백하는 예수 그리스도와 그 분의 오심으로 인해 열린 구원의 길에 세상 사람들을 초대하는 선교에 초점을 맞췄다. 따라서 초기 그리스도교는 문호를 활짝 열고 선교에 총력을 기울였지 성경주석서를 집필하는 일에 관심을 두지 않았다. 또한 최초 1세대 그리스도교인들 중에 랍비 훈련을 받은 바울과 같은 인물을 제외하고는 지도자 위치에 있던 대다수 사람들은 "팔레스타인 유대교의 엘리트 서기관"(H. Stegemann)으로 통하는 쿰란공동체 구성원들과 달리 실제로 성경주석서를 집필할 능력을 지니지 못했을 것이다. 쿰란공동체의 성경해석과 초기 그리스도교의 성경해석에 놓인 이러한 차이점에도 불구하고 양자가 모두 성경을 하나로 통일된 관점에서 해석하였다는 점

27) 요세푸스는 자신의 저서『유대 전쟁기』에서 에센파 정회원이 되기 위해서는 3년 동안의 수련 기간이 필요하다고 말한다(*Bell* II,137-138).

에서는 동일하다고 말할 수 있다. 다시 말해 성경 전체는 하나님의 계시로만 그 본래적 의미를 참되게 이해할 수 있다는 점에 양자의 시각이 일치한다. 이러한 시각은 성경에 대한 다양한 해석의 가능성을 열어놓은 랍비적 성경해석과는 확연히 구분된다.

2. 성경해석의 사례

구약성경에서 유래한 모티브나 개념을 쿰란공동체와 초기 그리스도교 공동체가 모두 언급하는 경우가 적지 아니 나타나나,[28] 여기서는 쿰란공동체와 신약의 저자들이 함께 인용하는 구약성경 몇몇 구절에 제한하는 가운데 양자 사이에 놓인 성경해석의 차이를 좀 더 구체적으로 살펴보려 한다. 먼저 바울과 쿰란공동체의 성경해석을 비교해보자.

1) 하박국 2장 4b절에 대한 해석

이 구절은 바울이 강조하는 핵심 메시지와 관련되어 있다. 바울은 갈라디아서와 로마서에서 인간이 하나님 앞에서 의롭다 칭함을 받는 것은 율법의 행위를 통해서가 아니라 믿음에서 나온 것임을 강조한다. 예컨대 갈라디아서 3장 11절에서 바울은 "하나님 앞에서 아무도 율법으로 말미암아 의롭게 되지 못할 것이 분명하니 이는 의인은 믿음으로 살리라 하였음이라"라고 말한다(cf. 롬 1:17). 여기서 "믿음"은 하나님이 아브라함에게 주신 약속에 대한 전적인 신뢰와 같은 선상에서 이해할 수 있는 개념으로서 율법의 저주에서 인간을 속량하기 위해 오신 주 예수 그리스도에 대한 믿음을 가리킨다.

---

28) 이와 관련하여 다음 문헌을 참조하라: H. Braun, *Qumran und das Neue Testament* I/II (Tübingen: Mohr, 1966); W. S. LaSor, *The Dead Sea Scrolls and the New Testament* (Grand Rapids, Michigan: Eerdmanns, 1972); James C. VanderKam, *The Dead Sea Scrolls Today* (Grand Rapids, Michigan: Eerdmanns, 1994), 180-182.

쿰란공동체는 하박국서를 연속적으로 주석한 『하박국 주석』(1QpHab)을 남겼다. 이 주석 가운데 합 2:4b가 인용되고 그에 대한 쿰란공동체의 해석이 나온다.

(1QpHab 7:17–8:3) "[17]그러나 **의인은 그의 믿음으로 인하여 살 것이다.** 〈Col. 8〉 [1]그 해석은 유다의 집에서 율법을 지키는 모든 이들과 관련되어 있다. [2]하나님은 그들을 그들의 수고로 인하여 심판의 집으로부터 구원하실 것이다. [3]의의 교사를 향한 충성심 때문에라도 그렇게 하실 것이다."

여기에 인용된 하박국서에 나오는 "믿음"을 "유다의 집에서 율법을 지키는 모든 이들"과 관련시킨다. 율법을 지키는 수고로 인해 하나님이 구원해 주시리라 말한다. 동시에 그러한 하나님의 구원은 오직 "유다의 집"에만 국한된다. 이 개념은 하나님의 율법을 온전히 지키고 있다고 확신한 쿰란공동체와 동일시될 수 있다. 이러한 "믿음" 이해는 바울의 해석과 정면으로 충돌한다. 바울은 자신의 "칭의론"을 유대 백성에게만 국한시키지 않고 만백성에게도 해당된다고 믿었다. 하박국서를 주석한 쿰란공동체는 위의 본문에서 율법을 온전히 지킨 자들이 두 가지 이유에서 구원받는다고 말한다. 하나는 "그들의 수고로 인하여", 즉 율법을 향한 그들의 노력으로 인해, 다른 하나는 의의 교사에 대한 충성심으로 인하여 구원받으리라 말한다. 그러나 바울에게 "믿음"은 율법의 행함에 대한 믿음 혹은 절대적 성서해석가로 통하는 의의 교사에 대한 믿음과 같은 것을 가리키지 않고 오직 예수 그리스도에 대한 믿음을 뜻한다. 예수 그리스도에 대한 믿음으로 말미암아 구원을 받으리라고 바울은 강조한다.

2) 이사야 28장 16절에 대한 해석

바울은 로마서 9장 32–33절에서 칠십인경 이사야서에서 유래한 두 구절(사 28:16 + 사 8:14)[29]을 비교적 자유롭게 조합하여 제시한다.

(롬 9:32–33) "[32]**어찌 그러하냐 이는 그들이 믿음을 의지하지 않고 행위를 의지함이라 부딪칠 돌에 부딪쳤느니라** [33]**기록된 바 보라 내가 걸림돌(λίθον προσκόμματος)과 거치는 바위를 시온에 두노니 그를 믿는 자는 부끄러움을 당하지 아니하리라 함과 같으니라**"

이 구절은 이른바 "이스라엘의 구원 문제"를 다루는 로마서 9–11장에 속한 본문으로서 이스라엘이 그리스도 안에 나타난 하나님의 의를 거부하는 이유에 대해 논하는 문맥(롬 9:30–10:21)에 속한다. 의를 따르지 아니한 이방인들은 하나님의 최후 심판에서 승리할 의를 획득한 것과 달리, 율법을 지키려고 노력했던 이스라엘은 오히려 하나님 앞에서 의를 얻지 못했다고 바울은 로마서 9장 30–31절에서 말한다. 그 이유를 이스라엘이 믿음에 근거한 삶을 살지 못하고 행함으로써 의로워지려 했다는 사실에서 찾는다. 성경이 이러한 자신의 진술을 입증한다는 점을 바울은 이사야서에서 유래한 두 구절을 하나로 조합한 인용문(사 28:16 + 사 8:14)을 통해 설명한다. 이러한 형태의 이사야서 인용문이 베드로전서 2장 6–8절에도 유사한 모양으로 나타나고 있는 것으로 미루어, 이와 같은 인용문 조합은 아마도 초기 그리스도교의 구전 전승을 통해 바울에게 전래된 것으로 보인다. 로마서 9장 32–33절의 인용문에 나오는, 하나님이 시온에 둔 돌은 다름 아닌 예수 그리스도를 가리킨다. 이 돌이 그리스도 안에 계시된 하나님의 의를 거부한 이스라엘에게는 결국 "걸림돌"이 되었다고 바울은 해석한다. 다시 말해 이스라엘은 십자가에 돌아가신 예수 그리스도를 메시

29) 칠십인경에 나오는 이 두 절을 우리말로 번역하면 다음과 같다: (LXX 이사야 28:16) "그러므로 주께서 이렇게 말씀하신다: 보아라, 내가 시온의 토대들 안에 한 값진 선택된 돌, 한 귀한 모퉁이 돌을 그것들의 토대들 안에 놓으니, 이것을 의지하는 사람은 부끄러움을 당하지 아니하리라"; (LXX 이사야 8:14) "네가 그를 의지하면 그가 너에게 성전이 되고 너희는 그를 마치 걸림돌처럼(ὡς λίθου προσκόμματι) 또는 걸림 바위처럼(ὡς πέτρας πτώματι) 마주치지 아니하리라. 그러나 야곱의 집은 예루살렘에 거하는 올가미와 구덩이 안에 있느니라."

아로 인정하지 않고 오히려 걸림돌로 생각했기 때문에 하나님 앞에서 의를 얻지 못했다는 것이다.

이어서 쿰란공동체의 해석을 살펴보자. 쿰란문서 중 하나인 『공동체규율서』(1QS)에도 이사야 28장 16절이 인용된다.

(1QS 8:7–9) **"이것은 <u>연단 받은 성벽</u>, 귀한 모퉁이 돌이니, 그의 기초가 흔들리지도 않고 제자리에서 벗어나지도 않을 것이다."**

물론 이 인용문은 이사야 28:16의 진술과 완전히 일치하지는 않고 어느 정도 자유로운 형태를 띠고 있다. 가장 눈에 띄는 차이는 이사야서가 한 개의 "돌"(λίθος)에 관해 말하는 것과 달리, 『공동체규율서』는 "연단 받은 성벽"(חומה)에 대해 말한다. 여기서 성벽은 의심의 여지없이 쿰란공동체를 가리키는 은유이다. 같은 본문에서 쿰란공동체는 진리 위에 기초한 "이스라엘을 위한 성소며 아론을 위한 지성소"일 뿐만 아니라 "심판 때 참된 증인들이며, 이 땅을 속죄하고 악인들에게 대가를 치르게 할 목적에서 하나님의 뜻에 의해 선택된 자들"로 묘사된다(1QS 8:5–7). 바울과 쿰란공동체는 동일한 이사야 구절에 나오는 표현을 저마다 자신들이 처한 삶의 자리에서 각자의 확신에 따라 상이하게 해석하고 있음이 잘 드러난다. 즉 바울은 "하나님이 시온에 둔 걸림돌"을 종말론적 구원자로 믿은 예수 그리스도로 해석하였으나, 쿰란 사람들은 종말 시대에 하나님이 예비하신 유일한 언약 공동체로 믿은 자신들의 신앙공동체에게 적용했다.

3) 창세기 1장 27절에 대한 해석

이 유명한 창세기 구절(**"하나님이 자기 형상 곧 하나님의 형상대로 사람을 창조하시되 남자와 여자를 창조하셨느니라"**)은 마태복음 19장 4절 및 그 병행구절에 인용된다. 마태복음에서 이 구절은 바리새인이 예수님을 시험하기 위해 제기한 질문에 예수님이 답하시는 상황에서 이혼 금지를 정당화하는 근거로 나온다.

(마 19:3–6) "[3]**바리새인들이 예수께 나아와 그를 시험하여 이르되 사람이 어떤 이유가 있으면 그 아내를 버리는 것이 옳으니이까** [4]**예수께서 대답하여 이르시되 사람을 지으신 이가 본래 그들을 남자와 여자로 지으시고** [5]**말씀하시기를 그러므로 사람이 그 부모를 떠나서 아내에게 합하여 그 둘이 한 몸이 될지니라 하신 것을 읽지 못하였느냐** [6]**그런즉 이제 둘이 아니요 한 몸이니 그러므로 하나님이 짝지어 주신 것을 사람이 나누지 못할지니라 하시니**"

여기에서 마태는 이혼에 대한 당시 바리새인들의 "자유주의적" 관행을 비판하는 가운데 그런 관행은 예수님의 입장과 다르다는 점을 부각시킨다. 남녀가 한 몸이 된 결혼은 하나님이 행하신 일이기 때문에 인간이 나눌 수 없다는 예수님의 말씀으로 결론짓는다. 사별한 후에 하는 재혼에 대해 예수님은 말씀하지 않았다. 이에 대한 예수님과 초기 그리스도교의 입장은 열려 있다고 말할 수 있다.

쿰란문서 중 하나로서 쿰란공동체 관련 법적 규정을 종합한 『다메섹문서(CD)』에도 창 1:27이 나온다. 다메섹문서 4:21에서 이 창세기 말씀은 "창조의 토대"로 불리며 인용된다. 여기에서 쿰란공동체의 적대자들과 관련하여 "**그들이 그들의 생애 동안 두 명의 아내를 취한 것**"을 "행음"과 동일시하면서 적대자들이 행음에 갇혀있다고 말한다. 쿰란공동체는 창 1:27에 근거하여 일부일처제(monogamy)가 하나님의 뜻이라고 해석하여 이를 공동체의 삶에 엄격하게 적용했다는 사실을 알 수 있다. 다시 말해 어떤 상황에 처했는가를 불문하고 누구든지 평생 사는 동안 두 명의 아내를 취하는 것은 간음이라는 것이다. 한마디로 쿰란공동체는 일부다처주의를 거부할 뿐만 아니라 이혼도 거부하는 아주 엄격한 결혼 윤리관을 갖고 있었다. 쿰란공동체의 이런 결혼 윤리는 예수님이나 초기 그리스도교의 입장보다 더 엄격했다고 말할 수 있다. 그러나 바리새파 랍비 주석과 달리 쿰란공동체와 초기 그리스도교는 결혼 윤리를 강화하려는 목적에서 창세기 1:27을 인용했다는 점에 공통점이 있다.

4) 이사야 40장 3절에 대한 해석

이해를 돕기 위해 먼저 이사야서 40장 3절에 대한 마소라 본문(MT)과 칠십인경(LXX)의 우리말 번역을 제시하면 다음과 같다.

MT	**"외치는 자의 소리여 이르되 너희는 광야에서 여호와의 길을 예비하라 사막에서 우리 하나님의 대로를 평탄하게 하라."**
LXX	**"광야에 외치는 자의 소리가 있어 이르되 너희는 주의 길을 예비하라 우리 하나님의 대로들을 평탄하게 하라."**

이 이사야 구절이 쿰란문서와 마가복음 양자에 인용된다. 두 인용문 사이에 약간의 차이가 있다.

막 1:3	"[2]선지자 이사야의 글에 기록된 것과 같이: **보라 내가 내 사자를 네 앞에 보내노니 그가 네 길을 준비하리라 [3]광야에 외치는 자의 소리가 있어 이르되 너희는 주의 길을 준비하라 그의 대로들을 평탄하게 하라."**
1QS 8:14	"[14]이는 기록된 바와 같다: 너희는 광야에서 ****의 **길을 준비하라 사막에서 우리 하나님의 대로를 평탄하게 하라.** [15]이 일은 그가 모세의 손을 통하여 명하신 토라에 대한 연구를 가리킨다. 이는 시대에 따라 계시된 모든 것들에 맞게끔 행동하고, [16]예언자들이 그의 거룩한 영을 통하여 드러낸 것들을 따라 살게 하려는 목적을 가지고 있다."

마가는 예수 그리스도에 관한 자신의 복음서를 시작하면서 곧고 평탄한 왕의 길에 나타날 하나님의 사자에 대한 칠십인경 구약의 예언을 인용한다. 광야에서 회개의 세례를 외치는 하나님의 사자는 세례 요한을 뜻한다. 그리고 칠십인경의 경우와 마찬가지로 마가복음에서 광야는 주의 길을 준비하는 소리가 선포되는 장소이다. 그러나 마소라 본문에서는 광야가 주의 길을 준비하는 장소로 표현된다. 주의 길을 준비하라는 말은 하

나님이 인도하시는 승리의 진군을 준비하기 위한 이사야 선지자의 소명을 나타낸다. 마가는 이사야가 말한 종말론적 심판자이신 "주"(Kyrios)를 다름 아닌 메시아 예수님에게 적용시키는 가운데 해당 이사야 구절을 오실 예수님의 길을 예비하는 세례 요한의 활동을 뜻하는 진술로 이해한다. 물론 이러한 해석은 마가 자신의 것이라기보다 세례 요한과 관련된 초기 그리스도교 전승을 통해 마가가 물려받았을 것이다.[30)]

『공동체규율서』 1QS 8:14에도 성경 인용을 알리는 도입양식을 사용하는 가운데(כאשר כתוב) 이사야서 40장 3절이 거의 온전한 형태로 인용된다(cf. 1QS 9:19-20). 다만 히브리어 본문에 나오는 "야훼"(יהוה) 하나님 대신 4개의 방점이 찍혀 있고, "외치는 자의 소리"가 빠져 있다. 마가복음의 경우 "외치는 자의 소리"는 세례 요한의 역할로 연결되기 때문에 중요하나, 쿰란공동체는 그에 대한 관심이 일체 없고 예언에 나오는 두 가지 행위, 즉 "주의 길을 예비하는 일"과 "하나님의 길을 평탄케 하는 일"에 초점을 맞춘다. 그러면서 그 두 가지 일을 흥미롭게도 "토라에 대한 연구"와 동일시한다. 1QS 9:19-20에서 토라에 계시된 하나님의 뜻에 따라 온전히 살아가는 삶이 곧 "광야의 길을 준비"하는 일에 비유된다. 여기서 말하는 "길"은 참된 성경해석을 하는 장소이자 그에 합당하게 살아가는 언약의 장소인 쿰란공동체를 가리킨다.

요약하면 마가와 쿰란공동체가 모두 이사야 40장 3절을 종말론적으로 이해한 자신들의 현재와 관련된 진술로 이해했다는 점에서는 동일하다. 그러나 서로 다르게 해석하고 있음이 드러난다. 본래 이사야 40장 3절에 언급된 광야 길은 바벨론에 유배된 이스라엘 백성이 돌아갈 귀향길을 뜻했으나, 마가는 이 광야 길을 오실 메시아 예수님을 준비하는 세례 요한의 활동 장소로 해석한다. 그러나 쿰란공동체는 하나님의 계시가 담긴 토라에 대한 연구를 가리키는 것으로 해석하면서, 토라에 대한 지적 연구에 그치지 않고 토라에 계시된 하나님의 뜻에 따라 종말론적 언약공동체인

---

30) 요 1:23에도 사 40:3가 인용된다. 여기서 이사야 인용문은 세례 요한의 자기 진술로 나타난다.

쿰란공동체 안에서 살아가는 일과 동일시한다.

5) 레위기 19장 18절에 대한 해석

마지막으로 레위기 19장 18절(“**원수를 갚지 말며 동포를 원망하지 말며 네 이웃 사랑하기를 네 자신과 같이 사랑하라 나는 여호와이니라**”)에 대한 신약성경의 해석과 쿰란공동체의 해석을 살펴보자. 마태복음의 산상설교 중 예수님이 주시는 이웃사랑의 계명이 마태복음 5장 43절에 나온다(“**또 네 이웃을 사랑하고 네 원수를 미워하라 하였다는 것을 너희가 들었으나**”). 여기서 “네 이웃을 사랑하라”는 계명은 위에 언급한 레위기 구절에서 유래한 것으로 널리 알려진 것이다. 하지만 두 번째 부분에 나오는 “네 원수를 미워하라”는 말은 구약성경뿐만 아니라 지금껏 알려진 다른 유대 문헌 어디에서도 찾아볼 수 없는 말이다. 그러나 흥미롭게도 쿰란문서에 유사한 진술이 나온다.

> (1QS 1:3f) “**그[=하나님]가 택하신 모든 것을 사랑하고 그가 배척하신 모든 것을 미워하라.**”

하나님이 택하신 모든 것 가운데 무엇보다도 하나님이 택하신 “자비로운 언약 공동체”인 쿰란공동체와 그들이 행하는 모든 선한 일이 속한다. 쿰란공동체는 자신들이 행하는 일을 “땅 위에서 진리와 의와 정의를 행하는 일”이라고 확신했고(1QS 1:5), 그것은 동시에 자신들을 대적하는 모든 무리를 미워하는 일과 다르지 않다고 믿었다. 『공동체규율서』에서 다음과 같이 말한다: “**나의 분노를 [20]불의한 자들에게서 옮기지 않을 것이요, 분노를 가라앉히지도 않을 것입니다. 그가 정의를 실천할 때까지. 나는 죄악으로부터 돌아선 자들에 대하여 분노하지 않을 것이나, [21]길로부터 이탈한 자들에게는 자비를 베풀지 않을 것입니다**”(1QS 10:20–21). 또한 쿰란공동체의 찬송시를 담은 호다욧에서 **"당신은 나의 발걸음을 의인의 지역에서 굳건하게 하시네 그리하여 내가 악인에게는 함정이 되었으나 죄에서 돌아선 모든 사람에게는 구원이 되었네"**라고 노래한다(1QH 2:8-9). 쿰란문서에 나타나는 이러한 진술들을 고려하면, 예수님의 이웃사랑의 계명은 쿰란공동체의 입장을 극복하는 가운데 그들의 입장과 정반대로 원수 사랑의 계명을 제시하고 있는 것으로 보인다. 물론 예수님의 말씀 가운데 쿰란공동체가 구체적으로 언급되지는 않으나, 그와 관련된 것으로 볼 수 있을 것 같다. 이런 해석이 옳다면 예수님이 말씀하신 이웃사랑의 계명은 쿰란공동체를 염두에 두고 그들과 대립된 입장을 표방한 것으로 해석할 수 있다.

V. 나오면서

쿰란공동체와 신약성경을 낳은 초기 그리스도교는 모두 "성경"을 하나님의 계시의 말씀으로 여기면서 자신들이 처한 종말론적인 현재를 위한 생명의 말씀으로 받아들였다는 점에서 일치한다. 이런 측면만 고려하더라도 쿰란공동체의 성경해석은 초기 그리스도교의 성경해석을 유대적 배경에서 이해하려 할 때 그 무엇보다도 중요하다. 또한 쿰란공동체의 산물인 쿰란문서는 주전 1세기경 한 주요한 유대 종파가 구약성경을 어떻게 다루었는지를 우리에게 알려주는 귀한 통로이다. 특히 예언서 주석서들(Pesharim)과 그 밖의 쿰란문서들 가운데 나타나는 구약성경에 대한 쿰란공동체의 해석은 고대유대교의 종파적 성경해석에 대한 신뢰할 만한 보기를 우리에게 제공한다는 점에 의의가 있다. 이를 통해 오늘의 현대인이 고대유대교의 토양에서 생겨난 초기 그리스도교의 성경해석을 당시 종교사적 문맥에 비추어 이해하는 것을 가능하게 할 뿐만 아니라, 예수 그리스도와 그의 구원 사역에 초점을 맞춘 초기 그리스도교의 성경해석에 놓인 특징을 보다 명확하게 파악하는데 도움을 준다.

Chapter_ 4

마르틴 루터와 역사비평적 성서해석

I. 들어가면서

신약성서를 학문적 관찰의 대상으로 삼기 시작한 것은, 신약성서를 구약성서와 구분되는 독자적인 대상으로 간주하는 가운데, 교리나 신앙고백과 연결시키지 않고 역사적 관심을 갖고 순수한 학문적 연구의 대상으로 간주하면서부터이다. 이러한 방식으로 신약성서를 본격적으로 다루기 시작한 것은 18세기에 이르러서이고,[1] 오늘날 서구 신학계에 역사비평적인 시각으로 성서를 분석하여 해석하는 일은 보편적인 신학 연구 방법으로 자리 잡았다. 이는 곧 역사비평적 시각으로 성서를 이해하고 해석하는 일이 여러 문제점에도 불구하고 현대인을 위한 성서연구에 실로 중요하다는 사실을 의미한다.[2]

역사비평적 성서 해석의 중요성은 다음의 두 차원과 관련되었다. 우선, 신학적 차원과 관련되었다. 그리스도교 신앙은 구체적인 역사적 인물

1) 흔히 Johann Salomo Semler(1725~1791)를 역사비평적 성서연구의 창시자라고 부른다. J.G. Eichhorn은 젬믈러에 대해 다음과 같이 높이 평가한다(*Allgemeine Bibliothek der biblischen Literatur*, Bd. 5, 1973, 193): "교회사에 있어서 젬믈러와 더불어 우리 시대의 가장 새로운 전기가 시작되었다"("In der Kirchengeschichte fing mit Semler die neueste Epoche unserer Zeiten an"); "우리의 새로운 신학의 최초의 개혁자"("der erste Reformator unserer neueren Theologie"). 또한 H.-J. Kraus는 "역사비평적 성서 이해에 길을 연" 사람이라고 평가한다(*Geschichte der historisch-kritischen Erforschung des Alten Testaments*, Neukirchen-Vluyn 1969, 113).

2) 역사비평적 시각에서 성서를 분석하는 작업 외에도 오늘날에는 역사비평적 성서해석의 한계를 극복하려는 의도에서 다양한 방법론을 발전시켜왔다. 문학비평적, 언어학적, 수사학적 방법, 구조주의적 방법, 사회사적인 방법, 해방신학적 방법, 심층심리학적 방법, 여성신학적 방법 등.

인 나사렛 예수 및 그의 사역과 뗄 수 없기 때문에, 역사적 질문을 제기하는 일이 그리스도교 신앙의 정체성을 밝히는 것과 직결되어 있음을 알 수 있다. 또한 글자 그대로 역사적 차원과 관련되었다. 다른 고대 문서와 마찬가지로 신약성서를 성서 저자의 본래 의도에 따라 파악하기 위해서는 신약성서가 탄생한 역사와 당시 역사적 상황에 대한 이해가 불가피하다.

이처럼 엄격한 의미에서의 "역사적 비평"("historische Kritik")이란 개념은 계몽주의 시대에 비로소 나타나기 시작한 성서해석방법이기에, 계몽주의 시대 이전에 살았던 종교개혁자 마르틴 루터(Martin Luther, 1483~1546)와 관련하여 역사비평을 운운하는 것은 시대착오적으로 들릴 수 있다. 그럼에도 불구하고 루터를 역사비평과 관련하여 언급할 수 있는 가능성이 있는지 살펴볼 필요가 있다고 생각한다. 그는 교회의 전통에 따른 성서해석을 넘어서는 시도를 과감하게 수행하는 가운데, 복음의 척도에 따라 성서에 대한 예리한 비평적 시각을 제시하였기 때문이다. 또한 그가 수행한 성서비평은 그가 속한 시대를 넘어서 계몽주의 시대에 들어와 본격적으로 전개되기 시작한 역사적 성서비평에 적지 않은 영향을 끼쳤기 때문이기도 하다.

"성경 신학자"(Bibeltheologe)로 불리는 루터에게 신학은 곧 성서해석을 뜻한다.[3] 이에 걸맞게 루터의 성서해석에 대한 여러 연구가 있었다.[4] 따라서 본 글은 루터의 성서해석 일반을 다루는 데 역점을 두기보다는, 루터가 수행한 성서비평작업과 관련하여 그를 역사비평적 성서해석을 향한

3) 튀빙엔 대학교의 역사신학 교수 레더(S. Raeder)의 다음과 같은 진술은 전적으로 타당하다("Luther als Ausleger und Bibelübersetzer der Heiligen Schrift", in: H. Junghaus(ed.), *Leben und Werk Martin Luthers von 1526 bis 1546*, Göttingen 1983, 253): "루터가 남긴 문학적 유산이 보여주듯이 그의 전 생애 작업은 포괄적이며, 다양한 형태를 띤 성서주석이라고 이해할 수 있다"("Luthers gesamtes Lebenswerk, wie es sich uns in seinem literarischen Nachlaß darstellt, kann man als eine umfassende, in verschiedene Formen gekleidete Auslegung der Bibel verstehen."); "신학 작업은 그에게[=루터에게] 본질적으로 성서해석을 뜻했다"("Theologische Arbeit bedeutete ihm wesentlich Auslegung der Heiligen Schrift.").

4) 예를 들면, 지원용, "루터의 로마서 강해연구", in: 『루터연구』, 제4호, April 1966, 1-7면; 전경연, "루터의 성서해석", in: 지원용(편), 『루터사상의 진수』, 컨콜디아사, 1992, 105-136면; 엄진섭, "루터의 알레고리 비판", in: 『신학과 신앙』, 제14집, 2003, 167-208면.

길에 선구자적인 역할을 한 사람으로 간주할 수 있는가에 초점을 맞추고자 한다.

II. 루터의 성서비평과 역사비평적 성서해석

역사비평적 성서해석과 관련된 루터의 시각에 대한 공정한 판단을 하기 위해서 루터 당시 혹은 그 이전 시대에 행해졌던 성서해석에 대하여 간략하게나마 살펴볼 필요가 있다. 이를 통하여 성서비평에 대한 루터의 시대적 위치 설정이 분명해지기 때문이다.

1. 중세교회의 성서해석 전통 – 성서 본문의 다중적 의미

루터 당시 지배적인 성서해석은 다중적인 의미를 찾는 작업이었다. 특히 두 가지 의미를 구분하는 시각이 두드러졌다. 그중 하나는 “문자적 혹은 역사적 의미”(sensus literalis sive historicus)를 찾는 해석방법이다. 이는 본문에 대한 문자적이고 문법적인 질문을 제기하는 가운데 묘사된 것과 역사적인 사건들을 설명하는 일이다. 다른 하나는 이른바 “영적 혹은 신비적 의미”(sensus spiritualis sive mysticus)를 구하는 해석방법이다. 이것은 본문에 담긴 보다 심오한 의미를 찾기 위한 방법이다. 이 방법은 다음의 세 가지 해석방법으로 세분화된다[5]: 첫째는, 우의적 해석(sensus allegoricus)으로서 그리스도인이 성서에 근거하여 믿어야만 하는 것을 보여준다. 둘째는, 도덕적 해석(sensus tropologicus / sensus moralis)으로서 그리스도교적인 삶을

5) 영적 혹은 신비적 의미가 세 개의 하위부분으로 세분화된 것은 아퀴나스와 리라의 시대에 이르러서이다(엄진섭, “루터의 알레고리 비판”, 『신학과 신앙』 제14집, 2003, 179면). 사중적 성서의미에 대해서 다음을 참조할 것: E. v. Dobschütz, *Vom vierfachen Schriftsinn. Die Geschichte einer Theorie, Harnack-Ehrung*, 1921, 1ff.

위한 그리스도인의 윤리적 지침을 담고 있다. 셋째는, 미래지향적인 종말론적 해석(sensus anagogicus)으로서 그리스도인의 소망에 관한 주제를 다룬다.[6)]

종교개혁자들(Luther, Melanchton, Calvin)은 이와 같은 다중적 의미를 찾는 당시 중세교회의 가르침에 반대하는 시각을 가졌다. 특히 루터는 성서 단어가 갖고 있는 단순하고 순수하며 자연스런 의미를 찾는 일에 머물러야 할 것을 주장하는 가운데, 그 의미는 문법과 하나님이 인간을 위해 만든 언어사용이 제시하는 의미라고 말하였다.[7)] 이러한 시각에서 볼 때, "오직 성서만으로(sola scriptura)"라는 원칙 아래에 시작된 루터의 성서연구는 "문자적 혹은 역사적 의미"(sensus literalis sive historicus)를 찾는 방향성을 띠었다고 말할 수 있다. 여기에 대해서는 아래에서 다시 언급하게 될 것이다.

2. 인문주의적 성서해석 전통 – 역사비평적 해석을 위한 예비단계

14세기 이탈리아에서 나타난 이래 15세기에 유럽 전역에 영향을 끼쳤던 인문주의(Humanismus)는 중세 교회적 성서해석 전통에 이의를 제기하였다. 당시에는 라틴어로 성서를 읽고 해석하는 것이 관례였는데, 이러한 방식에서 벗어나 성서를 원어인 그리스어와 히브리어로 읽을 것을 요청하였다. 이와 관련하여 다음의 세 사람이 중요하다.[8)]

먼저 이탈리아의 인문주의자 **발라**(Laurentius Valla, 1407~1457)를 언급할 수 있다. 그는 라틴어 성서인 불가타 본문과 신약성서 그리스어 본문을

---

6) 그리스어 ἀναγωγικός는 "숭고한", "고양된"을 뜻하는 형용사이다.

7) G. Ebeling, "Luthers Psalterdruck vom Jahre 1513", in: *ZThK* 1953, 43ff; idem, "Luthers Auslegung des 14. (15.) Psalms im Vergleich mit der exegetischen Tradition", in: *ZThK* 1953, 280ff.

8) Cf. P. Stuhlmacher, *Vom Verstehen des Neuen Testaments. Eine Hermeneutik*(Göttingen 1986), 93ff. [= 쉬툴마허, 『신약성서 해석학』, 대한그리스도교출판사, 1994, 100면 이하.]

엄격한 언어분석과 꼼꼼한 사본 대조를 통해 비판적으로 서로 비교한 것을 교황 니콜라우스 5세의 임기(1447~1455) 중에 제출하였다. 1505년에 에라스무스(Erasmus)는 발라의 연구를 "In latinam Novi Testamenti interpretationem ex collatione graecorum exemplarum adnotationes(= 그리스어 사본과의 대조에 근거한 신약성서 라틴어 번역에 관한 주해서)"라는 제목으로 출간하는데, 이는 비평적 성서학의 초석을 이룬 것으로 평가할 수 있다.

두 번째 사람은 독일인 **로이힐린**(Johannes Reuchlin, 1455~1522)이다. 그는 1506년에 "De rudimentis hebraici libri tres"를 출판함으로써 히브리 언어학의 창시자가 되었다. 7년 뒤, 7개의 시편(시 6; 32; 38; 51; 102; 130; 143)의 언어학적 분석을 통한 주석서를 기록하였는데, 이는 히브리어 교재 역할을 했다. 한마디로 로이힐린은 성서 히브리어뿐만 아니라, 유대 랍비문학을 보존하기 위해서도 애썼다.

세 번째 사람은 로테르담 출신의 **에라스무스**(Erasmus von Rotterdam, 1467~1536)이다. 16세기 초엽에 인문주의의 주도적 인물로 부상한 그는 1516년에 라틴어 번역과 방대한 본문 각주를 담은 그리스어 신약성서(Novum Instrumentum omne)를 출간하게 되는데, 이는 그리스어 신약성서본의 효시를 이룬다. 신학은 스콜라 신학적 접근에서 벗어나 성서 원어에 대한 연구 위에 이뤄져야 한다고 주장하였다.

이처럼 인문주의는 당시 지배적이던 라틴어 성서에 의존한 교회의 성서해석 전통에 대항하는 가운데, 성서 원자료를 통해 성서 본문이 담고 있는 본래적 의미를 찾고자 노력하였다. 이와 같은 인문주의 운동은 루터에게도 영향을 끼치게 된다. 종교개혁자들은 인문주의의 영향을 받아 "텍스트의 요구에 대해 개인적으로 책임성 있게 응답하여야 하는 개인주의적인 그리스도교인의 실존에 대한 의식을 가졌으며, 그 당시로서는 비교적 개방적인 비평적 해석의 필요성에 동의했다."[9] 이러한 시각에서 볼 때, "모든 사람에게 미칠 수 있는 학문적 수단을 가지고 성서의 본문을

9) 윤철호, 『그리스도교 인식론과 해석학』, 한국장로교출판사, 2001, 50면.

해명하려는 의무와 의욕에 관해서는 루터가 에라스무스와 그의 동료들과 함께 같은 전선에 서 있다"[10]고 말할 수 있다. 한마디로, 루터를 포함한 종교개혁자들은 성서를 철저히 역사적으로 해석하고자 하는 인문주의자들의 입장을 기본적으로 수용하였다.[11] 이는 곧 역사비평적 성서해석을 위한 발판이 마련된 것으로 간주할 수 있다.

3. 루터의 성서비평에 나타나는 특징

성서해석을 가장 중요한 신학적 과제로 인식한 루터의 성서 비평이 지니고 있는 주요 특징을 다음과 같이 나눌 수 있다.

1) 신학적 비평

루터의 성서비평이 "역사비평적" 성격과 어떤 관련이 있는가를 밝히기에 앞서 우선적으로 분명히 짚어야 할 것이 있다. 그것은 그의 성서비평이 근본적으로 신학적 성격을 띠고 있다는 사실이다. 이것은 특히 구약성서에 대한 루터의 시각에 잘 드러난다. 구약성서에 대한 루터의 시각은 오늘날 우리가 말하는 "역사비평적 방법"과는 실상 거리가 멀다. 오늘날 역사비평적 구약학은 구약성서를 고대 이스라엘의 문서로 보는 가운데 그들의 역사적 상황에 따라서 해석하고자 한다. 따라서 구약성서 본문에 충실한 역사비평적 해석은 기독론적 해석의 가능성을 배제시킨다.

이와 같은 오늘날의 역사비평적 접근과 달리, 루터는 신학적인 해석의 틀을 갖고 구약성서에 다가갔다. 한마디로 루터는 구약성서를 "예언자적이며 기독론적으로"(prophetisch-christologisch) 해석하였으며, 동시에 신앙과 불신앙의 역사로서 파악하였다. 한걸음 더 나아가 구약과 신약을 율법

10) 쉬틀마허, 『신약성서 해석학』, 108면.

11) Cf. W.G. Kümmel, *Das Neue Testament. Geschichte der Forschung seiner Probleme*, München 1970, 14f.

과 복음의 관계를 통하여 해석하였다.[12] 이때, 구약은 단지 율법만을 담고 있고 신약은 전적으로 복음만을 담고 있다고 말하기는 어렵다. 구약이 대체로 율법을 보다 많이 전하나, 동시에 복음도 제시하고 있기 때문이다. 마찬가지로 신약에는 복음이 압도적으로 많으나, 동시에 율법도 담고 있다. 또한 루터의 성서 비평이 신학적 방향성을 띠었다는 사실은 "죄 짓고 저주받은 인간과 의롭다 칭하시는 하나님 혹은 구세주"[13]를 신학의 대상(subiectum der Theologie)으로 선포하는 그의 시각에도 드러난다.

2) 성서비평의 출발점 - 성서와 직접적인 만남

오늘날 역사비평적 방법을 사용하여 성서를 해석하려는 사람은 일차적으로 성서 본문에서 출발한다. 다시 말하면, 본문의 의미를 파악하기 위해서 해석자는 본문이 생성될 당시의 상황에 대한 이해를 갖고 본문 자체에 집중함으로써 자신의 일을 수행한다. 이때 본문 외적인 어떤 요소가, 예컨대 어떤 특정 교파의 교리가 본문 해석에 개입하는 것을 달갑게 여기지 않는다. 그럴 경우 본문이 갖고 있는 본래적 의미 파악에 장애가 온다고 생각하기 때문이다. 이와 같이 무엇보다도 성서 본문에서 출발하고자 하는 역사비평적인 태도는 성서를 대하는 루터의 태도와 크게 다르지 않다고 생각한다. 루터는 당시 교회와 전통에서 유래한 해석학에 안주하지 않고, 하나님의 말씀으로 고백하는 성서 말씀에서 출발하고자 했기 때문이다.

이처럼 성서비평의 출발점을 성서 자체에 두고 있는 루터의 시각은, 성서를 "모세와 예언자들과 예수와 사도들에 의해 선포된 하나님 말씀

12) 구약성서에 대한 루터의 입장에 관해 다음 문헌을 참조하시오: H. 보른캄, 『루터와 구약성경』, 엄현섭 역, 컨콜디아사, 2006.

13) "homo reus et perditus et deus iustificans vel salvator"(WA 40/II, 328, 1f).

의 문서적 원전"[14]으로 보며, 또한 "다른 모든 것을 검증하는 원칙"[15]으로 여기는 루터의 성서이해와 직결되어 있다. 그와 같은 성서이해를 가졌기에 루터는, 성서를 어거스틴에 따라서 해석하고 어거스틴을 성서에 따라서 해석하지 않는 자는 의심의 여지없이 인간의 방식으로 또한 자신의 영에 따라서 해석하는 것이라고 보았다(cf. WA 7, 96, 21ff). 곧 교부나 공회의 권위가 규범이 될 수 없음을 뜻한다. 다시 말해, 성서가 다른 모든 규범과 권위 위에 있음을 말한다.

또한 루터는 성서 자체의 중요성에 대해 **"레오 10세의 새로운 파문장을 통해 저주받은 모든 조항들을 루터가 폐기 선언함"**(Assertio omnium articulorum M. Lutheri per bullam Leonis X. novissimam damnatorum)에서 다음과 같이 말한다: "성스러운 보편적 교회는 처음에 한 번 영접했던 동일한 신앙의 영을 갖고 있다고 우리가 믿고 있는데, 어찌하여 오늘날 오직 혹은 우선적으로 성서를 연구하는 것이 허락되어서는 안 된단 말인가? 원시 교회에 허락되었듯이 말이다. 저들이(=성스러운 보편적 교회가) 어거스틴이나 토마스를 읽지 않았기 때문이다. 그렇지 않다면, 어떤 심판관이, 교부들의 진술이 서로 모순되었는지에 대해 결정할 것인가에 관해, 말할 수 있거든 말해보아라. 여기에서 성서를 심판관으로 세우는 가운데, 판단을 내려야만 한다. 교부들로부터 나온 온갖 질문들과 관련해서 우리가 성서를 첫 번째 자리에 두지 않는다면, 그것은 불가능한 일이다. 그것이 뜻하는 바는, 성서 스스로는 그 자체로서 가장 명확한 것이며, 가장 접근하기 쉬운 것이며, 가장 이해하기 쉬운 것이며, 자기 자신이 스스로의 해석자가 되며, 모든 것을 입증하며, 판단하며, 조명한다는 것이다"(WA 7, 97).

---

14) P. Stuhlmacher, *Vom Verstehen des Neuen Testaments*, 98.

15) 루터는 다음과 같이 선언한다: 성서가 "우리의 원칙이다. 이로써 다른 모든 것이 검증된다."("principium nostrum, quo omnia alia probanda sunt" WA 8, 653, 33f).

3) 루터의 성서비평에 나타나는 역사비평적 성격

위에서 간단히 살펴보았듯이, 중세 교회는 성서 본문의 다중적인 의미를 찾고자 노력하였다. 이와 달리 루터는 성서 본문 자체에 집중하는 가운데, 문자적 혹은 역사적 의미가 무엇보다도 중요함을 역설하였다.[16] 하나님이 인간에게 말씀하시는 방식은 "문자적 의미"(sensus literalis) 혹은 "역사적 의미"(sensus historicus)를 통해서라고 확신했기 때문이다. 이와 같은 루터의 시각은 역사비평적 시각과 무관하지 않다. 루터의 성서비평에 나타나는 역사비평적인 요소를 다음과 같이 제시할 수 있다.

① **문자적 혹은 역사적 의미의 중요성 강조**: 루터는, 문자적 혹은 역사적 의미만이 "신앙과 그리스도교 신학의 본질"(qui solus tota est fidei et theologiae Christinae substantia)[17]이라고 선언함으로써 성서를 해석할 때 문자적 혹은 역사적 의미가 중요하다는 사실을 분명히 하였다. 영적인 의미가 아니라 문자적 의미의 중요성을 강조하는 루터의 시각은 예를 들면, **"엠저에게 보내는 답변"**("Antwort an Emser")에서 찾을 수 있다: "사람들이 오리게네스의 책들을 비웃는 일이 예전에 일어나게 된 것은 정당하다. 그는 불필요한 영적인 의미에 지나치게 몰두하였으며, 필요한 성서 의미를 놓쳤기 때문이다. 그리하여 성서가 몰락하고 좋은 신학자의 토대를 더 이상 세우지 못했다. ***문자들만이 줄 수 있는 몇몇 진정 중요한 의미가 있어야만 한다.***"("Darumb ist vortzeytten Origini recht geschehen, das man sein bücher verspott: er gab sich zu sehr auff den selben geystlichen synn, der nit nott war, und ließ

---

16) 물론 루터가 첫 번째 시편 강의(1513-15)에 사중적 성서의미의 중세적인 방법론을 사용했으나, 1519년부터 나타나기 시작한 Operationes in Psalmos에서는 사중적 성서의미를 찾는 시도를 완전히 버리고 알레고리적 성서해석을 근본적으로 비판하였다. 에벨링은 "결정적인 해석학적 전환이 1519년에 완성되었다"(die entscheidende hermeneutische Wandlung 1519 abgeschlossen)고 말한다(G. Ebeling, Lutherstudien I, Tübingen 1971, 4). 이에 관해 보다 자세한 정보를 얻고자 하면, 엄진섭, "루터의 알레고리 비판", in: 『신학과 신앙』, 제14집, 2003, 특히 192쪽 이하를 참조하시오.

17) WA 7, 97, 23.

den nöttigen schrifft synn fahrenn, denn damit gaht die schrifft unter und macht man nymmer mehr grund gute Theologen. Es muß der eynige rechte hewbt synn, den die buchstaben geben allein thun.")[18]

또한 "성령은 하늘과 땅 가운데 존재하는 가장 단순한 기자이며 연사이시다. 따라서 그의 말씀 역시 지극히 단순한 의미 하나 이상을 갖고 있지 않다. 그것을 우리는 문서적 혹은 문자적 의미라고 부른다."("Der heylig geyst ist der aller eynfeltigste schreyber und rether, der ynn hymmell und erden ist, drumb auch seyne wortt nit mehr denn eynen einfeltigsten synn haben kunden, wilchen wir den schriftlichen odder buchstabischen tzungen synn nennen.")[19] 이러한 시각은 1540년에 행한 루터의 탁상담화에도 나타난다: "내가 젊었을 때, 가르침을 받았고, 특히 신학에 입문하기 전에, 나는 알레고리(Allegorien), 트로폴로기(Tropologien), 아날로기(Analogien)를 사용했다 … 그것이 완전히 쓰레기와 같다는 사실을 나는 안다. 문자적 의미가 중요하며, 거기에는 생명, 위로, 힘, 가르침과 예술이 있다. 다른 것은 멍청이의 작품일 뿐이다. 그것이 아무리 빛난다 할지라도 말이다."[20]

이처럼 루터가 문자적 의미의 중요성을 강조한 것과 관련하여, "구약성서의 역사비평적 연구사"에서 한스 요아힘 크라우스(Hans-Joachim Kraus)가 내린 다음과 같은 평가는 정당하다: "향후, 문자에 대한 문법적 연구와 역사적 시간에 대해 역사적으로 파악하는 일이 개신교 성서 연구를 함에 절대적으로 중요하게 되었다는 사실이 이해할만하다."[21]

문자적 의미를 강조하는 루터의 시각은 성서의 이른바 "외적 명료성"(-

18) Auf das ubirchristlich, ubigeystlich und ubirkunstlich Buch Bocks Emszers zu Leypzigk Antwort D. M. L. (1521), WA 7, 650, 16ff.

19) WA 7, 650.

20) WA TR 5, 45, 10–17.

21) H.-J. Kraus, *Geschichte der historisch-kritischen Erforschung des Alten Testaments*, Neukirchen-Vluyn ^{2}1969, 11: "(Es ist) verständlich, *daß fortan die grammatische Erforschung des Buchstabens und die historische Aufhellung der geschichtlichen Stunde in der protestantischen Bibelforschung von schlechthin ausschlagebender Bedeutung sind.*"

claritas externa)을 강조하는 것과 같은 선상에 있다고 말할 수 있다.[22] 외적 명료성은 성서 자체, 즉 문자적 의미와 문법과 관련된 차원이다. 교회의 전통은 잘못될 수가 있기 때문에, 루터는 "문자적 의미의 성서말씀을 모든 전통의 기준으로 이해하며, 성서의 근원적 의미를 해명하는 데서 모든 석의의 목표와 성취를 본다."[23]

② **역사적 인식과 문법적 지식의 중요성 강조: "이사야서에 붙이는 루터의 서문"(1528; 1545)**[24]과 관련하여 루터는 이사야서를 잘 이해하기 위해서 ***역사적 인식이 중요하다는 사실을 강조***한다(WA 50, 26). 루터는 이사야서 주석에 앞서 서문에서 예언자 이사야의 활동시기에 대해 보도하는 이사야서 1장 1절("유다 왕 웃시야와 요담과 아하스와 히스기야 시대에 아모스의 아들 이사야가 유다와 예루살렘에 관하여 본 계시라")을 이해하는 일이 무엇보다 중요함을 강조한다. 그리하여 "책의 이름이나 그 첫 절의 내용을 이해하기 전까지는 예언서의 나머지 부분에 대한 접근을 보류하는 것이 좋다"고 말한다.

루터는 계속해서 다음과 같이 말한다: "누구든지 예언의 내용을 잘 이해하고자 한다면, 이사야 당시 그 땅에서 되어져 가는 일들의 형편이 어떠했으며 사건들이 어떻게 처리되었으며 그 당시 백성들은 무슨 생각을 하고 있었고–이웃나라, 곧 우방과 적국에 대해서 어떤 계획을 세우고 있었으며–그리고 특별히 하나님과 예언자들에 대하여 그 당시 백성들의 태도는 어떠했었던가를 알아야 한다. 그리고 백성들은 그의 말을 따라 하나님을 섬겼던가 아니면 우상을 숭배하였던가 하는 등 위와 같은 문제에 관

22) 외적 명료성과 구분하여, 루터는 ***내적 명료성**(claritas interna)**에 대해서도 말한다***. 이것은 율법과 구분되는 복음 이해와 관련된 차원이다. 성령에 의해서 하나님이 인간의 마음속에 작용시키는 복음 이해와 직결된 것이다. 외적 명료성과 내적 명료성을 가리켜 "성서의 이중적 명료성"(duplex claritas scripturae)이라 부른다.

23) 쉬툴마허, 『신약성서 해석학』, 107쪽.

24) 1527~1530년에 걸쳐 루터는 여러 차례 이사야서에 관한 강의를 했다. 이 강의는 1528년에 처음으로 출판되었고, 1545년에 발간된 성경전서에 포함되었다.

련된 사정을 알 필요가 있다. 이웃나라들의 지리적 정치적 배경을 살피고 서로 어떤 입장에 놓여 있었던가를 알아 두는 일 역시 유익할 것이다. 그렇게 함으로써 낯설고 익숙하지 못한 낱말이나 인명, 지명 등이 나와도 독자들은 당황하지 않을 것이며 생소한 낱말이나 고유명사들이 이해를 모호하게 흩어 놓는 것을 막을 수 있으리라 본다. 독일교회 평신도들을 위해서, 이사야가 예언활동을 한 무대였던 예루살렘을 중심으로 유다 주위의 지리적 배경을 간략하게 기술하려고 한다. 이러한 배경설명이 있어야만 예언자가 북쪽 혹은 남쪽을 향하여 예언한다고 할 때, 과연 그 어느 곳을 향하고 있는지를 보다 잘 이해할 수 있을 것이다."[25] 한마디로 예언자 이사야가 활동한 당시 시대 상황에 대한 이해가 불가피함을 역설하고 있다. 물론 루터가 오늘날 역사비평학이 이사야서를 서로 구분되는 세 권의 책으로 나누는 것과 같은 엄격한 구분은 하지 않으나, 그의 시각은 기본적으로 오늘날 역사비평적 시각과 동일하다고 말할 수 있다.

이러한 루터의 시각은 이사야서에 대한 ***언어 및 문법과 관련된 지식의 중요성을 강조***하는 것과 같은 문맥에 있다. 역시 서문에서 루터는 다음과 같이 말한다: "우리는 이사야로 하여금 정확한 독일어로 말하게 하려고 최선을 다하였다. 그러나 그때마다 그는 쉽사리 응하지도 않았고 오히려 완강히 저항했다. 독일말과 히브리말을 잘 아는 이들은 히브리어 성서의 독일어 번역이 얼마나 어려운 것인가를 알아차릴 것이다. 특히 스스로 모든 것을 안다고 믿고 있는, 아는 체하는 사람들은 더욱 잘 이해할 것이다. 사실 이사야는 히브리말에 너무나 능통했기 때문에 뻣뻣한 독일말로는 그의 말을 제대로 옮기기가 어려웠다."[26] 히브리어로 기록된 이사야서를 현대말로 정확하게 번역하여 바로 이해하기 위해서는 히브리어에 대한 정확한 이해가 선결조건임이 드러난다. 이는 곧 오늘날 역사비평학이 원문 파악의 중요성을 강조하는 것과 같다.

---

25) 『루터선집 1: 루터와 구약 [1]』, 395-396면.

26) 같은 곳, 397면.

또한 **"선지자 이사야 연구에 관한 머리말"(Vorlesung über Jesaias 1527)**에는 이사야서를 이해하기 위한 선결조건이 위에서 언급된 내용보다 더욱 분명한 가운데 압축되어 나타난다: "그 첫째는 문법의 지식이다. 이것이야말로 가장 비중이 큰 일로 여겨진다. 둘째는 더욱 필요한 것으로, 역사적 배경에 관하여 아는 일이다. 이것은 글자와 음절에 표현된 대로의 사건을 이해할 뿐만 아니라 수사학적이고 논리적인 면을 동시에 표용함으로써 얻게 된다. 그러므로 말과 상황들의 형편을 조심스럽게 유의하지 않으면 안 된다. 그러기 위하여서는 우선 문법을 마음대로 구사하며 역사들, 즉 이사야가 예언할 당시의 왕들이 행한 일들에 관하여 재빨리 깊이 유의하지 않으면 안 된다. 그리고 이러한 일들이 조심스럽게 검토되고 충분히 연구되어야 함은 틀림없는 일이다."[27] 오늘날 역사비평학이 성서해석 시 중요하게 여기는 요소들이 위의 진술 가운데 거의 망라되어 있다고 말할 수 있다.

③ **고대 이스라엘 역사와 관련시킨 구약성서 해석**: 또한 루터는 구약성서를 당시 고대 이스라엘의 관계로부터 이해하고자 하였다. 이는 현대 주석가들의 접근 방법과 본질적으로 다르지 않다고 말할 수 있다. 예컨대, **"시편 111편에 대한 주석"("Der 111. Psalm ausgelegt" 1530)**에서 루터는 이 시편의 기록 목적에 대해 "유대인들이 함께 하거나 유월절 양 주위에 모일 때, 이 시편을 노래하기 위해서"[28]라고 말한다. 비록 루터가 이 시편을 고대 이스라엘의 제의에서 비롯된 것으로 파악했을지라도, 그는 이 시편을 그리스도인에게 무의미한 것으로 간주하지 않았다. 본질적으로 이 시편은 "그 당시에만 묶여 있는 것이 아니라, 모든 날에 취해질 수 있다"[29]고 파악했기 때문이다. 이와 같은 시각에서 루터는 이 시편을 두 부분으

---

27) WA 31/II, 1-2.

28) WA 31/I, 396, 24f.

29) WA 31/I, 397, 23.

로 나누어 주석하였다. 먼저 이 시편을 역사적으로 주석하는 가운데, 고대 이스라엘의 제의 노래로 파악하였으며, 이어서 "우리의 부활절 축제, 즉 성만찬이나 미사"와 관련시켜 해석하였다.

④ **성서 원어의 중요성 강조**: 루터는 젊은 신학도들을 향해 ***히브리어를 배우라고 권면***하였으며, 심지어 바울서신을 이해하는 데 히브리어가 중요하다는 점을 **"롬 15:4f에 대한 설교에서"(Aus einer Predigt über Röm. 15,4f [1522년])** 지적하기도 했다: "성 바울의 말씀과 능력은 예언자들과 모세로부터 취한 것이다. 따라서 젊은 신학도들은 히브리어를 배워야 한다. 그리하여 그리스어 단어와 히브리어 단어를 대립시키고 그 단어들의 특징과 형태와 힘을 바라볼 수 있게 하기 위해서이다. … 내가 젊었다면, 위대한 신학자가 되어서 구약성서를 갖고 바울과 논쟁하고 싶다"("Die verba et res Sanct Pauli, die sind aus den Propheten und Mose genommen. Darum sollen die jungen Theologen hebräisch studieren, auf daß sie die griechischen und hebräischen Wörter gegeneinander halten und derselben Eigenschaft, Art und Kraft sehen mögen … Wenn ich jung wäre wollt ein hoher Theologus werden, so wollt ich Paulum conferiren cum veteri Testamento"[WA 10 (1.2), 75, 6].

또한 루터는 복음을 글로 표현한 성서 원어의 중요성을 다음과 같이 강조한다: "우리는 언어가 없이는 복음을 잘 받아들이지 못할 것이라는 사실을 말하지 않을 수 없다. 언어란 영의 칼이 숨겨져 있는 칼집이다. 그것은 음료수를 담고 있는 그릇이다. 그것은 음식이 담겨 있는 용기다. … 따라서 언어가 없는 곳에서는 확실히 복음이 멸망하게 된다"("Und last uns das gesagt seyn, das wyr das Euangelion nicht wol werden erhallten on die sprachen. Die sprachen sind die die scheyden, darynn die messer des geysts stickt. Sie sind das gefeß, darynnen man disen tranck fasset. Sie sind die Kemnot, drynnen dise speyse ligt … Darumb ists gewiß wo nicht die sprachen bleyben, da mus zu letzt das Euangelion unter gehen"(WA 18, 606, 11).

4) 그리스도 중심적 혹은 복음 중심적 성서비평

루터의 성서비평을 서술할 때, 빠뜨릴 수 없는 부분이 있다. 그것은 앞에서 "신학적 비평"과도 관련된 것으로서, 루터의 성서비평은 "그리스도 중심적 성서비평"(christozentirische Bibelkritik)이라는 점이다. 루터에게 예수 그리스도는 성서의 내용과 동일하며 또한 복음을 뜻하기에, "복음 중심적 성서비평"(evangeliozentrische Bibelkritik)[30]이라고도 말할 수 있다. 루터는 성서를 올바로 해석하기 위해서는 성서 저자나 그의 시대에 관한 역사적 이해가 불가피하다고 간주하였으나, 역사적이며 문법적인 해석은 궁극의 목적이 아니라 성서의 모든 책이 가르치고 있는 그리스도를 이해하기 위한 하나의 방법으로 생각하였다: "그리스도는 원주 전체를 그릴 수 있는 원의 중심점이다"(Erlanger Ausgabe 46, 338f).

신약성서 해석에서뿐만 아니라, 구약성서 해석의 경우에서도 루터는 그리스도 중심적 성서해석의 중요성을 강조한다. 예컨대, 사무엘하 23:1-7에 대한 해석인 **"다윗의 마지막 말에 관한 글"(1543)**에서 루터는 다음과 같이 진술한다: "우리 그리스도교인들에게 성서의 참 의미와 중요성을 가져다주신 분은 새 언약, 곧 예수 그리스도이기 때문이다. … '하나님의 아들' 예수 그리스도라고 고백하는 이분을 모시고 있지 않거나 모시려 하지 아니하는 자는 성서에서 손을 떼야만 한다고 나는 감히 충고한다."[31]또한 다음과 같은 진술도 있다: "성서에서 그리스도를 제한다면, 그 밖에 네가 무엇을 거기에서 발견할 수 있단 말인가?"(WA 18, 606, 29); "그리스도는, 우리가 성서를 이해하도록 우리에게 그 의미를 열어주었다"(WA 18, 607, 4f); "성서는 그리스도에 반역해서가 아니라 그리스도에 합당하게 이해해야 하며, 고로 그리스도와 관련되어야 하며, 아니면 진정한 성서로 간주되어서는 안 된다."(WA DB 47, 3f.). 위의 진술들 가운데, 성서는 예수 그리스도를 통해서 또한 예수 그리스도를 중심으로 읽고 해석해야 한다는 루터의 시

30) 이와 같이 S. Raeder, "Luther als Ausleger und Bibelübersetzer der Heiligen Schrift", 261.

31) 『루터선집 1: 루터와 구약[1]』, 324면.

각이 잘 드러난다. 이것은 성서 전체가 그리스도에 대한 계시와 관련되어 있기에 그와 같이 이해해야 한다는 말로 이해할 수 있다.

이때 그리스도 중심적인 성서해석을 강조함으로 말미암아 루터는 객관적이며 철학적인 해석을 넘어서서 주관적인 신앙의 차원을 그의 성서해석의 중심에 도입하였다고 말할 수 있다. 왜냐하면 어떤 진술이 "그리스도께 인도하는 것"("Was Christum treibet")인지를 판단하는 것은 결국 해석자의 주관적인 신앙과 관련되었기 때문이다. 루터의 자신의 주관적 신앙에 따라 로마서와 갈라디아서를 진정한 복음이라고 강조한 반면 야고보서는 평가절하하였던 것이다. 인간을 예수 그리스도께로 인도하는 것이 루터가 수행했던 성서비평 및 성서해석의 최종 목적이다. "루터에게 있어서 역사적, 문법적 해석은 궁극적으로 그리스도를 이해하기 위한 방법이다."[32)]

이처럼 그리스도 중심적 혹은 복음 중심적 성서비평의 시각을 갖고 있었기에, 루터는 신약성서 각 책에 대한 과감한 평가를 내릴 수가 있었다. 그러한 시각이 1522년 9월에 비텐베르크에서 발간된 루터의 독일어 신약성경인 "셉템버비벨"(Septemberbibel) 각 책의 서문에 잘 드러난다.

- **야고보서(Die Epistel S. Jacobi) 및 유다서(Die Epistel S. Judas)와 관련하여:**

루터는 이들 문서가 바울의 칭의론과 대립된 내용을 담고 있고 또한 예수님의 삶, 죽음, 부활과 관련된 기독론적이며 구원론적인 진술이 별로 나타나지 않을 뿐만 아니라, 바울의 칭의론과도 대립된다고 보았고, 따라서 야고보서와 유다서를 성서의 중요 문서로 간주할 수 없다고 말했다.

> "비록 ***성 야고보의 서신***이 옛 사람들로부터 버림을 받았다 할지라도, 나는 이 서신을 찬양하며 좋게 여긴다. 이것이 일체 인간의 가르침을 제시하지 않

32) 윤철호, 『그리스도교 인식론과 해석학』, 한국장로교출판사, 2001, 50면.

고, 하나님의 율법을 강하게 내세우고 있기 때문이다. 하지만 내가 다른 사람의 견해에 대한 편견 없이 나의 견해를 피력하자면, 나는 이를 사도의 작품으로 간주하지 않는다. 나의 이유는 다음과 같다:

첫째, 이것은[=야고보서] 성 바울과 다른 모든 문서들과 정반대로 행함에 정당성을 부여하고, 또한 아브라함은 자기 아들을 바쳤기 때문에 그의 행함에서 의롭다함을 받았다고 말한다. 그러나 성 바울은 로마서 4장(2-3절)에서 그와 달리, 아브라함은 행함이 없이 오직 자기 믿음으로 말미암아 의롭다함을 입었다고 가르쳤다. 이를 창세기 15장(6절)으로써, 그가 자기 아들을 바치기 전이라는 사실을 통해 입증하였다. 비록 이제 이 서신이 도움을 줄 수 있고, 그와 같은 행함의 의에 관한 설명이 발견된다 할지라도, 이 서신이 창세기 15장의 말씀을 행함과 관련시키고 있다는 점에서 이 서신은 보호받을 수 없다. 따라서 이러한 결핍으로부터 이 서신은 사도의 서신이 아니라는 사실이 나온다.

둘째로, 이 서신은 그리스도인들을 가르친다고 하나, 그처럼 장황한 가르침 가운데 고난, 부활, 그리스도의 영에 대해 생각조차 하지 않는다. 그가 몇 차례 그리스도를 언급하나, 그에 대해서는 아무것도 가르치지 않고, 하나님에 대한 일반적인 믿음에 대해서 말할 뿐이다. 온전한 사도의 직분은, 그가 그리스도의 고난과 부활과 직분을 설교하고, "너희도 나에 대해 증언하느니라"(요 15:27)고 그리스도가 스스로 말한 것과 같이 동일한 신앙의 토대를 놓기 때문이다.

또한 모든 올바른 성서의 책들은 한결같이 그리스도를 설교하고 드러내는 점에서 일치한다. 또한 그것은 그리스도께 인도하는가 그렇지 못하는가를 보는 때, 온갖 책들을 연구하는 시금석이다. 모든 성서는 그리스도를 나타내며(롬 3:21), 성 바울은 그리스도 외에 어떤 것도 알려고 하지 않기 때문이다(고전 2:2). 그리스도를 가르치지 아니하는 어떤 것도 사도적이 아니다. 비록 그것이 성 베드로나 성 바울이 가르친 것이라 할지라도 말이다. 다른 한편, 그리스도를 설교하는 것은 사도적이다. 비록 그것이 유다나 한나나 빌라도나 헤롯이 했건 간에 말이다.

그러나 이 야고보는 율법과 그것의 행함을 향해 부추기는 일 외에는 다른 것을 행하지 않으며, 이것저것을 무질서하게 뒤섞어서 한 선한 경건한 사람이 사도들의 제자들의 몇몇 진술들을 취하여, 초안을 작성한 것 같은 생각이 든다. 아니면 제삼자에 의해 기록된 그의 설교에서 나온 것일 수 있다. 그는 율법을 자유의 율법이라 부르지만, 성 바울은 그것을 종과 분노, 죽음과 죄의 율법이라 부른다.

이것에 대해 그는 성 베드로의 진술을 인용한다: "사랑은 허다한 죄를 덮느니라"(벧전 4:8; cf. 약 5:20). 마찬가지로 "하나님의 능하신 손 아래에서 겸손하라"(벧전 5:6; cf. 약 4:10). 마찬가지로 성 바울의 진술 갈 5장(17절)을 인용한다: "성령은 육체를 거스르나니". 그런데 성 야고보는 시간적으로 볼 때 헤롯에 의해 예루살렘에서 성 베드로보다 앞서 살해되었다. 고로 그는 성 베드로와 바울 이후에 오랫동안 살았던 것처럼 보인다.

종합하면, 그는 행함이 없이 믿음만을 신뢰하는 사람들에 대하여 저항하고자 했다. 또한 그는 영, 이성, 말씀을 다루는 일에는 지나치게 부족했으며, 또한 성경을 난도질하고, 결국 바울과 모든 성경에 대항하며, 사도들이 멋지게 사랑으로 세우는 것을 율법 행함으로 세우고자 한다. 따라서 나는 그를 나의 성경 속 중요한 책자의 수에 포함시키고 싶지 않다. 하지만 많은 좋은 진술이 그 안에 있기 때문에, 누군가가 제멋대로 그를 세우거나 제거하더라도 아무에게도 저항할 생각이 없다. 한 명의 사람은 세상일의 경우 의미 없는 사람이다. 오직 이 한 사람만이 대체 바울과 기타 모든 성경에 반대하는 것을 어찌 허용할 수 있단 말인가?

성 유다의 서신과 관련하여 아무도 부정할 수 없는 사실은, 그것이 성 베드로의 두 번째 서신에서 나온 발췌물이거나 복사본이라는 것이다. 그것의 모든 단어가 거의 동일하기 때문이다. 또한 그는 사도들에 대하여 마치 한 제자처럼 언급하며, 성경 어디에도 없는 진술과 이야기들을 인용한다. 그런 까닭에 옛 교부들이 이 서신을 중요한 문서에서 빼어버리게 된 것이다. 게다가 사도 유다는 그리스어를 말하는 지역으로 가지 않고, 페르시아 땅으로 갔다. 그리하여 그는 정말이지 그리스어로 기록하지 않았다고 말한다. 따라서 비록 내가 이 서신을 칭송한다 할지라도, 신앙의 토대를 세우는 주요 문서에 포함시킬 필요성은 못 느낀다."(사역)[33]

역사비평적 성서해석과 관련하여, 루터는 위에서 흥미로운 진술을 하고 있다. 루터는 야고보서의 사도적 유래를 부정하며 제삼자의 작품일 가능성에 대해 말한다. 이와 같은 루터의 주장은 그의 복음 이해에서 추론

---

33) WA DB 7, 384.

된 것일지라도 오늘날 역사비평학의 연구 결과와 일치한다.[34] 유다서의 경우, 루터의 시각은 더욱 날카롭다. 유다서가 베드로후서에서 발췌되었거나 복사된 것이라고 주장한다. 물론 이와 같은 루터의 입장과 달리, 오늘날 역사비평학은 대체로 베드로후서가 유다서를 참조한 것으로 평가한다.[35] 비록 결과가 다르다 할지라도, 양 본문을 비교하는 가운데 추론한 루터의 시각은 방법론적으로 볼 때 오늘날 역사비평학의 시각과 다르지 않음을 알 수 있다. 게다가 유다서의 저자가 사도의 제자처럼 언급한다는 진술은 오늘날 역사비평학이 유다서 3장 4절("조상들이 잔 후로부터")에 의거하여 내린 결론과 동일하다.

• 히브리서(Die Epistel an die Ebreer)와 관련하여:

히브리서에 대한 머리말에서 루터는 다음과 같이 말한다.

"이제까지 우리는 신약성경 가운데 진정 확실히 중요한 문서들을 다루었다. 하지만 이제 나오는 네 문서들은 오래 전부터 다른 평판을 받았다. 먼저, 히브리서는 성 바울의 것도 아니고, 다른 어떤 사도의 것도 아니라는 사실이 명백하다. 제2장(3절)에서 이 가르침은 주님으로부터 직접 들었던 사람들을 통해 우리에게 전해지게 된 것이라고 기록되어 있듯이 말이다. 이로써 분명해지는 사실은, 그가 사도들로부터 가르침을 받은 제자로서 사도들에 대하여 말하고 있다는 것이다. 아마도 오랜 뒤에 말이다. 성 바울은 갈 1장(12절)에서, 자기의 복음은 사람으로부터도 아니고 사람을 통해서도 아니고 하나님 자신으로부터 온 것임을 강력하게 증언하기 때문이다.

그것을 넘어서 이 서신은 한 어려운 문제점을 안고 있는데, 6장과 10장에서 세례 후에 죄인들에게 주는 회개를 일방적으로 부정하며 거절하는 것이다. 12장에서 에서가 회개를 구하였으나 얻지 못하였다고 하였는데, 이는 모든 복음서와 성 바울의 서신에 위배되는 것이다. 이와 관련하여 어떤 해석을

---

34) 물론, 오늘날에도 야고보서의 저자를 예수님의 형제 야고보로 여기는 사람들이 간혹 있으나(예컨대, F. Mußner, M Hengel), 대체로 그러한 가능성을 배제하면서, 야고보서는 베드로전/후서, 유다서 및 요한 서신과 함께 교회가 제도화되어가던 시기인 신약성서 생성 마지막 단계에 기록된 것으로 여긴다.

35) 예컨대, U. Schnelle, *Einleitung in das Neue Testament*, Göttingen ^{3}1999, 437ff.

내린다 할지라도, 그 말씀이 뜻하는 바는 충분히 명백하다. 내 생각에는, 그것은 여러 조각에서 조합되었으며 일관성이 결여된 서신이다.

어찌 되었건, 그것은 특별히 섬세한 서신으로서 그리스도의 제사장직에 대해 대가답고 철저하게 성서로부터 언급하고 있으며, 게다가 구약성서를 꼼꼼하고 풍성하게 주석하고 있다. 그리하여 이 서신은, 사도들의 제자로서 이들로부터 많은 것을 배웠고 깊은 신앙 체험을 하였으며 성서에 익숙한 빼어난 학자의 것임이 분명하다. 또한 비록 그가 신앙의 토대를 놓지는 않았다 할지라도, – 스스로 6장(1절)에서 증언하듯이, 그것은 사도의 직분이다 – 그 위에다 멋지게 금과 은과 보석들을 세우고 있다. 성 바울이 고린도전서 3장(12절)에서 말하듯이 말이다. 따라서 예컨대 나무나 짚이나 덤불이 뒤섞여 있다 할지라도 우리를 방해하지 못하며, 그와 같은 섬세한 교훈을 모든 존경과 함께 받아들여야 한다. 단지, 이 서신을 모든 면에서 사도적 서신들과 동일시해서는 안 될 것이다.

이 서신을 누가 기록하였는지는 알려져 있지 않다. 한동안 알려지지도 않을 것이다. 그것은 중요하지도 않다. 그가 지속적으로 성서로부터 입증하며, 동시에 성서를 읽고 다루는 바르고 섬세한 접근과 방법을 보여준다는 교훈에 우리는 만족해야 한다."(사역)[36]

여기에서 루터는 히브리서 역시 사도의 작품이 아니라 사도의 가르침을 받은 사람으로서 제자의 작품임을 명확히 한다. 또한 구약성서 이해가 깊은 한 익명의 학자일 것이라고 말한다. 루터의 이러한 주장은 오늘날 역사비평학의 분석과 거의 일치한다. 오늘날 역사비평학의 연구결과는 히브리서 본문의 문체와 신학이 바울의 것과 다르다는 것을 지적하는 가운데, 헬라유대적 교양을 갖추었으며 신약성서 중 최고급 그리스어를 구사하는 익명의 저자가 80–90년경에 기록했을 것으로 추정한다.

• 요한계시록(Die Offenbarung Johannis)과 관련하여:

요한계시록의 머리말에서 루터는 다음과 같이 말한다.

"요한계시록과 관련하여 역시 저마다 각자의 생각을 자유롭게 가져도 무방

36) WA DB 7, 344.

하다. 어느 누구도 나의 생각과 판단에 얽매이도록 하고 싶지 않다. 나는 내가 느끼는 것을 말할 뿐이다. 이 책에서 내가 부족하다고 여기는 것은 한 가지만이 아니다. 나는 이 책을 사도적이거나 예언자적이라고 여기지 않는다. 첫째로 그리고 무엇보다도, 사도들은 환상을 다루지 않고, 명백하고 꾸밈없는 말로 예언을 한다. 베드로와 바울, 복음서 안의 그리스도가 역시 그랬듯이 말이다. 그리스도와 그의 사역에 대해 명백하고 또한 비유나 환상이 없이 말하는 것이 사도적 직분에 합당한 일이기도 하기 때문이다.

또한 신약성서의 경우는 말할 것도 없고, 구약성서 안의 어떤 예언자도 그처럼 전적으로 환상과 비유를 다루고 있는 사람은 없다. 나는 그것을 거의 제4에스라서와 동일시할 정도이며, 또한 그것이 성령에 의해서 제시된 것임을 전혀 감지할 수 없다.

게다가 너무 지나치게 보이는 것이 있다. 그것은, 그가 성서의 다른 책보다 더욱 자신의 책을 그토록 귀한 것으로 여기며, – 다른 책들이 훨씬 더 중요한데도 말이다. – 그것으로부터 뭔가를 제하는 자는 하나님에 의해 그 역시 그렇게 되리라고 명하고 위협하는 것 등이다. 또한 그 안에 기록된 것을 지키는 사람들은 복 받으리라 한다. 그런데 그것을 지켜야만 한다는 것은 고사하고, 그것이 무엇인지 아무도 알 수 없다. 또한 지켜야만 하는 많은 고귀한 책들이 있다는 사실에도 불구하고, 마치 우리가 그것을 갖고 있지 않은 것처럼 말하는 것도 역시 지나치다고 보인다.

많은 교부들도 역시 이 책을 오래 전에 거부하였다. 비록 성 제롬이 그것을 높이 평가하고, 그것을 한껏 찬양하고 그토록 많은 비밀이 말씀으로서 담겨 있다고 말할지라도, 그것을 전혀 입증할 수 없으며 그의 찬양은 여러 곳에서 너무 평범하다.

마지막으로, 저마다 자신의 생각에 맡기도록 하자. 나는 이 책에 내 자신을 맡길 마음이 안 든다. 또한 내가 이것을 높이 평가할 수 없는 이유는 충분하다. 그리스도가 거기에는 가르쳐지지도 알려지지도 않기 때문이다. 그것은 사도가 무엇보다도 앞서 행해야만 하는 일이다. 그리스도께서 사도행전 1장 8절에서 "너희는 나의 증인이 되리라"고 말씀하시듯이 말이다. 따라서 나는 내게 그리스도를 명백하고도 순수하게 제시해 주는 책들 가운데 머물고자 한다."(사역)[37]

---

37) WA DB 7, 404.

루터는 요한계시록도 교회 전승과 달리, 사도 요한의 작품으로 간주하지 않음을 분명히 밝힌다. 비록 루터가 요한계시록 생성의 역사적 배경에 대해 언급하지 않았으나, 그의 복음 이해에서 내린 결론 역시 오늘날 역사비평학의 연구 결과와 일치한다. "많은 교부들도 역시 이 책을 거부하였다"는 사실에 대한 언급도 흥미롭다.

위에 언급한 네 문서(야고보서, 유다서, 히브리서, 요한계시록)를 루터는 자신이 편집한 신약성서의 마지막 부분에다 위치시켰으며, 또한 신약성서의 "목차"에서 신약의 다른 문서와 달리 일련번호도 붙이지 않았다. 이로써 이들 네 문서에 대한 부정적인 평가를 분명히 하였다. 루터의 이러한 평가는 전반적으로 볼 때 그가 갖고 있던 복음에 집중된 기독론적 기준에 따른 것이다. 그러나 그것은 동시에 위에서 살폈듯이 오늘날 역사비평학적 시각과 같거나 유사한 루터의 시각을 통해 내린 판단이기도 했다.

4. 루터가 발견한 비평적 시각의 망각

위에서 살펴보았던 루터의 성서비평에 나타나는 역사비평적 요소가 루터 사후 지속적으로 발전하지 못하게 된다. 먼저 로마가톨릭교회의 반격을 들 수 있다. 루터의 성서해석에 대하여 그와 대립관계에 있었던 로마가톨릭교회는 수수방관하지 않았다. 루터가 죽은 해인 1546년에 로마가톨릭교회는 트리엔트 공회(Konzil von Trient)에서 중요한 결정을 내린다. 이 결정은 "성서에 대하여 또한 물려받은 전통에 대하여"(De libris sacris et de traditionibus recipiendis) 또한 "성서의 불가타판에 대하여 또한 성서를 해석하는 양식에 대하여"(De vulgata editione Bibliorum et de modo interpretandis Scripturam)라는 두 칙령에 나타난다.

다음과 같은 세 가지 내용을 담고 있다. 첫째, 로마가톨릭교회를 위한 규범적인 정경은 불가타(Vulgata) 정경이라고 선언한다. 둘째, 교리 형성이나 공식적 인용은 성서 원문이 아니라 라틴어로 기록된 불가타가 법적으로 유효하고, 성서뿐만 아니라 가톨릭교회에 의해 지속적인 전승 고리를 통해 보존된 신앙과 관습에 관한 전통들은 "동일한 경건한 감동과 존경심을 갖고"(pari pietatis affectu ac reverentia) 전수되며 존경 받은 것이라고 한다. 끝으로 셋째는, 고대교회와 중세적 해석도식은 교리적으로 재가를 받은 것이며 "제멋대로의 감정을 억누르기 위해서"(zur Dämpfung mutwilliger Gemüter) 확정되었다고 밝힌다.[38] "기록된 성서와 기록되지 않은 전통"(in den geschriebenen Büchern und den nicht geschriebenen Traditionen) 가운데 하나님의 진리가 담겨 있다는 로마가톨릭교회의 교리적 선언은 결국 하나님의 진리는 "오직 성서로"(sola scriptura) 드러난다는 루터의 주장을 무력화시키게 된다. 이와 같은 로마가톨릭교회의 강력한 반격은 루터가 제기한 성서비평적 시각이 발전해 나가는 데 커다란 걸림돌로 작용하였다.

로마가톨릭교회의 반격에 대하여 개신교 진영은, 성서만이 계시의 원천으로서 충분하며 그 자체에서 충분히 이해 가능하다는 사실을 입증해야하는 압박을 받게 되었다. 그리하여 트리엔트 공회의 결정에 반대하여 바른 성서해석에 관한 최초의 방법론적 연구가 있었다. 그것은 루터의 제자인 ***마티아스 플라키우스 일뤼리쿠스***(Matthias Flacius Illyricus, 1520~1575)가 1567년에 두 권으로 출간한 "성서의 열쇠"(Clavis Scripturae sacrae)라는 작품이다.[39] 이 책은 "루터교 해석학의 체계적인 안내와 서술을 제시하기 위한 최초의 시도"[40]이다. 그런데 플라키우스는 성서 전체를 "하나의 유기

---

38) Cf. P. Stuhlmacher, *Vom Verstehen des Neuen Testaments*, 109; Der Text des Dekretes der 4. Sitzung vom 8. April 1546 "Über die kanonischen Schriften", in: C. Mirbt/K. Aland, *Quellen zur Geschichte des Papsttums und des römischen Katholizismus* I, 1967, 591f. und im *Enchiridium Biblicum*, 1961, 25f.

39) 이 책의 본래 제목은 "Clavis scripturae seu de sermone sacrarum literarum, plurimas generales regulas continentis"(= 성서의 열쇠 혹은 수많은 보편적인 규칙들을 담은 성서 언어에 대하여)이다.

40) P. Stuhlmacher, *Vom Verstehen des Neuen Testaments*, 123. 이 작품을 가리켜 큄멜은 "해석학적 학문의 시작"(Beginn der hermeneutischen Wissenschaft)이라고 부른다(W.G. Kümmel, *Das Neue Testament. Geschichte der Erforschung seiner Probleme*, 21). 플라키우스의 해석학에 대해: W. Dilthey, *Das natürliche System der Geisteswissenschaften im 17. Jahrhundert*, Ges. Schriften II, 1914, 115ff; K. Holl, *Luthers Bedeutung für den Fortschritt der Auslegungskunst*, Ges. Aufs. zur Kirchengeschichte I, 1923, 544ff; S. Moldaenke, *Schriftverständnis und Schriftdeutung im Zeitalter der Reformation, Teil I: Mat-*

체적인 전체"(ein organisches Ganzes)로서 파악하기에 성서의 통일성을 강조하며 성서 안의 모순을 인정하지 않았다. 다시 말하면, 성서 각 책이 갖고 있는 역사적 특성이나 신약성서의 저자 문제를 충분히 인식하지 못했다. 그것은 복음의 진리를 둘러싸고 성서 각 저자들이 싸우고 있는 것을 보면서 정경 안에서 중요 문서와 부수적 문서를 혹은 성서의 중심과 비판에 노출된 성서의 변두리를 구분하는 루터의 시각과 차이가 있다는 것을 보여준다. 이와 같은 플라키우스의 입장은, 성서가 문자 그대로의 의미에서 또한 성서 자체로부터 이해되어야 한다는 루터의 새로운 인식을 통해 성서를 철저히 역사적으로 다루는 길로 나아가는 데 방해를 주었다.

III. 나오면서

우리는 위에서 종교개혁자 루터의 성서비평을 당시 시대사적인 위치 설정을 하면서 오늘날 지배적인 성서해석방법으로 자리 잡은 역사비평학과 관련시켜 살펴보았다. 루터는 성서와 전통을 하나님의 진리를 담고 있는 양대 그릇으로 여기는 당시 가톨릭교회의 시각에 정면 대립하여 "오직 성서로"(sola scriptura)를 주장하였다. 이때 루터는 성서를 바르게 이해하기 위해 성서의 다중적 의미를 찾는 방법을 버리고 "문자적 의미"(sensus literalis) 혹은 "역사적 의미"(sensus historicus)를 찾는 일의 중요성을 강조하였다. 성서에 기록된 단어 하나하나의 의미를 찾아내기 위해 전력을 다한 루터는 당시 이용할 수 있는 온갖 언어분석 수단을 사용하였으며, 성서 언어인 히브리어와 그리스어를 포함하여 라틴어와 독일어에 담긴 언어적 특징을 세심하게 살폈다. 이로써 성서 본문이 나타내고자 하는 명료함을 발견하고자 했다. 성서 해석과 관련한 그와 같은 루터의 시도는 오늘날 "역사비평학"(historisch-kritische Wissenschaft)이 사용하는 엄격한 방법론으로 발

thias Flacius Illyricus, Stuttgart 1936.

전된 것은 물론 아니었다. 그럼에도 불구하고 그의 시도에는 오늘날 역사비평학적 성서해석과 밀접한 관련이 있는 여러 요소가 담겨 있음을 확인할 수 있었다.

루터의 성서비평은 궁극적으로 하나님의 말씀으로 고백하는 성서 가운데에서 예수 그리스도와 동일시되는 복음의 진리를 찾기 위한 노력이었다. 루터는 그리스도를 성서의 중심으로 여기는 자신의 복음관에 비추어 성서 각 책에 대한 과감한 성서비평을 수행하였다. 처음으로 루터는, 신약성서에 나타나는 가르침들 가운데 내용적으로 볼 때 서로 조화되기 어려운 차이가 존재한다는 사실을 확실하게 인지하였다. 이것은 실로 중대한 인식이었다. 이로써 신약성서는 하나로 통일된 표상으로 이루어진 책이 아니라 다양한 표상들을 담고 있는 문서라는 사실을 깨닫게 했으며, 그것은 결국 신약성서의 역사적인 형성과정에 대한 이해의 길을 열 수 있게 만들었다. 이런 의미에서 우리는 루터를 가리켜 역사비평적 성서해석의 선구자라고 부를 수 있다고 생각한다.[41)]

오늘날 서구 교계와 달리 우리 한국 교회의 목회현장은 교파를 막론하고 여전히 "전통적인" 성서이해가 지배하고 있다. 여기서 말하는 전통적인 성서이해란 간단히 말해 18세기 이후 발전된 성서학의 연구결과를 받아들이기 전 단계의 성서이해를 가리킨다. 다시 말하면 그것은 루터가 종교개혁을 일으키기 전 단계에 통용되던 성서이해와 크게 다르지 않을 것이다. 이러한 우리의 현 상황은 신학대학교에서 가르치는 성서학과 목회현장에서 가르치는 성서이해 사이에 커다란 괴리가 존재하고 있다는 사실을 뜻한다. 이것은 심각한 문제가 아닐 수 없다.

역사비평적 성서해석방법은 근현대인의 사고방식을 적극적으로 수용한 결과이고, 고대의 산물인 성경을 오늘의 현대인이 이해할 수 있도록

41) 신약학자 G. 프리드리히가 루터를 가리켜 "현대적 성서주석의 창시자"로 부른 것은 정당하다: "Luther ist in gewisser Weise zum Bahnbrecher der modernen Exegese geworden"[G. Friedrich(ed.), *Auslegungen der Reformatoren*, Göttingen 1984, 10]. 또한 Roy A. Harrisville/Walter Sundberg, 『문화변혁과 성경읽기』, 예영커뮤니케이션, 남정우 역, 2002, 36("종교개혁이 책임 있게 역사비평학을 사용하는 신학의 형성에 있어 본질적인 첫 단계였다").

도움을 주는 하나의 수단이다. 현대에 와서 여러 새로운 성서해석방법이 나타나고 있는 데서 드러나듯이, 역사비평방법을 성서해석을 위한 절대적인 방법으로 여길 필요는 없다. 그러나 서구 신학계의 경우 그것은 오늘날까지 여전히 바람직한 성서해석방법의 대명사로 통한다. 건전한 성서해석방법을 통해 성경의 의미를 가능한 한 왜곡시키지 않고 오늘날 다시 살려내는 일은 그 무엇보다 중요하다. 올바른 성경 이해가 결핍된 상태에선 그리스도인으로서의 바람직한 현실참여가 불가능하기 때문이다. 게다가 교회가 올바른 성경 이해에 근거하지 못하게 되면 이단의 도전에 맞서기도 어려울 것이기 때문이다. 지금이야말로 한국 교회가 종교개혁자 루터의 성서비평정신을 본받아, "오직 그리스도"(solus Christus)를 드러내는 바른 성서비평을 그 어느 때보다도 절실히 필요로 하는 시기라고 생각한다.

제2부
메시아, 예수, 초기 그리스도교

Chapter_ 5

비블리쉐 테올로기의 주제로서 메시아 대망

I. 들어가면서

"비블리쉐 테올로기"(Biblische Theologie = 성서적 신학)는 구약성서와 신약성서 사이의 통일성, 즉 양자 간의 신학적 연관성에 대한 질문에 초점을 맞추면서 전체 성서에 담긴 신학적 차원을 회복하려는 시도이다. 예수 그리스도의 인격과 사역에 관한 기독론은 의심의 여지없이 비블리쉐 테올로기의 중심에 속한다. "예수 그리스도"라는 이름 자체가 이미 그리스도교의 경전인 구약성서와 신약성서 양자에 근거하고 있다는 사실을 보여준다. 예수의 가르침과 그에 대한 교회의 반응은 메시아 왕국을 건설할 구원자 메시아를 대망하던 이스라엘의 신앙과 분리시킬 수 없다.[1] 신약성서는 나사렛 예수를 메시아로 선포하며 그와 더불어 이 세상에 대한 하나님의 통치가 궁극적으로 시작되었다는 사실을 증언한다.

메시아 대망은 이 세상과 함께하시는 하나님의 활동을 증언하는 구약성서의 선포에 토대를 두고 있다. 세상의 창조주이신 하나님은 또한 세상의 종말을 결정하시는 분이시기도 하다. 하나님의 백성에게 이 종말은 멸망이 아니라 구원을 뜻한다. 구원의 시대를 이끄는 인물이 다름 아닌 메시아이다. 메시아는 하나님의 통치가 하나님의 백성뿐만 아니라 만백성

---

1) B. S. Childs, *Biblical Theology of the Old and New Testaments*. 유선명 역. 『성서신학 (하)』 (서울: 은성, 1994), 155.

에게 드러나게 하는 임무를 띠고 있다. 메시아 대망이 구약성서의 구원관에 있어서 가장 핵심이 되는 역할을 한다고 말할 수는 없으나, 셀레우코스 왕국의 통치 말년 종교적이며 정치적인 압박이 팔레스타인에 거세게 밀려오면서 메시아 대망의 중요성이 부각되었다고 말할 수 있다.

"메시아"(Μεσσίας)라는 개념은 아람어 "므쉬하"(משיחא), 히브리어 "마쉬아흐"(משיח)에 대한 그리스어 음역으로서 "기름 부음 받은 자"를 뜻한다. 그리스어 구약성서에 해당하는 70인역(LXX)은 이를 "크리스토스"(Χριστός), 즉 "그리스도"로 번역했다. 본래 구약성서에서 유래한 메시아 개념은 훗날 종말론적 · 묵시문학적 문맥에서 구약성서적 용법의 범주를 넘어서게 된다. 성서적 신학의 주제로서 메시아 개념을 다루려 할 때 몇 가지 유의해야 할 점을 먼저 언급하는 것이 좋을 듯하다. 첫째, 구약성서에 나타나는 "기름 부음 받은 자", 즉 "메시아"라 불린 역사적 인물들은 정작 종말론적인 메시아 대망과는 관련이 없이 나타나고 있는 반면, 구약에 나오는 전형적인 종말론적 메시아 대망에는 메시아 개념이 사용되지 않고 있다는 사실이다. 둘째, 구약성서의 본래적인 메시아 진술과 구약 이후 시대 초기 유대교와 신약성서에 나타나는 새로운 해석 사이에 차이가 있다는 사실이다. 셋째, 신약성서 시대 혹은 그 배경이 되는 초기 유대교 시대에는 하나로 통일된 메시아 표상은 존재하지 않았고 다양한 메시아 표상들이 나타난다는 사실이다.

II. 구약성서와 메시아

구약성서에 등장하는 "기름 부음 받은 자", 즉 메시아는 아직 종말론적인 구원의 중개자 혹은 구원자 모습이 아니라 무엇보다 당시 이스라엘의 왕들을 염두에 둔 표현이었다. 구약 이후 시대에 들어와 "기름 부음 받은 자", 즉 메시아는 종말론적인 해석에 힘입어 종말론적 구원자로 나타난다.

A. "기름 부음 받은 자"

기름 부음을 받은 자라는 의미는 이스라엘 왕이 즉위할 때 받는 기름 부음 의식에서 유래한다. 이 의식은 백성의 대표를 통해서 거행되거나(삼하 2:4; 5:3; 왕하 23:30) 야훼의 명령에 따른 예언자에 의해서 이루어질 수 있다(삼상 10:1; 16:13; 왕하 9:6). 그러나 일반적으로 예루살렘의 왕들은 제사장에 의해 기름 부음을 받는다(왕상 1:39; 왕하 11:12). 왕의 기름 부음과 관련하여 구약성서가 가장 많이 언급하는 것은 단연 다윗의 기름 부음이다(삼상 16:3, 12–13; 삼하 2:4, 7; 5:3, 17; 12:7; 시 89:21; 대상 11:3; 14:8). 후대에는 대체로 다윗 가문 출신들만이 기름 부음의 대상이 된다.

페르시아의 왕 고레스가 "기름 부음 받은 자"로 불리는 것은 이례적이다(사 45:1). 또한 기름 부음은 대제사장과도 관련된다(레 4:3, 5, 16). 대제사장이 취임할 때에도 기름 부음 의식이 거행되었다. 이로써 대제사장은 성별된 존재가 된다(출 29장). 일반 제사장과 관련된 기름 부음은 구약성서의 후기 문서에만 나온다(대상 29:22; 단 9:25–26). 엘리사와 같은 선지자도 기름 부음의 대상이 될 수 있다(왕상 19:16). 이사야 61:1은 흥미롭게도 영적인 기름 부음에 대해 말한다. 기름 부음의 의식은 하스몬 왕가의 출현과 더불어 헬레니즘적 왕들의 본을 따라 머리에 왕관을 쓰는 의식이 거행되면서 사라진 것으로 보인다.[2] 메시아 개념은 보통 야훼 하나님을 가리키는 접미사와 함께 사용된다(나의, 너의, 그의 메시아). 그러나 절대적 용법의 메시아 개념은 구약성서 어디에도 미래에 도래할 종말론적 구원자를 가리키는 칭호로는 사용되지 않는다.[3]

---

2) 타이쎈/메르츠, 『역사적 예수』, 손성현 역 (서울: 다산글방, 2002), 754.

3) J. J. M. Roberts, "The Old Testament's Contribution to Messianic Expectations', in: *The Messiah*, ed. J. H. Charlesworth(Minneapolis: Fortress Press, 1992), 39–51.

B. "메시아적" 텍스트로 통하는 구약의 진술

구약성서 본문 가운데 메시아 개념이 나타나지 않는 진술임에도 이른바 "메시아적" 텍스트로 불리는 본문이 있다.

1. 율법서

다음의 세 구절은 본래 비메시아적인 텍스트이나 이차적인 단계에서 이른바 "메시아적" 텍스트로 해석된다. 먼저 에덴의 예언(창 3:14–15)은 뱀을 저주하고 악을 상징하는 뱀과 인간 사이의 지속적인 적대관계를 말한다. 이는 "구속사 전개에 있어서 기원이 되는 약속"으로서 사탄의 권세에 대한 예수의 승리를 가리키는 진술로 해석되었다. 교부 이레네우스는 이 구절을 원시복음(Protoevangelium)으로 해석했다. 또한 유다의 예언(창 49:8–12)과 발람의 예언(민 24:15–19)도 메시아적 텍스트로 통한다. 유다의 예언은 족장 야곱이 아들들에게 마지막으로 축복하는 내용에 속하는 예언이다. 그는 넷째 아들 유다를 앞으로 나타날 약속의 사람, 즉 메시아를 위한 통로로 세운다(창 49:10 "규가 유다를 떠나지 아니하며 통치자의 지팡이가 그 발 사이에서 떠나지 아니하기를 실로가 오시기까지 이르리니 그에게 모든 백성이 복종하리로다"). 모압 왕 발락은 메소포타미아 브돌 지방 사람인 술사 발람을 불러 자기 영토를 침입한 이스라엘 백성을 저주해 달라고 여러 차례 요청했으나, 오히려 발람은 이스라엘을 축복했다. 발람은 마지막 네 번째 예언을 통해 이스라엘로부터 강력한 메시아가 나와 모든 대적자를 물리치고 승리할 것을 예언한다(민 24:17 "한 별이 야곱에게서 나오며 한 규가 이스라엘에게서 일어나서 모압을 이쪽에서 저쪽까지 쳐서 무찌르고 또 셋의 자식들을 다 멸하리로다").

2. 역사서

나단의 예언(삼하 7:12-16)은 메시아적 표상의 신학적 토대를 이루는 텍스트로 간주된다. 다윗이 주변국을 평정하고 백향목 왕궁을 세운 다음 하나님의 성전을 짓고 싶다고 하자 나단이 처음에는 긍정적인 반응을 보였으나, 이내 하나님의 뜻이 아님을 깨달은 뒤 다윗에게 한 예언이다. 이 예언의 핵심은 다윗이 하나님의 집을 세우는 것이 아니라, 역으로 하나님이 다윗의 집을 세우겠다는 언약에 있다. 여기에 7가지의 약속이 나온다(1. 내가 너의 이름을 존귀하게 하겠다 2. 내가 내 백성 이스라엘을 위해 한 곳을 정하고 그들을 심겠다. 3. 내가 너를 모든 대적에게서 벗어나 평안하게 하겠다 4. 네 몸에서 날 자식을 왕으로 세워 너의 뒤를 잇겠다. 5. 그는 여호와의 이름을 위해 집을 세울 것이다. 6. 나는 그 아비가 되고 그는 내 아들이 될 것이다 7. 네 집과 나라와 위가 영원히 보전될 것이다). 이와 같은 나단의 예언은 오실 메시아에 대한 새로운 특징을 예언한 것이다. 1. 메시아는 다윗의 몸에서 난 씨를 통해 오시는 분으로 다윗의 상속자가 된다. 2. 그는 하나님의 아들이 될 것이다. 3. 그는 나라와 통치권을 영원히 소지할 것이다. 4. 그는 장래 언젠가 반드시 온다.

3. 예언서

메시아적 대망을 담고 있는 "메시아적" 텍스트 가운데 무엇보다 예언서가 중요하다. 이사야서에 나오는 다음의 구절들을 둘러싸고 논란이 있다: 사 7:10-17("[14]처녀가 잉태하여 아들을 낳을 것이요 그의 이름을 임마누엘이라 하리라"); 사 9:1-6("[6]기묘자, 모사, 전능하신 하나님, 영존하시는 아버지, 평강의 왕"); 사 11:1-9("이새의 뿌리에서 나오는 싹"). 여기에서 거론되는, 이스라엘을 원수들로부터 지켜내고 평화를 가져오는 구원의 왕을 어떻게 이해할 것인가가 관건이다. 이사야서 전체 문맥을 고려할 때 구원의 왕을 개인적 인물로 해석하는 것보다 집합적인 개념으로 해석하는 경향이 우세하다. 미가 5:1-5는 세계에 평화를 가져올 다윗 가문 출신의 한 목자가 나타남을 새로운 시작의 표현으로 대망한다. 예레미야 23:5-6; 33:14-18 또한 에스겔 17:22ff.; 34:23-24; 37:22-25은 다윗 통치의 회복을 선포하고 이를 바벨론 포로 이후기의 이스라엘 회복과 관련시킨다. 스가랴 9:9-10에도 "공의로우시며 겸손하셔서 나귀를 타고 오시는 왕"이 가져올 평화의 왕국에 관한 메시아적 대망이 나온다.

4. 시편

"메시아적" 텍스트로 통하는 두 번째 중심 텍스트는 시편이다. "야훼의 기름 부음 받은 자"라는 개념은 시편 2; 18; 28; 84; 89; 132에 나타난다. 어거스틴처럼 거의 모든 시편을 메시아적으로 해석한 경우가 있는 반면 단지 몇몇 시편만을 메시아적 시편으로 인정하는 경우도 있다. 시편 2편과 110편은 승리하신 왕과 보좌에 앉으신 메시아적 인물에 관해 초점을 맞춘다. 시편 2편의 중심 구절은 6절인데, 하나님이 자신의 왕 메시아를 시온 산에 세웠기 때문에 하나님과 메시아를 향한 대적자들의 술수가 헛되다고 말한다. 시 110편에서는 1절("내가 네 원수로 네 발등상 되게 하기까지 너는 내 우편에 앉으라")과 4절("너는 멜기세덱의 반차를 좇아 영원한 제사장이라")이 중요하다. 이 시편에 나타나는 "주"는 하나님의 우편에 앉을 것을 권유받는 왕적 인물이다. 그에게 주어진 왕적 권위를 나타내는 규는 창세기 49:10의 약속을 상기시킨다. 시편 89편과 132편에는 다윗 왕조의 회복에 대한 소망이 본문을 관통한다. 이는 나단의 예언(삼하 7:12-16)에 대한 신명기사가적 해석에서 비롯된 것으로 보인다.

III. 신구약 중간기 유대 문헌과 메시아

이 시기의 메시아 연구와 관련하여 오늘날 학계가 대체로 동의하는 것은, 신구약 중간기 시대의 유대교에는 하나로 통일된 메시아 대망은 존재하지 않았고 그와 관련된 복잡하고도 다양한 표상이 나타난다는 사실이다.[4] 이 시기의 메시아적 대망은 메시아 칭호를 동반하는 경우도 있으나 그렇지 않은 경우도 있다. 메시아 칭호를 내세우며 활동한 메시아적 존재들은 주전후 1세기 무렵에 와서야 비로소 등장한다. 수식어를 동반하지 않고 절대적 용법으로 사용된 메시아 개념이 나타나는 것도 바로 이때이다.

A. 구약 외경

여러 텍스트가 물망에 오를 수 있으나, 몇몇 대표적인 문서만 다루려 한다.

1. 솔로몬의 시편(PssSol)

이 문서는 주전 1세기 중엽에 생성된 유대 문서로서 로마 군대가 팔레스타인을 점령하고(주전 63년) 하스몬 왕조의 재건 운동이 실패하자 장차 도래할 구원의 왕으로 오실 "주님의 메시아"를 기다리는 대망을 담고 있다(17:32; 18:1, 5, 7). 이 문서는 모두 18개의 시편으로 이루어졌는데, 그 중 제17-18편은 고대유대교의 왕적 메시아 대망을 나타내는 고전적인 텍스트로 통한다. 여기에서 메시아는 미래에 나타날 다윗 가문 출신의 이상적인 왕으로서 두 가지 역할을 수행하는 자로 묘사된다. 즉, 메시아는 이스

4) J. Becker, *Jesus von Nazaret* (Berlin: New York, 1996), 235ff.

라엘을 위협하는 모든 이방 적대세력을 물리치는 대장군의 역할과 불의한 자들을 하나님의 공의로 심판하는 심판자 역할을 수행하게 될 자로 묘사되고 있다. 제17편 중 핵심 내용만 소개하면 다음과 같다.

> "[21]주님! 당신의 종 이스라엘을 다스리기 위해, 오 하나님, 당신께서 선택한 시기에 **그들의 왕 다윗의 아들을 세워주소서.** [22]그를 강직함으로 무장시켜 불의한 영주들을 무찌르고, 예루살렘을 짓밟는 이방민족들로부터 이를 정화시키소서. [23]지혜와 공의 가운데 죄인들이 상속받지 못하게 하고, 죄인의 오만을 도공의 질그릇처럼 깨뜨리고, [24]쇠방망이로 그들의 모든 근거를 쳐부수고, 당신 입에서 나오는 말씀으로 포악한 이방족들을 섬멸시키고, [25]그가 위협함으로써 적을 그의 면전으로부터 내쫓고, 죄인들을 그의 마음속 말로 훈육시키소서. [26]그리하여 그는 공의로 인도할 거룩한 백성을 모을 것이고, 그의 하나님 주님에 의하여 거룩해진 백성의 지파들을 심판하리라. [27]또한 그는 불의가 그들 가운데 거하는 것을 허락하지 않을 것이며, 사악하다고 알려져 있는 어느 누구도 그들과 함께 거하지 못하리라. [28]또한 그는 (가나안) 땅위의 지파 사이로 그들을 분배할 것이며, 어떠한 이방인이나 외국인도 그들 가운데 거하지 못하리라.[29] 그는 이방민족과 이방족속들을 그의 정의의 지혜를 통해 심판하리라. [30]또한 이방민족이 그의 굴레 아래에서 그를 위해 부역하도록 하리라. 그는 온 세상이 보는 가운데 주님을 영화롭게 할 것이며, 예루살렘을 처음과 마찬가지로 거룩하게 정화하리라. [31]그리하여 그의 영광을 보러 이방인들이 땅 끝으로부터 올 것이며, 그의 피곤에 지친 아들들을 선물로서 수반하리라. [32]또한 그는 하나님으로부터 가르침을 받은 공의로운 그들의 왕이다. 그가 다스리는 동안 그들 가운데 불의가 없네. 그들 모두가 거룩하고, **그들의 왕은 주님의 메시아**이기 때문이네"(『솔로몬의 시편』 17:21-32).

2. 에녹1서(1En)

모두 108장으로 이루어진 에녹1서는 에티오피아어로만 온전히 전해 내려오기 때문에 "에티오피아어 에녹서"라고도 부른다. 에녹 전승에 관한 5개의 묵시록을 모아 하나의 작품으로 만든 것이다. 그중 특히 37-71장을 가리켜 "비유 에녹서"라고 부르는데, 여기에 "인자" 개념이 왕적 메시아 개념과 결합되어 나타난다. 인자에 관한 전승사적 연구를 위해 비유 에녹서의 생성연대가 중요하다. 그러나 이에 대해 확정지어 말하기 어렵지만, 주전 1세기 말경에 기록되었을 것으로 추정한다(S. Uhlig). 비유 에녹서에서 인자는 창조 이전부터 존재하는 자로서(1En 48:2f) 단 7:13을 따라 "인간과 같은 얼굴을 가진 사람"으로 묘사되고(1En 46:1; cf. 46:4; 62:5, 7), 왕들과 죄인들에 대한 종말론적 심판을 수행하는 왕적 "메시아"로 나타난다(1En 48:10; 52:4).

3. 에스라4서(4Ezra)

주후 100년경에 생성된 에스라4서(3-14장)는 주후 70년에 예루살렘 성전이 멸망하는 대참사를 돌아보는 가운데 미래에 도래할 메시아 대망을 담고 있다. 11-12장("독수리 환상")은 왕적 메시아가 나타나 로마 제국을 상징하는 "바다에서 올라온 독수리"를 멸망시키는 환상에 대해 말한다. 메시아는 비유 에녹서의 경우처럼 역시 단 7:13에 근거하여 "인간의 형상"을 하고 있다(4Esr 13:3). 하나님은 이 "인간"을 "내 아들"(13:37, 52) 혹은 "내 아들 메시아"(7:28)로 부른다. "지고하신 분(=하나님)이 종말 때까지 남겨두었던 메시아"(12:32)는 남아 있는 하나님의 백성을 구원하여 심판의 날이 올 때까지 그들에게 기쁨을 주리라고 한다(12:34). 메시아 "인간"은 최후 전쟁 때 전사로 등장하여 이방인들을 섬멸시킨다.

4. 바룩2서

이 문서 역시 100년경에 생성된 것으로 "바룩묵시록"(ApcBar)이라고도 부르고, 시리아어로만 전해 내려오기 때문에 "시리아어 바룩서"(syrBar)라고도 부른다. 모두 87장으로 구성된 이 문서는 “나의 메시아”, “나의 종 메시아”, 또한 “그 메시아”에 대해 말한다(39:7; 40:1; 72:2; 70:9; 또한 29:3; 30:1). 39-40장에 따르면 왕적 메시아가 나타나 시온 산에서 마지막 통치자를 멸망시킴으로써 부패한 세상이 끝나고 영원한 그의 나라가 도래하리라고 한다. 72-73장에 따르면 메시아는 세상에 남아있는 모든 것을 복종시킨 다음 왕좌에 즉위하여 모든 고통이 사라진 영원한 평화의 왕국을 다스리게 된다.

B. 쿰란문서

제2성전시대 유대 문서 가운데 메시아 개념이 산발적으로 나타나는 것과 달리 주전 150년부터 주후 70년 사이에 활동했던 중요 유대 종파의 하나인 에센파가 남긴 쿰란문서에는 종말론적 구원의 문맥과 관련하여 다양한 메시아 표상이 나온다. 주전 100년경에 생성된 것으로 추정되는 『다메섹문서』(CD)는 서로 다른 두 명의 메시아에 관해 언급한다. 즉, 제사장적 메시아를 가리키는 “아론의 메시아”와 왕적 메시아를 가리키는 “이스라엘의 메시아”가 그것이다(CD 19:10; cf. CD 12:23; 14:19; 20:1). 주전 1세기의 산물로서 쿰란에센파 조직을 이해하는 데 핵심이 되는 『공동체규율서』(1QS)에는 심지어 세 명의 메시아적 인물들이 거론된다. 즉, 제사장적 메시아와 왕적 메시아 외에(1QS 9:9-11) 신명기 18:15에 근거하여, 즉 모세와 같은 예언자로 묘사된 종말론적 예언자에 대한 대망도 나온다(cf. 4Q175=Testimonia; 11QMelch 2:18). 쿰란에센파는 여러 메시아적 인물 가운데 제사장적 메시아를 서열상 가장 높은 자리에 두었다(1QS 2:11 이하). 그것은 제사장 중심의 질서체계로 구성된 쿰란에센파의 자기 이해에 따른 것이다.

쿰란에센파가 갖고 있던 종말론적 메시아 표상과 관련하여 저명한 쿰란문서 전문가인 하르트무트 슈테게만이 1996년에 발표한 이론을 눈여겨

볼 필요가 있다.[5] 그는 에센파의 역사를 고려할 때 3단계에 걸친 메시아 표상의 발전과정이 쿰란문서를 통해 드러난다고 말한다. 첫 번째 단계는 주전 2세기 중엽 에센파가 형성되기 전 단계를 뜻하는데, 당시 메시아란 한 특정 인물이 아니라 이스라엘 백성을 대표하는 집합적 개념이었다고 한다. 둘째 단계는 쿰란에센파를 설립한 "의의 교사"의 사망 시기(주전 112년?) 전까지를 가리킨다. 이때는 아직 의의 교사가 생존한 시기라 제사장적 메시아 표상이 나타나지 않았으나 왕적 메시아 대망은 있었다고 말한다. 마지막 세 번째 단계는 대제사장 출신인 의의 교사가 사망한 이후의 시기에 해당한다. 그것은 대략 주전 100년 이후의 시기에 해당하는데, 이 무렵에 들어와 다양한 메시아 표상이 나타난다고 말한다. 당시 제사장적 메시아와 왕적 메시아에 대한 대망이 나타나게 된 것은 제사장 직분과 왕의 직분을 불법적으로 하나로 결합한 하스몬 왕조에 대한 저항으로 볼 수 있다.[6] 학계는 메시아 표상의 발전을 3단계로 구분하는 슈테게만의 입장을 널리 수용하지 않았다. 단지 쿰란문서에 나타나는 메시아 표상은 단일하지 않고 다양하다는 사실이 무엇보다 강조되고 있다.

비교적 후대에 발표된 것들로 제4쿰란동굴에서 유래한 쿰란문서 단편들과 관련된 메시아 논쟁이 여전히 활발하다. 쿰란 제4동굴에서 유래한 다음의 단편들을 메시아적 텍스트로 취급하는 경향이 있다.

- 4QpIs(=4Q161) III:12-25("다윗의 자손")
- 4QPatr(=4Q252) ("정의의 메시아, 다윗의 자손")
- 4Q285 Fragm. 5("다윗의 자손")
- 4Q174 3:19("그의 메시아")
- 4Q246("하나님의 아들")
- 4Q521 Fragm. 2, 2:1("그의 기름 부음 받은 자")

5) H. Stegemann, "Some Remarks to 1QSa, to 1QSb, and to Qumran Messianism", *RdQ* 17(1996), 479-505.

6) 타이쎈/메르츠, 『역사적 예수』, 757.

이 가운데 앞서 언급한 세 단편(4Q161; 4Q252; 4Q285)은 메시아적 텍스트이다. 4QpIs(=4Q161)은 이사야 10:22-11:5에 대한 주석을 담고 있는 단편으로서, 여기에 나오는 "다윗의 자손"은 전쟁 때 이스라엘의 장수며 이어지는 평화의 때의 통치자로서 다윗 자손의 메시아를 가리킨다. 4QPatr(=4Q252)는 창세기 49장에 대한 주석의 단편으로서 창세기 49:10을 메시아적으로 해석하면서 "다윗의 자손, 의의 기름 부음 받은 자"에 대한 대망과 관련시킨다. 또한 『전쟁문서』(1QM)의 옛 형태로 보이는 단편 4Q285에 나오는 "전체 백성의 지도자"라는 표현에서 다윗 자손의 메시아는 종말 전쟁에 참여하여 심판을 수행하는 자로 묘사된다.

그러나 후에 언급한 세 가지 단편(4Q174; 4Q246; 4Q521)은 메시아적 텍스트로 간주하기 어렵다. 단편의 형태로만 남았기 때문에 그 문맥을 파악하기 쉽지 않은 이러한 텍스트들 안에 메시아적 칭호처럼 보이는 개념들이 나타나고 있는 것은 사실이나, 그것들을 종말론적인 메시아 칭호로 확정 짓기에는 문제가 많다. 예컨대, 4Q174 3:19에 나오는 시편 2:2의 "기름 부음 받은 자(들)"는 개인적 인물로서의 메시아를 뜻하는 것으로 해석하기보다, 이스라엘의 선택된 자들인 "야하드" 공동체를 가리키는 집합적인 개념으로 해석하는 것이 보다 적절해 보인다.[7] 또한 여러 학자들은 4Q246과 4Q521에 메시아적 칭호가 나타나는 것으로 여기고 있으나, 두 문서의 문맥을 자세히 살펴보면 여기서 거론되고 있는 칭호들은 종말론적 메시아 칭호로 간주하기 어렵다. 4Q246에 나오는 "하나님의 아들"은 메시아 칭호가 아니라 안티오쿠스 4세와 같은 이방인 통치자의 교만을 나타내며, 4Q521에 나오는 "그의 기름 부음 받은 자들"은 구약성서의 예언자들을 가리키는 것으로 보이기 때문이다.[8]

---

7) A. Steudel, "Psalm 2 im antiken Judentum", in: D. Sanger, *Gottessohn und Menschensohn* (Neukirchner, 2004), 197.

8) 김창선, "4Q246과 4Q521을 둘러싼 메시아 논쟁", in: 『장신논단』 43, 60-79를 참조하라.

C. 요세푸스

마카비 가문의 봉기와 예루살렘 성전 멸망 사이에 유대 팔레스타인 내에서의 메시아적 대망은 우리에게 알려진 것 이상으로 유대 백성 가운데 폭넓게 확산되어 있었다(cf. Hengel, Anspruch, 41). 특히 로마가 팔레스타인을 점령한 주전 63년 이후 로마에 항거하는 정치적인 운동이 점차 거세게 일어나는데, 이들 운동은 종종 메시아적 문맥 가운데 나타난다. 이와 같은 사실을 주후 1세기 후반에 활동한 유대 역사가 요세푸스의 작품『유대 전쟁기』와『유대 고대사』를 통해서 확인할 수 있다. 주전 4년 헤롯 대왕의 사망 이후 예루살렘이 멸망하는 주후 70년까지 팔레스타인에 혁명의 분위기는 한층 더 고조되었다.

헤롯 대왕의 사망(주전 4년) 직후 팔레스타인 도처에 소요와 무장 봉기가 일어났다. 헤롯 대왕에게 주전 46/45년에 살해당한 "강도들의 우두머리" 히스키야의 아들 "갈릴리의 유다"(Judas of Galilee)가 주후 6년경 시리아 총독 크비리니우스(Quirinius)가 세금 확보를 위한 인구조사를 실시하자 갈릴리의 수도 세포리스에서 저항운동을 조직하여 갈릴리 전역에 불안을 조성한다. 그를 젤롯당의 설립자로 보는(Bell. II,117f) 요세푸스는 그가 "왕적 영예"를 추구했다고 보도한다(Ant. XVII,271f). 또한 헤롯의 옛 노예 출신인 "시몬"(Simon)은 요단 강 동편 베레아 지역을, 그리고 목자 출신의 "아트롱게스"(Athronges)는 팔레스타인 전역을 불안에 떨게 만들었다. 시몬과 아트롱게스는 보석으로 장식된 머리띠를 이마에 두르고는 자신들이 왕임을 표방했다(Ant. XVII,273ff; Bell. II,57f).

아그립바 1세(37~44년)가 사망한 뒤 팔레스타인 전역은 로마 총독의 직접 통치를 받게 되는데, 총독 파두스(Cuspius Fadus, 44~46년) 재위 시절 "드다"(Theudas)라는 사람이 등장해 홍해를 가른 모세처럼 요단 강물을 가른다고 하여 그것을 보러 수많은 사람들을 불러 모았다. 그러한 운집을 정치적 불안 요소로 여긴 파두스는 그들을 무자비하게 짓밟고 드다를 체포하여 그의 머리를 벤다(Ant. XX,97–99; 행 5:36). 요세푸스는 드다를 거짓 예언자며 "사기꾼"으로 여겼으나, 그는 평범한 예언자는 아니었고 자신을 신 18:15f에 따라 "다시 살아난 모세"(Mose redivivus)로 여겼을 가능성이 있다. 그를 "젤롯당의 예언자"라고 부르기 어려우나, 그에게 "예언자적, 메시아적 참칭자"의 특징이 나타난다고 말할 수 있다.[9]

총독 플로루스(Gessius Florus)가 주후 66년 4월/5월 예루살렘 성전 금고를 약탈하는 사건이 발발하면서 이른바 "제1차 유대 전쟁"이 시작되는데(Bell. II,14,6), 그해에 "갈릴리의 유다"의 아들인 젤롯당의 지도자 "메나헴 벤 유다"(Menahem ben Jehuda)가 "마치 왕처럼 예루살렘으로 올라가" 저항 운동의 지도자가 된다(Bell. II,434). 메나헴은 확실히 젤롯당의 메시아로 등장했다고 말할 수 있다.[10] 그로부터 3년 뒤(69년 3월/4월) 젤롯당의 또 다른 지도자 "시몬 바르 기요라"(Simon bar Giora)가 예루살렘에 입성할 때 "백성들로부터 구세주요 보호자로 환호를 받는다"(Bell. IV,575). 그가 만든 동전에 "시온의 해방, 제4년"이라 새겨 있는데,[11] 이로써 그가 자신을 그 구원을 가져온 자로 느꼈음을 알 수 있다. 요세푸스의 보도에 드러나듯이, 당시 젤롯당 움직임은 명백히 메시아적 성격을 띠었다. 예수 운동 역시 1세기 전반 팔레스타인에 불었던 메시아적 움직임의 문맥에 속한다.

D. 쉬모네 에스레(Shmoneh Esreh)

이것은 하나님을 향한 찬양과 청원과 감사의 내용을 18개 항목에 담은 유대인들의 기도문을 가리킨다. 이 기도는 보통 하루에 세 번 드린다. 팔레스타인 판본에 따른 14번째 기도는 메시아의 도래를 기다리는 기도이

9) M. Hengel, *Die Zelloten* (Tübingen: Mohr, ^{3}2011), 231.

10) 같은 곳, 292ff.

11) B. Kanael, "The historical background of the coins 'Year four ... of the redemtion of Zion," BASOR 129 (1953), 18–20.

다. "야훼 우리 하나님이시여, 당신의 백성 이스라엘과 당신의 성읍 예루살렘과 당신의 영광의 거처인 시온과 당신의 정의로운 메시아 다윗 가문의 왕에게 자비를 베푸소서. 찬양받으소서, 예루살렘을 지으신 다윗의 하나님 야훼시여!"

Ⅳ. 신약성서와 메시아

이전 세대는 초기 그리스도교 시대에 단일한 형태의 유대적 메시아 표상을 전제하는 것을 당연하게 여기는 경향이 있었다. 그러나 이러한 시각은 오늘날 더 이상 받아들여지지 않고 있다. 주후 1세기 유대인들 사이에서는 단일한, 획일적인 메시아 기대라는 것은 존재하지 않았다는 이유에서다. 저명한 유대인 학자 뉴스너는 특히 그 점을 "초기 그리스도교 시대의 유대교들과 그들의 메시아들"이란 복수형 표현을 통해 강조한다.[12] 이에 걸맞게 헹엘(M. Hengel)은, 유대교는 "메시아 교리"("Messiasdogmatik")를 갖고 있지 않다고 단호하게 말하면서, 그것은 랍비적 · 그리스도교적 시각에서 비롯된 후대 현상을 고대유대교에 무리하게 투영시킨 결과로 간주한다.[13] 그러나 이미 앞에서 언급했듯이, 주후 1세기 성전 멸망 시기까지 반로마적 저항 운동의 문맥에서 특별히 왕적 메시아 대망이 사람들 사이에 크게 자라났다고 말할 수 있다. 이런 의미에서 "그리스도교 시대 초기에 다윗 가문에 대한 소망(=왕적 메시아 대망)은 이미 팔레스타인과 디아스포라 지역에서 메시아 기대와 관련하여 어느 정도 확고한 핵심을 이루고 있었다"고 말할 수 있다.[14] 이러한 시각 위에서 초기 그리스도인들이 가졌던 메시아 대망에 대해 다루려 한다. 먼저 그리스도교적 메시아 이해

---

12) J. Neusner, *Judaisms and their Messiahs*, 1987, ix.

13) M. Hengel/A.M. Schwemer, *Der messianische Anspruch und die Anfänge der Christologie* (Tübingen: Mohr, 2001), 35.

14) W. Horbury, "The Messianic Associations of 'the Son of Man'." *JTS* 36 (1985), 34–55, 이곳 52f.

의 뿌리가 되는 역사적 예수와 관련하여 살펴보자.

1. 예수와 메시아 자의식

초기 그리스도교는 아주 이른 시기부터 예수를 가리켜 "그리스도"라 불렀다. 이때 "그리스도"는 전통적인 유대 메시아 직에 상응하는 기능적 칭호였다. 그런데 머지않아 그리스도 칭호는 예수를 가리키는 이름처럼 사용된다. 또한 이 칭호에서 "크리스티아노이"(Χριστιανοι, 행 11:26), 즉 "그리스도를 따르는 사람들"(=크리스천)이란 표현이 유래하였다. 바울은 전승에서 물려받은 한 신앙고백문을 고린도전서 15장에서 인용하고 있는데(3절 "성경대로 그리스도께서 우리 죄를 위하여 죽으시고"), 이미 여기에 "그리스도"는 관사를 동반하지 않은 채 마치 예수의 이름처럼 나타난다. 또한 예수라는 이름과 더불어 "예수 그리스도"라는 표현이 신약성서 도처에 사용된다. 이 표현은 본래 "예수는 그리스도이다!"라는 초기 그리스도교의 신앙고백이면서, 동시에 초창기 유대인 선교에 속한 가장 중요한 신앙의 표현이었다(예컨대, 행 2:36 "이스라엘 온 집은 확실히 알지니 너희가 십자가에 못 박은 이 예수를 하나님이 주와 그리스도가 되게 하셨느니라"). 그런데 점차 "그리스도"가 예수를 가리키는 두 번째 이름처럼 사용되면서 "예수 그리스도"는 마치 하나의 고유명사처럼 언급된다. 그 결과 "그리스도"라는 표현에 담긴 본래적 의미가 퇴색되어 버리고 만다.

예수를 "그리스도"로 고백한 초기 그리스도교의 신앙고백은 예수가 스스로 자신을 그리스도, 즉 메시아로 이해했는지 혹은 최소한 당시 사람들로 하여금 메시아적 대망을 갖도록 의도했는지 하는 문제와 직결된다. 예수가 진정 메시아적 자의식을 가졌는가 하는 질문은 그의 생애와 가르침을 파악하기 위해 더없이 중요하다. 예수가 당시 유대인들이 대망하던 메시아였는가에 대한 논란이 학자들 사이에 오랫동안 있어왔고 지금도 계속되고 있다. 크게 두 가지 상반된 입장으로 나눌 수 있다.

1) 예수는 자신을 결코 메시아로 여기지 않았다는 입장

종교사학파의 대표자라 말할 수 있는 브레데(W. Wrede, *Das Messiasgeheimnis in den Evangelien*, Göttingen 1901) 이후 오늘날까지 여러 학자들이 수용한 입장이다. 예수는 본래 메시아 자의식을 갖고 있지 않았고 그것을 주장하지도 않았다고 말한다. 그에 걸맞게 본래 전승은 예수의 메시아성에 대해 아는 바가 없었는데, 부활 이전 전승과 부활 이후 전승 사이에 놓인 모순을 해결하기 위해 신앙공동체가 예수 부활에 근거하여 예수를 훗날 메시아로 선포했다는 것이다. 이러한 입장을 공유하는 불트만(R. Bultmann)은, 예수가 메시아로 고난을 당하고 죽었다는 관점은 수난이야기에 들어 있는 "교리적 모티브"에 속한다고 여기면서 다음과 같이 결론을 내린다.[15)]

> "전통적 메시아사상을 감안할 때, 예수의 삶과 활동이 메시아적인 것이 아니었다는 사실에 대해 공관복음서 전통은 의심할 여지를 주지 않는다. … 예수는 왕이 아니라 예언자와 랍비 – 굳이 첨가하자면 – 귀신 쫓는 자로서 등장했다. 유대교의 표상에서 메시아의 특징인 권세와 영광의 어느 것도, 예수의 생애에서 실현되지 않았다"(『신약성서신학』, 24–25).

불트만의 제자 보른캄(G. Bornkamm)은 대체로 스승의 입장을 따르면서, 예수는 결코 자신을 메시아로 부르지 않았으나, 초기 그리스도교 신앙에 의해 뒤늦게 주님의 말씀에 메시아 칭호가 삽입된 것으로 여긴다.[16)]

샌더스(E.P. Sanders) 역시 예수가 자신을 메시아로 여기지 않았다는 점에 동의하면서, 예수는 분명히 하나님 나라에 대해 가르쳤고 자칭 왕으로 처형되었으나, 메시아 칭호 사용은 주저했으며 하나님만을 참된 왕으로 여겼기 때문에 자신을 왕적 존재가 아니라 왕이신 하나님의 "대리자"(vice-

---

15) 불트만, 『공관복음전승사』, 허혁 역 (서울: 대한기독교서회, 1991), 358.

16) G. Bornkamm, *Jesus von Nazaret* (Stuttgart ^{13}1983), 157.

roy)와 같은 존재로 이해했을 것이라고 말한다.[17]

제임스 던(James Dunn) 역시, 예수에게 중요한 것은 하나님 나라 선포이지 선포자의 자기 정체는 부차적인 문제였다고 말하면서, 예수는 예수의 선교에 오해를 야기하기 쉬운 왕적 메시아 칭호가 자신에게 적용되는 것을 거부했고, "하나님의 종말론적 대리자"로서 자신을 이해했으리라고 말한다.[18]

2) 예수는 자신을 메시아로 여겼을 가능성이 크다는 입장

이 입장도 널리 퍼져 있다. 노르웨이 출신의 닐스 달(N. Dahl)은 브레데식의 관점을 비판하면서, 메시아로서의 예수의 중요성을 강조한 초기 그리스도인들의 신앙고백을 가장 잘 설명해주는 것은 예수가 자신을 메시아로 주장하다가 십자가에 못 박혀 죽은 사건이라고 역설했다.[19]

같은 선상에서 헹엘(Hengel/Schwemer, Der messianische Anspruch und die Anfänge der Christologie, 1-80)과 라이트(Wright, 『예수와 하나님의 승리』, 727-819)는, 신약성서 자체에 근거하여 볼 때 예수는 토라의 참된 해석자이며 지혜의 참된 교사로서 이스라엘의 운명을 절정에 도달하게 한 메시아적 전권을 소유한 자였음이 분명하다고 생각한다. 종말론적 하나님 백성의 대표자로서 12제자단을 세운 것과, 예수 죽음의 직접적인 원인으로 간주되는 성전 정화 사건은 분명히 메시아적 행위였고, 또한 나귀를 타고 예루살렘에 입성하는 장면을 고려할 때 예수는 스가랴서 9:9의 의미에서 메시아적 자의식을 갖고 있었다는 것이다. 그러나 예수의 메시아적 자의식은 당시 대중적인 메시아적 기대와는 달리 "놀라울 정도로 새로운 패턴으

17) E. P. Sanders, *The Historical Figure of Jesus* (New York: Penguin, 1993), 248.

18) 제임스 던, 『예수와 그리스도교의 기원(하권)』, 차정식 역 (서울: 새물결플러스, 2012), 294, 367f.

19) N. Dahl, "Der gekreuzigte Messias", *Der historische Jesus und der kerygmatische Christus*, ed. H. Ristow/R. Mattiae (Berlin: Ev. Verlagsanstalt, 1960).

로 엮어 짠 예수 자신의 하나님 나라 과제를 중심으로 재정의된 메시아직에 대한 주장이었다"고 한다(라이트, 같은 곳, 818).

브라운(R. E. Brown)은, 예수의 제자들이 예수를 메시아라고 고백했을 가능성이 아주 크고 예수도 그것을 거부하지 않았으나 사람들이 기대하는 의미로서의 메시아 칭호를 수용하지는 않았을 것이라고 여긴다.[20)]

로핑크(G. Lohfink)는, 메시아 칭호가 자신에게 사용되는 것을 예수가 꺼렸을 것이라고 말한다. 예수는 그 칭호로 인해 이스라엘을 모으는 자신의 사역이 젤롯당의 저항운동으로 해석되는 것을 원치 않았으며, 더 나아가 메시아 칭호는 예수의 파송과 관련된 위엄과 겸손의 비밀을 설명할 수 없다는 이유에서다. 예수가 늦어도 유대 공회에서 심문받을 때 자신을 메시아로 밝히지 않았다면, 초기 교회에서 일어난 기독론의 급속한 발전을 전혀 이해할 수 없으리라고 한다.[21)]

이와 같이 서로 상반된 입장이 오늘날 팽팽히 맞서 있는 것은 메시아로서의 자기 이해가 예수님 자의식의 일부였다는 것을 이성적으로 완전히 밝히는 것이 거의 불가능하다는 사실과 관련된다. 우리의 주제와 관련하여 결론을 내리기에 앞서 신약성서에 담겨 있는 옛 전승들을 간단히 살펴보려 한다. 예수어록 전승(Q)은 메시아 칭호를 삼가는 경향이 있다. 더구나 예수의 입을 통해 나오는 경우는 드물다(예외: 막 9:41; 마 16:20; 23:10; 눅 4:41; 24:26). 복음서에 나오는 이야기 전승은, 메시아 칭호가 자신에게 적용되는 것을 경계하며 주저하는 예수의 모습을 전하는 가운데 메시아 칭호가 제자들에 의해 예수에게 전이되고 있음을 보여줄 뿐만 아니라(막 8:29; 막 10:47-48; 막 11:10), 예수를 심문하는 대제사장에 의해 메시아 칭호가 예수에게 전이되고 있는 사실도 보여준다(막 14:61). 또한 로마인들에 의해 메시아 칭호가 예수에게 전이되어 예수는 "유대인의 왕"

20) 레이먼드 브라운, 『신약성서 그리스도론 입문』, 김광식 역 (분도출판사, 1999) 103.

21) G. Lohfink, *Jesus von Nazaret – Was er wollte, wer er war* (Freiburg i.B.: Herder, ^{2}2012), 442-445. 우리말 번역이 있다: 『예수 마음 코칭』, 김혁태 역(생활성서사, 2015), 549-553.

으로 처형되고(막 15:26), 그것은 곧 왕적 메시아를 뜻하는 "이스라엘의 왕 그리스도"와 동일시된다(막 15:32).

바울서신에 담겨 있는 바울 이전 전승은 그리스도 칭호를 우리의 죄를 위한 예수의 죽음과 연결시키고 있는데(롬 5:6, 8; 고전 15:3–5), 이러한 연결은 전통적인 유대 메시아 표상에는 전혀 어울리지 않는 낯선 것이다. 여기에서 질문이 나온다. 부활 이후 초기 교회는 어떻게 십자가에 달려 나약하게 죽은 예수를 이스라엘의 모든 적대 세력을 물리치고 이 땅에 하나님의 통치를 가져오는 약속된 메시아로 선포할 수 있었을까?

예수의 놀라운 활동과 이미 시작된 하나님나라에 대한 선포는 당시 추종자들과 백성에게 메시아 대망을 불러일으키기에 충분했다. 그리하여 마침내 예수는 "유대인의 왕"을 사칭한 사람으로 몰려 죽임을 당했다. 예수의 십자가 죄패가 바로 그것을 증언한다(막 15:26 par.). 예수가 유대인의 왕으로 처형당했다는 사실이 전통적인 유대 메시아 칭호가 예수에게 적용되는 변형과정에 영향을 끼쳤을 것이다.[22]

그러나 이러한 변형과정은 궁극적으로는 제자들의 예수 부활 체험에서 비롯된다. 부활체험을 통해 예수의 죽음으로 야기된 인간적인 모든 좌절과 절망은 사라졌다. 예수가 당한 고난과 죽음의 운명을 하나님이 구원사건으로 바꿨다고 확신했기 때문이다. 거짓된 메시아로 고소되어 사형을 당한 자가 부활을 통해 하나님에 의해 이스라엘의 참된 메시아로 입증된 것으로 믿었다.

이런 의미에서 막 8:29–33에서 메시아 고백이 고난 및 죽음의 예고와 연결될 수 있었고, 이러한 예수의 역사로 인해 전통적인 메시아 표상에 대한 전적으로 새로운 이해가 나타날 수 있었다. 그것은 민족적이며 정치적인 해방자의 모습을 띤 전통적인 메시아 표상이 그리스도교적인 의미에서 새롭게 변형되었음을 뜻한다. 즉, 고난 받고 죽은 이가 다름 아닌 약속된 메시아로 이해된 것이다(막 14:61 이하 par.; 15:2–20, 26 par. cf. 고전

22) F. 한, 『신약성서신학 I』 (서울: 대한기독교서회, 2007), 207.

15:3b-5). 이렇게 본다면 신약성서에서 예수 존칭으로 사용되는 그리스도 개념은 비록 구약 유대적인 메시아 개념에서 유래한 것이 틀림없으나, 단순히 구약 유대적인 개념과 동일시할 수 없다는 사실이 명백하다.

예수의 메시아적 자의식 문제와 관련하여 잠정적으로 다음과 같이 결론지을 수 있다. 예수 스스로 메시아 칭호를 자신에게 적용했을 가능성은 적다. 예수 선포의 중심은 이제 시작되고 있는 하나님나라의 선포에 있지, 자신을 메시아로 선포하는 데 있지 않았기 때문이다. 그러나 동시에 예수는 동시대인들이 이 칭호를 자신에게 적용하는 것을 거부하지는 않았다. 이런 의미에서 예수는 메시아적 자기 이해를 갖고 있었지만 드러내놓고 그 칭호를 자신에게 적용하지는 않았다고 말할 수 있다.[23] 그러나 예수는 메시아 칭호의 내용을 기존의 것과는 다른 독특한 형태로 채웠다. 즉, 전통적인 메시아 개념을 이제 시작되고 있는 하나님나라의 대표자라는 자기 이해와 연결 짓고 동시에 인자 개념을 통해 수정함으로써 예수는 하나님의 메시아로서 이스라엘을 다스릴 것이라는 대망을 자신이 갖고 있던 하나님나라 이해로 전환시켰다고 말할 수 있다.[24]

아무튼 예수는 자신의 추종자들과 민중에게 메시아 대망을 불러 일으켰고, 그로 인해 왕을 사칭한 사람으로 몰려 죽임을 당했다는 사실은 분명하다. 부활 이후 예수의 제자들은 예수에게 새로운 메시아적 위엄을 부여함으로써 예수를 이스라엘을 이방 세력에서 해방시키는 전통적 의미의 민족주의적 정치적 메시아로서가 아니라 십자가에 달려 죽었다가 부활하여 하나님 우편에 계신 분으로 만백성을 위한 구세주요 하나님의 아들로서의 메시아로 기억하게 되었다. 이런 의미에서 초기 그리스도교는 모태인 유대교에서 분리되기 전에 있었던 가장 큰 메시아운동이었다고 말할 수 있다. 신약성서에는 모두 531회 정도 "그리스도" 개념이 나타나고 있는데, 신약 저자들은 그것을 어떤 의미로 사용했는지에 대해 살펴보자.

---

23) 타이쎈/메르츠, 『역사적 예수』, 762.

24) J. Schröter, *Jesus von Nazaret* (Leipzig: Ev. Verlagsanstalt, 2006), 266.

2. 바울

신약성서 최초의 저자인 바울이 "그리스도" 칭호를 어떤 의미로 사용했는가를 다루기에 앞서 다음과 같은 사실을 먼저 언급할 필요가 있다. 그것은 예수 존칭과 관련하여 바울은 "인자"나 "하나님의 종"이란 칭호를 사용하지 않고, 또한 "다윗의 자손"이란 칭호는 롬 1:3b의 기독론적 표현 가운데 단지 간접적으로만 나타나고 있다는 사실이다. 그와 달리 "주님"(Kyrios) 혹은 "하나님의 아들" 칭호는 바울서신 도처에 광범위하게 사용된다. 주님 칭호의 초점이 예수의 지상적이며 천상적인 전권에 놓여 있다면, 하나님의 아들 칭호는 하나님에게서 유래함과 하나님과 함께함에 기초한 예수의 위엄을 나타내는 데 초점이 맞춰져 있다.

"(예수) 그리스도" 개념 역시 바울서신에 자주 사용된다. 바울은 이 개념 이해를 구약성서와 유대교 전통에서 이끌어내지 않고 부활하신 그리스도와의 만남에서 이끌어낸다. 그것은 무엇보다 종말론적 사건으로서의 예수의 죽음 및 부활과 관련되어 있다는 사실이 특징적이다(예컨대, 이중 진술의 형태로 고전 15:3-5; 롬 6:3-4; 8:34; 14:9; 죽음에 대한 단일 진술 형태로 롬 5:6, 8; 14:15; 15:3; 고전 8:11; 갈 2:19, 21; 십자가에 못 박힘 고전 1:23; 2:2; 갈 3:1, 13; 부활 롬 6:9; 8:11; 10:7; 고전 15:12-17, 20, 23). 그 외에도 다음과 같은 구절이 있다: 하늘로 올라감과 관련하여(롬 8:34; 10:6), 예수의 선재성과 관련하여(고전 10:4; 11:3), 예수의 지상적 실존과 관련하여(롬 9:5; 고후 5:16).

대체로 바울에게서 "그리스도" 개념은 칭호이면서 동시에 이름을 대신하는 것으로 사용된다. 종종 관사를 동반하기도 하며(롬 9:3, 5; 15:3, 7; 고전 1:13; 10:4, 9; 11:3; 12:12; 고후 11:2; 갈 5:24; 빌 1:15, 17), 그리스도를 대신하는 사도 바울의 사역에 관한 진술에서도 사용된다(고후 5:20). 바울은 "그리스도" 개념을 예수의 죽음과 부활 그리고 하늘로 올라감을 강조하는 구원사건과 관련하여 이해하기 때문에 예수의 메시아성을 입증하기 위해 구약성서를 인용하지 않는다. 바울에게 구약성서는 예수 그리스도를 통해 드러나고 있는 "하나님의 의"를 설명하는 구속론적 보증이며(갈 1:10 이하; 롬 4:1 이하), 이방인의 포용을 위한 증거로 제시된다(롬 15:9-12).

3. 공관복음

먼저 마가와 관련하여, 다음의 두 구절이 중요하다. 막 8:27-33("베드로가 대답하여 이르되 주는 그리스도이시이다 하매 30 이에 자기의 일을 아무에게도 말하지 말라 경고하시고 31 인자가 많은 고난을 받고")와 막 14:61-61("침묵하고 아무 대답도 아니하시거늘 대제사장이 다시 물어 이르되 네가 찬송 받을 이의 아들 그리스도냐 예수께서 이르시되 내가 그니라 인자가 권능자의 우편에 앉은 것과 하늘 구름을 타고 오는 것을 너희가 보리라 하시니"). 여기에서 마가는 "하나님의 아들"로서의 예수와 "인자"로서의 예수에 관한 두 가지 전승을 "그리스도" 개념과 연결시킨다. 이를 통해 예수가 정치적인 왕적 메시아 칭호를 거부하였다는 사실을 말하면서 동시에 메시아 칭호를 고난받는 인자로 대치시킨다(cf. 막 14:61-62). 또한 마가는 막 8:30으로써 이른바 "메시아 비밀론"을 설정하면서 전통적인 메시아 칭호를 고난받는 인자로서의 메시아 칭호로 전환시킨다.

마태는 16:16에서("주는 그리스도요 살아계신 하나님의 아들이시니이다") 메시아 칭호와 하나님의 아들 칭호를 연결시키고, 이에 17-19절을 첨가하면서 베드로의 고백을 신적 계시로 돌린다("이를 네게 알게 한 이는 … 하늘에 계신 내 아버지니라"). 여기에서 예수는 자신이 메시아임을 공개한다. 마태에게서 정치적인 왕적 메시아 칭호는 의를 성취하는 자(마 3:15; 5:17)로서의 예수의 모습으로 바뀐다. 즉, 예수는 마음이 온유하고 겸손한 자로서(11:29) 고난받는 자와 동행하는 하나님의 고난받는 종의 형상으로 나타난다.

누가는 메시아적 영의 소유자로서의 예수를 복음서 전체에 걸쳐 강조한다. 영의 인도함을 받은 기적 수행자로서 예수는 이사야의 예언(사 61:1-2)을 성취시킨 자이다(cf. 눅 4:16-21). 또한 예수는 "하나님의 그리스도"이며(눅 9:20; 23:35) "하나님의 아들"(cf. 눅 4:41; 22:67-70; 행 9:20)로서 동시에 "그리스도 주" 혹은 "주와 그리스도"로 불린다(눅 2:11; 행 2:36; 4:26; cf. 행 11:17; 15:11, 26; 16:31; 20:21; 28:31).

4. 요한복음

요한복음은 그리스도로서의 예수를 19번 언급하나, 메시아 표상이 요한 기독론의 핵심은 아니다. 흥미롭게도 요한복음서만 히브리어나 아람어의 "메시아"에 대한 그리스어 음역인 "Μεσσίας"가 사용된다(요 1:41; 4:25). 요한은 메시아가 다윗의 혈통으로 베들레헴에서 태어날 것이라는 전통적인 기대를 알고 있었고(요 7:42), 정치적 메시아 표상이 담고 있는 위험성을 암시하는 구절이 요한복음에도 나오나(요 6:15), 요한은 정치적 메시아 전통을 "진리의 왕"(요 18:37) 혹은 "하나님의 아들"(요 20:31; cf. 1:49; 19:7)로서의 예수 고백으로 전환시킨다. 진리의 왕인 예수는 "파라클레토스", 즉 보혜사로서 자신에게 속한 사람들과 영원히 함께하면서 그들에게 평안과 영생을 선사한다(요 12:24; 14:16, 26-27; 16:33; 20:19-22).

5. 요한계시록

요한계시록은 메시아 예수를 유대 전통적 표상에서 유래한 "다윗의 뿌리"(5:5; 22:16; cf. 사 11:1-10) 또는 "유대 지파의 사자"(5:5; cf. 창 49:9)로 부른다. 예수의 왕적 통치는 종말에 사탄의 세력들을 멸망시킨 다음에 실현된다(계 11:15; 12:1 이하; 19:15-16). 천년 왕국에 관한 단락에 관사를 동반한 절대적 용법의 "그리스도"(ὁ Χριστός)가 2번 사용된다(계 20:4, 6).

V. 나오면서

신약성서는 예수가 누구인가를 설명하는 다양한 기독론적 칭호들을 제시하나, 예수의 인격과 사역이 모든 기독론적 칭호의 중심을 이룬다는 점에 일치한다. 신약이 선포하는 중요한 기독론적 칭호 가운데 하나인 "메시아"/"그리스도" 칭호 역시 예수의 삶과 분리시켜 생각할 수 없다. 이 칭호가 본래 구약성서에서 유래했고, 신구약 중간기 시대 유대교의 다양한 메시아관을 거쳐 신약성서저자들에 의해 고유명사로 사용되기까지의 과정은 단일한 발전과정이었다고 말할 수 없다. 오히려 신구약 중간기 시대 존재한 메시아 표상은 당시 유대인들이 처한 역사에서 영향을 받으면서 다양한 형태로 발전해왔다.

주후 1세기 초기 그리스도교 시절 팔레스타인에 특히 왕적 메시아 대망이 크게 자라나게 되는데, 이런 배경에서 예수의 권세 있는 사역은 동시대 사람들로 하여금 메시아적 대망을 떠올리게 했고, 그리하여 메시아적 범주에 속한 해석들이 예수에게 적용되었다. 또한 하나님 나라가 자신의 선포와 사역에 직결되었다는 예수의 주장은 그가 자신을 종말론적 구원을 가져오는 자로서 이해했다는 사실을 암시한다. 그것은 곧 예수가 자신을 메시아적 인물로 이해했다는 추론을 가능하게 한다.

그러나 예수는 메시아 칭호를 적극적으로 수용하거나 거부하지도 않았다. 1세기 초반에 메시아 칭호는 로마의 지배에 항거하는 젤롯당의 폭력적 저항 운동에서 드러나듯이 정치적 위험을 동반한 매우 자극적인 개념이었기 때문에, 그러한 개념을 통해 예수는 자신의 활동이 젤롯당식 정치적 봉기와 연관되어 비쳐지는 것을 분명 원치 않았을 것이다. 그런데 예수가 메시아 칭호 사용을 주저하는 데는 더 심오한 뜻이 있었다. 전통적인 메시아 칭호로는 예수의 사역에 담긴 영광과 비천의 비밀을 충분히 드러낼 수 없었기 때문이었다.

분명한 사실은, "메시아 칭호는 신약학이 종종 용인하는 것 이상으로 예수의 역사와 그의 죽음에 보다 큰 접촉점을 갖고 있다"는 것이다.[25] 신약성서의 그리스도 칭호는 구약성서 및 신구약 중간기 유대교에서 유래한 메시아 표상과 전승사적으로 연결되었음이 틀림없으나, 다른 한편 그것은 예수 그리스도의 삶과 죽음, 그리고 부활사건을 통해 전통적인 의미를 넘어서 새롭게 형성되고 발전된 것이다.

---

25) J. Frey, "Der historische Jesus und der Christus der Evangelien", in: Der historische Jesus, ed. J. Schröter/R. Brucker(Berlin, 2002), 313.

Chapter_ 6

쿰란문서(4Q246과 4Q521)를 둘러싼 메시아 논쟁

I. 들어가면서

중세 유대교에서 가장 영향력이 큰 유대 사상가에 속하는 마이모니데스(Maimonides, 1135~1204)는 타종교의 경우처럼 유대교도 보편적으로 인정된 신앙고백이 필요하다는 생각에서 1200년경 유대 신앙의 정수를 13개 신조로 담은 신앙고백문(Shloshah-'Asar 'Ikarim)을 만들었다. 이 신앙고백은 오늘날까지 유대 신앙고백의 모범으로 통한다. 이곳 제12조에서 그는 다음과 같이 말했다: "나는 메시아가 오리라는 것을 온전히 믿는다. 그가 아직 오지 않고 있을지라도 날마다 그의 도래를 열망한다." 중세기를 거쳐 오늘에 이르기까지 메시아 대망에 대한 유대인들의 기본적 믿음은 확고하며 하나로 통일된 표상을 갖고 있다고 말할 수 있다.[1] 그러나 학자들의 연구를 통해 "제2성전시대 유대교"(The Second Temple Judaism)에는 하나로 통일된 메시아 상이 아직 확정되지 않았다는 사실이 드러났다.[2] 그 시대

---

1) 랍비 스타인버그에 따르면, 메시아란 하나님에 의해 임명된 다윗 가문 출신의 인간으로서 이 세상을 악에서 정화하여 확고한 토대 위에 선을 확립할 능력과 권위를 하나님에게서 받은 자이다. 참조. M. Steinberg, *Basic Judaism*, 이수현 역, 『유대교의 기본』(서울: 동인, 1996), 181.

2) 제2성전시대 유대교의 메시아 상에 대한 개론적 소개를 위해서 다음의 문헌이 유익하다. E. Schürer, *History of the Jewish People in the Age of Jesus Christ*, ed. Geza Vermes etc. Vol. 2 (Edinburgh: Clark, 1979), 488-554; J. Neusner et. al.(eds.), *Judaisms and Their Messiahs at the Turn of the Christian Era* (Cambridge: Cambridge University Press, 1987); James H. Charlesworth(ed.), *The Messiah: Developments in Earlist Judaism and Christianity* (Minneapolis: Fortress Press, 1992); H. Lichtenberger,

에 생성된 대다수 유대 문서에는 종말론적인 문맥에서 사용된 메시아 개념이 거의 나타나지 않는 것과 달리 쿰란문서는 다양한 형태의 메시아 상을 보여주고 있다.[3] 왕적 메시아(Royal Messiah)에 대한 대망이 있었는가 하면 제사장적 메시아(Priestly Messiah)에 대한 대망도 있었고 모세와 같은 예언자적 메시아 표상도 나타난다. 이러한 다양한 메시아 표상은 초기 그리스도교가 가졌던 기독론 이해를 위한 유대적 배경을 이룬다는 점에서 매우 흥미롭다.

근자에 두 개의 쿰란문서를 둘러싸고 학자들 사이에 논쟁이 분분하다. 이들 문서 가운데 메시아적 칭호처럼 보이는 두 가지 개념이 나타나기 때문이다. 그중 하나는 4Q246에 나오는 "하나님의 아들"이란 개념이고 다른 하나는 4Q521에 나오는 "그의 기름 부음을 받은 자"란 개념이다. 혹자는 4Q246과 누가복음 1장 32-35절 사이에 놓인 평행성을 강조하면서 "하나님의 아들" 칭호가 기원전 1세기나 기원후 1세기 팔레스타인에서 유래한 것이라고 주장하기도 했다.[4] 과연 이 두 개념 "하나님의 아들"(4Q246)과 "그의 기름 부음을 받은 자"(4Q521)를 한 개인을 염두에 둔 메시아 칭호로 간주할 수 있는지 여부가 문제의 관건이다. 따라서 본 논문의 목적은 이 두 개념이 항간에 주장되고 있듯이 과연 종말론적인 문맥에서 사용된 개인적인 메시아 칭호인지를 규명하는 데 있다.

"Messianische Erwartungen und messianische Gestalten in der Zeit des Zweiten Tempels", in: E. Stegemann(ed.), *Messiasvorstellungen bei Juden und Christen* (Stuttgart, 1993), 9-20; J. J. Collins, *The Atar and the Scepter: The Messianic of the DSS and Other Ancient Literature* (New York: Doubleday, 1995).

3) 제2성전시대의 유대 메시아 상과 관련하여 무엇보다 쿰란문서가 중요하다는 사실은 익히 알려져 있다. 참조, 김창선, 『쿰란문서와 유대교』(서울: 한국성서학연구소, 2007), 177-201("제6장 쿰란문서와 메시아: 유대적 메시아 상의 발전"); 김판임, 『쿰란공동체와 초기그리스도교』(서울: 비블리카아카데미아, 2008), 126-137; C. Marvin Pate, *Communities of the Last Days: The Dead Sea Scrolls, the New Testament and the Story of Israel*, 유태엽 역, 『사해사본과 신약성서』(서울: 감리교신학대학교출판부, 2008), 139-182("제4장: 사해사본과 신약성서의 메시야 사상"); F.G. Martinez, "Messianische Erwartungen in den Qumranschriften", *JBTh* 8 (1993), 171-208.

4) J.A. Fitzmyer, *Response to 101 Questions on the Dead Sea Scrolls* (New York: Paulist, 1992), 113.

II. 본론

1. 4Q246과 "하나님의 아들"

4Q246은 2개의 단(Column)을 가진 하나의 단편조각 사본이다. 불행하게도 제1단은 파손 상태가 비교적 심각한 편이다. 이런 까닭에 파손된 부분에 대한 서로 다른 해석이 가능하게 되었고 심지어 상반된 해석을 낳았다. 다행히 제2단은 온전한 상태로 발견되었으나 앞 단락의 문맥을 정확하게 알 수 없기 때문에 여기에 나오는 "하나님의 아들" 칭호를 어떻게 해석해야 하는가가 문제로 드러나게 되었다.

이 사본은 1958년 안틱 중개상 칸도(Kando)의 손을 거쳐 구입된 후 오랫동안 행방이 묘연한 상태에 있다가 1972년에 와서 이 사본의 출판을 책임진 밀릭(J. T. Milik)에 의해 하버드 대학 강의에서 처음으로 공개된다. 이때 제공된 번역을 토대로 피츠마이어(J. A. Fitzmyer)가 해당 본문을 세상에 발표한다.[5] 아람어로 기록된 이 작품을 가리켜 예전에는 4QpsDand 또는 4QpsDan A^{a}로 표시했었으나, 밀릭이 1976년 출간한 "에녹서" 가운데 4Q246라는 표시로 소개되면서 지금까지 그와 같이 부른다.[6] 밀릭은 고문서학적 분석을 통해 이 사본의 생성연대를 기원전 1세기 마지막 3분의 1분기로 추정했고, 퓌에쉬(E. Puech)와 바이어(K. Beyer)는 좀 더 구체적으로 대략 기원전 25년경에 기록된 것으로 추정했다. 그러나 본래 작품은 기원전 165년경에 생성된 다니엘서와 비슷한 시기에 기록되었을 것으로 추정된다. 다니엘서에 나오는 표현들과 일치하는 것들이 많이 나타나고, 또한 아람어로 기록되었을 뿐만 아니라 쿰란 전형적인 어휘들이 전혀

5) J.A. Fitzmyer, "The Contribution of Qumran Aramaic to the Study of the New Testament," *NTS* 20 (1973/74), 382–407 (391–394).

6) J.T. Milik, *The Books of Enoch. Aramaic Fragment of Qumran Cave 4* (Oxford, 1976).

나타나지 않고 있기 때문이다.[7] 따라서 이 작품은 에센파의 것이 아니고 비에센파의 산물로 보인다. 쿰란에센파 사람들은 이스라엘의 거룩한 전통 수호자란 측면에서 히브리어로 자신들의 창작품을 기록한 것과 달리 이 사본은 아람어로 기록되었을 뿐만 아니라 쿰란 특유의 언어사용이 나타나지 않는 것도 비에센파의 산물임을 뒷받침한다. 1992년에 와서 퓌에쉬(E. Puech)가 처음으로 해당 본문을 완역했다.[8] 여기에서는 쿰란문서에 낯선 독자들을 고려하여 우리말 번역문을 제시하고자 한다.

1) 본문 번역:

〈Col.1〉 (1) [… 하나님의 영이] 그에게 내려왔고, 그는 그 보좌 앞에 엎드렸다. (2) [그는 일어나 왕 앞에서 말했다.] 어찌하여 당신께서는 진노하시고 이를 가시나이까? (3) [내가] 당신의 환상을 해석하리이다. 그러면 당신께서는 모든 것을 영원히 알게 [되시리이다 (4) 커다란 재난과 함께] 환란이 이 땅 위에 다가올 것이요, (5) [그러면 많은 전쟁이 일어나고] 또한 각 지역들에서 굉장한 살육이 일어날 것이다. (6) […] 앗수르[와] 애굽[과 (7) 페르시아]의 왕이 자신의 교만으로 인해 죽을 때까지. 그런 다음 [한 다른] 위대한 [왕이] 땅 위에 있게 될 것이다. (8) [많은 사람들은 그의 뜻에 따라] 행할 것이다. 그리고 모두가 [그를] 섬길 것이다. (9) [볼지어다] 위대한 왕으로 그가 불릴 것이요(מלכא רבא יתקרא), 또한 그의 별명으로 칭하여질 것이다(בשמה יתכנה).

〈Col.2〉 (1) 그는 하나님의 아들이라 불릴 것이요(ברה די אל יתאמר), 그들은 그를 지극히 높으신 분의 아들이라 부를 것이다(בר עליון יקרונה). (2) 네가 본 불꽃과도 같이 그들의 왕국(=통치)이 될 것이다. 그들은 수년 동안 (3) 땅을 다스릴 것이요, 모든 것을 짓밟을 것이다. 한 민족이 다른 민족을 짓밟을 것이요, 한 지역이 다른 지역들을. (4) (공백) 하나님의 백성(עם אל)이 일어나서 모든 사람에게 파괴로부터 안식을 얻을 때까지. (5) 그의 왕국은 영원한 왕국이 될 것이요, 그의 모든 행위들은 진리에 합당할 것이다. 그는 땅을 (6)

7) A. Steudel(ed.), *Die Texte aus Qumran II* (Darmstadt: Wissenschaftliche Buchgesellschaft, 2001), 167.

8) E. Puech, "Fragment d'une apocalypse en Araméen (4Q246 = pseudo-Dan[d]) et le 'Royaume de Dieu'," *RB* 99(1992), 98-131.

진리로 심[판]하실 것이요, 모든 것에 구원을 가져올 것이다. 파괴가 땅으로부터 사라질 것이요, (7) 모든 지역들이 그를 공경할 것이다. 위대하신 하나님이 그를 돕기 위해 서두를 것이며, (8) 그는 그를 위해서 전쟁을 벌일 것이다. 그는 민족들을 휘어잡고서 (9) 그들 모두를 자기 앞에서 내던져버릴 것이다. 그의 왕국은 영원한 왕국이 될 것이요, 모든 심연들은.[9)]

2) 본문 이해 - 유사 다니엘 본문(Pseud-Daniel-Text)

1998년 요하네스 침머만(Johannes Zimmermann)은 자신의 박사학위논문을 수정 보완한 저서에서 이 작품의 장르를 가리켜 "묵시적 역사 묘사"(apokalyptische Geschichtsschilderung)라 명명하면서 이 안에 종말 역사의 비밀들이 환시가에게 열리고 있다고 설명한다.[10)] 그에 대한 이유로 다음의 4가지를 언급한다. 첫째, 환상에 대한 언급 및 그에 대한 해석(I 3; II 2), 둘째, 환란과 전쟁(I 4–5; II 2–3), 셋째, 지나가버릴 왕국들과 영원한 왕국의 대조, 넷째, "앗수루와 애굽"(I 6). 그 밖에도 묵시문학인 다니엘서, 특히 다니엘 7장과 특별한 관계에 있다고 보았다. 본문의 화자가 "환시가"라는 것도 다니엘서와 같다고 말한다. 그리하여 이 문서에 나오는 화자는 다니엘일 가능성이 많다고 결론지으면서, 이 문서를 가리켜 "유사 다니엘 본문"(Pseud–Daniel–Text)이라 부른다.[11)] 침머만이 주장하듯 위의 본문이 다니엘 7장과 특별한 관계에 있다는 사실이 겉으로 명확히 드러나지는 않

---

9) 바이어가 복원한 아람어 텍스트를 근거로 한 필자의 사역이다. 참조. K. Beyer, *Die aramäischen Texte vom Toten Meer*, vol. 2 (Göttingen: Vandenhoeck & Ruprecht, 2004), 147–149. F.G. Martinez & Eibert J.C. Tigchelaar, 강성열 역, 『사해 문서 2: 4Q156–4Q273』 (경기도: 나남, 2008), 227–228에 제시된 텍스트와 비교하라. 마르티네스는 특히 제1열의 파손된 본문을 복원하지 않은 채 남겨두어 본문 이해가 어렵다.

10) J. Zimmermann, *Messianische Texte aus Qumran* (Tübingen: Mohr, 1998), 138. 바이어(K. Beyer)는 "하나님의 아들에 관한 묵시록"이라 부른다(위의 책, 145).

11) J. Zimmermann, *Messianische Texte*, 139. 그보다 앞서 헹엘은 이 문서를 가리켜 "종말론적 내용의 다니엘 묵시문학"(Daniel–Apokryphon eschatologischen Inhalts)이라 불렀다. 참조. M. Hengel, *Der Sohn Gottes: Die Entstehung der Christologie und die jüdisch-hellenistische Religionsgeschichte* (Tübingen: Mohr, 1975), 71.

으나, 이 본문이 역사의 마지막 사악한 시기에 대해 언급하고 있다는 사실은 분명하다.

위의 본문을 올바로 해석하기 위해서는 "하나님의 아들" 표현이 나타나는 Col.2의 (4)에 공백이 존재하는 사실에 주목할 필요가 있다. 바로 이 지점에서 새로운 단락이 시작되고 있음을 의도적으로 강조한 것이다. 내용적으로도 앞에서 언급된 전쟁의 시대와 달리 평화의 시대에 대해 언급한다. Col.2 (5)와 (6)에 나오는 접미사 "그"는 하나님(4)을 가리키는 것으로 보는 것이 마땅하다. 앞뒤에 나오는 본문(4b)와 (6)의 주어가 하나님이기 때문이다. 이렇게 볼 경우, Col.2 (4)에 나오는 공백을 중심으로 앞의 본문과 뒤의 본문이 서로 명백히 대조를 이루는 진술임이 드러난다. 즉, 앞의 본문이 모든 지역들의 멸망에 대해 말하는 반면, 그와 대조적으로 뒤의 본문은 하나님 백성의 융성함에 대해 말한다. 다시 말하면, 불꽃같이 일어나 잠시("수년 동안") 다스릴 "그들의 왕국"의 멸망(2–3)에 대해 말하는 진술과 "영원한 왕국의 융성"(5–9)에 대해 말하는 진술이 서로 대조를 이룬다. "파괴"에 관한 진술(4b, 6b)과 이어서 언급되는 영원한 통치(5a) 및 모든 사람을 위한 평화의 상태(6) 역시 서로 대조를 이룬다. 중간 부분(5b–6a)은 모든 행위들과 진리 안에서의 심판에 관해 언급한다.

3) "하나님의 아들"에 대한 다양한 해석

본문에 나타나는 "하나님의 아들"이란 개념을 메시아 칭호로 볼 수 있느냐의 여부를 놓고 많은 학자들이 논란을 벌이고 있다. 다음과 같이 다섯 가지 해석으로 정리할 수 있다.

① **집합적인 개념으로 보는 해석(M. Hengel)**: 헹엘은 "하나님의 아들" 칭호는 헬레니즘 종교에서 말하는 "아들 신성"(Sohn–Gottheit)보다 유대교의 메시아 사상 등에서 유래했을 가능성이 크다고 보았다. 그리하여 다니엘서 7장에 나오는 하늘의 인자(단 7:13–14)와 땅

에 속한 하나님의 백성(단 7:18, 27) 사이에 평행성이 존재한다는 입장에서 4Q246에 나오는 "하나님의 아들" 개념을 마치 다니엘서 7장 13절이 언급하는 인자의 경우와 유사하게 유대 백성을 가리키는 집합적인 실재로 해석하였다.[12)]

② **천사 혹은 멜기세덱으로 보는 해석(G. Martinez)**: 마르티네스는, 해당 본문의 저자는 심중에 "하나님의 아들" 개념을 천사, 특히 멜기세덱(1QM; 11QMelch)을 염두에 두고 있다고 설명한다.[13)]

③ **다윗 가문의 메시아 왕으로 보는 해석**(J. J. Collins): 콜린스는 "하나님의 아들"을 다윗 가문의 메시아로 해석하면서 그가 의로운 자의 원수들과 대적하는 가운데 남은 자를 옹호하면서 종말론적인 전쟁을 수행할 것이라고 설명한다.[14)] 만일 이러한 해석이 옳다면, 4Q246은 메시아를 "하나님의 아들"로 묘사한 최초의 증거 자료라고 말할 수 있다.

④ **하나님을 대적하는 적그리스도로 보는 해석(D. Flusser)**: 플루서는 "하나님의 아들"을 지상적인 존재로 이해하지 않고 하나님을 대적하는 초자연적인 세력, 즉 사탄의 세력으로 이해하고자 한다.[15)]

⑤ **다니엘 7장의 인자와 동일한 개념으로 보는 해석(J. Zimmermann)**: 침머만은 "하나님의 아들" 개념을 다니엘서 7장에 나오는 인자와 동일한 개념으로 해석하면서 예수를 가리키는 칭호인 "인자"와 "하나님의 아들"이 신약성서에 나란히 나타나는 것에 대한

12) M. Hengel, *Der Sohn Gottes*, 72.

13) G. Martinez, "The Eschatological Figure of 4Q246", in: idem, *Qumran and Apocalyptic: Studies on the Aramaic Texts from Qumran* (Leiden: Brill, 1992), 162-179.

14) J.J. Collins, The Star and the Scepter, 167. 4Q246을 에센파의 종파적 특성을 지닌 문서로 해석하는 마빈 패트 역시 4Q246에 나오는 "하나님의 아들"을 콜린스처럼 다윗 계통의 메시아로 해석한다(참조. C. Marvin Pate, 『사해사본과 신약성서』, 167-168). 또한 H.W. Attridge, "The Scrolls' Impact on Scholarship on Hebrews," in *The Bible and the Dead sea Scrolls, Vol. 3: The Scrolls and Christian Origins*, ed. J.H. Charlesworth (Waco, Texas: Baylor University Press, 2006), 214.

15) D. Flusser, "The Hybris of the Antichrist in a Fragment from Qumran", *Immanuel* 10 (1980), 31-37.

유대적 배경을 이룬다고 주장한다.[16]

4) "하나님의 아들" - 메시아 칭호가 아닌 이방인 통치자 안티오커스 4세

위의 본문 4Q246에 나타나는 "하나님의 아들"이란 개념을 유대 메시아 칭호로 해석하는 시도가 학계에 확산되어 있다. 쿰란문서 가운데 종말론적 통치자에 대한 진술 중 "하나님의 아들"이란 단어가 나타나고 있다는 사실은 학계의 관심을 불러일으켰고, 위에서 살펴보았듯이 여러 학자들은 그가 메시아적 인물일 가능성을 강하게 제기하였다. 그동안 예수에 대한 초기 그리스도교의 진술을 조명하기 위해 예를 들면 시편 2장 7절("너는 내 아들이라 오늘 내가 너를 낳았도다")이나 사무엘하 7장 14절("나는 그에게 아버지가 되고 그는 내게 아들이 되리니 …")을 인용하곤 했다. 그러데 이들 구절에는 "하나님의 아들"이란 개념이 나타나지 않는 것과 달리, 4Q246에는 명확하게 그 개념이 나타나고 있다. 만일 이 개념이 종말론적 메시아 칭호로 해석될 수 있다면, 실로 이것은 "하나님의 아들"이 메시아 칭호임을 입증하는 최초의 증거 본문이라 할 것이다.

그러나 4Q246에 나오는 "하나님의 아들"을 메시아적 인물로 해석하는 시도는 많은 문제를 안고 있다. Col.1 (9)와 Col.2 (1) 사이에 그 통치자에 대한 묘사("위대한 자", "하나님의 아들")가 3개의 수동태 동사형(יתקרא, יתכנה, יתאמר)과 연계되어 나온다("그는 … 불릴 것이요", "[이름으로] 칭하여질 것이다"). 이는 재귀동사형("그는 자신을 … 로 불렀다")으로도 이해할 수 있다. 이로써 화자는 그 통치자가 그러한 명칭들을 부당하게 자신에게 사용하고 있다는 점을 은근히 드러내고 있는 것으로 보인다. 또한 "하나님의 아들"과 "지극히 높으신 분의 아들"에 히브리어 하나님 명칭(אל, עליון)으로 나타나고 있는 것이 의외이다. 우리 본문은 아람어 텍스트이기 때문에 일차적으로 히브리어 명칭 대신 아람어 명칭(אלהא 혹은 עליא) 사용이 기대되는

16) J. Zimmermann, *Messianische Texte*, 128–170. 이미 쉬프맨은 4Q246을 단 7:13–14의 빛에서 해석했다. 참조. L. Schiffman, *Reclaiming the Dead Sea Scrolls: Their True Meaning for Judaism and Christianity* (New York: Doubleday, 1995), 341–344.

것과 다르다. 이로써 화자는 그 어떤 신적 존재가 아니라 이스라엘의 하나님을 염두에 둔 것으로 보인다. 즉, 이방 통치자가 자신을 지극히 높으신 이스라엘의 하나님으로 부른다는 참담한 사실을 드러내고자 했던 것으로 보인다. "엘리욘"은 "엘"과 달리 야훼 하나님에게 사용되는 단어이기 때문에 유대 문서는 제우스나 주피터와 같은 이방 신들을 엘리욘이라 부르지 않는다는 사실도 기억할 필요가 있다.

또한 본문 가운데 모든 사람들을 짓밟는 왕국에 대한 묘사가 나타나는데(Col.2 2–3), 만일 이 왕국이 메시아 왕국을 뜻한다면 본문에 묘사된 종말 사건들의 순서가 참으로 기이하게 보인다. 메시아가 등장했음에도 불구하고 오랫동안 악의 득세가 변하지 않고 있기 때문이다. 솔로몬의 시편(Psalms of Solomon) 17편의 경우에 명확히 나타나듯이, 유대적 메시아 표상에 따르면 종말에 메시아가 등장하면 그는 이스라엘을 괴롭히는 모든 이방 적대세력을 멸망시킨다는 표상과 다르다. 모든 사람들을 짓밟는 왕국 묘사는 이방 민족들이 종말에 앞선 환란 가운데 서로 짓밟는 묘사와 동일한 선상에 있는 묘사다.

위의 시각에서 볼 때 여기서 거론되고 있는 왕국은 메시아 왕국에 관한 묘사로 보기 어렵다. 오히려 이방인의 왕국으로 보는 것이 바람직하다. 마지막 사악한 이방인 왕의 통치가 불꽃처럼 일어나 모든 것을 짓밟고 땅을 다스릴 것이나, 그것은 결국에는 놀라운 권세로 무장한 하나님의 백성에 의해 멸망하리라는 사실을 말하고 있는 것이다. 또한 하나님의 백성이 하나님의 도우심에 의해 최후의 종말 전쟁을 완수하고 영원히 통치하게 되리라는 사실을 말한다. 따라서 본문에 거론되는 "하나님의 아들" 개념은 개인적 메시아 칭호로 해석하기 어렵다. 그리스도교 이전 시대의 유대교는 메시아를 결코 "하나님의 아들"로 부르지 않았다는 사실과,[17] 또한 위의 본문은 전통적인 메시아적 본문들을 전혀 염두에 두고 있지 않다

17) H. Stegemann, *Die Essener: Qumran, Johannes der Täufer und Jesus* (Freiburg–Basel–Wien: Herder, 1993), 341.

는 사실도 그것을 뒷받침한다.[18] 이렇게 보면 역사의 마지막 사악한 시기에 대해 언급하고 있는 4Q246에 나타나는 "하나님의 아들"과 "지극히 높으신 분의 아들"은 이방 통치자가 자신을 과시하는 표현으로 해석하는 것이 가장 타당하다고 생각된다.[19]

그런데 우리 본문 4Q246이 염두에 둔 교만한 이방 통치자가 누구일까 하는 질문이 자연스럽게 제기된다. 자기 자신을 "테오파토르(θεοπάτωρ), 즉 "신을 아버지로 갖고 있는" 자라고 유일하게 말한 셀류키드 통치자인 알렉산더 발라스(Alexander Balas, 기원전 150–145년)가 물망에 떠오를 수 있다.[20] 하지만 그는 마카비 사람 요나단을 유대 백성의 대제사장으로 임명했을 뿐만 아니라 셀류키드 왕국의 "벗"이라 불렀던(마카베오 상 10:18–20) 사람인 까닭에, 다시 말해 유대 백성을 대표하는 마카비 가문에 대해 우호적인 인물이었기 때문에 우리 본문의 문맥에 맞지 않는 인물이다. 따라서 우리의 본문이 거론하는 이방 통치자 "하나님의 아들"은 자신을 "영화롭게 현현한 승리의 신"(θεὸς ἐπιφανὴς νικηφόρος)으로 이해한 안티오커스 4세 에피파네스(기원전 175~164년)가 유력하다. 그는 할례와 안식일 준수 및 희생제물 봉헌과 같은 유대 전통적인 관습을 금지시키고 토라를 버릴 것을 강요했으며(마카베오상 1:41–50) 예루살렘 성전을 제우스 신전으로 바꾸는(마카베오하 6:1–2) 등의 일로 유대인에게 너무도 악명 높은 인물이었기 때문이다. 결국 4Q246은 자기 자신을 "하나님의 아들"이며 "지고

---

18) 예를 들면 다음과 같은 학자들이 메시아적 해석을 반대한다. K. Berger, *Qumran und Jesus: Wahrheit unter Verschluß?* (Stuttgart: Quell, 1993), 97; K. Beyer, *Die aramäischen Texte vom Toten Meer*, vol. 1, 109–113; J. Maier, *Die Qumran-Essener: Die Texte vom Toten Meer II* (München–Basel: Reinhardt, 1995), 190–191.

19) 이러한 입장은 여러 학자들로부터 지지를 받고 있다: K. Beyer, *Die aramäischen Texte vom Toten Meer*, vol. 2, 146 J. Maier, *Texte II*, 189; H. Stgemann, *Die Essener*, 341; A. Steudel, *Die Texte aus Qumran II* (Darmstadt: Wissenschaftliche Buchgesellschaft, 2001). 그러나 베르거는 알렉산더 대왕을 염두에 둔다(K. Berger, *Qumran und Jesus*, 98).

20) 참조. J. Tubach, "Theos und Theopator als Beiname edessenischer Könige," in Festschrift J. Assfalg, Wiesbaden, 1990, 376–378. 이때 알렉산더 발라스가 말한 "아버지 신"은 다름 아닌 자신의 아버지로 자처한 안티오커스 4세 에피파네스를 가리킨다.

하신 분의 아들"로 여기는 셀류키드왕 안티오커스 4세의 교만을 비판하고 있는 본문임을 알 수 있다.

2. 4Q521과 "그의 기름 부음을 받은 자(들)"

또 하나의 쿰란문서가 학계에 커다란 관심을 유발시켰다. 이 문서는 다름 아닌 4Q521이다. 이 작품은 16-18개의 단편으로 이루어진 사본이다. 가장 중요한 제2단편은 세 개의 단(Column)의 나머지만 담고 있다. 1956년에 처음 언급되었으나 완전히 번역되어 세상에 모습을 드러내는 데 무려 삼십여 년이 소요되었다. 이 문서는 본래 "on resurrection"이란 이름으로 불렸으나, 에밀 퓌에쉬가 1992년에 이 문서를 "Une Apocalypse messianique"라는 표제로 발표했고,[21] 이듬해에 보충하여 자신의 박사학위논문으로 다시 발표했다.[22] 퓌에쉬는 이를 하스몬 시대의 산물로 간주하면서 기원전 100~80년 사이에 기록된 것으로 여긴다. 본문 가운데 에센파 특유의 언어와 사상이 나타나지 않기 때문에 이 문서 역시 비에센파의 산물로 보인다.

이 문서가 당시 세간에 커다란 관심을 불러일으킨 이유는, 여기에 메시아가 죽은 자를 소생시키는 놀라운 기적 수행자로 묘사되고 있을 뿐만 아니라 예수어록(Q)에 나오는 세례 요한의 질문에 대한 예수의 대답과 평행하는 내용(마 11:2-6 par. 눅 7:18-23)이 나온다는 주장 때문이다. 이러한 주장은 예수와 초기 그리스도교를 쿰란과 연결시키고 싶어 하는 사람들을 자극시키기에 충분했다. 그리하여 그동안 많은 학자들이 이 본문을 메시아 혹은 메시아 시대와 관련된 본문으로 해석해왔다.[23] 그런데 과연 이

21) E. Puech, "Une Apocalypse messianique (4Q521)," *RdQ* 15 (1992), 475-519.

22) E. Puech, "La croyance des Esséniens en la vie future," *EtB.NS* 22, 2 Vols., Paris, 1993.

23) R. Eisenmann, G. Martinez, M. Krupp, E. Puech, L. Schiffman, J.D. Tabor, G. Vermes, M.O. Wise 등. 또한 노바코빅은 메시아 시대의 표징을 강조한다: L. Novakovic, "4Q521: The Works

러한 메시아적 해석이 정당한지 검토하려 한다. 이 문서는 모두 16~18개의 단편들로 이루어져 있는데, 그중 제2단편이 가장 중요하다.

1) 본문 번역:

제2단편 Col.2 (1) [왜냐하면 하]늘과 땅이 <u>그의 기름 부음 받은 자들</u>(משיחו)[24] 의 말에 귀를 기울일 것이요, (2) 그들 중에 있는 모든 자들이 거룩한 자들의 명령들에서 벗어나지 않을 것이기 때문이다. (3) 주님을 찾으면서 그를 섬기는 너희는 자신을 강하게 하여라. (공백) (4) 마음속에 희망을 품고 있는 너희 모두는 이를 통하여 주님을 만나지 않으려느냐? (5) 왜냐하면 주님께서 경건한 자들을 찾으실 것이요, 의로운 자들의 이름을 불러주실 것이기 때문이다. (6) 가난한 자들 위에 그의 영이 머물 것이요, 신실한 자들을 그의 힘으로 새롭게 하실 것이다. (7) [그렇다,] 그가 경건한 자들을 존중히 여겨 영원한 나라의 보좌 위에 앉게 하실 것이요, (8) 포로 된 자들을 해방시키시며, 소경을 보게 하시고, 뒤틀[린] 자들의 몸을 곧게 하실 것이기 때문이다. (9) 그러므로 나는 영원[토]록 [희]망을 품고 있는 [자에게] 매달릴 것이요, 그의 자비를 통하여 […] (10) […] 그는 지체하지 않을 것이다. (11) 그리고 일어난 적이 없던 놀라운 일들을 주님이 행하실 것이다. 그가 말씀하[셨듯이.] (12) [왜냐하면] 그는 크게 상처 입은 자들을 치료하실 것이요, 죽은 자들을 살리실 것이요, 가난한 자들에게 좋은 소식을 선포하실 것이다. (13) 그리고 […쫓겨난 자들을] 그가 인도하실 것이요 […] … 그리고 굶주린 자들을 배부르게 하실 것이다. (14) […] 그리고 모든 … […][25]

---

of the Messiah or the Signs of the Messianic Time?," *Qumran Studies: New Approaches New Questions*, ed. by M. Th. Davies & B. A. Strawn (Grand Rapids, Michigan/Cambridge: Eerdmans, 2007), 208–231.

24) 마르티네스는 이를 단수로 번역했으나, 복수로 번역하는 것이 히브리어 원문에 가깝다. 제8단편에 복수 형태로 나오는 사실이 이를 뒷받침한다. 이와 같이 J. Maier, *Texte II*, 683; J. Zimmermann, *Messianische Texte*, 344.

25) 마르티네스(F.G. Martinez & Eibert J.C. Tigchelaar, *The Dead Sea Scrolls*, 1044–1045)와 침머만(*Messianische Texte*, 344–345)이 제시한 텍스트에 근거한 필자의 사역이다. 참조. F.G. Martinez & Eibert J.C. Tigchelaar, 강성열 역, 『사해 문서 4: 4Q491–11Q31』, (경기도: 나남, 2008), 112.

2) 본문 이해

4Q521 제2단편 제2열은 산문이라기보다 운율을 가진 시적 작품에 가깝다. 구약성서 시편에 나타나는 경건의 언어와 유사하다고 말할 수 있다. 침머만은 이 작품을 가리켜 일종의 "종말론적인 시편"(eschatologischer Psalm) 혹은 "찬송시"(Hymnus)로 부르면서 본문의 내용을 다음과 같이 잘 요약해 놓았다.[26)]

(1)–(2): 종말에 있을 온 세상의 순종
(3)–(4): 예배와 인내를 향한 요청 – 그리할 때 하나님이 나타남
(5)–(6): 하나님의 돌보심과 경건한 자들을 위한 새로운 활동하심
(7)–(8): 경건한 자들을 위한 영광과 미래의 구원
(9)–(10): 불명확함(?)
(11)–(12): 아직 일어나지 아니한 기적: 죽은 자들의 부활과 좋은 소식의 선포
(13)–(14): 계속 (이스라엘의 종말론적 회복?)

위의 본문은 미래 종말론적 진술을 다루고 있다. 본문의 앞부분에서 하늘과 땅 온 세상이 하나님의 계명에 순종할 것이라는 종말론적 전망을 언급한 다음(1–2), 화자는 시선을 현시점으로 돌린다. 하나님의 계명에 대한 순종을 통해 종말에 있을 온 세상의 실재가 경건한 자들의 삶 속에서 이미 실현되고 있음을 말한다(3–4). 인간의 행위에 대한 진술에 이어서 경건한 자들을 돌보시며 경건한 자들을 종말론적 공동체로 불러 모으시는 하나님에 대한 진술이 계속된다(5–6). 특히 "가난한 자들"과 "신실한 자들"이란 표현(6)은 지혜 전통과 시편 경건에서 유래한 언어이다. 이제 하나님은 경건한 자들을 영화롭게 하신다. 하나님이 당신의 권세를 이 땅에 관철시킬 때, 당신의 공의와 정의를 실현하신다. 그것은 곧 죄인에 대한

26) J. Zimmermann, *Messianische Texte*, 347–348.

심판이며 동시에 병들고 소외된 자들에 대한 회복을 뜻한다(7-8). 이어서 아직 일어나지 않은 놀라운 기적에 대한 진술이 나온다. 그것은 죽은 자들을 다시 소생시키며 경건한 자들에게 좋은 소식을 선포하리라는 것이다(12). 그런데 여기서 말하는 주어는 누구인가? 콜린스(J. J. Collins)는 예언자 메시아의 중개를 통해 하나님이 활동하시는 것으로 해석한다.[27] 그런데 이러한 해석은 부자연스럽다. 본문(5) 이후로 오직 하나님의 활동하심에 대해 말하는 문맥을 고려할 때 여기서도 역시 하나님을 주어로 보는 것이 자연스럽다.

3) "그의 기름 부음을 받은 자(들)"에 대한 해석

4Q521이 메시아 증거 본문인가를 둘러싼 논쟁은 본문 서두에 나오는 진술(1)과 관련된 것이다: "[왜냐하면 하]늘과 땅이 그의 기름 부음 받은 자(들)의 말에 귀를 기울일 것이요." 보이는 세상 전체와 보이지 아니하는 세상 전체가 "그의 기름 부음을 받은 자(들)"의 말에 순종할 것이라고 말한다. 본문(1)에 나타나는 משיחו를 단수로, 즉 "그의 기름 부음을 받은 자"로 번역할지, 아니면 복수로, 즉 "그의 기름 부음을 받은 자들"(defektiver Plural)로 번역할지가 문제다. 히브리어 상으로는 두 가지 읽기가 모두 가능하다.[28] 슈테게만이 올바로 지적했듯이, 본문(1)-(2)["거룩한 자들"]에 나타나는 평행구조에 근거해 복수로 해석하는 것이 타당하다.[29] 동일한 사본 제8열 (9)에 명백하게 복수형으로 나오는 것도 이를 뒷받침한다: "그의 모든 기름 부음 받은 자들[וכל משיחיה]."

여기서 "그의 기름 부음을 받은 자들"은 누구를 가리키는 표현인가를 밝히는 것이 문제의 관건이다. 먼저 접미사는 누구를 뜻하는가? 본문(3)("주님을 찾으면서 그를 섬기는 너희는 자신을 강하게 하여라")이 하나님에 대

27) J.J. Collins, "The Works of the Messiah," *DSD* 1 (1994), 100.

28) 참조. E. Qimron, *The Hebrew of the Dead Sea Scrolls* (Atlanta, 1986), 59.

29) 참조. H. Stegemann, *Die Essener*, 50.

해 언급하고 있는 것으로 미루어 본문(1)의 "그"도 다름 아닌 하나님을 가리키는 것으로 보는 것이 문맥상 가장 자연스럽다. 게다가 구약성서와 쿰란문서 중에서 접미사를 가진 משיח는 언제나 하나님을 가리키고 있다는 사실이 그것을 뒷받침한다.[30] 그러면 "하나님의 기름 부음을 받은 자들"이란 누구인가? 퓌에쉬는 제2단편 제3열 (3–5)[31]에 메시아 왕에 대한 즐거움이 거론되고 있다는 이유에서 "하나님의 기름 부음을 받은 자들"이란 종말론적 인물인 왕적 메시아로 해석한다.[32] 그러나 단지 종말론적인 문맥에서 나온 즐거움이 왕적 메시아 해석을 허용하는 것은 아니다. 그보다는 오히려 예언자적 특징이 본문에 잘 나타난다고 말할 수 있다. 먼저 본문(1)의 "귀를 기울이다"는 순종하다는 뜻과 같다. 이 동사는 구약성서에서 하나님으로부터 파송을 받아 하나님의 말씀을 전권을 갖고 선포하는 예언자와 관련된다(예. 사 1:2 "하늘이여 들으라 땅이여 귀를 기울이라"; 신 18:15 "네 하나님 여호와께서 … 나와 같은 선지자 하나를 일으키시리니 너희는 그의 말을 들을지니라"). 게다가 우리 본문은 명백히 이사야 35:5–6과 61:1을 연상시키고 있는 고로,[33] 여기서 언급되는 "그의 기름 부음 받은 자"는 기름 부음을 받아 영으로 무장한 한 예언자로 해석할 수 있다.[34]

이런 관점에서 볼 때, 본문(2)의 "거룩한 자들"은 다름 아닌 이사야나 예레미야와 같은 구약성서의 예언자들을 가리키는 것으로 해석할 수 있

---

30) J. Zimmermann, *Messianische Texte*, 349.

31) 제2단편 제3열: "(3) 주님의 호의에서 비롯된 그의 복 [...] (4) [땅]이 모든 곳[들에서] 즐거워하기를 원하노라 [...] (5) [왜냐]하면 온 이스라엘이 즐거워하면서 [...]"

32) Puech, E. "Fragment d'une apocalypse en Araméen (4Q246 = pseudo–Dan^{d}) et le 'Royaume de Dieu'." *RB* 99 (1992), 103.

33) (사 35: 5–6) "그때에 맹인의 눈이 밝을 것이며 못 듣는 사람의 귀가 열릴 것이며 그 때에 저는 자는 사슴같이 뛸 것이며 말 못하는 자의 혀는 노래하리니 이는 광야에서 물이 솟겠고 사막에서 시내가 흐를 것임이라"; (사 61:1) "주 여호와의 영이 내게 내리셨으니 이는 여호와께서 내게 기름을 부으사 가난한 자에게 아름다운 소식을 전하게 하려 하심이라 나를 보내사 마음이 상한 자를 고치며 포로된 자에게 자유를, 갇힌 자에게 놓임을 선포하며."

34) 참조. J. Zimmermann, *Messianische Texte*, 382–383.

다. 그렇다면 본문(1)은 성서 예언자들의 명령들에 순종해야 할 것을 강조하고 있는 것으로 보인다. 본문(1)을 문맥에 따라 올바로 해석하기 위해서는 본문(1)-(2)의 구조가 이른바 종합적 평행어법(synthetic parallelismus membrorum)을 이루고 있다는 사실을 파악하는 것이 무엇보다 중요하다.[35] 두 문장의 평행구조에서 볼 때, "거룩한 자들"은 다름 아닌 거룩한 천사들을 가리키고, "거룩한 자들의 계명들"이란 하나님이 그의 거룩한 천사들을 통해 모세에게 계시한 모세 오경, 즉 토라의 계명들을 가리키는 것으로 해석할 수 있다.[36] 이런 시각에서 보면, 우리의 본문은 성서의 두 부분을 이루는 토라와 예언서들을 거론하고 있다는 사실이 드러난다. 결국, 우리의 본문은 경건한 자들이 온 힘을 다해 토라와 예언서들이 명령하는 계명들에 온전히 순종하며 계명들을 지켜야 할 것을 강조하고 있다.

이러한 해석에 비추어 볼 때, 4Q521에 나오는 메시아는 기적을 행하는 존재로서 예수어록Q(마 11:2-6 par. 눅 7:18-23)에 나오는 세례 요한의 질문에 대한 예수의 대답과 평행하는 내용이 나온다는 만연된 주장은 잘못된 시각임이 여실히 드러난다.[37] 그러한 오해는 4Q521의 본문을 그릇되게 판독한 결과에서 비롯된 것이다. 이처럼 잘못된 해석의 전형적인 예를 아이젠만과 와이즈에게서 찾아볼 수 있다. 이들은 4Q521을 가리켜 "쿰란문

35) 참조. H. Stegemann, *Die Essener*, 50. 그러나 베커는 이에 대해 비판적이다(M. Becker, "4Q521 und die Gesalbten," *RdQ* 69, 1997, 77).

36) 천사의 중개를 통한 토라 계시에 대해 다음의 본문을 참조하라. (Jub 1:27-29) "27 그리고 그가 안면 천사에게 말했다: '모세를 위해 받아적으라. 창조의 시작부터 나의 성전이 그들 가운데 영원무궁하도록 지어질 때까지. 28 그러자 주님이 각 사람의 눈앞에 나타날 것이고, 그러면 각자 내가 이스라엘의 하나님이고 야곱의 모든 후손들을 위한 아버지며 시온산 위에서 왕이 영원무궁하리라는 사실을 깨달을 것이다. 그리하여 시온과 예루살렘은 거룩해질 것이다.' 29 그러자 이스라엘의 주님 앞에서 왔다 갔다 하는 안면 천사가 .... 연도들의 구분을 담은 경판들을 받았다"(K. Berger, *Das Buch der Jubiläen*, JSHRZ II/3, 1981에 근거한 사역). 또한 Josephus, Ant. 15,I 36; 갈 3:19; 행 7:38, 53.

37) 이와 같이, R.H. Eisenmann, "A Messianic Vision", BArR 6/17 (1991), 65; M.O. Wise & J.D. Tabor, "The Messiah at Qumran", *BArR* 6/18 (1992), 60-65; J.D. Tabor & M.O. Wise, "On Resurrection and the Synoptic Gospel Tradition: A Preliminary Study", *JSPE* 10 (1992), 149-162. 타이센/메르츠 역시 4Q521에 나오는 메시아 대망이 마 11:2-6과 같이 기적과 연결된 것으로 본다(『역사적 예수』, 314).

서 전체에서 가장 아름답고 중요한 본문 가운데 하나"라고 말하면서 "그(=하나님)의 기름 부음을 받은 자들"을 "그분의 메시아"라고 단수로 번역했다.[38] 그리하여 하늘과 땅, 즉 해와 달과 별 및 천사들 모두가 메시아에게 순종해야 한다고 해석한 것이다. 이러한 해석은 유대 전승에서는 전혀 찾아볼 수 없는 특이한 해석이 아닐 수 없다. 유대교의 문맥에서 하늘의 권세자들은 메시아에게 순종하는 존재들이 아니라 오직 하나님에게만 순종하는 존재들이기 때문이다.

III. 나오면서

우리는 위에서 종말론적 메시아 개념이 나온다는 시각에서 학계에 회자되고 있는 두 가지 쿰란문서, 즉 4Q246과 4Q521에 대해 살펴보았다. 이들 본문에 나오는 "하나님의 아들"(4Q246) 혹은 "기름 부음을 받은 자들"(4Q521)이란 표현은 둘 다 메시아 개념과는 전혀 관련이 없다는 사실을 밝히려고 노력했다. 일반적으로 알려져 있는 것과 달리 해당 본문들은 메시아 개념을 증언하는 본문들로 사용할 수 없다는 사실이 명백하다.

4Q246에 나오는 "하나님의 아들" 개념을 메시아와 관련시키고 있는 기존 해석은 본문에 대한 오해에서 비롯된 것이다. 여기서 "하나님의 아들"은 메시아 칭호로 사용된 것이 아니라, 자신을 신적인 존재로 내세우는 교만한 이방 통치자로 해석하는 것이 가장 적절하다는 사실을 본문분석을 통해 밝혔다. 이렇게 볼 때 해당 본문은 자기 자신을 "하나님의 아들"이며 "지고하신 분의 아들"로 여기는 셀류키드왕 안티오커스 4세 에피파네스의 교만을 비판하고 있는 것으로 드러난다(4Q246 I,9–II,1). 그리스도교 이전 시대의 유대교는 메시아를 결코 "하나님의 아들"로 부르지 않았다는 사실도 우리의 해석을 뒷받침한다.

---

38) R. Eisenmann & M. Wise, *Jesus und die Urchristenheit*, 29.

4Q521 역시 메시아 증거 본문과는 거리가 멀다. 메시아의 기적 행위에 대해 일체 보도하지 않는다. 오히려 이 본문은 하나님을 찬양하는 본문이다(4Q521 2,II,4-15). 즉, 죽은 자들을 장차 일으키시는 분이시며 또한 하나님의 백성 이스라엘을 위한 구원사역을 완성하는 분으로 하나님을 찬양하는 본문임을 강조하였다. 쿰란문서를 포함하여 그리스도교 이전 시대의 유대교에는 메시아가 기적을 행하는 자와 결부되어 나타나지 않는다.

Chapter_ 7

예수의 하나님나라 선포와 기적 행위

– 왜 예수는 세례 요한의 무리에서 나왔는가? –

I. 들어가면서

오늘날 우리나라 교인들이 즐겨 사용하는 그리스도교 용어 가운데 "소천하다"/"소천받다"란 단어가 있다. 이는 하나님의 부르심을 받아 하늘로 갔다는 뜻으로 곧 사망했음을 가리키는 말이다. 이러한 단어 사용에 드러나듯이 우리의 일상 어법에 나타나는 하나님나라 개념은 주로 죽은 다음에야 가게 되는 초월적인 천상 세계를 염두에 둔 개념으로 사용된다. 하나님나라에 대한 이러한 이해는 이른바 "교회의 복음서"로 통하는 마태복음에 자주 나타나는 "천국"(βασιλεία τῶν οὐρανῶν)이라는 표현에서 일부 영향을 받았을 수도 있다. 초월적인 하나님나라 표상을 갖고 있는 사람들은 신앙세계를 이분법적으로 생각하는 경향이 있다. 그리하여 이 땅에서 고난의 삶을 다한 후에 죽어서 하늘나라로 올라가 영생복락을 누리게 되리라는 신앙관을 갖고 있다. 하나님나라에 대한 이와 같은 사고방식은 현재의 삶에 구현되는 하나님나라에 대한 관심보다는 사후에 누리게 될 천상적 삶에 대한 기대에 초점을 맞추게 된다. 그러나 이러한 사고방식은 바람직하지 않을 뿐만 아니라 "하나님의 나라"(βασιλεία τοῦ θεοῦ)에 대한 예수의 가르침과도 차이가 있다.[1)]

1) 예수의 "바실레이아"(Basileia) 개념이 일차적으로 통치 행위의 역동성("하나님의 통치")을 나타내는지 아니면 통치의 영역("하나님나라")을 나타내는지를 둘러싼 논쟁은 별 소득이 없다. 두 가지 해석 사이에서 양자택일을 하는 것은 적절하지 않다. 다음을 참조하라: G. Klein,

이른바 공사역과 더불어 바실레이아, 곧 하나님나라에 대한 선포를 하기 전 예수는 세례 요한에게 세례를 받았다. 그 후 예수는 요한의 무리에서 나와 하나님의 임박한 종말론적 심판을 예고한 세례 요한과 달리 하나님의 자비의 측면을 전면에 내세우는 하나님나라의 도래에 대해 선포하면서 독자적인 길을 걷기 시작했다. 예수는 자신의 등장과 더불어 하나님나라가 이 땅에 도래하기 시작했으며 그것은 곧 종말론적인 하나님의 통치가 시작된 것으로 이해했다(예컨대, 눅 7:22f parr; 10:23f parr; 11:20f parr). 종말론적 심판 선포를 강조한 세례 요한과 달리 예수는 하나님나라 선포를 자신의 중심 메시지로 삼았다. 이와 같은 사실은 오늘날 대체로 학계의 합의사항에 속한다. 그런데 질문이 일어난다. 도대체 예수는 어떤 이유에서 세례 요한의 무리에서 나오게 되었을까? 종말론적 심판을 선포하는 요한과 달리 예수로 하여금 하나님나라 선포를 자신의 중심 메시지로 삼게 만든 근본 동인이 무엇이었을까? 그동안 예수의 하나님나라 선포와 관련하여 수많은 연구가 있었으나, 이 질문은 의외로 심도 깊게 다루지 않았다.[2)]

"'Reich Gottes' als biblischer Zentralbegriff", *Evavgelische Theologie* 30 (1970), 642–670; H. Conzelmann, *Grundriss der Theologie des Nenen Testaments* (München: Kaiser, 1967), 126ff; A. Lindemann, "Herrschaft Gottes/Reich Gottes", *Theologische Realenzyklopädie* 15 (1986), 196ff. 본 논문에서는 서로 치환 가능한 세 가지 개념, 즉 "바실레이아", "하나님나라", "하나님의 통치"를 우리말 문맥을 고려하여 혼용하여 사용할 것이다.

2) 예컨대 J. Becker, *Jesus von Nazaret* (Berlin: de Gruyter, 1996); G. Bornkamm, *Jesus von Nazaret* (Stuttgart: Kohlhammer, 1956); J.D.G. Dunn, 『예수와 그리스도교의 기원(상권)』, 차정식 역 (서울: 새물결플러스, 2010); J. Gnilka, 『나자렛 예수』, 정한교 역 (왜관: 분도출판사, 2002); J.P. Meier, *A Marginal Jew I-IV* (New York: Doubleday, 1991~2009); H. Merklein, *Jesu Botschaft von der Gottesherrschaft* (Stuttgart: Kathol. Bibelwerk, 1983); N. Perrin, 『예수의 가르침 속에 나타난 하나님의 나라』, 이훈영/조호연 역 (서울: 솔로몬, 1999; R. Schnackenburg, 『하느님의 다스림과 하느님나라』, 조규만/조규홍 역 (서울: 가톨릭출판사, 2002); W. Stegemann, *Jesus und seine Zeit* (Stuttgart: Kohlhammer, 2010); N.T. Wright, 『예수와 하나님의 승리』, 박문재 역 (고양: 크리스챤다이제스트, 2004); 최재덕, "성서적 신학의 주제로서 하나님의 나라", in: 장흥길, 『'성서적 신학'Biblische Theologie의 관점에서 바라본 신약신학의 주요 주제』 (서울: 한국성서학연구소, 2012), 43–74. 그러나 다음의 문헌은 그 질문을 비교적 간단하게 다룬다: G. Theissen/A. Merz, 『역사적 예수』 손성현 역 (서울: 다산글방, 2002), 312–316; H. Stegemann, *Die Essener, Qumran, Johannes der Täufer und Jesus* (Freiburg: Herder, 1993), 318ff; A. Strotmann, *Der historische Jesus* (Paderborn: Schöningh, 2012), 95

요한의 세례를 받은 후 예수가 하나님나라에 대해 자기 특유의 진술을 하도록 만든 동인이 무엇인지에 대한 질문과 관련하여 다음의 세 가지 설명이 가능하다. 첫 번째 가능성은 예수의 소명 체험을 통한 설명이다. 세례 받은 예수가 물에서 나오는 동안 하늘의 소리를 듣고 하나님의 아들로 소명 받게 된다는 마가의 보도(막 1:10-11)에 나타나는 시각이다. 이에 근거하여 예수는 자신을 하나님나라의 예언자로 부른 고유한 소명 체험을 통해 독창적인 하나님나라 선포에 도달했을 것으로 여긴다. 그런데 문제는 소명 체험과 관련하여 하나님나라에 관한 언급이 마가의 보도에 일체 나타나지 않는 데 있다. 또한 복음서 어디에도 예수가 하나님나라의 선포자임을 알리는 소명 체험 관련 진술이 전해 내려오지 않는다. 오히려 예수의 하나님 아들 됨은 성령의 역사에 의한 것으로 묘사된다. 마가의 보도를 따를 경우 성령 충만한 예수의 위상이 애초부터 요한의 위상을 압도하기 때문에, 복음서 전승들이 굳이 요한의 위치를 예수와 대비하여 약화시키려는 경향을 이해하기 어렵다. 마가의 보도는 부활절 이후 예수에 대한 신앙이 예수의 삶에 투영된 것으로 보인다(cf. 롬 1:3f). 따라서 소명 체험에 근거해서 예수가 자신의 하나님나라 선포에 도달한 것으로 보기 어렵다.

두 번째 가능성은 하나님나라에 관한 표상이 예수 당시 주변 세계에 커다란 영향력을 발휘했기에 예수는 이 개념을 사용하여 자신만의 존재감을 가장 잘 드러낼 수 있었으리라는 설명이다. 이 설명 역시 설득력이 약하다. 쿰란문서의 발견으로 예수 당시 고대 유대교에 대한 우리의 이해의 폭이 대폭 확대된 것과 더불어, 하나님나라에 대한 예수의 진술이 쿰란문서를 남긴 에센파 사람들에게 의존한 것이 아니라는 사실이 그동안 학계의 연구로 밝혀졌다. 쿰란 본문 가운데 하나님나라 관련 진술은 구약이나 고대 유대 문서들의 경우처럼 드물다. 설사 그러한 진술이 나타나는 경우에도 온 세상에 대한 하나님의 천상적 통치가 영원히 지속되리라는 점을 강조할 뿐, 그것이 하늘이나 땅에서 일어나는 구체적인 사건과 연결되어 있지 않다. 하나님나라가 세상을 지배하는 사탄의 세력을 몰아내면서 그 놀라운 영향력을 현재에 끼친다는 표상은 그리스도교 이전 시대의 고대 유대교 전승 어디에서도 찾아볼 수 없다.[3]

마지막 세 번째 가능성은, 예수는 요한의 메시지를 넘어서는 기적 체험과 같은 뭔가 특이한 체험을 했을 것이고 그 체험을 하나님의 통치가 시작된 사건으로 해석했을 수 있다는 설명이다.[4] 다시 말해 예수는 요한에게 세례 받고서 얼마 지나지 않은 시점에 자신에게 일어난 놀라운 사건을 체험했고, 그 사건을 하나님나라가 열리기 시작한 것으로, 곧 하나님의 통치가 시작된 것으로 해석했을 수 있다는 시각이다. 앞의 두 가지 가능성과 달리 세 번째 가능성은 설득력이 커 보인다. 복음서에는 예수가 카리스마적 권능자로서 귀신을 축출하고 질병을 치유하는 여러 기적 사건들뿐만 아니라 사탄의 추락에 관한 환상(눅 10:18)에 대한 보도가 나타나기 때문이다. 따라서 본 논문은 세 번째 가능성에 대해 좀 더 자세히 다루고자 한다. 이를 위해 우선적으로 예수와 세례 요한 사이의 관계에 관한 문제를 살피고, 예수의 선포가 요한으로부터 물려받은 유산은 무엇인지를 밝힌 다음(II/1), 예수가 선포한 하나님나라 표상이 당시 고대유대교 전통과 구분되는 특징에 대해 묻고(II/2), 마지막으로 예수로 하여금 요한의 무리에서 나와 하나님나라의 구원을 선포하는 자로 이끈 근본적인 동인이 무엇인지의 문제를 다루고자 한다(III). 본 논문은 역사적 예수가 세례 요한과는 다른 길을 가게 된 까닭을 이해하는 것뿐만 아니라, 나아가 초기 그리스도교가 유대교의 틀을 넘어 결국 독자적인 종교로 거듭나게 된 근거를 이해하는 데도 기여할 수 있다.

---

3) H. Stegemann, *Die Essener, Qumran, Johannes der Täufer und Jesus*, 320f.

4) 이미 종교학자 루돌프 오토(Rudolf Otto)가 이와 유사한 시각을 표방했다: *Reich Gottes und Menschensohn* (München: Beck, ^{3}1954), 83.

II. 예수의 하나님나라 선포 이해

1. 예수의 선포에 담긴 세례 요한의 유산

1) 세례 요한의 제자 예수

복음서 전승에 따르면 예수는 종말론적인 회개 운동을 일으킨 세례 요한과의 거리감을 나타내는 말을 결코 한 적이 없고, 오히려 구원의 역사와 관련된 요한의 위상과 중요성을 오해의 여지없이 강조했다(막 9:9–13; 마 17:9–13; 11:7–11a; 눅 7:24–28a). 이러한 사실에 근거하여 예수와 세례 요한 사이의 관계가 긴밀했다는 점에 대해 이의를 제기할 사람은 없을 것이다. 두 사람 사이의 관계를 규명하는 데 가장 결정적인 요소는 예수가 종말 시대의 예언자인 세례 요한에게 세례를 받았다는 명백한 역사적 사실에 있다(막 1:9–11 parr).[5] 그런데 문제는 예수가 갈릴리 지방에서 비교적 멀리 떨어져 있는 요단 강가로 나아가 요한에게 세례를 받고 그의 제자가 되어 그가 일으킨 세례 운동에 적극적으로 합류했는가에 있다. 학계의 입장은 대체로 두 가지로 정리할 수 있다. 하나는 예수가 요한에게 세례를 받고 세례 운동을 수용했으나 요한의 제자가 되지는 않았다고 보는 입장이다.[6] 다른 하나는 예수는 요한에게 세례를 받고 한동안 요한의 제자로서 그의 세례 운동에 동참했을 것이라는 입장이다.[7]

---

5) 예수가 요한에게 세례 받은 기억은 초기 그리스도교에게 당황스러운 일이었다. 그로 인해 세례 요한이 예수보다 우월한 존재임을 나타내며 또한 세례가 죄 용서와 관련되었기에 예수가 죄의식을 가졌음을 가리킬 수 있기 때문이다. 이런 관점에서 예수의 세례는 역사적으로 일어났던 사건임이 분명하다.

6) J. Gnilka, 『나자렛 예수』, 정한교 역 (왜관: 분도출판사, 2002), 113; cf. J. Ernst, "War Jesus ein Schüler Johannes' des Täufers?", in: H. Frankenmölle/K. Kertelge(ed.), *Vom Urchristentum zu Jesus* (Freiburg: Herder, 1989), 13–33.

7) R. Bultmann, Jesus (Tübingen: Mohr, 1926); J. Jeremias, *Neutestamentliche Theologie I* (Gütersloh: Gerd Mohn; ²1973), 51–53; J.P. Meier, *A Marginal Jew II* (New York: Doubleday, 1994), 116–130; J. Becker, *Jesus von Nazeret* (Berlin: de Gruyter, 1996), 62; M. Ebner, *Jesus von Nazaret* (Stutt-

후자의 입장이 역사적으로 보다 설득력이 있기에 학계에 광범위하게 수용되었다. 여인에게서 난 자 중에 요한보다 더 큰 이가 없다는 예수의 극찬(Q눅 7:24–28a)은 예수가 세례 때 단 한 번만 요한을 만난 것이 아니라 그와 일정 기간 동안 관계를 맺고 있었다는 사실을 암시한다. 게다가 요한복음의 보도에 따르면 예수의 첫 번째 제자들은 다름 아닌 세례 요한의 무리에서 유래했는데(요 1:35ff), 그중의 한 사람이 시몬 베드로의 형제인 안드레이다. 그들이 예수와 함께 요한의 무리에서 나온 것으로 이해할 수 있다. 또한 요 3:22은 예수가 요한과 동시에 세례를 베푼 것으로 전한다.[8] 그뿐만 아니라 부활절 이후 곧장 예수의 제자들은 그리스도교 신앙공동체로의 가입을 위한 성례전으로 사람들에게 세례를 베풀었는데, 이는 종교사적으로 명백히 요한의 세례에서 비롯된 것이다.[9] 이와 같은 요소들은 예수 자신이 요한의 세례를 받았을 뿐만 아니라 요한의 회개운동에 합류하여 스스로도 세례를 베풀었다는 점에 근거할 때 이해가 된다. 이러한 관찰에 근거하여 역사적 예수는 (비록 얼마 동안이나마) 요한의 제자였다는 사실이 추론될 수 있다.

2) 세례 요한의 유산으로서의 예수의 심판 선포

고대유대교의 묵시적 예언 전통에 속한 세례 요한은 임박한 하나님의

---

gart: Kathol. Bibelwerk, ^{2}2007), 83–85; G. Lohfink, *Jesus von Nazaret* (Freiburg: Herder, ^{2}2012), 50; Ch. Perrot, 『예수와 역사』, 박상래 역 (서울: 가톨릭출판사, 1998), 118; A. Strotmann, *Der historische Jesus*, 93.

8) 이러한 정보가 요 4:1의 경우 예수가 아니라 예수의 제자들이 세례를 베푸는 것으로 약간 수정된다.

9) 요한 세례의 종교사적 배경과 관련하여 논란이 분분하다. 유대교로 개종하는 이방인이 행하는 정결예식인 이른바 "개종자 세례"를 통해 설명하려는 시도가 있으나 가능성이 적다. 요한 당시에 개종자 세례가 보편화된 관습이었다고 보기 어렵기 때문이다. 그것은 기원후 1세기 말부터 자리 잡아가던 랍비 유대교 전통에서 비롯되었을 가능성이 더 크다: E. Lohse, *Das Urchristentum: Ein Rückblick auf die Anfänge* (Göttingen: V.&R., 2008), 33f. 개종자 세례는 세례 베푸는 이가 없이 스스로 행하는 예식이라는 점도 요한 세례의 경우와 다르다.

심판에 직면하여 회개를 선포한 사람이었다.[10] 유대 민족적 신학이 하나님의 심판 날을 즐겨 이방인들에게 돌린 것과 달리,[11] 요한은 이스라엘이 총체적으로 죄를 지으므로 아브라함의 자손이라는 증거도 그 의미를 상실했고 따라서 이스라엘이 하나님의 진노에서 벗어날 수 있는 마지막 기회는 속히 회개하고 세례를 받는 것임을 자신의 핵심 메시지로 선포했다(cf. 마 3:7-10 par 눅 3:7-9). 유대 전통에서 그 유래를 찾아볼 수 없는 요한의 세례는 죄의 용서를 위해 성전에서 드리던 속죄제물을 대신했다는 점에 그 독특성이 있다.[12] 예수가 요한의 세례를 수용했다는 사실은 그의 심판 선포에 동의했을 뿐만 아니라, 그에게서 임박한 종말론적 비전, 곧 이스라엘의 역사는 근본적인 전환기에 있다는 시각을 물려받았음을 뜻한다. 그러한 사실은 예수가 선포한 내용에서 확인할 수 있다. 우리가 곧 아래에서 다루겠지만, 하나님나라에 대한 선포가 예수 선포의 중심을 이루고 있다는 사실에 대해 의심의 여지가 없다. 그러나 하나님나라에 대한 예수의 선포와 동시에 하나님의 종말론적 심판에 대한 예수의 선포도 결코 간과할 수 없다. 바로 여기에 요한의 심판 선포가 예수의 선포에 적극적으로 수용되었다는 사실이 잘 드러난다.

그동안 학계는 예수 선포의 중심으로서 하나님나라 선포를 강조해온

---

10) 세례 요한과 관련하여 다음을 참조하라: R. Schütz, *Johannes der Täufer* (Zürich: Zwingli, 1967); J. Becker, *Johannes der Täufer und Jesus von Nazaret* (Neukirchen-Vluyn: Neukirchner, 1972); O. Böcher, "Johannes der Täufer", *Theologische Realenzyklopädie* 17 (1988), 172-181; M. Dibelius, *Die urchristliche Überlieferung von Johannes dem Täufer* (Göttingen: V.&R., 1911); J. Ernst, *Johannes der Täufer* (Berlin: de Gruyter, 1989); J. Murphy-O'Conner, "John the Baptist and Jesus: History and Hypotheses", *New Testament Studies* 36 (1990), 359-374; M. Tilly, *Johannes der Täufer und die Biographie der Propheten* (Stuttgart: Kohlhammer, 1994); P. Vielhauer, *"Johannes der Täufer", Religion in Geschichte und Gegenwart* 3 (1959), 804-808.

11) 이에 관해 W. Bousset/H. Gressmann, *Die Religion des Judentums im späthellenistischen Zeitalter* (Tübingen: Mohr, 1926), 257ff을 참조하라.

12) J.D.G. Dunn, 『예수와 그리스도교의 기원(상권)』, 490f. 헹엘은 1세기 유대교의 침례 관행을 살펴본 다음, "요한의 세례는 오직 세례 요한의 직접적이며 개인적인 작품으로서만 이해될 수 있다"고 말한다: M. Hengel/A.M. Schwemer, *Jesus und das Judentum* (Tübingen: Mohr, 2007), 315.

것과 달리, 예수 선포의 다른 측면인 심판 선포에 대해서는 상대적으로 관심이 적었다. 심지어 심판 선포를 예수에게서 분리시키려는 경향도 있다. 그러한 경향은 종말론적 심판이란 주제를 현대 시대사적 정신에 어울리기 어려운 주제로 간주하려는 시각과 관련이 있을 뿐만 아니라 복된 구원의 소식을 전하는 예수의 모습만을 선포하려는 현대 설교적 관심과도 관련이 있어 보인다.[13] 그러나 복음서 전승은 예수가 하나님나라 선포와 더불어 명백히 종말론적인 심판 선포도 강조했다는 사실을 숨기지 않는다. 예수의 심판 선포에 관한 모범적인 단행본을 저술한 마리우스 라이저(Marius Reiser)에 따르면, 예수 어록(Q) 가운데 심판 관련 본문의 양이 무려 4분의 1 정도에 해당한다.[14] 이로 미루어 예수가 심판에 대해 자주 언급했다는 사실은 명백하다. 그런데 예수의 하나님나라 선포는 수용되기도 하나 거부도 된다. 거부될 경우 하나님나라 선포는 심판 선포로 바뀐다(cf. 막 6:11; 마 10:34). 한마디로 하나님나라 선포와 심판 선포는 동전의 양면과 같다. 하나님나라 선포는 듣는 이에게는 위기와 결단과 심판의 순간을 뜻하기 때문이다. 이처럼 예수의 하나님나라 선포는 처음부터 그의 심판 선포와 밀접히 관련되어 있다. 예수의 심판 선포는 회개를 촉구하는 선포였다. 그것의 목적은 심판을 선고받은 사람들을 구원하기 위함이다. 그러한 사실은 예수가 니느웨의 심판을 선포하여 회개를 유도한 예언자 요나에게 자신을 비교한 것에서 잘 드러난다(마 12:41f). 갈릴리 마을들에 대한 저주의 경우 예수의 심판 선포는 최종적으로 들리기도 한다(눅 10:13-15 par. 마 11:21-24). 아무튼 종말론적 심판 선포를 강조한 세례 요한의 시각이 예수 선포의 본질에 긴밀하게 연결되어 있고, 예수의 심판 선포는 요

13) 이런 관점에서 오늘날 일부 영어권에서 유행하는 비종말론적 예수 해석을 이해할 수 있다: 예컨대, B.L. Mack, *A Myth of Innocence: Mark and Christian Origins* (Philadelphia: Fortress, 1988); J.D. Crossan, 『역사적 예수』, 김준우 역 (한국그리스도교연구소, 2000); M.J. Borg, "A Temperate Case for a Non-Eschatological Jesus", in: idem, *Jesus in Contemporary Scholarship* (Trinity Pr. Intl., 1994), 47-68.

14) M. Reiser, *Die Gerichtspredigt Jesu* (Münster: Aschendorff, 1990). 특히 293-295. Cf. W. Zager, *Gottesherrschaft und Endgericht in der Verkündigung Jesu* (Berlin: de Gruyter, 1996).

한에게 물려받은 유산임이 분명하다.[15] 이어서 예수가 선포한 하나님나라에 관한 메시지가 어떠한 특징을 갖고 있는지 간단히 살펴보자.

2. 예수의 하나님나라 선포에 나타나는 주요 특징

예수의 바실레이아 선포에 나타나는 특징을 이해하기 위해 먼저 고대 유대 문서에 나타나는 하나님나라 관련 표상에 대해 간단히 살펴볼 필요가 있다.

1) 고대 유대교의 하나님통치 표상

예수는 바실레이아를 자신이 선포하는 메시지의 중심 개념으로 삼았다.[16] 이와 달리 예수 이전 시대의 어떤 예언자도 하나님나라 혹은 하나님통치에 관한 주제를 자신이 선포하는 메시지의 중심 개념으로 삼지 않았다. 세례 요한도 예외가 아니다. 그는 결코 하나님나라 개념을 사용하지 않았다.[17] 그에 걸맞게 히브리어 말쿠트(מלכות) 혹은 아람어 말쿠타(מלכותא), 즉 하나님의 통치 개념은 구약성서와 고대유대교에 걸쳐 폭넓게

15) 이런 의미에서 타이센/메르츠의 다음의 진술은 타당하다: "우리는, 이따금씩 세례자 요한의 말이 예수의 말 속에 들어갔을 가능성, 혹은 (더 개연성 있는 것으로) 예수가 세례자 요한의 말을 자신의 말처럼 설교 속에 포함시켰을 가능성을 고려하지 않으면 안 된다"(『역사적 예수』, 393).

16) 예컨대: J. Jeremias, *Neutestamentliche Theologie I*, 99. 그러한 사실은 공관복음서와 예수어록(Q) 전승 가운데 광범위하게 나타난다(예컨대, 눅 6:20 = 마 5:3; 눅 7:28 = 마 11:11; 눅 12:31 = 마 6:33; 눅 10:9 = 마 10:7f). 물론 예수의 선포를 계시언어의 형태로 묘사하는 요한복음의 경우 예수의 하나님나라 표상은 극히 일부 나타날 뿐이다(요 3:3, 5; cf. 요 18:36).

17) 마 3:2에 "회개하라 천국(=하나님나라)이 가까이 왔느니라"는 진술이 세례 요한의 메시지로 나타나나, 이는 요한과 예수의 메시지를 온전히 일치시키려는 마태의 관심에 따른 것이다(cf. 마 4:17). 또한 마태는 예수의 제자들, 곧 교회의 선포를 세례 요한의 선포와도 일치시킨다(cf. 마 10:7). 마태의 관점에 따르면 요한과 예수는 하나로 묶이면서 그들과 함께 그리스도교의 선포가 시작된다: U. Luz, *Das Evangelium nach Matthäus I* (Zürich: Benzinger, 1985), 144.

사용되지 않았다.[18] 당시 유대인들에게 하나님의 직접적인 통치란 결코 현재에 드러나는 것이 아니라, 오직 미래의 종말 심판과 관련해서만 기대할 수 있는 대상이었다. 예컨대, 쿰란문서를 남긴 에센파는 동시대 유대인들과 마찬가지로 창조주 하나님은 미래의 종말 심판 때에 성령의 역사를 통해 이 세상을 다시 새롭게 하실 것이라는 대망을 가졌다(1QS 4:18–23). 다니엘서(7장)나 쿰란문서에 속하는 "안식일제사노래"(4QShirShab)를 제외하면 전체적으로 볼 때 고대유대교 문서들은 하나님의 통치를 중심 주제로 다루지 않았다.[19]

그런데 예수는 하나님의 종말론적 통치에 관해 말할 때 하나님을 "왕"이라는 명사를 사용하여 부른다거나 혹은 동사나 형용사를 사용하는 방식으로 묘사하지 않고, 특이하게도 시종일관 "하나님나라"라는 추상명사를 선호했다.[20] 예수의 하나님나라 선포에 나타나는 특징 가운데 무엇보다 다음의 두 가지 요소가 두드러진다. 하나는 바실레이아의 현재적 성격이고, 다른 하나는 바실레이아가 지닌 자비의 성격이다.

---

18) 이에 관해 다음 문헌을 참조하라: U. Camponovo, *Königtum Königsherrschaft und Reich Gottes in den frühjüdischen Schriften* (Göttingen: V.&R., 1984). 예수의 바실레이아에 대응하는 셈어적 개념에 대해서는 고전이 된 구스타프 달만(Gustaf Dalman)의 저서 *Die Worte Jesu* (Leipzig: Hinrichs'sche, 1898), 75ff를 참조하라.

19) "안식일제사노래"에 나타나는 하나님의 통치에 관해서는 다음을 참조하라: A. M. Schwemer, "Gott als König und seine Königsherrschaft in den Sabbatliedern aus Qumran", In M. Hengel/A.M. Schwemer(eds.), *Königsherrschaft Gottes und himmlischer Kult* (Tübingen: Mohr, 1991), 45–118. 여기에 하나님의 통치가 주요 주제로 나타나나 천상적 예배와 관련하여 천상적 영역에 국한된다: H.-J. Farby/U. Dahmen(eds.), *Theologisches Wörterbuch zu den Qumrantexten II* (Stuttgart: Kohlhammer, 2013), 692.

20) J. Becker, *Jesus von Nazaret*, 103. 마태는 구약 인용과 비유 안에 하나님을 왕으로 묘사하는 유일한 복음서 저자이다(마 5:35; 18:23; 22:2ff). 이는 유대적 배경을 갖고 있는 마태의 편집으로 보인다. 왕으로서의 하나님 모티브는 랍비적 비유들 안에 광범위하게 나타난다: K.W. Müller, "König und Vater", in: M. Hengel/A.M. Schwemer(eds.), *Königsherrschaft Gottes und himmlischer Kult*, 21–43 (27).

2) 종말론적 Kairos와 Topos를 지닌 하나님나라의 현재성

예수 당시 유대인들은 하나님이 이스라엘과 온 세상의 영원한 왕으로서 통치한다는 확고한 믿음을 갖고 있었다. 그러한 믿음은 고대유대교 안에 널리 퍼져 있었다. 예컨대 사람들은 시편을 인용하는 가운데 하나님의 통치에 대해 찬양했고(시 10:16; 44:5; 103:19; 145: 13), 또한 안식일 예배 참여를 통한 천상적 예배 체험에서 하나님의 통치에 관한 진술을 할 수 있었다(4QShirShab). 하지만 하나님나라에 대한 현재적 진술은 주로 제의(Kultus)에 국한되었다.[21] 이처럼 고대유대교의 지배적인 표상에 따르면 하나님나라는 단지 미래 종말론적인 소망의 대상일 뿐 현재에 드러나는 것이 아니다. 다시 말해 당시 유대인들은 세상의 종말 시기에 이르러서야 비로소 하나님은 영원한 왕으로서의 통치권을 전적으로 행사할 것이라 믿었다.

그러나 예수는 현재 자신의 등장과 더불어 하나님나라가 관철되기 시작했다고 확신했다. 예컨대 진정성을 거의 의심받지 않는 예수의 귀신 축출 전승("내가 만일 하나님의 손을 힘입어 귀신을 쫓아낸다면 하나님의 나라가 이미 너희에게 임하였느니라" 눅 11:20 par 마 12:27f)에서 그와 같은 사실이 무엇보다 잘 드러난다. 예수에게 있어 귀신 축출은 하나님나라의 전조에 불과한 것이 아니라 하나님나라의 도래 그 자체를 의미했다. 곧 예수는 현재를 종말론적 구원이 일어나는 전환기로 이해했다. 다시 말해 예수의 사역을 통해서 시작된 하나님의 종말론적 통치는 궁극적인 것이기에 더 이상 돌이킬 수 없으며, 단지 소망과 예언의 대상이 아니라 바로 현재에 체험 가능한 것으로 간주되었다. 이처럼 하나님나라가 현재라는 시간성과 직결되었다는 것이 예수의 하나님나라 선포에 나타나는 가장 두드러진 특징이라고 말할 수 있다.[22] 물론 예수는 당시 유대 백성이 로마 제국 안

---

21) Cf. J. Schröter, *Jesus von Nazaret* (Leipzig: Ev. Verlagsanstalt, ^{3}2010), 197.

22) 로기온 눅 17:20f; 눅 11:20 par 마 12:27f; 눅 6:20ff에서도 예수와 더불어 시작된 하나님나라의 현재성이 드러난다.

에 처한 사회 정치적 상황에 눈먼 자로서 하나님나라의 현재성만을 강조하는 이상주의자는 아니었다. 하지만 귀신 축출 행위와 같은 자신의 사역을 통해 하나님나라의 현재 종말론적인 차원을 감지할 수 있었다.

다른 한편으론 예수가 선포한 하나님나라는 전통적인 표상에 걸맞게 미래 종말론과도 관련된다. 이 점은 예컨대 진정성을 의심받지 아니하는 주기도문의 둘째 기도에서 명확히 확인할 수 있다. "당신의 나라가 오소서"(눅 11:2/마 6:10)라는 간구는 구원의 영역으로서의 하나님나라가 머지않아 궁극적인 모습으로 도래할 것을 대망하는 기도이다. 여기에 하나님나라의 도래가 종말론적 인자요 심판자로서의 예수의 도래와 연결되어 있지 않다는 사실이 이 간구의 진정성을 뒷받침한다.[23] 또한 하나님나라의 미래 종말론과 관련된 예수의 진술은 하나님나라에 들어가기 위한 조건에 대한 말씀들(막 9:47; 10:15; 10:23; 마 8:12 par; 21:31f) 혹은 죽음의 예언으로 간주되는 예수의 최후 만찬 말씀(막 14:25 par) 가운데서도 찾을 수 있다.

예수의 하나님나라 선포에 나타나는 두 가지 시간적 차원(현재 종말론과 미래 종말론)과 관련하여 오늘날 학계의 지배적인 입장은 하나님나라를 이른바 "이미(already)"와 "아직 아님(not yet)"의 긴장관계에서 파악하는 것이다.[24] 그러한 시각 위에서 예수의 등장과 더불어 현재 일어나고 있는 하나님나라는 미래에 있을 하나님나라의 완성에 앞서 선취적으로 주어지는 선물로 이해한다. 그런데 고대유대교의 하나님나라 이해와 본질적으로 구분되는 예수의 하나님나라 선포의 가장 두드러진 특징은 바로 "이미"의

---

23) 예컨대 고전 11:26c와 마 25:31-46에 그러한 연관이 나타나는데, 그것은 초기 그리스도교의 산물이다.

24) 예컨대 W.G. Kümmel, *Verheißung und Erfüllung: Untersuchungen zur eschatologischen Verkündigung Jesu* (Zürich: Zwingli, 1956); N. Perrin, 『예수의 가르침 속에 나타난 하나님의 나라』, 258-280; A. Strotmann, *Der historische Jesus*, 104-109. 예수가 선포한 하나님나라의 현재성과 미래성이 다음의 구절들 안에 동시에 나타난다: 스스로 자라는 씨앗 비유(막 4:26-29), 겨자씨 비유(막 4:30-32 par Q눅 13:18f; 마 13:31f; EvThom 20), 누룩 비유(눅 13:20-21 par 마 13:33; EvThom 96) 또한 막 1:15(par 눅 10:9).

차원, 즉 하나님나라의 현재적 성격에 있다. 만일 하나님나라를 현재와 관련시켜 강조하지 않고 먼 미래적 시점이나 무시간적 상태에서 일어날 일로만 간주할 경우 예수의 하나님나라 선포가 지닌 엄청난 폭발력이 상실 될 수 있다.

오늘날 학계는 예수의 하나님나라 선포가 현재 종말론적인 의미를 지닌다는 사실은 대체로 인정하나 이스라엘과 연관된 점은 그다지 강조하지 않는 경향이 있다.[25] 그러나 이와 같은 시각은 예수가 선포한 하나님나라에 관한 본래적 메시지와 차이가 있다. 예수의 하나님나라 선포는 이스라엘이라는 구체적인 삶의 자리와 긴밀하게 연관되었기 때문이다. 예수가 선포한 하나님나라는 그가 모으고자 했던 새로운 이스라엘을 통해 그 구체적인 모습을 드러낸다. 무엇보다 그가 세운 열두 제자단은 다름 아닌 "12 지파 백성"으로서의 종말론적 새 이스라엘을 상징한다.[26] 결국 예수의 하나님나라 선포에 나타나는 가장 두드러진 특징은, 하나님나라는 어떤 초월적 천상적 개념이 아니라 종말론적 현재라는 "카이로스"(καιρός)와 다른 한편으론 새로운 이스라엘이라는 "토포스"(τόπος)와 관련된 구체성을 띠었다는 사실에 있다.[27] 그것은 곧 예수의 하나님나라 선포가 지향하는 대상은 보편적 인류라기보다 하나님의 백성 이스라엘이라는 점이다. 물론 예수에게 하나님은 온 세상을 다스리는 왕이 틀림없다. 그러나 예수가 선포한 하나님나라의 메시지는 무엇보다 그리고 우선적으로 선민 이스라엘을 향한 것이지 결코 이스라엘과 무관하게 이방 백성들을 향한 것은 아니다.

---

25) Cf. G. Lohfink, *Jesus von Nazaret*, 67("예수에게 하나님의 통치는 자신의 시간을 갖고 있을 뿐만 아니라, 그것이 드러나고 구체화되는 자신의 장소도 갖고 있다. 그 장소란 하나님의 백성이다").

26) 12제자단을 부활 사건 이후의 산물로 간주하는 입장도 있으나 그것의 역사성은 의심하기 어렵다. 이에 관해, 예컨대: J. Schröter, *Jesus von Nazaret*, 168-176; A. Strotmann, *Der historische Jesus*, 136.

27) Cf. G. Lohfink, *Jesus von Nazaret*, 67.

3) 자비로운 하나님의 통치

하나님나라에 대한 예수의 선포에 나타나는 또 하나의 주요한 특징은 예수가 하나님나라를 내용적으로 어떻게 이해했는지의 문제와 관련된다. 예수는 세례 요한과 마찬가지로 인간이 현재 멸망의 상태에 처해있다는 점을 공유했다(예컨대, 눅 13:1–5; 16:1–8a; 마 18:23–34).[28] 그러나 하나님의 심판을 전면에 내세운 요한과 달리 하나님의 구원을 사람들에게 알리고자 했던 예수는 현재를 무엇보다 구원의 때로 인식했다. 당시 유대인들은 하나님의 선함과 자비와 은혜를 무엇보다 열렬히 구했다. 그 이면에는 자신들이 죄인이라는 사실에 대한 깨달음이 있었고 따라서 하나님의 자비와 은혜를 간절히 구했던 것이다. 그러한 사실은 고대 유대교 문헌에서 쉽게 찾아볼 수 있다(다니엘의 기도, 단 9장 ; Sir 17:29; 아자랴의 기도 LXX 단 3:42; 1Bar 3:1f; Tob 3:3; 1En 61:3: Jub 22:14; PsSal 5:13ff 등).[29] 그와 더불어 하나님을 무시하며 악을 행하는 자들이나 의인들을 핍박하는 자들에게는 하나님의 복수와 심판이 반드시 뒤따르기를 바라는 마음도 강렬했다. 그러한 사실은 예컨대 쿰란문서에서 잘 확인할 수 있다(1QH 2:24; 3:27–28; 1QS 2:15–17; 4:12f; 9:23 "복수의 날"; CD 7:9; 8:1ff; 1QM 3:6,9; 4:1; 6:3 등).

그러나 흥미롭게도 예수의 선포에서는 복수에 대한 언급을 전혀 찾아볼 수 없다. 하나님나라에 관한 그의 복음 선포는 구원에 대한 선포로서 심지어 세리와 창녀를 포함하는 죄인들을 위한 것이기도 하다(cf. 막 2:16ff; 눅 7:34 par; 눅 15:7, 10, 24, 32; 18:10–14; 19:7; 마 21:31). 한마디로 예수의 선포는 사 52:7에 따른 평화와 구원에 관한 기쁜 소식, 복음이었다. 이런 시각에서 예수에게 있어서 심판 선포는 절대적인 것이 아니라 하나님의 은혜(=구원)의 시간 아래에 있다고 말할 수 있다(마 18:23–35; 눅 13:6–9; 15:11–32). 근본적으로 구원을 염두에 둔 예수의 하나님나라 진술

---

28) H. Merklein, *Jesu Botschaft von der Gottesherrschaft* (Stuttgart: Kathol. Bibelwerk, 1983), 27ff; J. Becker, *Jesus von Nazaret*, 58ff.

29) W. Bousset/H. Gressmann, *Die Religion des Judentums im späthellenistischen Zeitalter*, 382ff.

은 잃어버린 이스라엘의 구원을 위한 방향성을 지닌다(cf. 눅 19:10). 따라서 예수의 하나님나라 선포는 하나님의 진노를 우선적으로 강조하지 않고 하나님의 자비로운 통치를 전면에 내세운다. 세례 요한이 현재를 임박한 하나님의 진노에서 달아날 기회로만 여긴 것과 달리, 예수는 현재를 하나님의 은혜가 이미 나타나는 때로 여겼다.[30] 바로 여기에 예수의 선포와 요한의 선포 사이에 나타나는 중대한 차이가 있다. 물론 예수가 선포하는 구원의 메시지가 거부되는 곳에는 하나님의 심판이 불가피하나,[31] 예수는 결코 심판을 먼저 강조하지 않았다. 하나님나라에 관한 예수의 구원 선포를 받아들이는 모든 사람에게 하나님의 은혜와 자비가 주어진다는 점에 예수의 하나님나라 선포가 당시 유대교의 일반적인 관점과 차이나는 또 하나의 두드러진 특징이 자리 잡고 있다.

이러한 특징은 하나님에 대한 예수의 묘사와도 관련이 있어 보인다. 곧 고대 유대교가 이방인들을 징벌하는 엄격한 왕으로서의 하나님을 묘사하는 '왕적 메타포'를 선호한 것과 달리(예컨대, PssSol 11:10), 예수는 자비로운 아버지로서의 하나님 이미지를 부각시키는 '아버지 메타포'를 선호했다. 그에 걸맞게 예수는 하나님의 통치, 곧 바실레이아(βασιλεία)에 대해 말할 때 언제나 내용적 대상으로 설명할 뿐, 결코 인격적인 개념을 가리키는 "왕"(βασιλεύς)으로서의 하나님에 대해 말하지 않는다.[32]

III. 예수가 세례 요한의 무리에서 나온 이유

위에서 언급한 예수 선포에 대한 기본적인 이해를 갖고 이제 우리가

30) J.D.G. Dunn, 『예수와 그리스도교의 기원(상권)』, 610.

31) 볼프(P. Wolf)는 하나님의 심판이 예수의 하나님나라 사상의 내적 결과임을 강조했다: "Gericht und Reich Gottes bei Johannes und Jesus", P. Fiedler/D. Zeller(eds.), *Gegenwart und kommendes Reich* (Stuttgart: Kathol. Bibelwerk, 1975), 43-49.

32) G. Theissen, *Die Religion der ersten Christen* (Gütersloh: Gütersloher, 2000), 50f.

다루고자 하는 마지막 질문에 다가가려 한다. 세례 요한의 메시지를 상당 부분 수용한 예수로 하여금 요한의 무리에서 나와 독자적인 길을 가도록 이끈 근본적인 동인은 무엇일까 하는 질문이다. 위협적인 종말론적 심판 선포를 강조한 요한과 달리 예수는 무엇보다 하나님나라 선포를 전면에 내세웠다는 점이 예수로 하여금 요한의 무리에서 나오도록 이끌었을 것이라는 대답이 먼저 가능해보인다. 그러나 이는 설득력이 약하다. 앞에서 언급했듯이 요한의 선포와 예수의 선포 사이에 나타나는 강조점이 확실히 다른 점은 분명하나, 두 사람의 메시지 안에는 모두 하나님 행위의 종말론적 두 측면인 구원과 심판의 측면이 분명히 공존하고 있다고 말할 수 있기 때문이다.

요한이 비록 자신의 메시지를 명확히 긍정적인 구원의 진술과 연결시키지는 않았다 할지라도, 그가 강조한 회개의 세례를 수용한 자에게는 종말론적 불 심판에서 벗어날 수 있는 길이 약속되었는데, 그것은 결국 구원의 길과 다르지 않다. 이런 의미에서 요한의 선포는 구원의 전망을 간접적이나마 담고 있다고 말할 수 있다.[33] 반면 예수의 하나님나라 선포를 거부한 자에게는 요한이 강조했던 종말론적 심판의 경고가 향한다. 이렇게 볼 때 예수가 요한과 갈라서게 된 근본 동인이 예수의 하나님나라 선포에 있다고 말하기 어렵다. 다른 접근이 필요하다. 그것은 예수 전승 가운데 나타나는 감출 수 없는 두 가지 요소, 즉 예수에게 일어났던 기적 능력 및 사탄의 추락 체험과 관련되었을 가능성이다. 이제 이 가능성에 대해 좀 더 자세히 검토하려 한다.

1. 예수의 기적과 환상 체험 – 하나님나라 선포를 위한 본질적 전제

예수는 하나님나라에 대해 입술로 선포하는 말씀의 사역자일 뿐만 아

---

33) 이와 같이 H. Merklein, *Jesu Botschaft von der Gottesherrschaft*, 33.

니라, 동시에 하나님의 통치가 이 땅에 시작했음을 행위로 드러낸 행위의 사역자이기도 했다. 그의 전체 사역은 처음부터 마지막까지 행위로 일관했다고 말할 수 있다. 그의 행위를 가리켜 복음서 저자들은 권세 있는 행위(δύναμις)요 상징(σημεῖον)이라 불렀는데,[34] 그것은 특히 그의 행위에 동반된 기적을 염두에 둔 말이다.[35] 예수의 기적 행위가 하나님나라 선포와 어떤 관련이 있는지를 살펴보자.

1) 예수의 기적 행위와 종말론적 구원의 현재성

예수가 기적을 행했다는 사실에 대해 오늘날 학계는 별 이의를 제기하지 않는다. 예수와 관련된 기적 이야기들은 복음서에 나오는 여러 전승 층(마가; 마태와 누가; Q눅 7:1-9; 마태와 누가의 특수자료[눅 7:11-17]; 요 2:1-11; 11:1-44)을 포함하여 "도마의 유년기 복음"과 같은 외경 복음서에 다양한 모습으로 나타난다.[36] 그러나 1세기 무렵 특정 인물과 관련된 기적 이야기가 이처럼 광범위하게 나타나는 현상은 찾아보기 어렵다.[37] 그

34) δύναμις: 마 7:22; 11:20,21,23; 13:54,58; 막 6:2,5; 9:39; 눅 10:13; 19:37. σημεῖον: 요 2:11,23; 3:2; 4:48,54; 6:2,14,26,30; 7:31; 9:16; 10:41; 11:47; 12:18,37; 20:30.

35) 예수의 기적을 둘러싼 학계의 논란이 분분하고 그에 따른 역사적 평가도 다양하다: 사기나 허구(H.S. Reimarus); 기적에 대한 합리적 해석(C.H. Venturini; H.E.G. Paulus); 비역사적 신화(D.F. Strauss); 헬레니즘적 종교사의 배경에서 유래(M. Dibelius; R. Bultmann; G. Theissen); 선교 원인론적 해석(G. Schille); 케리그마의 전개(W. Schmithals); 예수의 Ipsissima facta(F. Mussner); 의사(A. von Harnack); 기적의 예언자(R. Meyer; E.P. Sanders); 영적인 Theios Aner(H. Windisch; L. Bieler); 마술사(O. Böcher; M. Smith; J.D. Crossan); 하시드(D. Flusser; G. Vermes). 이에 대해 B. Kollmann, *Jesus und die Christen als Wundertäter* (Göttingen: V.&R., 1996), 18-31을 참조하라.

36) "도마의 유년기 복음" 텍스트는 다음의 책에서 찾을 수 있다: *Evangelia Infantiae Apocrypha*, übersetzt und eingeleitet von G. Schneider (Freiburg: Herder, 1995), 148-171; 송혜경 역주, 『신약 외경. 상권: 복음서』 (의정부시: 한님성서연구소, 2009), 403ff.

37) 랍비로서 기적의 카리스마를 지닌 자들로 전해 내려오는 호니(Honi, 주전 1세기)나 하니나 벤 도사(Hanina ben Dosa, 주후 1세기)의 예를 종종 언급한다. 후자의 경우 독사에 물렸어도 아무렇지도 않았으며(bBer 33a), 원격 기도로 병자를 치유했으며(bBer 34b) 귀신 제어 능력도 갖고 있었다고 한다(bPes 112b). 랍비문서에 나오는 이러한 전승은 적어도 수백 년이 경과한 후대에 생성된 것이라 그 역사성에 대해 분명하게 말하기 어렵다. Cf. B. Kollmann, *Jesus und die Christen*

것은 세례 요한의 경우도 마찬가지다. 요한과 관련된 기적 행위에 대해 말하는 전승은 전혀 존재하지 않는다. 예수가 행한 놀라운 기적 행위들은 분명 그가 지닌 기적의 카리스마를 드러내고, 그러한 기적을 체험한 사람들에 의해 널리 유포되어 전승된 것이 분명하다. 복음서에는 예수의 기적들이 다양한 형태로 나타난다. 세 가지 형태, 곧 "종합어"(Summmarium), "아포프테그마"(Apophthegma), 기적 이야기(Wundererzählungen)가 대표적이다. 그 가운데 기적 이야기가 가장 많이 나온다. 기적 이야기는 세 가지로 구분할 수 있다: ① 질병 치유(예: 막 5:21ff; 8:22ff), ② 귀신 축출, ③ 자연 기적. 이 가운데 질병 치유와 귀신 축출 이야기는 사람에게 일어나는 기적인 반면 자연 기적은 자연의 변화를 초래하는 기적이다.[38)]

예수의 기적 이야기는 그의 종말론적인 하나님나라 선포와 긴밀하게 관련되었다는 점에서 여타 기적 이야기와 근본적으로 차이가 있다. 예컨대, 바알세불 논쟁이야기(막 3:22-27)에서 그러한 사실을 엿볼 수 있다. 이 이야기는 예수어록(Q)에도 전해 내려오는데(Q마 12:22-30/Q눅 11:14-23),[39)] 전승사적으로 볼 때 마가의 본문이 대체로 Q 본문보다 더 오래되었다.[40)] 마가의 본문에서 예수는 귀신의 왕에 힘입어 귀신 축출을 하고 있다는 비난에 대해 "사탄이 어찌 사탄을 쫓아낼 수 있느냐"는 말과 더불어 분쟁 가운데 붕괴되는 왕국과 집에 대한 비유 말씀을 통해 반박한다. 사탄이 자신의 왕국을 스스로 폐할 수 없다는 점이 명백하기에 권세 있는 예수의 행위 이면에서 활동하는 이는 하나님과 같은 어떤 신적 세력이지 결

---

als Wundertäter, 137ff; G. Vermes, "Hanina ben Dosa: A Controversial Galilean Saint from the First Century of the Christian Era", *Journal of Jewish Studies* 23 (1972), 28-50; 24 (1973), 51-64.

38) 타이센/메르츠는 신약의 기적이야기들을 세분하여 6가지로 구분한다. 한편으론 귀신 축출, 질병 치유, 규범 기적을 역사적 예수의 영향력에 따른 기적으로 묶고, 다른 한편으론 구조 기적, 선물 기적, 신적 현현 기적으로 나눈다(『역사적 예수』, 425ff).

39) 이 전승을 가장 오래된 Q층에서 제외시키는 시도가 있다: J.S. Kloppenborg, *Formation of Q* (Philadelphia: Fotress, 1987), 322-325; B.L. Mack, *Lost Gospel* (Australia: Harper, 1993), 71ff. 그러나 그것은 전적으로 자의적이다.

40) B. Kollmann, *Jesus und die Christen als Wundertäter*, 175ff를 참조하라.

코 사탄의 세력이 아니라는 것이다. 이와 같은 예수의 말씀에는 사탄을 축출할 수 있는 이는 오직 하나님뿐이라는 전제가 놓여 있다. 본문에 나오는 "사탄을 쫓아내다"는 표현은 명백히 전승에서 유래한 것이며(Ap Mos 39; TJud 25:3; cf. 요 12:31; 계 12:9f), 그 밖에 본문 중 대다수 요소는 고대 유대교의 전통에서 비롯된 것이기에 바알세불 논쟁의 역사성은 신뢰할 만하다. 게다가 후대에 생겨난 기독론적 설명이 전혀 나타나지 않고 있다는 사실도 이 논쟁의 역사성을 옹호한다.

바알세불 논쟁은 예수 당시 만연되어 있던 사회상과 관련이 있다. 곧 실존의 궁지에 내몰린 사람들이 무리를 지어 부자들의 집을 급습하여 도적질하는 당시 사회 현상을 배경으로 한다. 그런데 막 3:27의 진술 배경에는 사탄의 세력과 천상의 신적 세력 사이에 전개되는 종말론적 전투가 있다. 사탄을 결박함으로써 종말론적 전투의 승리를 나타내는 표상은 묵시적 전통에서 유래한 것이다. 사탄이 하늘에서 패배하였고 그의 지상 거처가 강탈을 피할 수 없게 된 상태에 처했기 때문에 예수는 자신의 귀신 축출 행위가 이제 가능해졌다는 사실을 사람들에게 보여주고자 했다. 따라서 예수의 귀신 축출 행위는 단순히 사람들의 경탄을 불러일으키는 놀라운 기적 행위에 그치지 않고 하나님나라의 도래를 현재 실제로 드러내는 사건이다. 이 땅에서의 귀신과 사탄의 몰락은 궁극적인 하나님나라가 도래하기 위해 반드시 선행되어야 하는 전제이기 때문이다(cf. 1QM). 예수는 자신에게 나타나는 기적의 권세를 통해 하나님이 약속하신 종말론적 구원의 시대가 현재에 열리기 시작한 것으로 확신했다.

타이센/메르츠가 바르게 지적했듯이, "카리스마적 기적 행위자 가운데서 예수 이외에는, 자신의 기적을 통해 옛 세상에 종언을 고하고 새로운 세상을 이끌어 오리라고 생각한 예를 찾아볼 수 없다."[41] 바로 이 점

41) G. Theissen/A. Merz, 『역사적 예수』, 449; cf. G. Theissen, *Urchristliche Wundergeschichten* (Gütersloh: Gütersloher, 1974), 274("묵시적 기적 카리스마자로서 예수는 종교사에서 유일하다. 그는 결코 이런 방식으로 연결된 적이 없었던 두 개의 정신세계를 연결시킨다. 곧 보편적 구원의 미래에 대한 묵시적 대망과 기적을 통한 현재적 구원의 에피소드적인 실현을 연결시킨다").

에서 예수가 행한 기적의 독특성이 드러난다. 기적을 하나님통치의 개시로 보는 예수 특유의 기적 이해는 부활절 이후의 초기 교회에서는 더 이상 나타나지 않는다. 여기서 기적은 단지 성령의 능력으로 이루어진 행위(롬 15:19; 고후 12:12; cf. 행 13:9) 혹은 "예수 그리스도의 이름으로" 일어나는 일(행 3:6) 혹은 기도의 권능에 의한 치유(약 5:14)로 묘사될 뿐, 종말론적으로 일어나는 하나님통치의 활동으로 파악되지 않는다.[42] 바알세불 논쟁에 나오는 "사탄을 쫓아내다"(σατανᾶν ἐκβάλλειν)라는 표현은 이어서 다루게 될 로기온(눅 10:18)과 내용적으로 관련이 있다.

2) 사탄의 추락 환상 체험(눅 10:18)과 예수의 소명

공관복음에 따른 예수 공사역의 시작은 세례 요한에게 세례를 받은 직후 "하늘이 갈라지고 성령이 비둘기같이 내려오는" 환상을 동반한 소명 체험과 연결되어 있다(막 1:10f par). 마가복음의 기독론 형성에 중요한 신앙고백을 담고 있는 이 장면은 그 형태뿐만 아니라 구약성서 본문과의 연관성을 고려하면 부활절 이후의 산물로 보인다.[43] 물론 예수 역시 구약의 예언자들이나 바울의 경우처럼 환상적 소명 체험을 했다는 사실을 의심할 이유가 없다. 진정한 의미에서 신약성서에 나타나는 예수의 환상은 사탄 추락의 환상에 관한 로기온 눅 10:18("사탄이 하늘로부터 번개같이 떨어지는 것을 내가 보았노라")이 유일하다.[44]

이 로기온은 역사적 예수로부터 유래한 것이 분명하다. 막 1:10f를 제외하면 이 전승은 복음서에 1인칭 형태로 나타나는 유일한 환상 보도라는 점에서 그 역사성을 옹호할 수 있다. 게다가 눅 10:18의 본문 형태가 인접 본문의 문맥과 잘 어울리지 않는 사실도 그것을 뒷받침한다. 곧 눅 10:18

---

42) J. Becker, *Jesus von Nazaret*, 220.

43) 하늘이 열리는 모티브(사 63:19; 3Mac 6:18); 하늘의 소리(사 42:1), 성령 수여(사 11:2; 61:1).

44) 이와 같이 F. Bovon, *Das Evangelium nach Lukas(Lk 9,51-14,35)*, EKK III/2 (Zürich: Benzinger, 1996), 49.

에서 예수는 행동의 주체로 하나님을 전제하는 과거 계시를 1인칭 형태로 보도하는데, 이와 달리 이어지는 19-20절에서는 제자들에게 직접 말을 건네면서 귀신들을 제압하는 그들의 권능이 예수 자신의 권세에 달려 있음을 말하고 있기 때문이다.

고대유대교의 묵시적 표상에 따르면 종말의 시기는 하나님의 세력과 사탄의 세력 간에 벌어지는 천상적 싸움에서 시작된다. 이 싸움에서 종국에 사탄의 세력이 패배하고 하늘에서 추락하게 된다(cf. 1En 10:4f; 54:3-5; 계 12:7-12). 그러나 땅위에 거하는 사탄의 세력들이 멸절되기까지 종말론적 싸움이 아직 완전히 끝난 것은 아니다. 아마도 예수는 이러한 유대 묵시적 표상의 배경에서 로기온 눅 10:18의 말씀을 했을 것이다. 하늘에서 사탄의 세력이 떨어지는 환상적 체험은 예수에게 엄청난 충격으로 다가왔을 것이다. 그것을 통해 예수는 현재에 종말의 시기가 시작되었다는 놀라운 사실을 확신했으며, 나아가 그러한 확신은 예수로 하여금 하나님이 부여하신 소명, 즉 하나님나라의 선포자요 중개자로서의 소명을 갖도록 이끌었을 것이다.[45] 이런 소명과 더불어 자신에게 나타나는 놀라운 기적의 능력은 예수로 하여금 더 이상 세례 요한의 운동에 머물러있게 할 수 없었고, 결국 요한의 무리에서 나와 자신만의 길을 가도록 이끌었다고 추론할 수 있다.

2. 예수의 기적 행위와 하나님의 일하심

오늘의 현대인은 비판적 이성에 대립하여 자연 질서를 깨뜨리는 사건을 흔히 "기적"이라 부르고, 현대 자연과학적 세계상에 비추어 예수의 기적을 포함해 기적 일반을 이해하려는 경향이 있다. 하지만 고대 세계에 속한 성서 저자들은 그러한 현실 인식을 갖고 있지 않았다. 그들은 인간

45) 페쉬(R. Pesch)가 "하나님나라의 도래와 사탄 통치의 종말에 대한 진술은 예수의 설교에 있어 특징적이다"라고 말한 것은 옳다: *Das Markusevangelium I* (Freiburg: Herder, 1984), 219.

과 자연이 신적 세력 및 그에 대항하는 악마적 세력의 영향권에 있다고 믿었다. 고대 세계에서도 기적은 놀라운 관심을 불러일으키는 사건임이 틀림없으나 기적을 바라보는 관점이 오늘의 현대인과 달랐다. 기적을 대하는 고대인의 관심은 현대인처럼 일상성을 넘어서는 기적 현상 자체의 특이성에 있다기보다 오히려 기적이 하나님의 권세와 같은 보다 높은 권세의 영향 때문이라는 점에 집중되었다. 당시 사람들은 그런 권세의 현존을 기적을 통해 체험했다.

복음서에는 예수와 관련된 여러 유형의 기적이 전해 내려온다. 그중 귀신축출 및 질병 치유와 관련된 기적들만이 역사적 예수에게서 비롯된 것으로 간주될 수 있다. 이 두 가지 기적에 관한 보도는 대중들 사이에 전파되면서 당시 기적 신앙에 사용되는 보편적인 언어로 표현되었다. 그러나 부활사건 신앙을 전제하고 있는 오병이어의 기적(막 6:30-44 par; 8:1-10)이나 물 위를 걷는 기적(막 6:45-52 par) 등의 경우처럼 자연 사건에 직접적인 영향을 유발하는 이른바 "자연 기적"(Nature Miracles)은 원시 그리스도교의 신앙고백의 산물로 볼 수 있다.[46] 아무튼 우리가 복음서에서 접하는 예수의 기적 전승들은 신앙적 동기에 의해 본래의 모습에서 재구성된 전승들임이 분명하다.

예수의 기적은 당시 고대 세계에 일어나 유사 현상들과 동일한 문맥에서 생성되었다고 말할 수 있으나, 그의 기적 행위는 기존의 귀신축출자의 행위와 차이가 난다. 복음서가 보도하는 기적 이야기들에 따르면 예수는 결코 신이나 천사의 이름을 부르지도 않고, 마술적인 주문을 외우거나 마술적인 부적이나 소품을 일체 사용하지 않고, 마술적인 의식 등을 전혀 행하지 않는다. 기적 행위자의 능력을 전혀 부각시키지 않는다는 점에서 예수의 기적을 가능하게 한 이는 하나님이라는 사실이 암시되어 있다. 그런 의미에서 예수의 기적은 다름 아닌 하나님의 기적이다.

예수의 기적에는 두 가지 특징이 나타난다. 기적의 능력이 도움을 바

---

46) Cf. G. Theissen/A. Merz, 『역사적 예수』, 451.

라는 사람의 믿음에서 비롯된다는 사실과 또한 기적에 대한 종말론적 해석이 그것이다. 복음서의 기적 이야기들은 엘리야와 엘리사의 기적처럼 그것이 하나님의 구원 활동과 직결되었다는 점을 강조한다. 예수의 기적 역시 그러하다. 그러나 우리가 이미 위에서 살펴보았듯이, 예수의 기적은 하나님의 구원 활동이 미래가 아닌 바로 현재에 일어나고 있음을 강조할 뿐만 아니라, 그것이 자신이 선포하는 바실레이아와 직결되어 있다는 점에서 당시 동시대인들의 기적들과 확연히 구분된다. 예수는 자신이 행하는 기적을 하나님이 역사하시는 하나님의 기적으로 이해했으며 또한 이미 하나님의 통치가 이 땅에서 시작되었다는 사실을 구체적으로 입증하는 사건으로 이해했다.[47)]

IV. 나오면서

본 논문을 관통하는 질문은 종말론적 심판 선포를 하는 세례 요한에게 세례를 받고 그의 제자가 된 예수는 어떤 이유에서 그의 무리에서 나와 자비로운 하나님나라에 대한 선포를 하는 사람으로 변신하게 되었을까 하는 것이었다. 이 질문에 대한 답을 찾기 위해 먼저 예수의 선포가 요한의 메시지와는 어떤 관계에 있는가에 대해 물었다. 그리하여 예수의 선포 안에 종말론적 심판을 선포한 세례 요한의 유산이 담겨 있는 사실을 확인했으며, 다른 한편 요한의 심판 선포와 구분되는 예수의 하나님나라 선포가 고대 유대교의 하나님나라 표상과 비교할 때 드러나는 두 가지 특징(바실레이아의 현재성과 하나님의 통치의 자비로움)을 다루었다. 그러면서 두 사람의 선포 사이에 나타나는 연결점과 차이점은 예수가 요한의 무리에서 나오는 동기를 설명하는 데 충분하지 않음을 확인했다.

47) Cf. G.H. Twelftree, *Jesus: The Miracle Worker* (Downers Grove, Illinois: IVP, 1999), 347; idem, 『귀신 축출자 예수』, 이성하 역 (대전: 대장간, 2013), 292.

그리하여 그 동기를 다른 곳에서 찾는 가운데, 예수가 요한의 무리에서 나올 수밖에 없었던 이유는 다음의 두 가지 요소와 관련된다는 사실을 밝혔다. 곧 예수는 귀신 축출과 질병 치유의 기적의 권세가 자신에게 나타남을 체험하였으며, 다른 한편으론 사탄이 추락하는 환상을 통해 옛 시대가 지나고 새로운 시대가 열리기 시작했다고 확신했다. 그런 기적과 사탄 추락 환상을 선하신 하나님이 친히 이 땅에서 다시 활동하신다는 것에 대한 명백한 표징으로 이해한 예수는 바실레이아, 곧 궁극적인 하나님의 통치가 시작되었음을 확신할 수 있었다. 대망하였던 하나님의 통치가 이 땅에서 다시 시작되었다는 것은 요한이 예고했던 사건이 실제로 도래했음을 뜻한다. 따라서 임박한 종말론적 심판을 전면에 내세우는 요한의 회개 운동에 동참하는 일은 더 이상 의미가 없었다. 그리하여 예수는 요한의 무리에서 나와 다시 고향 갈릴리 지역으로 돌아가 자비로운 하나님의 통치가 시작되었음을 알리는 독자적인 길을 가게 된 것으로 결론지었다. 이렇게 볼 때 예수가 선포한 하나님나라는 일부 학자들이 주장하듯(Horsley, Crossan)[48] 로마의 제국주의에 맞선 정치적 대립물로 볼 것이 아니라 이 세상을 지금까지 지배해온 사탄의 왕국에 대한 대립물로 이해하는 것이 옳다.

예수는 하나님의 종말론적 통치가 이미 이 땅에서 시작되었으며, 하나님은 죄인 된 인간을 맹목적으로 심판하시는 무시무시한 진노의 심판주가 아니라 잃어버린 자를 찾아 한량없는 사랑과 구원을 베푸시는 자비로운 "아바"(Abba)로서의 하나님임을 천명했다. 이처럼 예수가 선포한 하나님나라의 무게중심은 우리나라의 많은 그리스도인들이 생각하듯이 결코 미래적이고 초월적인 차원에 있지 아니하고, 현재 이 세상 한가운데 구체

48) R.A. Horsley, 『예수와 제국: 하나님 나라와 신세계 무질서』, 김준우 역 (서울: 한국그리스도교연구소, 2004), 207ff; J.D. Crossan, 『하나님과 제국』, 이종욱 역 (서울: 포이에마, 2009), 174ff. Cf. G. Theißen, "Die politische Dimension des Wirkens Jesu", in: W. Zager(ed.), *Jesusforschung in vier Jahrhunderten* (Berlin, de Gruyter, 2014), 534–551. 여기서 타이센은 "상징 정치"(Symbolpolitik) 개념을 가지고 예수의 사역에 담긴 정치적 차원을 설명하면서, 예수는 고대의 대안적 통치 이상을 가진 자로서 폭력정치는 거부했지만 "상징 정치의 마이스터"였다고 말한다.

적으로 일하시는 하나님의 자비로운 통치에 있다. 예수의 이러한 바실레이아 메시지는 당시 유대교의 전통적인 경계를 넘어선 것이었다. 종말론적 하나님의 통치가 예수의 현재 사역과 더불어 시작되었다는 바로 이 사실에 유대교와 구분되는 새로운 종교로서의 그리스도교가 탄생하게 된 근거가 마련되었다고 말할 수 있다.[49)]

49) 이렇게 보면 그리스도교 탄생의 실제적 뿌리를 바울에게서 찾는 브레데와 같은 학자들의 시각이 정당하지 않다. Cf. W. Wrede, Paulus, Religionsgeschichtliche Volksbücher I 5-6 (Halle, 1904) [= K.H. Rengstorf(ed.), *Das Paulusbild in der neueren deutschen Forschung* (Darmstadt: Buchgesellschaft, ²1969), 1-97].

Chapter_8

예배에 대한 예수의 입장

I. 들어가면서

20세기 중엽에 제기된 역사적 예수 연구에 대한 이른바 "New Quest" 이후 역사적 예수 안에 적어도 "암묵적 기독론"이 나타난다는 근거에서 예수를 유대교와 분리시키려는 시도가 한동안 있었다. 그러나 오늘날 예수 연구를 통해 예수는 본질적으로 유대교와 분리된 인물이 아니며 "주변부 유대인"[1]이라 부르기도 어렵고, 오히려 전적으로 유대적 정체성을 지닌 인물이었다는 사실이 분명해졌다.[2] 이런 의미에서 예수가 동시대 사람들과 빚었던 갈등은 명백히 유대교 내부에서 일어난 일이지 유대교에 맞선 갈등이라 말할 수 없다. 예수는 유대교의 울타리를 넘어 어떤 새로운 종교의 탄생을 꾀한 인물이 아니라, 유대교 내부에서 개혁운동을 일으킨 인물이었기 때문이다. 예수가 예컨대 토라 전통 및 예루살렘 성전과 갈등을 빚음으로써 유대교의 중심축을 건드렸다면, 그것은 다름 아닌 예수가 유대교의 중심부에 위치하고 있었다는 사실을 방증한다.[3]

이런 시각에서 이 글은 유대교를 이루는 중요 구성 요소인 예배 및 경

---

1) 메이어는 예수를 이와 같이 규정한다: John P. Meier, *A Marginal Jew. Rethinking the Historical Jesus*, 4 Vols. (New York: Dounleday, 1991~2009).

2) 이미 18세기에 역사비평적 예수 연구의 선구자인 라이마루스(H.S. Reimarus)가 그와 같이 주장했다. J.H. Charlesworth(ed.), *Jesus' Jewishness. Exploring the Place of Jesus within Early Judaism* (New York: Crossroad, 1991)을 참조하라.

3) G. Theissen, *Die Religion der ersten Christen* (Gütersloh: Kaiser, 2000), 62.

건의 질서에 대해 예수는 어떤 입장과 태도를 취했는가를 밝히는 것을 목적으로 한다. 이는 초기 교회 시절 생겨난 그리스도교 예배 의식의 생성과 발전에 근거를 제시하며 동시에 그리스도교 예배가 나아갈 방향을 제시한다. 따라서 유대 제의 전통에 대해 가졌던 예수의 입장을 이해하는 일은 오늘 우리의 예배를 이해하는 일과 무관하지 않다. 본 장에서는 "예배"라는 개념을 성전에서 희생제물과 더불어 거행되는 장엄한 제의나 회당에서 이루어지는 공동체적 종교행위에 제한시키지 않고, 하나님에 대한 인간의 관계를 나타내는 개인적 경건 행위 전체를 포함하는 광의의 개념으로 사용하고자 한다.[4] 이와 같은 개인적 경건 행위에는 예수 당시 경건 실천의 대명사로 통하는 구제와 기도와 금식(cf. 마 6:2-18)이 속하고, 또한 포로기 이후 유대교의 정체성을 대표하는 3가지 제의적 표시인 할례, 식사 계명, 안식일 성화도 이에 속한다. 할례는 어릴 때 자신의 의지와 상관없이 받는 것이므로 특별히 문제로 불거질 이유가 없던 반면, 식사 계명과 안식일 성화와 관련해서는 예수와 당시 유대교 관행 사이에 갈등이 있었다.

서구 학계의 경우 신약성서의 예배 이해와 관련해서 수많은 연구가 있었다.[5] 그러나 예수의 예배 이해에 집중한 연구는 거의 찾아보기 어렵고, 단지 신약성서 예배의 범주 안에서 간단히 다루고 있을 뿐이다. 따라

---

4) 한(F. Hahn)은 예배 개념을 세 가지로 분류한다: 1. 성전에서 제물을 드리는 예배, 2. 회당 예배, 3. 개인적 경건("Gottesdienst III", *Theologische Realenzyklopädie XIV*, 29). 『신약성서신학 II』 (서울: 대한그리스도교서회, 2010, 633)에서는 예배를 "믿는 자들의 생활 전체를 포괄하고 그것과 함께 개인의 경건 형태뿐만 아니라 세상에 대한 책임도 포함"하는 개념으로 이해한다.

5) 예컨대, A. Duhm, *Der Gottesdienst im ältesten Christentum* (Tübingen: Mohr, 1928); W. Bauer, *Der Wortgottesdienst der ältesten Christen* (Tübingen: Mohr, 1930); J.M. Nielen, *Gebet und Gottesdienst im NT* (Freiburg: Herder, 1937); O. Culmann, *Urchristentum und Gottesdienst* (Zürich: Zwingli, 1950); G. Delling, *Der Gottesdienst im NT*, (Göttingen: V.&R., 1952); J. Müller-Bardorff, *Wesen und Werden des christlichen Gottesdienstes im apostolischen Zeitalter* (Habilitationsschrift Leipzig, 1953); C.F.D. Moule, *Worship in the NT* (London: Lutterworth Press, 1961); F. Hahn, *Der urchristliche Gottesdienst* (Stuttgart: Kathol. Bibelwerk, 1970); W. Nagel, *Geschichte des christlichen Gottesdienstes* (Berlin: Gruyter, 1970). R.P. Martin, *Worship in the Early Church* (Grand Rapids: Eerdmans, 1975); L.W. Hurtado, *At the Origins of Christian Worship* (Carlisle: Paternoster, 1999); P. Wick, Die urchristlichen Gottesdienste (Stuttgart: Kohlhammer, 2007).

서 우리의 주제에 대해 언급하는 몇몇 학자들의 입장을 간략하게 살펴보는 것으로 만족하고자 한다. 먼저 1937년에 출간된 닐렌(J.M. Nielen)의 저서 *Gebet und Gottesdienst im Neuen Testament*(=『신약성서에서의 기도와 예배』)를 언급할 수 있다. 여기에서 그는 예배에 대한 예수의 입장과 관련하여 예수를 "서로 모순되며, 조화로운 전체 모습으로 통일될 수 없는 예속과 자유"(43)라는 이중적 태도를 가진 자로 이해했다. 그러나 델링에 따르면(G. Delling, *Der Gottesdienst im Neuen Testament*, 1952, 16f), 예수는 자신을 유대 예배의 틀에 가두지 아니하고 그 틀을 과감하게 깨뜨린 자였다. 예수의 선포는 서기관의 주석과 확연히 달랐으며, 그들과의 갈등을 피하지도 않았고, 예루살렘 성전 제의에서도 희생제물을 바친 적이 없다고 한다. 그러한 예수의 태도는 예배의 영화(Spiritualization)에서 비롯된 것이 아니라, 성전 예배는 구시대에 속하고 하나님의 통치가 시작된 지금은 전적으로 새로운 하나님과의 관계가 요구된다는 인식에서 나온 것으로 이해한다. 신약성서의 윤리에 특별히 관심이 많은 슈라게(W. Schrage)는 비교적 상세히 다룬 그의 글 "συναγωγη, im Neuen Testament" (*Theologisches Wörterbuch zum Neuen Testament* VII, 1964, 831f)에서 예수는 회당 제도 자체를 비판한 것이 아니라 서기관들과 바리새인들에 의한 오용을 비판했다는 점을 강조하고, 또한 회당 제도 자체에 대한 논쟁을 담은 진술들(막 13:9; 마 10:17; 23:34; 눅 12:11; 21:12)은 후대의 산물로 간주한다.

초기 그리스도교의 예배 이해와 관련해 한(F. Hahn)의 연구를 간과할 수 없다. 그는 초기 그리스도교 예배에 지속적인 관심을 보였다. 먼저 *Der urchristliche Gottesdienst*(『원시그리스도교 예배』)란 단행본을 1970년에 발표했고, 이어서 *Theologische Realenzyklopädie XIV*(1985)에 "Gottesdienst III. Neues Testament"(28-39)라는 항목을 집필한다. 또한 그의 신학 작업을 종합하는 두 권의 역저 『신약성서신학』 중 제2권 *Theologie des Neuen Testament II* (2005)에서도 예배에 관해 한 장(19장)을 할애한다. 그는 유대교 예배에 대한 예수의 태도와 관련하여, 예수는 유대인의 율법 준수와 더불어 삶의 제의화를 버렸으며 또한 성전예배의 종언을 고했다는 사실을 강조한다(『원시 그리스도교 예배사』, 32). 한과 달리 슈낙켄부르크(R. Schnackenburg)는 예수를 토라를 통해 규정된 종교적 삶에 폭넓게 참여한 인물로 묘사한다(*Die sittliche Botschaft des Neuen Testaments I*, 1986, 69f). 이런 문맥에서 그는 성전에 대한 예수의 비판이 성전 제의 규정들을 근본적으로 폐기시킨 것으로 여기지 않는다(막 1:44 par; 12:33, 41).

지나간 시대의 연구는 한결같이 예배에 대한 예수의 입장을 "신약성서에 나타난 예배"라는 보다 큰 틀에서 단지 지나가듯이 간략하게 다루었을 뿐이다. 따라서 예수의 생애 전체에서 예배가 차지하는 위치가 어떠했는가 하는 질문의 필요성이 나온다. 우리의 주제에 대해 한국 신학계의 관심은 훨씬 부족해 보인다.[6] 그런데 "예배"라는 주제는 실상 한국 교회가 그 무엇보다도 많은 관심을 갖고 있는 분야이다. 그에 걸맞게 예배학과 관련된 수많은 저서가 출간되었다. 그동안 이루어진 예배 집중 현상이 한국 교회의 부흥에 기여한 점을 과소평가할 수 없을 것이다. 그러나 다른 한편 오늘날 한국 교회에서 이루어지고 있는 예배의 관행을 둘러싸고 혼선과 논란이 있는 것도 사실이다. 이런 상황에서 예수가 당시 자신이 속해있던 유대교의 예배와 경건 실천에 대해 어떤 태도와 입장을 취했는가를 알아보는 일은 의미가 있다. 본 논문은 한국 교회의 상황을 염두에 두면서 우리의 주제를 예수의 전체 사역과 관련시켜 다루려 한다. 여기서 언급하는 예수 전승들의 역사성 문제는 중요하나 지면관계상 거의 다룰 수 없다. 논문의 초점이 해당 전승들의 역사성을 밝히는 데 있지 않고, 다양한 전승들이 예수의 예배 이해와 어떤 의미에서 관련되었는가를 밝히는 데 있기 때문이다. 먼저 예수 예배 이해의 토대를 살핀 다음(II.), 예배에 대한 예수의 태도를 다루고(III.), 이어서 예수가 추구한 새로운 예배의 기초(IV.)에 관해 살펴보려 한다.

---

6) "초대교회와 예배"에 관심을 보인 성종현은 예배에 대한 예수의 태도를 단지 한 페이지에 간략하게 언급한다(『신약성서의 중심주제들』, 장로회신학대학교출판부, 1998, 131-149, 이곳 140).

II. 예수 예배 이해의 토대 – 종말론적 바실레이아(Basileia) 선포

닐렌이 말했듯이 유대 전통적 예배에 대한 예수의 입장은 예속과 자유라는 양면성을 가진 것으로 보일 수 있다. 겉으로 보기에 예수는 유대교 예배의 틀을 수용한 것처럼 보인다. 예컨대 복음서 보도에 따르면 예수는 갈릴리나 유대아 지역에서 안식일에 회당예배에 참여할 뿐만 아니라(막 1:39 par; 마 9:35; 눅 4:16ff, 44; 요 18:20), 적대자들과 만나는 장소 역시 상당부분 회당에서 일어난다(마 12:9ff par; 막 1:21ff par; 눅 13:10ff). 다른 한편 아래에서 살펴보게 되겠지만, 예수는 유대교 예배의 틀에 자신을 맡기지 아니하고 그 틀에서 벗어나 있다. 예컨대 관습에 따라 회당 안에서만 메시지를 전하지 않고 장소를 불문하고 자신의 메시지를 전했다(마 5:1[산]; 눅 5:1[게네사렛 호숫가]; 막 2:1f[가버나움 집]; 눅 13:26[길거리]). 이러한 태도의 배경에는 예수의 바실레이아 선포가 자리 잡고 있다.

논란의 여지없이 하나님의 바실레이아는 예수 선포의 중심 주제이다.[7] 그가 선포한 바실레이아의 특징은 종말론적인 하나님의 통치가 임박했을 뿐만 아니라, 이미 현재에 시작되었다는 점에 있다.[8] 바실레이아의 현재성은 "내가 만일 하나님의 손을 힘입어 귀신을 쫓아낸다면 하나님의 나라가 이미 너희에게 임하였느니라"(눅 11:20)라는 로기온과, 또한 "하나님의 나라는 볼 수 있게 임하는 것이 아니요 또 여기 있다 저기 있다고도 못하리니 하나님의 나라는 너희 가운데에 있느니라"(눅 17:20f)라는 로기온

---

7) Cf. H. Merklein, *Jesu Botschaft von der Gottesherrschaft* (Stuttgart: Katholisches Bibelwerk, 1983); A. Lindemann, "Herrschaft Gottes/Reich Gottes IV", *Theologische Realenzyklopädie XV* (1986), 196–218; H. Merkel, "Die Gottesherrschaft in der Verkündigung Jesu", In M. Hengel/A.M. Schwemer, *Königherrschaft Gottes und himmlischer Kult* (Tübingen: Mohr, 1991), 119–161; J. Gnilka, *Jesus von Nazaret* (Freiburg: Herder, 1993), 87ff; J.P. Meier, *A Marginal Jew* II, 289ff; J. Becker, *Jesus von Nazaret* (Berlin/New York: Gruyter, 1996), 122ff.

8) 예컨대, W.G. 큄멜, 『약속과 성취: 예수의 종말론』 (서울: 한국장로교출판사, 1993); G. Theissen/A. Merz, 『역사적 예수』, 369.

에 명확하게 드러난다. 이처럼 예수는 세상을 향한 하나님의 구원의 완성이 동터오고 있음을 선포했다. 예수는 종말론적인 하나님의 통치가 현재 도래하고 있음을 말로 선포했을 뿐만 아니라, 자신의 행위를 통해서도 드러냈다. 예수는 귀신을 쫓아내고 병든 사람들을 치유하는 기적을 행했으며(막 1:23-27 par, 1:30 par), 또한 당시 사회에서 버림받은 자들(나병 환자, 창녀, 간음한 자)과 거리낌 없이 교제를 나누었다. 게다가 여러 식탁교제를 통해(예컨대, 눅 14:12-14) 종말론적인 구원이 이 땅에 시작되었다는 사실을 드러냈다(cf. 사 25:6). 이와 같이 예수 선포에 나타나는 바실레이아의 현재성에 예수 선포의 독특성이 담겨 있다. 그것은 예수의 사역과 더불어 전적으로 새로운 시대가 열렸다는 사실을 뜻한다. 따라서 더 이상 낡은 것과 새 것이 병존할 수 없고, 낡은 기존의 것은 새 것으로 교체되어야 한다(cf. 막 2:21ff). 바로 여기에 구약 · 유대적 전통에 대해 예수가 자유로울 수 있는 토대가 놓여 있다.

III. 예배에 대한 예수의 태도

예수 당시 예루살렘 거주민의 경건성이 희생 제물을 바치는 성전예배에 집중되었다면, 지방의 경우 안식일에 드리는 회당예배가 중요했다.[9] 회당예배에서는 신앙인들이 모여 토라와 예언서들을 읽었고, 그에 대한 설교를 들었으며, 또한 기도와 찬양을 하였다.[10] 제물을 바치지 않는 회당예배는 신앙인의 경건성을 일깨우며 지켜나가는 데 커다란 영향을 끼쳤다. 성

9) 예수 시대의 성전예배와 회당예배에 대해서는 1932년에 사망한 파울 빌러벡(Paul Billerbeck)이 남긴 다음 두 편의 글을 참조하라: "Ein Tempelgottesdienst in Jesu Tagen"; "Ein Synagogengottesdienst in Jesu Tagen", *Zeitschrift für die Neutestamentliche Wissenschaft* 55 (1964), 1-17; 143-161. 여기에 예수 당시 거행된 성전예배와 회당예배의 진행 과정에 대한 자세한 설명이 나온다.

10) 훗날 생겨난 그리스도교 예배의 특징은 더 이상 성전이나 회당에서 드리지 않고, 공동체 구성원의 가정에서 드리는 가정예배라는 사실에 있다. 이로부터 가정 교회가 탄생하게 된다(고전 16:19; 롬 16:5; 몬 2; 골 4:15).

전예배 및 회당예배 외에도 안식일 저녁 가정에서 갖는 만찬이 유대인의 경건성과 예배 전통을 유지하는 데 중요한 역할을 했다(cf. Jub 50:9).

1. 성전예배와 거리두기

예수 당시 유대인들에게 거룩한 도시 예루살렘은 정치와 경제의 중심지이자 권력의 중심지였다. 동시에 유대교의 중심지로서 축제순례의 목적지인 예루살렘은 "유대적 제의의 고향"이었으며 "하나님이 이 땅에 현존하는 장소"였다.[11] 그곳에 있는 성전은 예로부터 주어진 명성과 의미를 잃지 않았다. 수많은 사람들은 기도와 예배를 드리기 위해 하나님의 "영광"(cf. 시 26:8)이 거하는 장소인 성전을 찾았다. 성전은 상당한 규모의 성전 수입과 세금 수입을 관리했을 뿐만 아니라 개인 재산도 예치하는 국고였다. 따라서 성전에 보관된 재화의 양이 상당했을 것이 분명하다.[12] 이처럼 중요한 예루살렘 성전을 축으로 유대교가 돌아가고 있었는데, 예수는 바로 그 축을 건드렸다.

1) 예배와 정결예식에 참여하는 대신 말씀 선포

신약시대의 가장 중요한 축제로 통하는 유월절 축제 때 원근 각처로부터 수많은 사람들이 예루살렘을 방문했다. 예레미아스는 그 수를 12만 5천 명 정도로 추산했다.[13] 보통 축제가 시작되기 일주일 전에 온다. 유월절 축제 참여에 필요한 정결예식을 받는 데 일주일이 소요되기 때문이다. 예수 역시 유월절 축제가 시작되기 전에 제자들과 함께 일찌감치 예루살

---

11) J. Jeremias, *Jerusalem zur Zeit Jesu* (Göttingen: V.&R., ^{3}1969), 87.

12) 그와 같은 사실은 종종 발생했던 성전 약탈 사건을 통해 명확히 드러난다. 이에 관해 E.W. Stegemann/W. Stegemann, 『초기 그리스도교의 사회사』, 209-210을 참조하라.

13) J. Jeremias, *Jerusalem zur Zeit Jesu*, 89-96.

렘으로 올라갔다.[14] 그곳 성전에서는 매일 두 차례, 이른 아침과 오후 3시경에 예배가 거행되었다. 공관복음 보도에 따르면 예수는 갈릴리 사역 후 단 한 번만 예루살렘으로 올라간다. 예수가 이스라엘의 심장부인 예루살렘에 간 목적은 분명하다. 그것은 이스라엘의 운명과 직결된 거룩한 도시의 백성을 다가오는 하나님나라의 메시지 앞에 세우고, 최후의 시간에 결단을 촉구하기 위함이다.[15] 그런데 복음서에는 예수가 그곳에서 보낸 마지막 한 주 동안 여러 가지 일들이 보도되나, 그가 정결 예식이나 성전 예배에 참여했다는 일말의 암시도 나타나지 않는다.[16]

E.P. 샌더스는 예수와 제자들이 정결 예식을 받은 사실이 당연히 전제되었다고 말하나,[17] 그와 관련된 전승은 다른 해석을 요구한다. 요한복음은 유월절 축제와 관련된 정결의 필요성을 강조하고 있음에도 불구하고, 예수와 제자들의 정결 예식에 대해 전혀 언급하지 않는다. 오히려 요한복음은 세족식 보도를 전하면서, 세족식이야말로 모든 정결 예식의 완성이라고 선언한다(요 13:10). 이로 미루어 예수는 정결 예식에 참여하지 않았을 것이라는 추론이 가능하다. 그것을 뒷받침하는 복음서 단편 전승(POx 840)도 전해 내려온다. 이에 따르면, 한 바리새파 대제사장이 예수를 향해 "너는 목욕도 하지 않았고, 네 제자들은 발도 씻지 않았는데, 도대체 어떻게 이 정결한 영역에 들어와 성물을 바라보느냐?"고 비난한다.[18] 복음

---

14) 그러나 요한복음은 예수가 여러 차례 예루살렘을 방문한 것으로 보도한다(요 2:13; 5:1; 7:10; 10:22, 23; 12:12).

15) G. Bornkamm, *Jesus von Nazareth*, 136; cf. G. Lohfink, *Jesus von Nazaret – Was er wollte, wer er war* (Freiburg: Herder, ²2012), 353.

16) 버미스는 예수가 예루살렘 성전 예배에 참석하여 예배를 위한 시편을 읽거나 축복했다는 구절이 공관복음서 어디에도 나타나지 않는다는 점을 지적한다(G. Vermes, 『유대인 예수의 종교』, 25).

17) *The Historical Figure of Jesus* (New York: Penguin, 1993), 250–251.

18) 이 파피루스 단편은 1905년에 중부 이집트 옥시륀코스(Oxyrhynchos)에서 발견되었다. 파피루스의 처음 7줄에는 예수가 예루살렘에서 행한 진술의 마지막 부분이 나오고, 이어서 예수가 성전 지역에 가서 레위라는 이름을 가진 바리새파 제사장과 격렬한 논쟁을 벌이는 이야기가 나온다. 공관복음 전승의 한 변형으로 보인다. 이에 관해 W. Schneemelcher, *Neutestamentliche*

서 전승이 예수의 성전 예배 참석 여부에 대해서 전적으로 침묵하고 있는 것과 달리, 성전 지역 내에서 사람들에게 가르침을 베풀었고 사람들과 대화를 나눴다는 사실에 대해서는 여러 차례 보도한다(cf. 막 11:27-33; 14:49 par; cf. 요 7:14; 8:20 등). 이로 미루어 예수는 제의 행위에 참여하기 위해서라기보다, 하나님의 바실레이아에 관한 말씀을 선포하기 위해서 수많은 순례자들이 모여 있는 성전 지역을 찾았던 것으로 보인다.[19]

2) 성전 파괴에 관한 예언

성전 파괴에 관한 예수의 예언은 복음서 가운데 모두 5번 나타난다(막 13:2 par; 막 14:58 par 마 26:61; 막 15:29; 요 2:19; cf. 행 6:14). 성전 파괴와 사흘 후의 재건에 관한 복음서 전승이 액면 그대로 예수의 진정한 말씀이라는 확실성이 없다 할지라도, 하나님 통치의 시작과 더불어 지상적 성전의 파괴를 말하는 예수의 예언이 이 전승의 역사적 핵을 이룬다는 사실은 분명하다. 또한 예수가 성전을 위협했다는 비난은 다음의 세 구절에도 반영되어 있다: 마 27: 39-40(십자가 처형 장면); 행 6:13-14(스데반의 연설), 그리고 부활절 이후의 해석에 해당하는 요 2:18-22. 예수의 성전 비판은 당시 유대교 제의 체계 중심과 정면으로 충돌했음을 뜻한다. 그것은 사람들 사이에 예수의 진보적인 토라 해석에 대한 의혹을 불러일으켰고, 성전을 비판하는 예수는 결국 정치적인 소요를 꾀하는 자로 의심받았다.

3) 제의비판적 예언자적 상징 행위로서의 성전 항쟁

성전 멸망에 대한 예수의 예언은 예수가 죽기 불과 며칠 전에 일어난 이른바 "성전 정화"(Tempelreinigung) 사건(막 11:15-17 par)과 같은 맥락에 있다. 예루살렘 성전 지역("이방인의 뜰")에서 예수가 환전상들의 상과 비둘

Apokryphen I (Tübingen: Mohr, [6]1990), 81-82를 참조하라.

19) Cf. F. Hahn, 『원시 그리스도교 예배사』, 20.

기 판매상들의 의자를 둘러엎는 거친 장면이 그의 온화한 이미지와 어울리지 않는다는 이유에서 이를 비역사적인 것으로 간주하는 경우도 있었다. 혹자는 이 장면에 근거해 예수를 젤롯당의 수장으로 해석한다(Horsley). 그러한 해석들은 적절하지 못하다. 성전 정화 사건이 로마에 항거하는 무력적 성격을 띠었다면, 안토니아 성곽에 체류하는 로마 상주군에 의해 즉각 예수와 그 추종자들에 대한 체포가 뒤따랐을 텐데, 그러한 일은 일어나지 않았기 때문이다.

예전에는 성전 정화를 성전 예배의 순수성을 회복시키려는 예수의 개혁 행위로 해석했다. 다시 말해 막 11:17에 근거하여, 부패한 제사장들에 의한 거룩한 성전의 세속화를 막으려는 예수의 의도로 보았다.[20] 하지만 거대한 성전 지역 전체를 "정화"하는 일은 사실상 불가능하다. 게다가 이사야 56:7과 예레미야 7:11을 혼합한 인용구인 막 11:17은 마가 특유의 도입어로 인해(καὶ ἐδίδασκεν καὶ ἔλεγεν αὐτοῖς) 진정한 예수의 말씀이 아니라, 막 11:15f에 대한 후대의 해석이 첨가된 것으로 보인다.[21] 이런 관점에서 이제는 성전 정화를 성전 제도의 멸망을 나타내는 "상징 행위"로 해석하는 추세이다.[22] 그리하여 성전 정화라는 용어 대신 예컨대 "성전 항쟁"("–Tempelprotest", Gnilka) 혹은 "성전 축출"("Tempelaustreibung", Hahn)", 혹은 "성

---

20) 예컨대, M. Goguel, *Das Leben Jesu* (Zürich: Rascher & Cie. AG., 1934), 279; A. Edersheim, *The Life and Times of Jesus the Messiah I* (Grand Rapids: Eerdmans, 1936), 370; J. Jeremias, *Neutestamentliche Theologie I,* (Gütersloh: Gerd Mohn, 1971), 145; E. Trocme, *Jesus and his Contemporaries* (London 1973), 15, 131; T. Holtz, *Jesus aus Nazaret* (Berlin: Union, [3]1981), 121; A.E. Harvey, *Jesus and the Constraints of History* (London: Duckworth, 1982), 77.

21) J. Roloff, *Das Kerygma und der irdische Jesus* (Göttingen: V.&R., 1970), 91; J. Gnilka, *Das Evangelium nach Markus II*, 127.

22) 예컨대, J. Jeremias, *Theologie des Neuen Testaments I* (Gütersloh; Gütersloher, [2]1973), 145; J. Ernst, *Das Evangelium nach Markus* (Regensburg: Friedrich Pustet, 1981), 329; E.P. Sanders, *The Historical Figure of Jesus* (New York: Penguin, 1993), 258; J. Adna, "Jesus' Symbolic Act in the Tempel(Mark 11:15–17)", In *Gemeinde ohne Tempel, edited by* B. Ego/A. Lange/P. Pilhofer (Tübingen: Mohr, 1999), 461–475; J. Schröter, *Jesus von Nazaret* (Leipzig: Ev. Verlagsanstalt, 2006), 285; G. Lohfink, *Jesus von Nazaret*, 355; F. Hahn, 『신약성서신학 II』, 384; J. Roloff, *Jesus* (München: Beck, [3]2004), 108; M. Hengel/A.M. Schwemer, *Jesus und das Judentum* (Tübingen: Mohr, 2007), 559.

전 행위"("Tempelaktion", Becker/Lohfink)란 표현을 선호한다.

성전 항쟁을 통해 예수가 전하려는 메시지는, 유대 공회가 예수를 심문하는 중에 나온 거짓 증인들의 진술에서 가늠할 수 있다. 마가에 따르면(14:58): "우리가 그의 말을 들으니 손으로 지은 이 성전을 내가 헐고 손으로 짓지 아니한 다른 성전을 사흘 동안에 지으리라 하더라." 예수는 인간에 의해서가 아니라 하나님에 의해 세워질 성전을 현재의 성전과 대립시킨다. 그리고 그것을 예수 자신이 지을 것이라고 말한다. 이 진술은 실로 섬뜩하다. 그래서 누가는 예수의 심문을 묘사하는 중에 이 성전 말씀 장면을 아예 삭제하고(눅 22:66-69), 마태는 "하나님의 성전을 헐고 사흘 동안에 지을 수 있다"라는 보다 완곡한 어법으로 수정한다(마 26:61). 이 진술과 관련된 실제 예수의 말씀을 완벽하게 복원하기 어려우나, 예수는 분명 종말론적 성전의 설립에 대해, 또한 그 일이 자신을 통해서 이루어질 것임을 말했을 것이다.[23] 그것은 기존의 성전 제의 체계의 중단을 뜻한다. 성전 항쟁을 통해 예수는 예부터 내려온 성전 제의 시대가 끝나고 이제 종말론적인 새 시대가 열리고 있음을 공개적으로 또한 극적으로 시위했던 것이다. 이런 관점에서 성전 항쟁은 성전 제의 체계를 비판하는 예수의 "예언자적 상징 행위"이다.[24] 그것은 구약의 위대한 예언자들의 상징 행위들(예컨대, 사 20:1ff; 렘 19장; 27-28장)과 연속선상에 있는 것으로 예수의 "메시아적 예언자"(M. Hengel) 파송 의식을 드러낸다. 대다수 학자들이 인정하듯이, 이 성전 항쟁은 유대 당국자들로 하여금 예수의 제거를 실행에 옮기도록 자극한 직접적인 원인이었다.[25]

---

23) G. Lohfink, *Jesus von Nazaret*, 356.

24) 예수의 성전 항쟁을 슐리어(H. Schlier)는 "종말론적 성취 표시"(eschatologisches Erfüllungszeichen)로 불렀고(*Jesu Abendmahlshandlung als Zeichen für die Welt*, Leipzig: Benno, 1970, 93ff), F. 한은 "희생제의의 임박한 마감에 대한 비유 행위"로 부른다(*Theologische Realenzyklopädie XIV*, 30). 김세윤은 예수의 성전 행위를 오토 벳츠를 따라서(O. Betz, "*Probleme des* Prozesses Jesu", 632, n. 189) "메시아적 상징 행위"로 이해한다(『예수와 바울』, 서울: 도서출판 참말, [2]1993, 151).

25) 그러나 베커는 성전 행위 전승을 예수 운명을 회고하는 유대그리스도교적 시각에서 나온 결과물로 보고자 한다(J. Becker, *Jesus von Nazaret*, 410). 그러면서 성전 비판의 말과 성전 행위를

4) 성전 제의와 무관한 죄 용서 행위

예수가 죄 용서를 선언하는 두 가지 복음서 전승이 있다(막 2:5-7 par; 눅 7:48-49). 여기에서 예수의 선언은 사람들로 하여금 신성모독이나 당혹감을 불러일으킨 것으로 회고된다. 두 전승에 나타나는 "네 죄가 용서받았다"는 예수의 진술은 이른바 "신적 수동태"(Passivum divinum)이다. 이를 통해 용서하는 주체가 다름 아닌 하나님이라는 사실이 분명히 드러난다. 이렇게 보면, 예수의 선언은 하나님이 베푸시는 용서에 대한 단지 인간적 중재에 불과하고, 따라서 그러한 진술이 신성모독을 불러일으킬 가능성은 적다. 신성모독의 감정을 자아낸 실제 이유는 예수의 죄 용서 행위가 제의에 대한 아무 언급도 없이 제의 영역 외부에서 일어났다는 사실에 있다.[26] 죄 용서는 본래 성전 제의와 관련된 것이고, 오직 하나님만의 전권이라고 믿었다. 따라서 제의에 대한 언급 없이 이루어진 예수의 죄 용서 행위는 성전 제의 체계에 대한 도전이며 하나님의 거룩성에 대한 심각한 도전으로 간주되었다.[27] 그것은 "성전 제의에 대한 잠재적 저항 의식"[28]의 표현인 요한의 세례의 경우와 마찬가지이다.

2. 예수의 회당예배 참석과 관련하여

회당예배의 시작은 확정짓기 어려우나, 바벨론 포로 시대에 발전했을

예수 죽음의 직접 원인으로 보지 않고, 동시대 수많은 유대인들이 갖고 있던 예수의 사역과 진술에 대한 "전체 인상"(Gesamteindruck)이 걸림돌이 되었고 그것이 예수 죽음의 더 심오한 원인일 가능성을 제기한다.

26) J. Dunn, 『예수와 그리스도교의 기원(하권)』(서울: 새물결플러스, 2012), 400.

27) 세례 요한이 베푼, 죄를 사한다는 회개의 세례(막 1:4; 눅 3:3)도 동일한 문제를 일으켰다. 요한의 설교는 희생제의나 속죄의 행위가 필요하다고 암시하지 않는다. 그의 세례는 속죄제물을 대신한 것으로서 성전제의의 대안이었다(J. Dunn, 『예수와 그리스도교의 기원(상권)』, 490f).

28) G. Theissen, *Die Religion der ersten Christen*, 179f.

가능성이 크다.[29] 에스라 시대 이후에는 회당예배를 통해 "율법과 경건 생활을 준수하는 것을 그들의 생활 전체에서 가장 필수적인 일로 여겼다"(Josephus, *Contra Apionem* 1:66). 복음서에는 예수가 회당예배에 참여했다는 보도가 여러 차례 나온다(막 1:21f; 1:39; 6:2 par; 눅 13:10; 요 6:59; 18:20). 예수가 설교하고 가르치는 장소로 회당을 택했다는 사실은 역사적으로 의심할 이유가 없다. 그런데 눅 4:16에 따르면 누가는 예수가 "관례대로"(κατὰ τὸ εἰωθὸς), 즉 규칙적으로 회당을 방문한 것으로 묘사한다. 이는 예수의 회당 사역을 체계화시키려는 누가의 편집 의도와 관련이 있다.[30] 복음서 보도를 통해 드러나는 것은, 예수가 회당을 방문할 경우 방문의 일차적 목적은 회당예배에 참여함으로써 자신의 경건의 의무를 행하기 위해서가 아니라, 오히려 자신의 메시지를 선포하고 또한 활동하기 위해서 회당에 갔다는 사실이다. 예수는 자신의 가르침과 사역을, 예배를 위해 마련된 특별한 장소에 국한시키지 않았다.[31]

3. 율법 실천의 관행과 거리두기

예수가 살았던 1세기 때의 유대인들이 율법 순종의 삶을 얼마나 귀하게 여겼는가를 다음과 같은 요세푸스의 진술에서 알 수 있다: "부와 가정과 우리의 모든 재물을 잃는다 하더라도 최소한 멸하지 않는 율법이 우리에게 있으니 유대인은 절대로 고향에서 멀리 떠나 있을 수 없으며 아무리 혹독한 군주가 위협한다 해도 율법에 순종하지 않을 수가 없을 것이

29) G. Stemberger, *Das klassische Judentum* (München: Beck, 1979), 92ff.

30) Cf. H. Conzelmann, *Die Mitte der Zeit*, [5]1964, 177. τὸ εἰωθός는 신약성서 중 누가에게만 나타나는 단어로서 눅 4:16과 행 17:2에 사용된다. "κατὰ τὸ εἰωθὸς"는 명백히 누가의 편집에서 유래한 표현이다(cf. 행 17:2; 눅 1:9). 이와 관련해 J. Jeremias, *Die Sprache des Lukasevangeliums*, 120을 참조하라.

31) F. Hahn, 『원시그리스도교 예배사』, 20.

다"(*Contra Apionem* 1:66; 2:277). 이런 율법 순종의 태도를 보상과 형식주의 관점에서 바라보는 시각은 정당하지 않다. 유대 신앙 자체는 율법 준수와 관련하여 업적과 상급의 윤리를 거부하고 오히려 율법에 대한 즐거움을 말하기 때문이다.[32] 율법 순종의 태도가 당시 유대인들의 일반적 관행이었다고 말할 수 있다. 그러나 예수는 이런 일반적 관행과 달리 율법에 대한 이중적 태도를 취했다: "보편적인 에토스를 지향하고 있는 윤리적 규범들은 (특히, 사랑의 계명) 강화한 반면, 유대교와 이방 세계를 분리하는 제의적 규범들은 (특히, 정결법) 상대화시켰다."[33] 이를 통해 예수는 당시 유대인들 사이에서 행해지던 율법 실천의 관행과 거리를 두었다. 이와 같은 이중적 경향이 동시에 나타난다는 점이 예수와 율법과의 관계에서 특징적이다. 이중적 경향을 다음과 같이 구분할 수 있다.[34]

• **율법 규범의 관행을 더욱 강화시킨 예:**

① **제1계명**: 예수는 하나님 숭배와 맘몬 숭배 사이에서 하나를 택할 것을 요청함으로써(마 6:24 par 눅 16:13), 정치영역에서 유래한 극단적 신정론의 양자택일을 경제 영역으로까지 확대시켰다.

② **살인과 간음 금지 계명**: 예수는 형제에게 화냄과 여자를 향한 음욕을 살인과 간음에 버금가는 중한 죄로 여김으로써(마 5:22, 28) 십계명에 나오는 내용을 강화시켰다.

③ **이웃 사랑의 계명**: 예수는 레 19:18에 언급된 이웃사랑을 세 가

32) Cf. 시 119; Abot 1:3("보상을 받으려고 주인을 모시는 종처럼 되지 말라. 오히려 보상을 받으려 하지 않고 주인을 모시는 종이 되어라"). 이런 관점에서 샌더스는 고대 유대교에서는 언약과 선택이 율법보다 앞섰다고 말하는 가운데 이른바 "언약적 신율주의"(covenantal nomism)가 고대유대교의 종교구조를 이루고 있었다고 주장한다(*Paul and Palestinian Judaism*, London: SCM Press, 1977, 400; idem, *Judaism: Practice and Belief 63BCE-66CE*, London: SCM Press, 1994, 262–75).

33) G. Theissen/A. Merz, 『역사적 예수』, 521. 이런 의미에서 예수의 선포를 "유대교의 율법성에 대한 항거"(*Theologie des NT*, 10)로 본 불트만의 진술은 적절하지 않다.

34) Cf. G. Theissen/A. Merz, 『역사적 예수』, 522–535.

지 방향으로 급진화시켰다(원수사랑[마 5:43–48 par]; 낯선 사람에 대한 사랑[눅 10:25–37]; 죄인에 대한 사랑[눅 7:36–50]).

④ **재혼 금지 계명**: 이혼을 허락하는 토라 전통과 달리 예수는 창 1:27에 근거하여 이혼을 반대했고(막 10:1–10 par),[35] 결혼 상대방이 생존 시 이루어지는 재혼을 십계명의 하나(출 20:14; 신 5:18)를 범하는 간음으로 간주했다(막 10:11–12). 그러나 결혼 상대방이 사망한 후에 하는 재혼에 대해서는 언급하지 않았다.

⑤ **맹세 금지**: 예수는 맹세의 오용을 경고하면서 맹세하는 것을 근본적으로 금지시켰다(마 5:33f). 이는 거짓 맹세 금지 계명(레 19:12)을 극단적으로 강화시킨 것이다. 그러한 예수의 진술은 유대교에서 찾아볼 수 없는 말이다.

• 율법 규범의 관행을 보다 완화시킨 예:

① **안식일 계명**: 예수는 안식일 계명 자체보다 사람을 돕는 계명을 더욱 중요하게 여겼고, 안식일에 사람의 생명을 구하는 일뿐만 아니라, 생명을 북돋는 일도 안식일 계명의 속박에서 자유롭다고 말한다(막 2:23–28 안식일에 이삭 자르기; 막 3:4 안식일 사역). 이런 시각에서 예수는 종종 안식일 계명을 과감히 무시했다. 위기 상황에 처한 환자의 경우 안식일 치유는 문제가 되지 않았다(*Billerbeck* I, 623ff). 그러나 예수의 안식일 치유는 주로 만성질환자에 대한 치유였다(막 3:1ff; 눅 13:10ff; 14:1ff; 요 5:1ff; 9:1ff). 따라서 그러한 치유 행위는 예수의 의도에 따른 것임이 분명하고, 그것은 당시 통용되던 안식일 계명에 대한 명백한 도전이었다.

② **십일조 계명**: 예수는 십일조 계명보다도 정의와 긍휼과 신뢰와 같은 사회적 의무를 더욱 중요하게 여겼다(마 23:23). 갈릴리의 서민

---

35) 쿰란에센파 역시 창조 질서에 근거하여 생애에 단 한 번만 합법적 결혼을 인정했다(CD 4:20–5:2).

에 속하는 예수는 십일조가 중산층 이하의 사람들에게 얼마나 큰 짐이었는지를 잘 알고 있었을 것이다.[36]

③ **희생제물 계명**: 예수는 화해, 즉 형제에 대한 사랑을 희생제물을 바치는 일보다 우선시했다(마 5:23f). 이러한 예수의 입장은 지혜 전통과 관련이 있다: 불법자의 제사는 하나님에게 역겨움이며, 자선을 베푸는 자는 곧 제물을 바치는 것이다(잠 15:8; 21:3, 27; 집 31:21–24; 35:1–3 등).

④ **정결 계명**: 예수는 더러운 귀신 들린 사람이나 나병 환자, 죄를 지어 부정하게 된 사람, 혈루증 앓는 여인 등과 거리낌 없이 어울렸다(막 1:21ff, 40ff; 2:13–17; 5:25ff). 그것은 당시 통용되던 정결 계명을 거스르는 일이었다. 탐욕과 방탕으로 가득한 속생각을 먼저 비운 다음에야 비로소 겉의 깨끗함 유무를 따질 수 있다는 것이 예수의 입장이다.

4. 경건 실천의 관행과 거리두기

구제와 기도와 금식은 유대교가 특별하게 중요하게 여기는 경건의 실천 덕목이다.[37] 예컨대, 토빗 12:8은 "진실한 기도와 의로운 자선은 부정한 재물보다 낫다. 금을 쌓아 두는 것보다 자선을 베푸는 것이 낫다"고 말한다(cf. 행 10:31). 유대 신앙에 따르면 이와 같은 선행들을 행하는 자에게는 특별한 약속이 주어졌다. 구제와 기도 그리고 금식에 관한 예수 전승을 담고 있는 마 6:1–6, 16–18에는 복음서 저자의 편집 부분(특히 도입부)이 포함되었으나, 이 단락의 배후에는 의심의 여지없이 역사적 예수의

36) Cf. U. Luz, *Das Evangelium nach Matthäus III*, 330.

37) 랍비유대교는 기도와 구제와 회개를 즐겨 연결 짓는다(*Billerbeck* I, 454; IV, 553f).

음성이 담겨 있다.[38] 여기에서 예수는 유대인들이 경건을 대표하는 3가지 덕목을 사람들에게 과시할 목적으로 회당과 거리에서 공개적으로 하는 것을 신랄하게 비판하고, 그러한 선행을 은밀하게 가식 없이 할 것을 요청한다. 다시 말해, 사회적 통제에서 완전히 벗어나 자유로운 상태에서 그러한 선행을 실천할 것을 요청한다. 이러한 예수의 요청은 분명 당시 경건 실천의 관행에 역행하는 것이었다. 또한 누가 특수 자료에서 유래한 눅 18:9-14에 나오는 바리새인과 세리의 비유는 역사적 예수에게서 비롯된 것이 틀림없다.[39] 기도와 금식을 거론하는 이 비유에서 예수는 경건의 선행을 자랑하는 바리새인이 아니라 오히려 자신을 죄인으로 고백하는 세리를 칭찬한다. 이로써 경건의 실천을 자랑하며 떠벌리는 당시 종교적 관행에 일침을 가한다.

Ⅳ. 예수가 추구한 새로운 예배의 기초

앞에서 살펴보았듯이, 예수는 예루살렘 성전과 성전 제사장 계급을 중심으로 돌아가는 유대 전통적인 제의 체계에 대한 강한 거부감을 갖고 있었다. 그리하여 성전 멸망을 예고했을 뿐만 아니라, 예언자적 상징 행위인 성전 항쟁도 감행했으며, 또한 외식적으로 이루어지는 전통적인 경건의 실천도 신랄하게 비판했다. 그럼에도 불구하고 예수는 분명 새로운 종교를 창립할 뜻을 갖고 있지 않았다. 오히려 예수는 기존의 성전 중심 예배 체계를 전복시키려는 뜻을 갖고 있었다고 말할 수 있다. 하지만 그것이 전부가 아니다. 예수의 그와 같은 과감한 행위와 태도 배후에는 새로운 예배를 향한 그의 전망이 숨어 있다. 그러한 전망은 예수에게서 유래

38) E. Schweizer, *Das Evangelium nach Matthäus* (Göttingen: V.&R., 1973), 87. 루츠 역시 마 6:1-6, 16-18이 예수에게서 유래했을 가능성을 열어둔다(U. Luz, *Das Evangelium nach Matthäus* I, 322).

39) 눅 18:9-14가 언어와 내용의 측면에서 볼 때 옛 팔레스타인 전승에서 유래한 것임을 예레미아스는 강조한다(*Die Gleichnisse Jesu*, Göttingen: V.&R., 1970, 139ff).

한 "주기도"와 "최후 만찬" 가운데 스며들어 있다.

1. 주기도 – 새로운 예배의 태동을 알리는 경건의 실천

이스라엘의 예배 전승에서 기도는 예부터 중요한 위치를 차지했다. 하나님과 친밀한 관계를 맺고 있는 모든 신앙인의 삶의 중심에 있는 기도를 예수 역시 중요하게 여겼다. 마 6:5–8은 기도에 관한 예수의 시각을 잘 알려주는 전승이다. 여기에서 예수는 단지 기도의 형식주의를 비판하는 데 머물지 않고, 경건한 행위로서의 기도 자체에 대한 근본적인 이해를 비판한다. 그것은 무엇보다 중언부언(πολυλογία)에 대한 비판(마 6:7)에 잘 드러난다.

예수가 제자들에게 기도하도록 가르친 "주기도"는 실제 예수의 음성으로서 기도에 관한 예수의 말씀을 종합한 것이다. 복음서에는 두 가지 서로 다른 형태의 전승이 나온다(마 6:9–13; 눅 11:2–4). 마태의 긴 본문과 누가의 짧은 본문 사이의 차이는 주기도문을 전해 받은 교회가 그것을 자신들의 삶의 자리에서 사용하는 가운데 보충하거나 변화를 준 데서 일어난 현상이다. 마태와 누가는 각자의 교회 안에서 기도드리던 형태의 주기도를 그대로 전했을 것이다. 주기도의 원형을 찾는 많은 노력을 통해,[40] 보다 간결한 누가 전승이 주기도 전체 골격과 하나님 칭호의 측면에서 볼 때 더욱 원형에 가까운 반면, 단어 하나하나의 측면에서는 오히려 마태 전승이 더욱 원형에 가깝다는 사실이 드러났다.[41]

예수에게 기도란 하나님에 대한 전적인 신뢰를 나타내는 표현이다(cf. 막 11:22f; 눅 17:6/마 17:20). 막 14:36에 보존되었고 바울도 전하는(cf. 갈 4:6; 롬 8:15) "아바"(Abba) 호칭은, 예수가 하나님을 부르는 아람어 칭호로

40) Q본문 형태를 구축하는 시도와 관련하여, J.M. Robinson/P. Hoffmann/J.S. Kloppenborg, *A Critical Edition of Q* (Leuven: Peeters, 2000)를 참조하라.

41) 예컨대, J. Jeremias, *Das Vater-Unser im Lichte der neueren Forschung* (Stuttgart: Calwer, ^{3}1965).

서 역시 신뢰를 나타내는 표현이다. "Ipsissima vox Jesu"(=예수의 음성 그 자체)로 통하는 이 칭호를 예수가 사용한 것은 당시 유대교의 틀에 비추어볼 때 특이하다고 말할 수 있다.[42] 이때 특이한 점은 예수가 자신의 기도에서 친밀한 가족관계를 나타내는 단어인 "아바"를 사용했다는 사실에 있지 않고, "아바"가 하나님을 지칭하는 예수의 "일관되고 거의 변함없는 형식"이었다는 사실에 있다.[43] 이를 통해 그가 하나님과 얼마나 가까운 내적 관계를 맺고 있었던가를 짐작할 수 있다. 누가 전승에 따르면, 먼저 하나님의 이름과 바실레이아의 도래를 위한 처음 2개의 2인칭 간구(Du-Bitten)가 나온다. 이어지는 3개의 복수 1인칭 간구(Wir-Bitten)는 하나님의 통치가 시작되고 있다는 사실을 깨달은 자가 드리는 기도이다. 여기에는 기도자를 지금 억압하고 위협하는 곤경, 즉 매일의 양식을 위한 염려, 죄, 유혹, 또한 악의 세력에서 해방시켜 줄 것을 간구하는 기도가 나온다.

예수 당시 아람어 기도 "카디쉬"(Kaddish)가 있었다.[44] 예수 역시 어린 시절부터 그 기도를 외우고 있었을 것이다. 주기도의 형태는 바로 카디쉬의 영향을 입었고, 따라서 그와 유사한 면이 있다. 주기도의 처음 2개의 2인칭-간구는 형식과 내용 면에서 카디쉬 기도와 유사하다. 그러나 양자 사이에는 큰 차이가 있다. 카디쉬에서는 현재 곤경에 처해 있는 신앙공동체가 도래할 구원을 간구하나, 주기도에서는 하나님의 은혜의 역사가 이미 시작되었음을 알고 있는 기도자가 이미 받은 구원의 선물이 온전히 이루어지기를 간구한다.[45] 카디쉬는 선창자의 기도 소리에 공동체가 응답하는 형태로 드려지는 것으로 회당예배에서 자주 사용되는 기도이다. 그런

---

42) "아바"는 어린아이나 장성한 자녀가 자기 아버지를 친근하게 부르는 말이기도 하고 남성 노인을 존경하여 부르는 말이기도 하다(U. Luz, *Das Evangelium nach Matthäus* I, 339f). 이러한 사실은 Abba를 어린아이가 아버지를 부르는 애칭으로만 이해한 J. 예레미아스의 주장이 일방적임을 보여준다.

43) J. Dunn, 『예수와 그리스도교의 기원(하권)』, 309.

44) L. Trepp, *Der jüdische Gottesdienst: Gestalt und Entwicklung* (Stuttgart: Kohlhammer, 1992), 155.

45) J. Jeremias, *Jesus und seine Botschaft* (Stuttgart: Calwer, 1976), 33f.

데 예수는 “제사적인 언어의 예전 영역에서 기도를 끄집어내어 그것을 삶의 중심에, 일상의 중심에 세운다.”[46] 예수가 제자들에게 가르친 기도는 당시 유대교의 예배 및 기도 관행과 달리 특정 시간과 장소에 얽매이지 않고 일상의 삶 가운데에서 진심으로 드리는 기도라는 점이 중요하다. 이런 의미에서 주기도는 예수가 전망하는 새로운 예배의 태동을 암시하는 경건의 실천이다.[47]

2. 최후 만찬 - 새로운 예배를 창시하는 상징 행위

새로운 예배를 향한 예수의 두 번째 전망은 예수가 제자들과 나눈 마지막 식사에서 발견할 수 있다(막 14:22-25 par 마 26:26-29; 고전 11:23-25; 눅 22:15-20). 이 식사가 어떤 형태의 식사인지를 둘러싸고 많은 논란이 있었다. 무엇보다 예레미아스(J. Jeremias)가 『예수의 성만찬 말씀』(*Die Abendmahlsworte Jesu*, 1935; ^{4}1967)에서 발표한 테제인, 최후 만찬을 유월절 만찬으로 보는 시각을 둘러싸고 논란이 많았다.[48] 이 식사가 규정에 따라 예루살렘에서 그것도 밤중에 이루어졌고, 또한 포도주를 마셨고 그에 대한 해석의 말씀이 주어졌다는 사실에서 예수의 최후 만찬이 유월절 만찬이라는 근거를 찾는다. 그러나 다른 한편 전통적인 유월절 만찬과의 차이점을 근거로 유월절 만찬일 가능성을 부인하는 시각도 쉽게 무시하기 어렵다.[49]요한복음에 따르면 예수는 유월절 축제가 시작되기 전에 처형당했다는

---

46) J. Jeremias, *Abba: Studien zur neutestamentlichen Theologie und Zeitgeschichte* (Göttingen: V.&R. 1966), 77.

47) 예배학자 나겔(W. Nagel)은 예수의 경우 주기도에 “새로운 예배 형식의 시작”이 나타난다고 말한다(『그리스도교 예배의 역사』, 17).

48) 연구사와 관련하여 H. Feld, *Das Verständnis des Abendmahls,* EdF 50 (Darmstadt: Wissen. Buchgesellschaft: 1976), 39ff를 참조하라.

49) 예수의 최후 만찬과 유월절 만찬 사이의 공통점과 차이점에 대해 Theissen/Merz, 『역사적 예수』, 607-612를 참조하라.

사실(요 19:14)도 그것을 뒷받침한다. 문제의 어려움은 공관복음서 저자들은 최후 만찬을 유월절 만찬으로 이해하나, 정작 최후 만찬 본문들 안에는 유월절 흔적이 별로 남아 있지 않다는 사실과, 다른 한편 그 본문들이 초기 교회의 예전 규정으로 사용되었다는 사실과 관련된다. 아무튼 예수가 죽기 전날 밤 제자들과 마지막 만찬을 가졌고, 이 만찬이 유월절 주간에 일어났다는 사실에 대해서는 학자들 사이에 이견이 없다.

임박한 죽음을 예감한 예수는 최후 만찬을 통해 분명 자신의 죽음과 죽음 이후의 상황에 관한 숙고를 담은 마지막 메시지를 제자들에게 남기고자 했을 것이다. 예수는 바로 그것을 행했다. 예수는 최후 만찬을 거행하는 동안 자기 자신과 제자들 사이의 관계가 지속될 것을 상징적으로 나타내 보이며, 자신의 삶이 하나님의 바실레이아 안에서 완성되리라는 희망을 전했다. 그리하여 자신이 죽게 되더라도 이미 시작된 하나님의 구원 사역은 반드시 관철되리라는 확신을 최후 만찬에 담았다. 거기에는 하나님 나라의 종말론적 만찬에 세리와 죄인들을 포함한 온갖 사람들이 몰려들 것이라는 대망도 포함되어 있다(cf. 막 14:25; 눅 22:18). 최후 만찬은 전통적인 제의 규정을 따르지 않은, 보다 자유로운 형태의 만찬이었다. 예수는 식사와 자신의 죽음의 관계를 설정함으로써 이 만찬에 특별한 의미를 부여했다. 종래의 유월절 만찬에서 이스라엘 백성이 이집트 노예생활에서 해방된 것을 기념하여 막 잡은 어린양을 가지고 만찬을 나눈 것과 달리, 예수는 최후 만찬에서 자신의 몸을 상징하는 빵과 자신의 피를 상징하는 "언약의 피"로서의 포도주를 먹고 마시게 함으로써(막 14:22-24 par) 자신의 죽음을 통한 속죄의 의미를 제자들에게 각인시키고자 했다.[50] 속죄의 의미는 바로 "언약의 피"란 표현에 담겨 있다. 그것은 하나님이 이스라엘 12지파와 맺은 시내산 언약 사건을 암시하고, 이스라엘의 죄를 위한 속죄 수단으로서 시내산 아래에 세운 제단에 뿌려진 피와 연결된다(출

50) 그러나 속죄의 의미를 거부하고, 예수의 운명을 단지 이스라엘 예언자들의 운명에 비추어 이해하려는 입장도 여전히 있다. 예컨대, J. Schröter, *Jesus von Nazaret* (Leipzig: Ev. Verlagsanstalt, 2006), 295.

24:4–11). 예수의 속죄 죽음을 통해 제자들은 하나님나라의 완성이 성취되기까지 하나님의 새 언약에 속해있음을 확신할 수 있었다. 이런 의미에서 최후 만찬은 예수가 단순히 자신의 죽음을 예언한 상징 행위에 그치는 것이 아니라, 성전 제의의 대안으로서 새로운 예배를 창시하는 상징 행위였다.[51] 그것은 예수의 예언자적 상징 행위인 성전 항쟁 사건과 연결되는 또 하나의 상징 행위일 뿐만 아니라, 예수가 자신의 생을 마감하면서 행한 "마지막 결정적인 상징 행위"(G. Lohfink)였다.

Ⅴ. 나오면서

한 종교의 역사가 길어질수록 예배 체계가 더욱 공고해지는 경향이 있다. 그것은 어찌 보면 자연스러운 현상으로 보인다. 역사의 발전과 더불어 해당 종교의 조직과 구성원의 규모가 확장되면서 예배가 점차 의식화의 경향을 나타내기 때문이다. 한국 그리스도교의 경우도 마찬가지이다. 우리나라에서 그리스도교의 역사가 점점 길어지면서 오늘날 많은 교회들은 예배와 예전의 중요성을 보다 강하게 느끼고 있고, 그것에 비례하여 예배의 의식화 경향이 자라고 있다. 이런 현상이 자연스럽게 구약시대의 성전 및 예배 전통에 대한 관심을 초래한 것 같다. 바로 이 점에 우려가 생긴다. 그것은 구약의 성전 관련 제의적 전통이 점차 강하게 자리 잡아가고 있는 것과 반대로, 예수 그리스도의 죽음과 부활 사건에 토대한 그리스도교 본래의 예배 정신이 점점 약화되고 있다는 우려이다. 그러한 우

---

51) G. Theissen/A. Merz, 『역사적 예수』, 617; G. Theissen, *Die Religion der ersten Christen*, 180: "예수가 유월절 주간에 제자들과 함께 만찬을 나누었으며 그 만찬에 특별한 의미를 두었다면, 그는 이를 성전제의를 대신하는 것이라고 여겼을 것이며, 또한 이는 의도적인 것이었다고 볼 수 있다." Cf. B. Chilton, *The Temple of Jesus: His Sacrificial Program within a Cultural History of Sacrifice* (University Park: Pennsylvania State University, 1992); J. Neusner, "Money–Changers in the Temple: The Mishnah's Explanation", *New Testament Studies* 35 (1989), 287–290. 여기서 뉴스너는 최후 만찬을 "유사 제의적 식사"로 부르면서 이를 통해 예수가 유대교 상징의 초점인 성전을 대체하려 한 것으로 이해한다.

려는 놀라운 외적 성장을 자랑하는 한국 교회가 오늘날 심각한 교회 정체성의 위기를 맞고 있는 데서 현실로 드러나고 있다. 이런 상황에서 유대교 예배에 대해 가졌던 예수의 입장을 살펴보는 일이 의미가 있다.

초기 그리스도교 케리그마의 근거와 토대가 되는 "예수"야말로 오늘의 그리스도교가 지향해야 할 길을 알려주는 나침반이다. 이는 예배와 관련해서도 타당하다. 즉, 예수가 당시 유대교 예배에 대해 가졌던 입장과 태도를 통해 오늘의 그리스도교 예배가 지향해야 할 길을 배울 수 있다. 유대교 예배에 대한 예수의 태도와 입장은 크게 두 가지로 요약할 수 있다. 하나는 예수는 일상의 모든 영역을 율법 전통에 따라 엄격하고도 세밀하게 규정짓는 삶의 제례화에 저항했다는 사실이다. 다른 하나는 하나님의 영광이 현존하고 있다고 굳게 믿어 왔던 예루살렘 성전에서 드리는 거룩한 예배의 시대가 끝났음을 선언했다는 사실이다. 그것은 곧 구약과 유대교에서 하나님과 인간 사이를 중재하는 거룩한 제의 직분의 시대가 끝났다는 것을 뜻한다. 그 결과 초기 교회가 일시 성전예배에 참여했으나 마침내 그것과 과감하게 단절할 수 있었다. 이와 같은 사실은 알게 모르게 목회직의 거룩성을 지향하는 경향을 가진 오늘 한국 교회에게 많은 것을 시사한다.

다른 한편 예수가 경건과 제의의 형식 전체를 거부했다고 말할 수 없다. 예수는 자신의 삶과 말씀을 통해 자기가 지향했던 새로운 형태의 예배를 위한 중요한 단초를 제자들에게 남겨주었다. 그것은 무엇보다 주기도와 최후 만찬이다. 주기도를 통해 예수는 가식 없이 하나님과 친밀하게 대화하는 기도 본연의 중요성을 우리에게 일깨워주었다. 또한 최후 만찬은 성전예배에 대한 대안으로서 새로운 예배를 창시하는 예수의 예언자적 상징 행위였다. 그것은 임박한 죽음에 앞서 제자들에게 남겨준 그의 유언으로서 죽음과 무의미의 위협에도 불구하고 구원의 완성을 소망하며 끝까지 사랑하라는 메시지를 담고 있다. 그것은 곧 오늘의 교회가 종교형식과 경건의 모양만을 따르는 화석화된 조직이 아니라 생명을 자라나게 하는 사랑의 공동체가 되라는 유언이다.

Chapter_9

초기 그리스도교에 나타난 정통과 이단 문제

I. 들어가면서

정통과 이단은 개념상 서로를 전제하는 용어이다. 정통이 없는 상태에선 이단이 성립되지 않고, 이단이 없는 곳에는 굳이 정통을 강조할 필요가 없다. 역사적으로 볼 때 초기 그리스도교는 정통과 이단의 구분이 아직 불명확한 상태였다. 그것은 하나로 통일된 운동이 아니라 여러 분파가 공존한 운동이었다. 각 분파 사이에 나타나는 서로 다른 신앙관에 따라 심각한 논쟁을 벌이는 경우도 있었다. 따라서 후대의 시각에서 나온 정통과 이단 개념을 갖고 초기 그리스도교를 분석하는 일은 적절하지 않다. 게다가 초기 그리스도교는 믿음의 규범인 신약성경을 아직 정경으로 갖고 있지 않았다. 그러므로 4세기 말경에야 확정되는 신약 정경[1]의 잣대로 초기 그리스도교의 정통과 이단 문제를 다루는 시도 역시 시대착오적으로 비쳐질 수 있다.

신약성경에 나타난 정통과 이단 문제는 두 가지 방향에서 접근할 수 있다. 하나는 신학적 접근이다. 신약성경 저자들이 진술하는 이른바 "바른 믿음"과 "거짓된 믿음" 이해에 따라 정통과 이단을 구분할 수 있다. 예컨대 갈라디아서에서 바울은 자신을 비판하는 유대주의 선교사들을 향

1) 367년에 아타나시우스의 39번째 부활절 축제서신을 통해서, 다른 한편 393년 아우구스티누스가 주도한 Hippo Regius 공회를 통해 신약의 정경문제를 매듭짓는다(397년의 카르타고 공회는 393년의 결정을 반복한다). Cf. W.G. Kümmel, *Einleitung in das Neue Testament* (Heidelberg: Quelle & Meyer, 1980), 442; W.-D. Hauschild, *Lehrbuch der Kirchen- und Dogmengeschichte I*, (Gütersloh: Kaiser, ^{2}2000), 80; F. Hahn, *Theologie des Neue Testament II* (Tübingen: Mohr, 2005), 42.

해 저주를 말하는데(갈 1:8-9), 이 경우 바울의 입장에서는 자신을 비판하는 유대주의자 그리스도인들이 저주받아 마땅한 이단이 된다. 반면 바울을 비판한 유대 그리스도인들의 입장에서는 율법의 가치를 훼손한 바울이야말로 이단적 의혹의 대상이 된다. 또한 바울 유산의 대표자로 자신을 이해한 목회서신은 "다른 교훈"과 구분되는 "바른 교훈"(딤전 1:10; 4:6; 딤후 4:3; 딛 1:9; 2:1)을 실상 사도 바울의 가르침과 동일시하면서 신앙의 규범이자 모범으로 내세운다(딤전 1:15-16; 딤후 1:13; 3:10-11). 반면 "다른 교훈"이란 사도 바울의 유산에 어긋나는 것으로 교회가 배척해야 할 대상으로 이단의 가르침을 뜻한다. 그러나 유대 그리스도교의 유산을 잘 물려받은 야고보서는 믿음과 행함의 관점에서 바울신학에 이의를 제기한다(약 2:14-26). 이처럼 신약성경이 증언하는 메시지는 하나로 통일된 것이 아니라, 개별 저자가 처한 삶의 자리에 따라 차이가 있다.[2] 따라서 신학적 관점에서 우리의 주제에 접근하는 방법은 간단하지 않다.

우리 주제에 접근하는 다른 길도 생각해볼 수 있다. 그것은 신학적 관점을 배제하지 않으면서도 신약성경의 배경이 되는 초기 그리스도교 역사이해를 통해 접근하는 방법이다. 즉 예루살렘교회의 탄생과 더불어 본격적으로 시작된 초기 그리스도교가 팔레스타인을 넘어서 당시 지중해 세계에 확산되어 가는 선교의 역사 속에서 발생한 주요 신앙적 갈등 및 분파의 다양성을 다루면서 우리의 주제에 접근하는 방식이다. 필자는 두 번째 길을 택하고자 한다. 먼저 우리의 주제로 들어가기 위한 배경 지식이자 일종의 연구사로서 초기 그리스도교 역사를 해석한 여전히 영향력이 큰 세 가지 모델을 소개하려 한다(II.). 그런 다음 그리스도교 제1세대에 일어난 주요 갈등 및 제2~3세대에 나타난 다양한 분파 움직임을 정통과 이단의 관점에서 살피고(III.), 이어서 신약성경에 나타난 정통 신앙을 위한 기준에 대해 묻고(IV), 마지막으로 신약의 정경화 과정이 이단 극복을 위한 초기 그리스도교의 노력임을 강조하려 한다(V.).

---

2) 김창선, "신약성서가 증언하는 '믿음(πίστις)'", 『장신논단』 44-4 (2012), 85-110을 참조하라.

II. 초기 그리스도교 역사를 해석한 세 가지 모델

1. 에우세비우스(Eusebius of Caesarea)의 모델

교회사의 아버지로 통하는 에우세비우스(260/264~340년경)는 그리스도교의 탄생부터 자신의 시대까지 그리스도교의 역사를 담은 『교회사』(*Historia ecclesiastica*)를 저술했다.[3] 이 책은 역사적인 이야기를 단순히 연대기별로 써 내려간 것이 아니라, 황제나 감독의 통치기를 구분하는 가운데 그 시대에 속한 일련의 사건들과 문학적 산물들에 대해 변증적 관점에서 기술한 역사서이다. 여기에서 에우세비우스는 그리스도교 정통 신앙과 이단의 관계를 이른바 "고전적 입장"에 따라 묘사했다(*Hist. eccl.* IV,22,2-3).[4] 그것은 대략 다음의 도식을 따른다: 예수가 바른 가르침을 그의 사도들에게 주었고, 사도들은 그것을 세상 사람들에게 전한다. 예수와 사도들이 제시한 바른 가르침이 하나의 사도적 신앙으로 후대에 전수되는 동안 거짓 가르침을 전하는 이단들이 나타나 교회를 타락시키기 시작한다. 그러나 대다수 교인들이 속한 정통 교회는 3세기에 걸쳐 이단들을 제압하고 사도적 신앙을 보존한다. 초기 그리스도교를 이와 같은 식으로 설명하는 고전적 입장은 19세기에 이르기까지 널리 유포되었다.

〈Eusebius of Caesarea〉

이단 이단
⇘ ⇘
• **초기 그리스도교: 예수와 사도들** → (3세기 동안) → **사도적 신앙**
(정통 신앙) ⇗ ⇗
이단 이단

3) 그리스어 텍스트는 E. Schwarz, *Eusebius Kirchengeschichte* (Leipzig: Hinrich'sche, ^{3}1922)에서 찾을 수 있다.

4) 에우세비우스보다 앞서: 1Clemens, *Stromateis* VII; Tertullianus, *De praescriptione haereticorum* 20.

2. 페르디난트 크리스티안 바우어(F. Chr. Baur, 1792~1860)의 모델

19세기 최고의 신학자로 통했던 옛 튀빙엔 학파의 설립자인 역사신학자 F. Chr. 바우어는 처음 3세기 동안의 그리스도교 역사를 헤겔의 변증법 도식에 따라 설명했다. 이러한 그의 역사상은 그의 1831년의 논문 "고린도 교회 안의 그리스도파, 최초 교회에 나타난 베드로계 그리스도교와 바울계 그리스도교의 대립, 로마에 있는 사도 베드로"("Die Christuspartei in der korinthischen Gemeinde, der Gegensatz des petrinischen und paulinischen Christentums in der ältesten Kirche, der Apostel Petrus in Rom", *Tübinger Zeitschrift für Theologie* 1831/4, 61–206)에 잘 드러난다.[5] 그는 신약성경이 완성되기 전 단계의 초기 그리스도교를 유대교와 밀접한 관계에 있었다고 보면서, 입장이 다른 두 집단이 주도권을 잡기 위한 싸움의 과정으로 이해하고자 했다. 즉, 유대 특수 종교의 성격을 유지하려는 유대 그리스도교인들이 한 편을 이루고, 그에 대항하여 그리스도교를 모든 사람을 위한 보편적인 종교로 만들기 위해 유대적 요소를 제거하길 원했던 이방 그리스도교인들이 다른 편을 이루는 가운데 양편 사이에 일어난 갈등의 역사로 이해했다. 이러한 갈등의 중심에는 두 사람이 있었다. 한 편에는 예루살렘에서 출발한 유대 그리스도교파를 대표하는 베드로가 있었고, 다른 편에는 이방 그리스도교파를 대표하는 바울이 있었다. 싸움 초기에는 어느 한 편이 일방적인 승리를 얻지 못한 상태에서 갈등이 지속되다가 마침내 서로 절충에 이르게 되었다고 말한다. 다시 말하면, 유대법을 여전히 고수하려는 유대계 교인들과 보편적 구원을 강조하는 이방계 교인들 양측의 입장을 절충하는 대타협이 이루어지면서 이른바 "초기 공교회주의"(Frühkatholizismus)가 탄생하게 된 것으로 설명했다.

---

5) 이 글은 다음 문헌에도 실려 있다: *Ausgewählte Werke in Einzelausgaben*, ed. by Kl. Scholder, I (Stuttgart–Bad Canstatt: Frommann Holzboog, 1963), 1–146.

〈Ferdinand Christian Baur〉

• 베드로 중심 유대 그리스도교(正)
⇘
• 초기 그리스도교:　　(갈등)　　⇒ **• 초기공교회 탄생**(合)
⇗ (변증법적 통일)
• 바울 중심 이방 그리스도교(反)

3. 발터 바우어(Walter Bauer)의 모델

독일의 저명한 신약학자 발터 바우어(1877~1960년)는 1934년에 『최초 그리스도교에서의 정통과 이단』(W. Bauer, *Rechtgläbigkeit und Ketzerei im ältesten Christentum*, Tübingen: Mohr, 1934; ^{2}1963)이란 저서를 출간했다. 여기서 "정통과 이단은 초기 그리스도교에서 우선적인 것과 부차적인 것과 같은 관계에 있지 않고, 오히려 이단이 여러 지역들에서 그리스도교의 본래적 대표자였다"(V.)는 테제를 제시했다. 다시 말해 초기 그리스도교 시대의 이단 집단들은 대교회적 정통에 비해 시간적으로나 내용적으로 부차적인 것이 아니라, 에데사나 이집트 혹은 소아시아 같은 지역에서 오히려 그리스도교 전통의 본래적 우선권을 갖고 있었다고 주장했다. 그런데 제국의 수도에 있던 로마교회가 3세기에 걸쳐 규모와 재력 면에서 점차 두드러지게 되면서 다른 그리스도교 집단들에게 커다란 영향력을 행사하게 되었고, 그 결과 로마교회의 입장이 지배적인 입장, 즉 정통 그리스도교 신학으로 자리 잡게 된 것으로 보았다.

〈Walter Bauer〉

⇗ **"정통" 신앙** → 점차 로마 교회 우세 → **사도적 정통 신학**
• 초기 그리스도교　　(예수 ~ 3세기)
⇘ "이단" 신앙 → 이단 → 이단 → (소멸)

이와 같은 바우어의 입장은 당시 보수층의 반발을 불러일으키기도 했으나, 초기 기독교의 실제 역사를 잘 밝혀냈다는 점에서 학계에 널리 수용되었다.[6] 본 논문은 위의 세 가지 모델이 강조하는 특징을 염두에 두면서 우리의 주제를 다루려 한다.

Ⅲ. 초기 그리스도교의 다양성

초기 그리스도교는 당시 다양한 형태의 유대교 안에 존재했던 유대 그리스도교 그룹으로 시작했다. "유대 그리스도교"란 유대인으로 태어나 그리스도인이 되었으나 여전히 할례와 율법준수를 실천하며 회당과 관련을 맺고 살아가는 사람들을 가리킨다.[7] 예수의 제자들을 중심으로 설립된 예루살렘교회는 순수한 유대 그리스도교적 신앙공동체로서 비교적 빠르게 성장하였다. 그런데 몇 해 지나지 않아 박해로 인해 복음이 급속도로 팔레스타인을 넘어 주변 세계로 확산되고, 그 결과 다양한 그리스도교 분파가 생겨난다. 분파의 생성은 이미 그 안에 갈등의 소지를 안고 있다. 갈등이 도를 넘게 되면 서로 정죄하는 가운데 이단화 현상이 일어날 소지가 크다.

---

6) Cf. A.M. Ritter, "'Orthodoxie', 'Häresie' und die Einheit der Kirche in vorkonstanischer Zeit", In idem, *Charisma und Caritas* (Göttingen: V.&R., 1997), 249-264, 이곳 249f; H. Koester, *Ancient Christian Gospels* (Philadelphia/London: SCM Press, 1990), XXX.

7) 개념 정의와 관련해: G. Strecker, "Judenchristentum", *Theologische Realenzyklopädie 17* (1988), 311; Skarsaune, O., Hvalvik, R. *Jewish Believers in Jesus* (Peabody, Massachusetts: Hendrickson, 2007), 3-52; M. Jackson-McCabe(ed.), *Jewish Christianity Reconsidered* (Minneapolis: Fortress, 2007), 1-38.

1. 그리스도교 제1세대에 일어난 주요 갈등

1) 예루살렘교회 안의 두 집단

예루살렘교회는 순수한 유대 그리스도교 공동체였으나 결코 하나로 통일된 공동체가 아니었다. 그러한 사실을 사도행전을 통해서 알 수 있다. 사도행전 6장은 예루살렘교회 안에 "헬라파"(Ἑλληνισταί)와 "히브리파"(Ἑβραῖοι)로 불리는 두 집단이 있었고, 헬라파 과부들의 부양문제를 둘러싸고 양자 사이에 일어난 갈등에 대해 보도한다(1-6절). 여기서 헬라파는 디아스포라에서 살다가 예루살렘으로 이주한 사람들로서(cf. 행 6:9) 그리스어가 모국어인 유대그리스도인들을 가리키며, 히브리파는 아람어를 모국어로 사용하는 유대그리스도인들을 가리킨다. 예수의 열두 제자가 히브리파를 대표한 반면, 스데반을 포함한 이른바 "일곱 집사"는 헬라파를 대표한다. 일곱 집사가 단순히 식탁 봉사자가 아니라(행 6:2b), 무엇보다도 복음을 선포하고 기적을 행하는 선교사로서 헬라파의 지도자였다는 사실을 사도행전의 이야기가 보여준다(행 6:8; 8:5-7). 이 두 집단은 언어적 측면에서뿐만 아니라, 신학적 입장에서도 차이를 나타냈다. 예루살렘 성전에 기도하러 가는 히브리파의 태도와 달리, 헬라파를 대표하는 스데반은 유대 전통적인 율법 해석과 성전 제의에 대해 비판적 입장을 취했다(cf. 행 6:13-14). 이런 차이로 인해 예루살렘의 유대 종교 지도자들은 두 집단을 서로 확연히 구분되는 집단으로 바라보았을 것이다.[8] 이들은 유대 전통을 충실히 지키는 히브리파는 문제 삼지 않았으나, 율법과 성전예배를 비판하는 헬라파는 용납할 수 없었다. 따라서 스데반이 순교한 후 예루살렘교회에 밀어닥친 박해의 화살은 사도들로 대표되는 히브리파를 겨

8) 트로크메(E. Trocme)는 일곱 지도자를 선출한 실제 이유는 최초 교회 안에서 열두 사도가 맡았던 것과 동일한 역할을 헬라파를 위해 하기 위함이었고, 따라서 그것은 양자 사이에 합의에 의한 것일지라도 일종의 분열이었다고 말한다(유상현 역, 『초기 그리스도교의 형성』, 서울: 대한그리스도교서회, 2003, 48).

냥하지 않고 오직 헬라파에게만 향했다(행 8:1–3).[9]

결국 예루살렘교회는 하나로 통일된 공동체가 아니라 서로 다른 문화적, 언어적 배경을 가진 비교적 독립적인 두 집단으로 구성되었고, 집단 사이에 갈등을 체험하면서 공존했던 공동체였다고 말할 수 있다. 물론 이 두 집단이 예수를 종말론적 메시아로 고백했다는 점에서는 일치하나, 유대 전통에 대한 입장에서는 차이를 보였다. 헬라파는 유대 전통적 규율과 성전제의에 관한 예수의 비판에 의지했을 것이고 그에 따라 율법과 믿음의 관계에 대해 보다 진지한 성찰을 했을 것이다. 그러한 사실은 그들이 예루살렘에서 추방된 후, 율법의 의무를 강요하지 않고도 이방인들을 교회에 받아들인 그들의 행동에서 드러난다. 예루살렘교회 안에 공존했던 두 집단 사이에 일어난 갈등은 주로 문화적이고 언어적인 이질감에서 비롯된 것이었으나, 이미 그 안에 향후 나타날 이방 그리스도교와 유대 그리스도교 사이의 갈등의 씨앗을 담고 있었다.[10]

2) 안디옥교회와 예루살렘교회 사이의 논쟁 - 사도회의

이것은 48년 초엽 안디옥교회[11]의 대표자인 바울과 바나바가 예루살렘에 올라가 예루살렘교회의 세 "기둥"(στῦλοι 갈 2:9)인 베드로와 예수의 형제 야고보 및 요한과 더불어 당시 안디옥교회의 이방인 선교사역의 문제에 대해 열띤 논쟁을 벌인 이른바 "사도회의"를 가리킨다. 논쟁의 중심은

9) 그러나 저벨은 사도들만이 박해에서 제외된 것은 역사적 사실이 아니라, 성도 예루살렘을 하나님백성의 지도자들이 버리고 떠나는 것을 상상할 수 없는 누가의 관점에 따른 것이라고 주장한다: J. Jervell, *Die Apostelgeschichte* (Göttingen: V.&R., 1998), 254f.

10) 헬라파의 이방인 선교는 훗날 팔레스타인의 유대 그리스도교 안에 많은 논란을 일으켰다는 사실을 마 10:5b–5(cf. 마 7:6)을 통해 짐작할 수 있다. 여기에 종말론적인 12지파 백성의 설립을 생각하면서, 이스라엘의 경계를 넘어가는 선교를 근본적으로 금한 엄격한 유대 그리스도교의 시각이 반영되어 있다: L. Schenke, *Die Urgemeinde* (Stuttgart: Kohlhammer, 1990), 259.

11) 행 13:1에 안디옥 교회의 "선지자들과 교사들"의 명단이 나온다. 니게르라 하는 시몬과 구레네 사람 루기오 그리고 헤롯 아티파스의 젖동생 마나엔이 안디옥 교회의 창립 멤버일 가능성이 크다(cf. 행 11:20). Cf. A. von Harnack, *Die Mission und Ausbreitung des Christentums in den ersten drei Jahrhunderten I* (Leipzig: Hinrichs'sche, 1924) 58, n. 1.

안디옥교회가 수행하고 있는 율법에서 자유로운 이방인 선교사역의 정당성에 관한 질문에 있었다. 예루살렘교회의 극단적인 유대 그리스도교 무리(cf. 행 15:5 τινὲς τῶν ἀπὸ τῆς αἱρέσεως τῶν Φαρισαίων)[12]는 안디옥교회에서 세례를 받은 비유대인들도 온전한 하나님의 백성이 되려면 할례를 받아야 마땅하다고 요구했을 것이다. 예루살렘교회 지도자들과 안디옥교회의 지도자들 사이에 전개된 격렬한 논쟁 결과, 예루살렘교회의 지도자들이 안디옥교회의 사역을 정당하다고 인정했을 뿐만 아니라 자신들의 사역과 동등하게 여겼다는 사실을 갈 2:1-10(cf. 행 15장)에서 알 수 있다. 사도회의는 제1세대 두 교회를 대표하는 지도자들 간의 대화를 통해 그리스도교 정체성 및 신앙고백과 직결된 중요 문제를 다룬 사건이었다. 사도회의에서 나온 합의로 모든 문제가 해결된 것이 아니었다는 사실이 이어서 다룰 안디옥사건에서 드러난다.[13]

3) 안디옥교회에서 일어난 베드로와 바울 간의 충돌 - 안디옥사건

이는 사도회의의 결정이 있은 후 얼마 지나지 않아(48년 여름이나 49년) 안디옥교회에서 일어난 사건이다(갈 2:11ff). 사도회의는 할례를 포함한 율법의 짐을 이방계 그리스도인들에게 지우지 말 것을 확정지었으나, 그것은 율법에서 자유로운 이방계 교인들의 삶에 관한 명확한 결정을 내렸을 뿐이지, 이방계 교인과 유대계 교인이 공존하는 교회 안에서의 식탁교제

12) 쉡스는 이들이 에비온파의 선조일 것으로 추측한다: H.-J. Schoeps, *Das Judenchristentum* (Bern: Franke, 1964), 22.

13) 뤼데만은, 사도회의에서 거론된 예루살렘교회를 위한 바울의 헌금사역(갈 2:10)이 거부됨으로써 이방인과 유대인으로 구성된 교회의 이상이 수포로 돌아갔고, 향후 예루살렘교회와 바울의 교회들은 각자 독자적인 길을 갔다고 주장한다. 또한 100년이 지난 뒤, 바울서신을 정경으로 삼은 교회에 의해 야고보 및 유대 그리스도교적 공동체는 에비온파로 불리며 이단으로 정죄되었다고 말한다: G. Lüdemann, *Ketzer* (Stuttgart: Radius, 1995), 103. 그러나 헌금사역이 완전히 실패로 돌아갔는지를 밝히기는 어렵다. 바울을 반대하는 사람들의 동요를 고려해 헌금 전달이 비공개적으로 이루어졌을 가능성이 있다: D. Georgie, *Der Armen zu gedenken* (Neukirchen: Neukirchner, [2]1994), 89; D.-A. Koch, *Geschichte des Urchristentums* (Göttingen: V.&R., 2013, 334).

에 관한 어떤 구체적인 합의사항도 없었다. 팔레스타인에 살고 있던 유대그리스도인들은 예수를 믿으면서도 유대적인 삶의 양식을 여전히 따랐다. 또한 그곳에서는 불결한 음식을 멀리할 수도 있었다. 그러나 고대세계의 대도시이자 시리아와 길리기아 지방의 수도로서 이방인이 압도적으로 많이 살고 있던 안디옥의 경우는 달랐다. 예루살렘교회에 밀어닥친 박해를 피해 안디옥으로 간 헬라파 교인들은 유대인뿐만 아니라 이방인에게도 적극적으로 복음을 전했고, 이에 따라 안디옥교회는 유대그리스도인들과 이방그리스도인들이 공존하는 교회로 발전하였다. 이러한 삶의 현장에서 문제가 불거진 것이다.

안디옥사건의 정황이 갈 2:12-13에 나온다. 안디옥교회를 방문한 어느 날 베드로는 그 교회를 대표하는 두 지도자인 바울과 바나바를 포함하여 이방인이 다수인 안디옥 교인들과 함께 공동식사를 하고 있었다. 그런데 야고보에게서 온 어떤 이들이 나타나자 "할례자들을 두려워하여" 베드로가 갑자기 자리를 떠난다. 전통적인 유대 관행은 불결한 자로 통하는 이방인과 함께 식사하는 것을 금하기 때문이다(cf. Jub. 22:16). 베드로의 이와 같은 태도 변화는 "야고보로부터 온 사람들"(τινὲς ἀπὸ Ἰακώβου)의 요구에 갑작스럽게 반응한 결과로 보인다. 베드로의 행위는 파장이 컸다. 다른 유대그리스도인들뿐만 아니라, 심지어 바나바까지도 베드로에게 동조하여 그의 뒤를 따랐기 때문이다. 이러한 베드로의 태도는 안디옥교회의 일치를 깨뜨렸고, 나아가 복음의 자유를 부정한 것으로 여긴 바울은 베드로의 행위를 "책망하며"(κατεγνωσμένος 11절) "외식"(ὑπόκρισις 13절)이라 비난하면서 그와 정면으로 충돌한다.[14)]

이 사건으로 인해 당시 안디옥교회는 큰 논쟁에 빠졌을 것이다. 하지만 그것이 어떻게 전개되었는지 말해주는 정보가 없다. 필경 안디옥교회

14) 물론 갈라디아서의 묘사는 바울의 관점에서 나온 것이다. 베드로의 입장은 전해 내려오지 않으나, 바우어(F.C. Baur)가 주장하듯 그는 율법을 엄격히 따르는 유대 그리스도교의 전형적인 대표자가 아니라, 야고보와 바울의 입장 중간에 있었다고 볼 수 있다. 궁극적으로는 바울의 입장에 가까웠다. 그러한 중도적 입장에서 베드로는 초기 그리스도교에서 커다란 영향력을 행사할 수 있었다(cf. M. Hengel, *Der unterschätzte Petrus*, 84).

의 다수는 바울의 입장을 지지하지 않았고, 베드로와 바나바 편을 들었을 것이다. 이로 인해 바울은 마음에 커다란 상처를 입었음이 분명하다. 결국 바울은 동역자 바나바와 갈라선다. 이런 심각한 상황을 초기 그리스도교의 조화로운 역사를 전하기를 원했던 누가는 전혀 언급하지 않고, 바울과 바나바가 헤어진 것을 단지 개인적인 의견 충돌 때문이라고 에둘러 묘사한다(행 15:36–39). 또한 누가는 사도행전 15장에서 사도회의를 결론짓는 이른바 "야고보의 지침"(행 15:29–30)에 대해서도 보도하나, 이는 바울이 제2차 선교여행을 위해 안디옥 교회를 떠난 뒤 유대계 그리스도인과 이방계 그리스도인의 공동생활을 가능하게 할 목적에서 레 17–18장에 근거해 야고보와 예루살렘교회가 제시한 후일의 양보안이다.[15)]

안디옥사건의 여파로 바울은 자신의 초창기 사역의 중심지로서 십 수년 동안 섬겼던 안디옥교회를 뒤로하고 세계 선교의 비전을 품고 독자적인 길을 나선다.[16)] 바울이 베드로와 다투고 안디옥교회를 떠났을지라도, 그와의 갈등은 오래 지속된 것 같지 않다. 고린도전서에서 바울은 더 이상의 갈등에 대해 언급하지 않고 베드로의 이름을 거론하고 있기 때문이다(고전 1:12; 3:22; 9:5; 15:5). 아무튼 안디옥사건에서 다음과 같은 사실이 명백히 드러난다: 유대파를 대표하는 베드로와 온건한 헬라파를 대표하는 바나바[17)]는 같은 입장에 선 반면, 이방인과의 식탁교제를 신앙고백의 문제로 선언하면서 강경한 입장을 표방한 바울은 그들과 갈라선다. 이 사건은 그리스도교 신앙의 정체성과 관련된 핵심 문제를 1세대 교회의 지도자들이 진지하게 다룬 기회였다는 점에 의의가 있다.

---

15) 예컨대, A. Weiser, Die Apostelgeschichte (Leipzig: Benno, 1986), 208.

16) 향후 안디옥교회의 역사에 대해서는 더 이상 알 수 없고, 2세기 초에 가서야 안디옥의 이그나티우스 감독이 남긴 서신을 통해 이 교회에 관한 정보를 얻을 수 있다. 그러나 더 이상 바울의 영향은 찾아볼 수 없다. 그의 서신은 다음에서 발견할 수 있다: "Die Sieben Ignatius-Briefe", J.A. Fischer, *Die Apostolischen Vter* (Darmstadt: Buchgesellschaft, 1981), 110–225.

17) 요셉 바나바는 구브로 출신의 레위족 사람이기 때문에(행 4:36), 그리스어를 말하는 유대 그리스도인이다. 성전 봉사 역할을 고려할 때 그는 분명 히브리어 및 아람어도 구사했을 것이고, 따라서 히브리파와 헬라파를 중개하는 주요 인물이었다.

사도회의와 안디옥사건 그리고 이어서 나온 야고보의 칙령을 통해 당시 유대 그리스도교 안에 세 가지 입장이 있었음을 알 수 있다[18]: 첫 번째는 이방인들에게도 할례를 요구하는 엄격한 유대 그리스도인들의 입장이다(갈 2:4; 행 15:1). 이들은 이방계 그리스도교를 반대하는 전선을 구축하고 유대주의적 역(逆)선교를 행사하면서 바울과 대적하게 된다. 두 번째는 바울 및 바나바와 더불어 예루살렘교회를 대표했던 베드로와 요한이 공유한 것으로 토라와 할례에서 해방된 이방인 선교를 옹호하는 입장이다(갈 2:9; cf. 행 15:6-12). 마지막 세 번째는 베드로의 입장을 인정하나 동시에 유대그리스도인을 제의적으로 불결하게 하지 않도록 토라가 이방인에게 요구하는 최소 규정(야고보의 지침, 행 15:29-30)의 필요성을 주장하는 입장이다. 이러한 입장들 사이에 정통과 이단의 측면에서 명확하게 선을 긋기란 쉽지 않다. 아직 규범적인 신앙이 정립되지 않았기 때문이다. 이러한 입장들 사이의 차이는 향후 심각한 갈등을 낳는다. 토라에서 자유로운 이방인 선교를 수행할 목적으로 세계 선교에 나선 바울과 그 대적자들 사이의 관계가 그러하다.

4) 바울과 그의 적대자

안디옥사건과 바울의 마지막 예루살렘 여정(56년 초엽) 사이에 예루살렘교회의 수장은 베드로로부터 예수의 형제 야고보로 바뀐다. 이러한 전환이 어떻게 일어났는지는 알 수 없다. 하지만 이러한 상황과 더불어 바울에 대한 예루살렘교회의 시각이 점차 적대적으로 변한다. 그 이유는 분명하다. 바울이 할례와 율법에서 자유로운 복음을 거침없이 선포하고 있다는 것이다. 그리하여 강경한 유대 그리스도교계 보수층으로부터 많은 반발을 사면서 적대자들이 생겨났다. 이들은 그리스도교를 오직 유대 그리스도교로만 상상할 수 있었던 사람들이었기 때문에 토라를 무시하는 이방 그리스도교를 하나님을 모독하는 그릇된 길로 여겼다. 그리하여 바

18) H. Frankemölle, *Frühjudentum und Urchristentum* (Stuttgart: Kohlhammer, 2006), 258f.

울이 개척한 교회에 들어가 바울과 그의 입장을 강하게 비판했고, 그에 맞서 바울도 강력하게 저항했다. 그러한 갈등이 특히 갈라디아서와 빌립보서에 잘 나타난다.[19)]

먼저 ***갈라디아서***에 나타난 갈등부터 살펴보자. 이 갈등은 갈라디아 교회에 들어온 적대자들을 향해 바울이 저주할 정도로 심각했다(갈 1:6ff). 바울의 시각에 따르면, 외부에서 교회에 잠입한 역(逆)선교사들은 갈라디아 교인들의 눈을 교란시키며 그리스도의 복음을 변질시키고(갈 1:7), 교인들을 그릇된 길로 이끄는 자들이다(갈 3:1). 이들은 교인들을 위하는 것처럼 행하나, 실상 교인들을 이간시켜 자신들에게 얽매이도록 하며(갈 4:17-18), 교인들로 하여금 진리를 따르지 못하도록 방해하는 자들이다(갈 5:10). 교인들을 요동시키기 때문에 이들은 결국 심판을 받게 될 것이라고 말한다(갈 5:10).

할례와 유대 전통을 강조한 적대자들의 활동으로 인해 갈라디아 교인들은 참된 복음이 아닌 "다른 복음"을 위해 바울이 전해준 복음을 버렸으며(갈 1:6), 육의 삶을 위해 영의 삶을 포기했고(갈 3:1-5), 우상을 섬기던 과거의 노예상태로 되돌아가 "날과 달과 절기와 해"를 지키고자 하며(갈 4:8-11), 사도 바울과 복음을 부인하며(갈 4:12-20), 교인들 중 일부는 할례를 받으려 한다(갈 5:2-4). 요약하자면, 갈라디아서에 나타난 바울의 적대자들은 그리스도교 세례를 부인하지는 않았으나, 율법에서 자유로운 그리스도를 강조하는 바울의 기독론과 달리 율법과 그리스도를 조화시키려는 기독론을 표방한 유대주의 선교사들이었다.

이어서 ***빌립보서***에 나타난 갈등에 대해 살펴보자. 바울은 이른바 "제2차 선교여행" 중이던 49년이나 50년에 빌립보에 교회를 개척했다(행

---

19) 고린도후서에 나타나는 바울의 적대자들은 유대주의적 성향보다는 열광주의적 성향을 강하게 드러냈다. 갈라디아와 빌립보와 고린도에 나타난 바울의 적대자들은 모두 바울이 개척한 이방 교회들을 유대(기독)교로 돌리려 했고 이를 통해 주변 유대 세계와의 갈등 및 이방 당국의 공격을 피하려는 의도를 갖고 있었다는 점에 일치한다. Cf. G. Theissen, "Die Gegenmission zu Paulus in Galatien, Philippi und Korinth: Versuch einer Einheitsdeutung", In *Beiträge zur urchristlichen Theologiegeschichte, edited by W. Kraus* (Berlin/New York: de Gruyter, 2009), 283.

16:11-40). 그것은 유럽에 설립된 최초의 교회였다. 이 교회는 설립 당시부터 바울과 각별한 관계에 있었다. 그런데 구원을 얻기 위해서는 할례가 반드시 필요하다고 주장하는 역선교사들이 나타나서 교인들을 동요시켰고, 일부 교인들이 그들을 따랐다. 그래서 바울은 빌립보교회에 들어온 적대자들과 벌이는 논쟁의 문맥에서(빌 3장) 자신의 적대자들을 따르는 교인들을 향해 강력히 경고한다(빌 3:2 "개들을 삼가고 행악하는 자들을 삼가고 몸을 상해하는 일을 삼가라). 빌립보교회에 나타난 바울의 적대자들은 할례 외에도 전통적인 정결식사 계명도 중시했던 것으로 보인다(cf. 빌 3:19).

율법에 대한 순종과 할례를 받으라는 요구를 제외하면 바울과 대적했던 역선교사들의 메시지는 대체로 바울의 복음과 동일했을 것이다. 그렇기 때문에 바울은 자신의 복음이 그들의 복음과 다르다는 점을 그토록 열심히 강조해야만 했다. 그들은 바울이 전하는 복음뿐만 아니라 사도로서의 그의 역할에 이의를 제기한 사람들이었다.[20] 바울은 적대자들과의 싸움을 신학적 입장 차이 때문에 일어난 사사로운 다툼으로 여기지 않았다. 그것은 궁극적으로 복음의 사활이 걸린 중대한 싸움이었기 때문이다.[21] 후대의 시각에서 보면, 바울과 적대자 사이의 싸움은 정통과 이단을 둘러싼 싸움이었다고 평가할 수 있다. 복음과 관련하여 저마다 자신의 입장이 옳다고 확신하면서 상대방의 입장을 정죄했기 때문이다.

2. 그리스도교 제2-3세대에 나타난 주요 분파

그리스도교 제1세대 말경 유대 그리스도교와 이방계 그리스도교 사이

20) 이 유대주의자들은 바울이 마지막으로 예루살렘에 갔다가 체포될 때 모종의 역할을 했을 것으로 보인다(롬 15:31; 행 21:20-26).

21) 바울의 적대자 주제와 관련하여 다음의 문헌을 참조하라: J. Becker, *Paulus* (Tübingen: Mohr, 1989), 277-285; R. Jewett, "The Agitators and the Galatian Congregations", *New Testament Studies* 17 (1970/71), 198-212; F. Vouga, *An die Galater* (Tbingen: Mohr, 1998), 159-162; 김창선, 『복음의 진리를 위한, 사도 바울의 투쟁』(서울: 한국성서학연구소, 2007), 70-73.

의 갈등은 실상 서로 화해하기 어려울 정도로 악화되는 가운데, 이방계 그리스도교는 급성장을 이룬다. 그러면서 유대 그리스도교는 결국 소수로 전락한다. 그런데 이른바 속사도 시대에 들어와 두 가지 사건이 일어나면서 유대 그리스도교는 거센 소용돌이에 휩쓸린다. 첫 번째 사건은 젤롯당이 주도하여 66년에 일으킨 "유대 전쟁"이다. 70년에 예루살렘 성전이 멸망함으로써 전체 유대교가 파국에 이른다. 이 봉기에 동참하지 않았던 유대 그리스도교는 예루살렘을 탈출하나, 그와 동시에 일반 유대인들과 유대 그리스도교인들 사이의 갈등은 극에 달한다.

두 번째 사건은 성전 멸망 후 얍네/얌니아(Yavne/Yamnia)에서 요하난 벤 차카이(Jochanan b. Zakkai)를 중심으로 일으킨 바리새파 랍비 유대교(Rabbinic Judaism) 운동이다. 여기에서 유대 그리스도교는 완전히 배제된다. 이 무렵 유대인들의 일상 기도문인 "쉬모네 에스레"(Shmoneh Esreh)[22]의 12번째 기도항목에 나오는 이단 저주문(Birkat ha-Minim)에 유대그리스도인들이 포함되면서 유대 그리스도교는 더 이상 회당에 참여할 수 없게 되고, 이로 인해 유대 그리스도교는 큰 타격을 받고 위축된다. 유대 회당과의 결별로 인해 (유대) 그리스도교인들은 더 이상 법적 보호를 받지 못하고 유대 회당과 로마 당국의 박해에 그대로 노출된다.[23] 이러한 위기 상황과 더불어 예루살렘 모교회의 영향권에서 벗어난 제2~3세대의 초기 그리스도교는 더욱 확장되면서 크게 네 가지 분파로 발전한다.[24] 이들 분파는 정통과 이단의 관계처럼 서로 극한 대립관계에 처해 있었던 것은 아니

22) Cf. 김창선, 『유대교와 헬레니즘』 (서울: 한국성서학연구소, 2011), 148ff.

23) 테르툴리아누스는 회당 연맹에서 출교된 후 100년 동안 회당이 "박해의 원천"(fontes persecutionum)이라 부른다(Scorpiace 10,10). 회당이 그리스도인들에 대한 공개적 비방의 근원지라는 사실이 그의 저술 가운데 전제되어 있다(*Ad nationes 1,14; Adversus Iudaeos* 13,26).

24) 여기서 언급하는 네 가지 분파는 타이센의 구분에 따른 것이다. 그는 네 가지 주요 분파 외에도 각 분파에서 파생된 하위 분파들과 그들 사이의 횡적 연합에 대해서도 언급한다. G. Theissen, *Die Religion der ersten Christen* (Gütersloh: Kaiser, ²2001), 348 이하를 참조하라. Cf. 슈넬레(Udo Schnelle)는 최근 저서 *Die etsten 100 Jahre des Christentums 30-130 n. Chr.* (Göttingen, 2015)에서 이미 1세기 말경에 형성된 5가지 신학적 주요 분파에 대해 다룬다(바울, 공관복음, 베드로, 요한, 야고보와 유대 그리스도교).

나, 각자가 표방하는 메시지 사이에 적지 않은 차이를 드러낸다.

1) 유대 그리스도교(Jewish Christianity)

유대 그리스도교를 그 뿌리에서 보자면, 예수의 형제 야고보와 관련지을 수 있다. 야고보는 바울을 적대시했던 극단적인 유대주의자는 아니나 율법을 엄격히 지키는 유대그리스도인이었다. 베드로가 예루살렘을 떠난 후에 야고보는 예루살렘교회의 수장에 올랐으나, 62년에 대제사장 아나니아스(=Hannas II)의 사주로 돌로 맞아 순교한다(*Josephus, Ant.* XX,200). 그리고 몇 해 뒤에 일어난 유대전쟁의 여파로 예루살렘교회의 역사는 일단 끝난다. 향후 예루살렘교회의 후계자들은 여러 지역으로 흩어진다. 전쟁이 끝난 후 일부 교인들은 예루살렘에 돌아와 다시 교회를 세웠을 것이다. 이 교회가 비록 예수와 야고보의 친척들이 지도자가 됨으로써 예전 교회와 연결되었을지라도[25] 예전 교회가 지녔던 전체 그리스도교를 위한 모교회로서의 위상은 더 이상 유지하지 못했다.

에우세비우스의 보도에 따르면(*Hist. eccl.* III,5,2f), 예루살렘에 있던 옛 교회가 계시에 따라 유대전쟁이 발발하기 직전 66년에 펠라(Pella)로 이주했다고 하나, 이 보도의 역사성을 확정짓기 어렵다.[26] 이것이 역사적이라면 예루살렘 교인들이 그곳 거주민들을 얻는 데 성공했음을 말하고, 전설이라면 펠라가 중요한 신앙공동체의 처소였기 때문에 그런 전설이 생긴 것으로 보아야 한다.[27] 아무튼 이곳이 유대 그리스도교의 한 중심지인 것

---

25) 에우세비우스는 예수의 친척인 클로파스의 아들 시몬이 야고보의 후계자가 되었다고 보도하며(*Hist. eccl.* III,10,11), 또한 예수의 형제 유다의 손자가 트라얀 황제 통치기까지 교회의 지도자 역할을 했다고 보도한다(III,20,1-6).

26) 슈트레커(G. Strecker)는 펠라에 거주한 유대그리스도인들이 자신들의 위상을 위해 지어낸 원인론적 전설일 것으로 추측한다("Judenchristentum", 316). 그러나 베네르트(J. Wehnert)는 예루살렘 공동체의 펠라 이주설을 지지한다: "Die Auswanderung der Jerusalemer Christen nach Pella – historisches Faktum oder theologische Konstruktion?", in: *Zeitschrift für Kirchengeschichte* 102 (1991), 231-255.

27) H. Conzelmann, *Geschichte des Urchristentums* (Göttingen: V.&R.: 1983), 119.

은 분명하다. 또 하나의 중심지로는 시리아 서부에 위치한 베뢰아(Beroea)가 물망에 오른다. 히에로니무스는 여기에서 나사렛파 복음을 접했다고 말한다(*De viris illustribus* 3). 따라서 동요르단이나 시리아 서부 지역이 유대 그리스도교의 주요 활동무대였다고 말할 수 있다.

유대 그리스도교는 하나로 통일된 공동체가 아니었다. 그중 일부는 자기들만의 전통을 완고하게 고집하다가 변방 집단으로 전락한다. 이들은 훗날 "에비온파"로 불리며 이단으로 정죄되나(Irenaeus, Adv. haer. I,26,2), 다른 일부는 대교회와의 연대를 모색하면서 위기를 극복한다. 유대 그리스도교에서 유래한 비정경적 복음서들이 단편으로 전해 내려온다.[28]

① **나사렛파 복음**: 본래 제목이 전해 내려오지 않으나 중세 이후 시리아 유대 그리스도인들인 나사렛파 사람들이 사용했다는 의미에서 이와 같이 불린다. 주석을 담고 내용을 확대시킨 마태복음의 아람어 번역으로 볼 수 있다. 베뢰아에서 2세기 초반이나 중엽에 아람어나 시리아어를 말하는 유대 그리스도인들이 기록했을 것으로 추정한다. 이들은 가난한 자들과의 연대를 특히 강조했으며 율법을 엄격히 준수했다. 교부들(Hegesippus; Eusebius; Epiphanius; Hieronymus)은 이들을 이단으로 정죄하지 않았다. 그들은 언어적 특성 때문에 고립된 삶을 살았다.

② **에비온파 복음**: 그리스어로 기록된 문서로 공관복음과 유사한 본문들을 혼합한 성향을 띤다. 오직 에피파니우스를 통해 단편적으로 전해 내려온다(Panarion 30). 공관복음을 전제하고 이레나이우스에게 알려진 것으로 미루어 2세기 초에 기록된 것으로 보인다. 교부들의 증언에 따르면 에비온파는 특히 요단강 동편에서 번성했

28) Cf. Ph. Vielhauer, *Geschichte der urchristlichen Literatur* (Berlin/New York: de Gruyter, 1975), 648–661; W. Rebell, *Neutestamentliche Apokryphen und Apostolische Väter* (München: Kaiser, 1992), 106–113.

다. 모세 율법을 강조하나 희생제사와 성전은 더 이상 의미가 없다고 보았다. 흥미롭게도 채식주의적 경향을 나타낸다(예수는 유월절 만찬 때 고기 먹는 것을 거절한다). 예수의 유아시절 이야기를 삭제함으로써 성처녀설을 거부하고 예수는 세례를 통해 비로소 하나님의 아들이 된다.

③ **히브리인들의 복음**: 역시 그리스어로 기록된 것으로 위의 두 문서보다 더욱 종교혼합적 성향이 강하다. 2세기 중엽 이집트에서 생성되었을 것으로 추정한다. 고대교회 전승에 따르면 이미 제목을 갖고 있던 유일한 유대 그리스도교 문서이고, 교부들이 유대 그리스도교 복음서들 중 가장 많이 거론한 문서이다(1Clemens, *Strom.* II,9,45; V,14,96; Origenes, *Joh.-Com.* II,12; Hieronymus, *Is.-Com.* IV 등). 정경 복음서들과 연결된 부분이 일부 나타나나 정경 복음서들에 크게 의존하지 않는다. 예수의 형제 야고보의 권위를 가장 높인다. 야고보가 부활한 예수를 만나 회개하고 첫 번째 부활 증인이 될 뿐만 아니라 최후 만찬에도 참석했다고 한다. 따라서 야고보를 정신적 지도자로 삼은 유대 그리스도교 공동체의 산물임을 알 수 있다.[29)]

2) 바울계 그리스도교(Pauline Christianity)

할례에서 자유로운 선교 사역을 소아시아와 그리스에서 성공적으로 수행한 바울이 60년대 초반 순교한 뒤 한두 세대가 지나서 그의 유업을

29) 그 밖에도 3세기경 시리아에서 생성된 것으로 유대 그리스도교에 대한 과장된 내용을 전하는 "위(僞)클레멘스서"(Pseudoclemens)가 있다. 클레멘스가 가족과 헤어졌다가 베드로의 간섭으로 인해 재회하는 내용을 담은 이 작품은 두 개의 판본 형태로 전해 내려온다: 그리스어로 된 Homilien(H)과 라틴어로 보존된 Rekognitionen(R). 여기에 2세기경에 유래한 옛 전승으로서 바울을 강하게 논박하는 내용이 나온다. Cf. E. Hennecke/W. Schneemelcher(eds.), *Neutestamentliche Apokryphen in deutscher Übersetzung II* (Tübingen: Mohr, [4]1971), 373–398; H.-J. Klauck, *Die apokryphe Bibel* (Tübingen: Mohr, 2008), 229–266.

수용한 무리를 가리킨다. 바울주의를 표방하는 이른바 "제2바울서신"이 여기에 속한다. 먼저 골로새서와 에베소서가 이에 해당한다. 이 두 문서는 이른바 "좌익 바울주의"를 표방한다. 좌익 바울주의란 비교적 급진적이었던 바울의 본래 사상을 후대의 바뀐 교회 상황 안에서 (일정 부분 보수적인 방향으로) 수정한 바울주의를 가리킨다. 예컨대 노예제도와 관련하여 바울은 빌레몬서에서 노예인 오네시모의 해방을 역설했는데, 골로새서(3:22-4:1)나 에베소서(6:5-9)는 그리스도교인 노예들과 그 주인들의 관계를 정상적인 것으로 전제하고 말한다. 또한 가부장제와 관련해서 바울은 가족과 교회 안에서의 평등성을 주장했으나(고전 7), 골로새서(3:18-19)와 에베소서(5:22-33)는 대가족 안의 위계질서에 따른 가르침을 강조한다. 신학적인 차원에서 볼 때, 좌익 바울주의는 현재의 구원체험을 중시하는 현재적 종말론을 강조한다(골 2:15-17; 엡 2:5). 또한 그리스도는 교회의 머리이고 교회는 그의 몸이라는 "그리스도의 몸 교회론"을 말할 뿐만 아니라, 온 세상의 신앙인을 포괄하는 "보편적 교회론"을 강조한다(골 1:15-20; 엡 1:22-23).

그러나 목회서신과 데살로니가후서는 앞서 언급한 두 서신과 차이가 있다. 데살로니가후서는 임박한 종말론을 거부한다. 그래서 "주님의 날"은 즉시 오는 것이 아니라 일련의 다른 사건들이 도래한 후에야 온다고 말한다(살후 2:1-12). 디모데후서(2:18)는 부활이 이미 일어났다고 주장하는 현재적 종말론을 거부한다. 또한 목회서신과 데살로니가후서에는 그리스도의 몸 교회론도 나타나지 않는다. 목회서신은 제도화된 그리스도교의 특징을 반영한 교회질서를 강조하는 가운데 교회를 가정의 본을 따라 "하나님의 집"으로 부르고(딤전 3:15), 감독과 장로의 권위를 매우 중요하게 여긴다. 이런 시각에서 목회서신과 데살로니가후서를 "우익 바울주의"라 부를 수 있다.[30] 바울 그리스도교의 주요 활동무대는 바울의 유산

30) 뤼데만은 신약 외경인 "바울행전"(Paulusakten)에 들어 있는 반영지주의적 문서인 "제3고린도서신"(III Kor)을 우익 바울주의에 속하는 문서로 간주한다(*Ketzer*, 150ff). 여기에서 바울은 교회의 교사이며 교회 전승을 구체화시킨 자로 묘사된다. Cf. E. Hennecke/W. Schneemelcher(eds.).

이 강하게 남아 있는 에베소와 같은 소아시아 지역이다.

3) 공관복음적 그리스도교(Synoptic Christianity)

공관복음적 그리스도교는 이방계 그리스도교와 유대계 그리스도교를 하나로 엮은 것을 가리키는 말이다. 초기 그리스도교 역사에서 공관복음적 그리스도교가 차지하는 위치를 밝히는 일은 쉽지 않다. 분명한 것은 이방그리스도교적 요소와 유대 그리스도교적 요소가 여기에 공존하고 있다는 사실이다. 그러나 양자를 하나로 통일시키는 것을 목표로 하는 급진적인 바울신학은 나타나지 않는다. 마태복음의 자료로 사용된 마태 특수자료(M)와 예수어록(Q)은 명백히 유대 그리스도교적 특징을 나타낸다. 다른 한편 마가복음과 누가의 두 작품(누가복음과 사도행전)은 의심의 여지없이 이방그리스도교의 영향을 받았다. 마가와 누가는 둘 다 "하나님 경외자" 출신의 이방계 그리스도인일 가능성이 크다. 누가의 두 작품은 그가 당시 문학적 기예와 양식에 익숙한 사람이었음을 잘 보여준다.[31] 1세기 때 유대 그리스도교적 요소와 이방그리스도교적 요소의 연합을 보여주는 대표적인 인물은 베드로와 바나바이다. 베드로는 이스라엘 선교를 대표하고,[32] 바나바는 이방선교를 대표하는 인물이다. 따라서 고대교회 전통(Eusebius, *Hist. eccl.* III, 39, 14ff)은 마가복음을 베드로와 연결지어, 베드로의 비서이자 통역자인 요한 마가를 마가복음의 저자로 간주했다(Papias, 2세기 중엽). 요한 마가는 바나바의 친척이며 그의 신망을 받은 사람이었다. 요한 마가를 신뢰하던 공동체가 마가복음의 저자를 요한 마가로 설정한 것으로 추측할

Neutestamentliche Apokryphen II, 232-234.

31) 예컨대, 보봉(F. Bovon)은 누가를 일찍이 유대교에 관심을 보였던 태생적 그리스인으로서 그리스 수사학과 유대 성서주석방법에 익숙한 마게도니아 출신의 "하나님 경외자"로 간주한다: *Das Evangelium nach Lukas I* (Zürich: Benzinger, 1989), 22-24.

32) 헹엘(M. Hengel)은 아그립바 박해 이후(43년경) 베드로는 팔레스타인 본토 밖에 사는 유대인 선교에 집중했고, 동시에 디아스포라 회당에서 만나는 이방인인 "하나님 경외자들"에게도 복음을 전했다고 말한다. 또한 베드로는 예수전승의 신뢰할 만한 증인으로서 이방인 교회들 가운데 명망이 높았다고 강조한다: *Der unterschäzte Petrus* (Tübingen: Mohr, 2006), 163f.

수 있다. 이 공동체는 베드로와 바나바도 존경했을 것이다. 공관복음적 그리스도교의 주요 활동무대는 시리아 지역일 가능성이 크다.

4) 요한계 그리스도교(Johannine Christianity)

요한계 그리스도교는 초기 그리스도교에 나타난 그리스도교 분파 중 오늘날 우리가 파악하기 가장 어려운 분파이다. 이 분파는 본래 팔레스타인이나 시리아를 중심으로 일어난 카리스마적 방랑 선교사 운동에서 유래했으나,[33] 유대 회당과 논쟁을 벌이면서 어려움에 처하고 결국 유대교에서 이탈한다.[34] 그 후 요한공동체는 소아시아로 이주하게 되는데, 이때 기독론을 둘러싸고 공동체가 분열된다. 공동체의 한 무리는 성육신을 부정하며 천상적 구원자 그리스도를 내세우는 영지주의에 가까운 기독론을 주장한다(요일 4:2). 그러나 보다 소규모의 다른 한 무리는 성육신을 끝까지 고수하였고 소아시아의 공교회 운동에 합류한다. 바로 이때가 1세기 말경으로서 오늘날 우리가 알고 있는 요한복음의 최종 형태가 완성되는 시점이다. 요한복음은 언어 사용과 신학적 개념에서 공관복음과 확연하게 차이가 나는 놀라운 기독론을 발전시켰다. 공관복음은 하나님나라를 예수 선포의 중심으로 묘사하나, 요한복음은 계시자로 온 예수 그리스도 자신을 중심 내용으로 삼는다.[35]

요한계 그리스도교는 사마리아에서 복음을 전했던 헬라파의 한 무리와 관련되었을 것으로 보인다. 그와 같은 사실은 요한복음이 사마리아 지역에 대해 보인 관심에서 드러난다. 공관복음 그리스도교가 사마리아 지역을 의도적으로 외면한 것과 달리, 요한복음에서 사마리아는 긍정적인

---

33) 그닐카(J. Gnilka)는 요한공동체의 생성을 60년대 이전으로 잡을 수 없다고 말한다: *Die Frühen Christen* (Freiburg/Basel/Wien: Herder, 1999), 273.

34) 이러한 이탈이 훗날 요한 공동체에게 트라우마로 남는다(요 9:22; 12:42; 16:2).

35) 트로크메는, 요한복음을 그리스도교가 유대교와 분리된 후 나타난 "성숙한 그리스도교의 가장 완전한 표현"으로 이해한다(『초기 그리스도교의 형성』, 193).

의미를 지닌다. 온 세상이 복음을 거부하는 것처럼 보이나, 유독 사마리아는 복음을 수용한다. 요한복음 4장에 나오는 사마리아 여인 이야기는 사마리아 그리스도교의 설립을 간접적으로 보여준다.[36)]

IV. 신약성경에 나타난 정통 신앙을 위한 기준

우리는 위에서 초기 그리스도교에 나타난 여러 갈등과 분파에 대해 살펴보았다. 갈등이 해결되는 경우도 있었으나, 도를 넘어 상대방을 정죄하는 경우도 있었다. 다양한 분파가 공존했다는 사실에 직면하여 정통과 이단에 대한 우리의 시각이 혼란스러워질 수 있다. 유대 그리스도교의 정통성을 강조하는 강경한 보수파가 있는가 하면(예수의 형제 야고보 및 바울의 대적자 유대그리스도인들), 유대계 그리스도교와 이방계 그리스도교를 중개하려는 온건한 중도 보수파가 있고(베드로, 바나바), 이방계 그리스도교의 입장을 적극적으로 수호하고자 했던 바울과 또한 바울신학에 근거한 이방계 그리스도교의 정통성을 특히 강조한 바울주의도 있었다(제2바울서신). 그리고 유대계 그리스도교와 이방계 그리스도교의 전통을 동시에 수용한 때도 있었다(공관복음적 그리스도교). 게다가 한동안 홀로 발전하다가 훗날 공교회에 합류한 요한계 그리스도교도 있다. 이처럼 초기 그리스도교는 하나로 통일된 움직임이 아니었다. 또한 정통과 이단의 잣대도 아직 확정되지 않았던 시기였다. 그럼에도 불구하고 초기 그리스도교가 폭넓게 공유한 근본적인 신학적 확신이 신약성경 전반에 걸쳐 나타난다. 그것은 부활절 이후 다양한 형태로 형성된 신앙고백 전승으로서 훗날 정통 신앙의 토대와 기준이 된다. 다음과 같은 세 가지 형태가 두드러진다.

36) 쾨스터(H. Köster)는 요한 전승이 "팔레스타인 유대교 주변에서 발전했으나, 동시에 예루살렘 산헤드린의 통제 외부 지역, 즉 사마리아 같은 곳에서 발전했다"고 추정한다: *Einführung in das Neue Testament* (Berlin/New York: de Gruyter, 1980), 620.

1. 믿음 양식문(Pistis-Formel)

아주 이른 시기의 신앙공동체가 선포한 메시지와 그들의 신앙고백의 핵심 내용을 요약한 것이다. 생성된 삶의 자리에 따라 "선포 양식문"과 ("믿음 양식문=신앙고백 양식문")으로 나눌 수 있다. 전자가 선포의 내용을 강조하며 신앙인으로서 지켜야 할 의무를 전면에 내세운다면, 후자는 예수 그리스도에 대한 신앙고백의 차원을 강조한다. 두 차원을 명백히 구분하기는 쉽지 않다. "믿음 양식문"의 가장 대표적인 예가 고전 15:3b-5이다: **"성경대로 그리스도께서 우리 죄를 위하여 죽으시고 장사 지낸 바 되었다가 성경대로 사흘 만에 다시 살아나사 게바에게 보이시고 후에 열두 제자에게도 [보이셨습니다]."** 이것은 바울이 팔레스타인 신앙공동체에서 물려받은 전승으로서 고린도 교인들에게 전해준 것이다. 예수 그리스도의 대속의 죽음과 부활을 구원사건으로 강조하는 정형화된 본문이다. 본래 고전 15:3b-5의 형태에 6-8절이 첨가된다. 3a절을 통해 이 양식문의 기능을 알 수 있다. 즉, 사도를 통해 "전해진" 것을 신앙공동체가 "받는" 일이다. 이때 "전하다"(παραδίδωμι)와 "받다"(παραλαμβάνω)라는 개념은 전승을 전하는 일과 관련된 전문용어이다. 신앙의 핵심을 온전하게 전하는 일은 복음의 순수성을 보장하는 일과 직결된다.

위의 믿음 양식문과 달리 예수의 죽음을 언급하지 않고 하나님이 예수를 부활시켰다는 사실만을 말하는 선포 양식문도 있고(롬 4:24; 8:11; 10:9; 고전 6:14; 고후 4:14; 갈 1:1; 엡 1:20; 골 2:12; 살전 1:10; 딤후 2:8; 벧전 1:21; 행 13:30, 37), 또한 "우리를 위해 죽으셨다"는 대속 사상의 내용만을 강조하는 양식문도 있다(롬 8:32; 갈 1:4; 2:20; 엡 5:2, 25; 딤전 2:6; 딛 2:14). 아주 이른 시대의 헬라파 유대 그리스도교에서 유래한 신앙고백 양식문으로서 고전 8:6이 있다: **"아버지가 되시는 하나님 한 분이 계시니, 만물이 그분에게서 생겼고, 우리는 그분을 위해서 있습니다. 또한 한 분 주님이신 예수 그리스도가 계시니, 만물이 그로 말미암아 있고, 우리도 그로 말미암**

아 있습니다." 여기에는 바울이 전혀 강조하지 않는 주제인 창조의 중개자로서의 그리스도 표상이 나온다.

2. 환호성(Acclamation)

"예수는 주님이시다!"(고전 12:3) 혹은 "예수 그리스도는 주님이시다!"(빌 2:11)와 같은 환호성을 가리킨다. 여기에는 신앙고백적인 의미도 있다. 헬레니즘 시대의 황제 숭배에서 백성들이 황제를 찬양하는 소리를 외쳤는데, 예수 그리스도에 대한 환호성은 그에 대한 반대 명제의 어감을 담고 있다. 간략한 환호성 외에도 신약성경에는 그리스도의 주권을 높이는 여러 칭호가 나타난다: "그리스도/메시아"(마 16:16, 20; 26:63; 막 14:61; 눅 4:41; 22:67; 행 9:22; 18:5; 17:3; 요 7:26, 41; 10:24; 11:27; 20:31 등), "하나님의 아들"(마 16:16; 눅 4:41; 막 1:11; 9:7; 행 8:37; 9:20; 요 1:34, 49; 10:36; 11:27 등), "다윗의 자손"(마 12:23; 행 8:37; 9:20 등), "세상의 구주"(요 4:42), "인자"(요 3:13; 5:27; 9:35-37), "하나님의 거룩하신 자"(요 6:69), "유대인의 왕"(요 18:33). 이러한 환호성이나 기독론적 칭호에는 십자가에 돌아가신 분이 지금 살아계신 분이라는 초기 그리스도교의 공통된 확신이 전제되어 있다.

3. 그리스도 찬송시(Christ-Hymns)

"그리스도 찬송시" 역시 바울보다 앞선 시대의 신앙공동체에서 비롯되었으나, 예배의 자리에서 유래했다는 점에서 믿음 양식문과는 차이가 있다. 그것은 예배를 드릴 때 불렀던 찬송가로서 복음 선포와 신앙고백의 차원을 모두 포함한다. 예수 그리스도 안에서 역사하시는 하나님의 구원 활동을 나타내는 내용이 특징적이다. 가장 전형적인 찬송시는 빌 2:6-11

과 골 1:15-20에 나온다. 바울 기독론의 핵심인 십자가와 부활 관련 내용 외에도 그리스도의 본질과 관련된 선재성과 성육신의 차원이 나타난다. 빌립보 찬송시의 경우 십자가와 부활의 도식보다는 낮아짐과 높아짐의 도식이 지배적이다. 골로새 찬송시는 창조의 중개자로서의 그리스도 표상 외에도 우주를 그리스도의 몸으로 보며 부활을 통한 화해자로서의 기독론을 강조한다.

Ⅴ. 정경화 과정
- 이단 극복을 위한 초기 그리스도교의 노력

초기 그리스도교는 애초 유대교에서 물려받은 구약만을 "성경"으로 가지고 있었다(막 12:24). 물론 이때 말하는 성경은 주후 1세기 말경 랍비들에 의해 39권의 책을 담은 마소라식 정경을 가리키지 않고, 그보다 확대된 그리스어 구약성경인 이른바 "셉투아긴타"(LXX)를 뜻한다. 그런데 초기 그리스도교 자체에서 유래한 문서들이 예배에 사용되면서, 이들 문서들은 구약성경과 더불어 "거룩한 책"으로 읽혀지면서 복음서 부분과 사도 부분의 두 가지 형태로 수집되기 시작했다. 이미 2세기 중엽 이전에 신약의 일부 문서들만 담은 몇몇 수집물들이 존재했고, 2세기 말경에 오면 정경의 대부분이 완성되면서 수집물의 형태로 사용된다.[37] 거룩한 책들의 수집물이 아직 정경을 뜻하지는 않는다. 그러나 훗날 신약 정경으로 거듭나는 거룩한 책들의 사용을 통해 초기 그리스도교는 유대교와 구분되는 자신의 정체성을 세워나갔다. 그와 더불어 초기 그리스도교 안팎에서 밀

37) 1세기 말경이나 2세기 초에 이미 바울서신들의 수집이 소아시아에서 끝났고, 그러한 수집물에는 마르키온(Marcion)의 카논에 속한 10개의 바울서신들(갈, 고전/후, 롬, 살전/후, 엡[마르키온은 '라오디게아서'라 부름], 골, 빌, 몬) 전부를 포함했을 가능성이 크다. 2세기 말경 수집물의 형태로 사용되는 조짐이 세 명의 교부들(Irenaeus; Tertullianus; Clemens of Alexandria)을 통해 드러난다(W.G. Kümmel, *Einleitung in das Neue Testament*, 433f); cf. G. Theissen, *Die Entstehung des Neuen Testaments als literaturgeschichtliches Problem* (Heidelberg: Winter, ^{2}2011), 303-308.

려오는 극단적인 가르침을 배격하는 수단으로도 활용했다.

초기 그리스도교 시대의 네 가지 기본 분파(바울 그리스도교, 유대 그리스도교, 공관복음 그리스도교, 요한 그리스도교)는 신약의 대다수 책들이 완성되는 2세기 초엽에 이르러 "공교회"에 합류한다. 이를 입증하는 가장 강력한 증거가 다름 아닌 우리가 갖고 있는 신약성경 자체이다. 다양한 분파의 입장이 합류된 신약성경을 통해 초기 그리스도교가 다양성을 억압하지 않고 오히려 보존했다는 사실을 알 수 있다. 바로 그런 이유에서 신약 정경이 다원적인 초기 그리스도교 사회에 비교적 빨리 수용될 수 있었다. 신약 정경의 기본 골격이 드러나기 시작한 2세기 말경에는 정경의 형성을 자신의 목적에 따라 관철시킬 만한 세력이나 조직이 아직 없었다. 그럼에도 불구하고 많은 문서들을 수용하거나 배제시킴으로 정경의 형성이 촉진되었다. 따라서 4세기 말경에 이르러 확정되는 신약 정경은 교회의 권력으로 관철된 것이라고 말하기 어렵다. 정경의 형성은 신약의 거룩한 문서들이 그리스도교 운동에 규범적 토대를 제공했고, 그와 더불어 그리스도교의 정체성과 권위를 스스로 창출해냄으로써 이루어진 것이다. 그러므로 정경의 형성이 겉으로는 당시 공교회의 결정과 관련된 것이 분명하나, 신앙의 눈으로 볼 때 그것은 성령의 역사에 기인한 것이었다고 말할 수 있다. 여러 문서를 수집하거나 배제시킴으로써 일치를 일궈낸 "회중 그리스도교의 위대한 업적"[38]인 신약 정경은 정통 신앙의 보고이자 이단의 도전에 대한 효과적인 방어책이었다. 다시 말해 신약의 정경화 과정은 이단을 극복하고 정통을 세워나가기 위해 애쓴 초기 그리스도교의 위대한 노력이었다.

38) 이와 같이 G. Theissen, *Die Religion der ersten Christen*, 354f. 베르거와 노르트에 따르면 초기 그리스도교는 92개의 문서 및 단편들을 남겼다(K. Berger/Ch. Nord, *Das Neue Testament und frühchristliche Schriften*, Frankfurt: Insel, 2005).

VI. 나오면서

초기 그리스도교는 하나의 신학적 입장으로 통일된 단일 공동체가 아니라 다양한 집단과 공동체들이 여러 신앙적 갈등을 겪으면서 발전하는 가운데 크게 네 가지 분파(바울계 그리스도교, 유대 그리스도교, 공관복음적 그리스도교, 요한계 그리스도교)를 중심으로 공존했던 복합체였다는 사실을 위에서 살펴보았다. 갈등의 주제는 시대에 따라 달랐다. 사도 바울의 예에서 잘 드러나듯이, 제1세대 그리스도교는 유대교와 분리된 그리스도교적 정체성을 아직 갖고 있지 않았기 때문에 율법에서 자유로운 이방인 선교의 정당성 문제가 갈등의 중심을 이루었다. 그러나 제2~3세대 들어와 그리스도교는 유대교와 완전히 분리되면서 새로운 종교적 정체성을 갖추게 된다. 당시 교회들은 크게 두 가지 측면의 도전에 직면한다. 첫 번째 도전은 시간이 흐르면서 1세대 그리스도인들이 전해준 사도적 신앙과의 연결고리가 점차 약화되면서 "그릇된 신앙"으로 변질되는 경향이다. 다른 하나는 복음이 팔레스타인을 넘어 광대한 헬레니즘 세계에 전파되면서 나타나는 도전이다. 이러한 시대적 도전에 대응하기 위해 2~3세대의 그리스도교 분파들은 자신들이 처한 삶의 자리에서 저마다 해결책을 찾았고, 그것이 나중에 신약성경으로 결집된다.

신약성경은 대략 3세대에 걸쳐 살았던 다양한 그리스도교 분파들의 증언을 담고 있다. 따라서 각각의 신약 문서들이 강조하는 신학적 입장은 다양하다. 그럼에도 불구하고 1세대를 거쳐 후대에 면면히 내려온 신학적 유산이 있다. 그것은 최초 신앙공동체로부터 유래한 예수 그리스도에 대한 사도적 신앙고백 전승이다. 이 신앙고백 전승이 당시 그리스도교 분파들을 하나로 묶어주는 연결점이었을 뿐만 아니라, 동시에 초기 그리스도교의 정체성을 나타내는 기준이기도 했다. 그것은 최초 신앙공동체가 후대에 물려준 위대한 신앙유산이었고, 그 유산에 근거하여 신약의 저자들은 자신들이 처한 다양한 삶의 자리에서 복음을 새롭게 수용하여 선포할 수 있었다. 그들이 선포한 메시지가 훗날 신약 정경으로 거듭나고 신앙을 위한 규범이 된다. 이처럼 초기 그리스도교는 사도적 신앙고백과 신약성경이라는 위대한 유산을 정통과 이단을 구분하는 시금석으로 우리에게 물려주었다.

끝으로 오늘 우리의 상황과 관련하여 두 가지 제안을 하면서 본고를 마감하고자 한다. 첫째, 예컨대 요한계시록에 집중하면서 왜곡된 "복음"을 전하는 이단의 도전에 대응하기 위해서는 신약성경이 선포하는 다양한 중심 메시지를 강조할 필요가 있다. 신약성경은 흔히 신약의 두 왕관으로 불리는 바울신학 및 요한신학 외에도 바울 못지않게 십자가신학의 중요성을 강조하는 마가의 신학이나 놀라운 대제사장적 기독론을 선포하는 히브리서의 메시지를 포함한 다양한 주요 메시지를 담고 있다. 신약성경이 증언하는 다양한 메시지를 올바로 수용할 때 오늘날 한국교회를 위협하는 기복주의나 이단의 유혹에 빠지지 않고 우리의 신앙 지평을 넓힐 수 있으리라 생각한다.

둘째, 그리스도교가 증언하는 정통 신앙은 "구원사적인 전망"과 더불어 "사도적 신앙" 위에 있다는 사실을 항시 기억할 필요가 있다. 예수는 구세주 메시아이고 교회는 그의 백성이며 새로운 이스라엘이라는 사실에 대한 역사적 자의식은 오늘의 한국교회가 예루살렘 모교회와 구원사적으로 연결되어 있다는 사실을 뜻한다. 오늘 우리의 신앙고백은 바로 초기 그리스도교가 전해준 사도적 신앙고백의 연속선상에 있다는 사실을 상기할 때 이단의 위협에 효과적으로 대처할 수 있을 것이다.

제3부
신약성서의 메시지

Chapter_10

신약성서가 선포하는 "복음"

I. 들어가면서

오늘날 우리는 "복음"이란 용어의 홍수 시대에 살고 있는 느낌이 든다. 라디오나 텔레비전의 그리스도교 전용 채널을 틀면 이른바 "복음"에 관한 말을 수시로 접할 수 있으며, 그리스도교 서점에 가면 복음이란 단어를 표지에 담고 있는 책을 어렵지 않게 발견할 수 있다. 그뿐만 아니라 우리의 교회와 교인들은 "선교" 혹은 "전도"라는 용어를 자주 사용하고 있는데, 이는 다름 아닌 복음을 전하는 일이다. 게다가 복음이란 단어는 그리스도교가 전하고자 하는 핵심 메시지와 동일시될 수 있기에 "복음"이란 단어와 나란히 나타나는 광고물이나 표제를 주변에서 쉽게 찾아볼 수 있다. 예를 들면, "복음과 문화", "복음과 상황", "십자가와 복음", "복음성가", "복음과 율법", "복음의 사역자" 등. 우리의 교계 환경 가운데 복음이란 단어가 이처럼 자주 광범위하게 사용되고 있는 까닭에 그것에 대해 깊이 생각하기보다는, 너무도 자연스러우며 자명한 뜻을 가진 단어라고 생각하는 경향이 있는 것 같다.

서구 학계와 대조적으로[1] 우리 학계는 이러한 경향에 부응하듯이 신

1) "복음"에 관한 연구는 셀 수 없을 정도로 많다. 그 중 일부만 소개하고자 한다: H. Cancik, *Die Gattung Evangelium*, in: idem(ed.), *Markus-Philologie*, 1984, 85–113; A. Dihle, "Das Evangelium und die biographischen Traditionen der Antike", in: *ZThK 80*, 1983, 33–49; D. Dormeyer, *Evangelium als literarische und theologische Gattung* (Darmstadt, 1989); H. Frankemölle, Evangelium – Begriff und Gattung (Stuttgart, 1988); G. Friedrich, "euvvaggeli,zomai, euvagge,lion ktl.", in: *ThWNT* II, 705–735; R. Guelich, "The Gospel Genre", in: *Das Evangelium und die Evangelien*, 183–219; H. Koester, *Ancient Christian Gospels*, ^{3}1992; G.N. Stanton, *The Gospels and Jesus*, 1989(= 『복음서와 예

약성서에 나타나는 "복음"이란 단어가 구체적으로 어떤 의미로 사용되었는가에 대해 별로 관심을 보이지 않고 있다. 신약성서가 기록되던 시기는 일사분란하며 통일된 교회조직을 갖고 있던 시기가 아직 아니었으며, 또한 신약성서 저자들은 각자가 속한 특유의 교회 환경 가운데에서 저마다 나름대로의 강조점과 특징을 갖고 복음을 선포하였다. 따라서 각 성서 저자들이 전하는 복음의 내용도 다양한 모습을 갖게 되었다. 다음과 같은 질문이 자연스럽게 일어난다. 신약성서는 "복음"이란 개념을 어떻게 정의하고 있는가? 신약성서 저자들은 이 단어를 통해 무슨 메시지를 전하고자 하였는가? 신약성서 저자들이 전하는 복음의 메시지는 한마디로 예수 그리스에 대한 메시지라고 요약할 수 있을 텐데, 도대체 "예수 그리스도에 대한 메시지"가 내용적으로 무엇을 뜻하는가? "복음"이란 용어는 어디에서 기원한 것인가? "복음"과 "케리그마"는 어떤 관계에 있는가?

본 장에서는 이러한 질문에 대답을 시도하는 가운데, 특히 신약성서 저자들이 "복음"이란 단어를 어떤 의미로 사용하고 있는가를 밝히며, 이들이 강조하는 복음의 메시지를 드러내는 데 초점을 맞추고자 한다. 우리가 너무도 당연하게 여기고 있는 그리스도교 신앙의 핵심 용어에 대한 신약성서 저자들의 메시지를 내용적으로 이해함으로써 복음의 정체성이 흔들리는 오늘날, 우리 자신의 신앙을 되돌아보며 다지는 계기가 될 수 있을 것이다.

우리말로 "복음"이라고 번역한 그리스어 "유앙겔리온"(εὐαγγέλιον)이라는 단어는 본래 "좋은 소식" 혹은 "기쁜 소식"을 나타낸다. 그런데 그리스도인들이 이 단어를 하나님과 관련되거나 하나님으로부터 온 소식을 가리키는 용어로 사용하면서 그리스도에 대한 선포를 나타내는 그리스도교 전문용어(terminus technicus)가 되었다. 이 단어는 신약성서에 모두 76회에

수』, 서울: 대한그리스도교서회, 1997); G. Strecker, "εὐαγγελίζω u. εὐαγγέλιον", in: *EWNT* II, 176–186; P. Stuhlmacher(ed.), *Das Evangelium und die Evangelien*, 1983; idem, "Evangelium", in: *EKL* I, 1217–1221; idem, *Das paulinische Evangelium: I. Vorgeschichte* (Göttingen, 1968); C.H. Talbert, *What is a Gospel?* (Philadelphia, 1977); G. 타이센, 『복음서의 교회정치학』 (서울: 대한그리스도교서회, 2001).

걸쳐 나타난다. 그중 모두 61회가 바울서신 가운데 사용되었으며(바울친서에 49회, 제2바울서신에 12회), 사도행전에 2회, 베드로전서에 1회, 요한계시록에 1회 나타난다. 복음서 중에는 단지 마가복음에 7번 그리고 마태복음에 4번 나타날 뿐이다. 누가복음과 요한문서를 비롯하여 디도서, 히브리서, 베드로후서, 야고보서 및 유다서에는 전혀 나타나지 않는다.[2] 신약성서 저자에 따라 이 용어에 대한 이해와 강조점에 차이가 나타난다. 먼저 신약성서에 나타나는 복음 이해에 관해 살펴보고, 이어서 복음이란 단어의 기원과 유래에 대하여 또한 복음과 케리그마와의 관계에 대해서도 간단히 다루고자 한다.

II. 신약성서에 나타나는 복음 이해

신약성서 저자들의 복음 이해를 다루기에 앞서, 역사적 예수가 복음이란 개념을 사용했는가의 문제로부터 시작하고자 한다.

1. 역사적 예수와 관련하여

예수는 한 편의 글도 남기지 않았기에, 자신이 선포하는 메시지를 어떻게 불렀는지를 확인하기 위해서는 우선적으로 복음서에 담겨 있는 "예수 어록"(Q) 전승을 살펴볼 필요가 있다. 그런데 예수 어록 가운데는 이 단어가 한 번도 나타나지 않고 있다. 반면, 마가복음에는 두 번 예수의 말로 나타난다.

(막 1:15) "([14]요한이 잡힌 후 예수께서 갈릴리에 오셔서 하나님의 복음을 전파하여) [15]***이르시되 때가 찼고 하나님의 나라가 가까이 왔으니 회개하고***

2) K. Aland(ed.), *Vollständige Konkordanz zum griechischen Neuen Testament* (Berlin/New York, 1975).

복음을 믿으라 하시더라."
(막 14:9) *"내가 진실로 너희에게 이르노니 온 천하에 어디서든지 복음이 전파되는 곳에는 이 여자가 행한 일도 말하여 그를 기억하리라* 하시니라."

막 1:15는 마가가 전승을 사용하여 예수의 사역을 종합하고 있는 요약문(Summarium)이다. 여기에 예수의 전승이 어느 정도로 수용되었는지는 확정짓기 어렵다. 아마도 15절의 전반에 나오는 "하나님의 나라가 가까이 왔다"는 진술이 예수 전승에서 유래한 것으로 볼 수 있다. 하나님 나라의 도래에 대한 선포는 의심의 여지없이 예수 선포의 핵심에 속하기 때문이다. 그러나 "회개하고 복음을 믿으라"는 후반의 진술은 ***초기 그리스도교의 선교어***(urchristliche Missionssprache)에서 유래한 것으로 간주된다.[3] 또한 막 14:9는 예수께서 베다니에서 한 여인으로부터 기름 부음을 받는 장면에 속하는 예수님의 말씀으로 나온다("내가 진실로 너희에게 이르노니 온 천하에 어디서든지 복음이 전파되는 곳에는 이 여자가 행한 일도 말하여 그를 기억하리라 하시니라"). 이 구절의 경우도 초기 그리스도교 선교어의 영향을 받은 것으로 보인다. 이렇게 볼 때, 예수가 "복음"이란 단어를, 즉 이것의 히브리어 '브소라'(בשׂרה) 혹은 이에 상응하는 아람어 '브소르타'(בשׂורתא)란 단어를 사용하여[4] 자신이 전하는 메시지를 표현했는가를 밝히는 일은 간단하지 않게 보인다. 초기 그리스도교의 선교 문맥에서 생성된 선교 메시지로부터 유래한 전승을 마가가 사용한 것으로 간주하는 입장이 현재 많은 학자들로부터 지지를 받고 있다. 슈툴마허(P. Stuhlmacher)는 이미 부활절 이전에 예수의 선포를 '브소라' 혹은 '브소르타'란 단어를 사용하여 표현했을 가능성을 열어놓고자 한다.[5]

---

3) J. Ernst, *Das Evangelium nach Markus* (Regensburg, 1981), 50.

4) 히브리어 구약성서는 "좋은 소식을 전하다"라는 뜻으로 동사 בשׂר (Piel과 Hitpael)를 사용하며(예컨대, 시 40:10; 사 60:6), "좋은 소식"을 뜻하는 명사로는 בשׂרה 를 사용한다(삼하 18:27; 왕하 7:9).

5) P. Stuhlmacher, Artikel "Evangelium", in: *Evangelische Kirchenlexikon* 1, 1218.

2. 바울 이전 시대 초기 그리스도교의 복음 이해

바울 이전 시대 초기 그리스도교가 예수 그리스도에 대한 선포를 나타내는 말로 "복음"이란 개념을 사용했다는 사실은 분명하다. 이는 바울문서에 담겨 있는 전형적인 양식을 갖춘 진술을 통해 알 수 있다. 이들 양식화된 진술은 바울 이전 시대 초기 그리스도교에서 유래한 신앙고백문들이다. 여기에서 초기 그리스도교가 선포했던 "복음"에 관한 이해를 엿볼 수 있다. 다음의 세 구절이 대표적이다: 고전 15:1ff; 롬 1:1ff; 살전 1:1ff.

고전 15:1ff에서 바울은 믿음의 선배들로부터 "받은" 것을 고린도 교인들에게 "전한" 복음이라고 부르면서(15:1, 3a),[6] 초기 그리스도교에서 유래한 전승을 다음과 같이 인용한다[7]: (고전 15:3b-5) **"성경대로 그리스도께서 우리 죄를 위하여 죽으시고 4 장사 지낸 바 되셨다가 성경대로 사흘 만에 다시 살아나사 5 게바에게 보이시고 후에 열두 제자에게와."** 이 전승을 가리켜 "믿음 양식문"(Pistis-Formel)이라 부른다.[8] 압축된 진술 형태로 되어 있는 이 전승은 당시 신앙공동체가 가졌던 복음 이해를 보여준다. 여기에서 ***예수 그리스도의 대속의 죽음과 부활이*** 복음의 내용으로 강조되고 있다.

롬 1:1ff 역시 복음이란 개념을 바울 이전의 신앙고백과 연결시킨다. (롬

---

6) 여기서 "받다"(παραλαμβάνειν)는 구전의 토라 전승을 전해주는 것을 가리키는 히브리어 동사 מסר에 해당되며, "전하다"(παραδιδόναι)는 전수받는 것을 가리키는 동사 קבל에 해당되는 전문용어(terminus technicus)이다.

7) J. Jeremias는 고전 15:3-5를 최초 팔레스타인 신앙공동체에서 유래한 것으로 여긴다(*Die Abendmahlsworte Jesu*, Göttingen 1960, 95f). 바울이 전혀 사용하지 않는 표현들(예를 들면, κατὰ τὰς γραφάς, ὤφθη, οἱ δώδεκα 또는 "세 번째" 날의 부활)이 이곳에 몰려 있다는 사실에서 이 본문이 바울 이전 시대의 전승에서 유래한 것임을 알 수 있다. 이 전승의 범위를 둘러싸고 학자들 사이의 논란이 있다. 이에 관해 Chr. Wolff, *Der erste Brief des Paulus an die Korinther* (Leipzig, 1996), 356ff를 참조할 것.

8) P. Stuhlmacher는 이 전승을 가리켜 "초기 그리스도교적 수난 및 부활 교리문답의 요약문"("-Summarium urchristlicher Passions- und Auferweckungskatechese")이라고 부른다(Biblische Theologie I, 169).

1:3b-4a) "3 그의 아들에 관하여 말하면 육신으로는 다윗의 혈통에서 나셨고 4 성결의 영으로는 죽은 자들 가운데서 부활하사 능력으로 하나님의 아들로 선포되셨으니 곧 우리 주 예수 그리스도시니라."[9] 3절의 진술은 예수가 메시아라는 사실을 강조하며, 4절은 부활한 분이 하늘로 올리움을 입은 하나님의 아들임을 말한다. 여기에서 "하나님의 복음"(1:1)은 "아들의 복음"(1:9)과 동일시되고 있는 가운데, "복음"이란 개념이 ***기독론적으로 해석***되고 있다. 즉 육신의 몸을 입은 다윗의 아들은 곧 올리움을 입은 하나님의 아들이라고 선포한다. 또한 이와 같은 사실은 하나님의 선지자들을 통하여 (구약) 성경 가운데 예언된 것임을 증언한다(1:2).

또한 살전 1:9b-10은 바울 이전 시대 초기 그리스도교에서 유래한 선교언어 전승에 속한다("**9 … 너희가 어떻게 우상을 버리고 하나님께로 돌아와서 살아 계시고 참되신 하나님을 섬기는지와 10 또 죽은 자들 가운데서 다시 살리신 그의 아들이 하늘로부터 강림하실 것을 너희가 어떻게 기다리는지를 말하니 이는 장래의 노하심에서 우리를 건지시는 예수시니라**"). 이 본문은 신앙고백의 내용으로 두 가지 사항을 강조한다. 하나는 ***살아계시고 참되신 하나님에게로 돌아가는 것이고, 다른 하나는 하나님의 아들이 강림할 것을 대망***하는 것이다.

3. 바울의 복음 이해

바울은 "복음"이란 단어를 신약성서 저자 가운데 그 누구보다도 많이 사용한 사람이다. 앞서 언급했듯이 이른바 바울친서에만 모두 49회 사용되었는데,[10] 이것은 신약성서에 나타나는 전체 빈도수의 거의 3분의 2에

---

9) 롬 1:3-4가 바울 이전 시대에서 유래한 본문이라는 근거에 관해 다음을 참조할 것: E. Lohse, *Der Brief an dir Römer* (Göttingen, 2003), 64f.

10) 롬 1:1, 9, 16; 2:16; 10:16; 11:28; 15:16, 19, 29; 16:25; 고전 4:15; 9:12, 14(2회), 18(3회), 23; 15:1; 고후 2:12; 4:3, 4; 8:18; 9:13; 10:14; 11:4, 7; 갈 1:6, 7, 11; 2:2, 5, 7, 14; 빌 1:5, 7, 12,

해당하는 숫자이다. "복음"이란 단어를 이처럼 많이 언급한다는 사실에서 바울이 복음에 대해 남다른 애착을 갖고 있다는 것을 쉽게 유추해낼 수 있다. 실로 바울의 선포와 신학에서 "복음"이란 개념은 핵심 역할을 하고 있다.[11] 이처럼 중요한 복음의 순수성을 지키기 위해 바울은 "다른 복음"(갈 1:6)을 전하는 적대자들과 심한 논쟁도 불사하였으며, 복음을 전하기 위해 자신의 온 삶을 바친 사람이었다. 바울은 신약성서 저자 중 제일 앞선 시대에 살았던 사람이었고(대략 40~50년대), 그가 활동하던 시기에 비록 앞선 시대로부터 유래한 복음에 관한 몇몇 양식화된 표현들이 전해 내려왔을지라도, 아직 복음에 대한 내용 정의가 확정된 시기가 아니었다. 따라서 바울은 나름대로의 신학적 강조점을 사용하여 복음에 대한 메시지를 전할 수 있었다. 바울의 복음 이해를 다음과 같이 요약할 수 있다.

1) 구원하는 능력으로서의 복음

바울은 복음을 가리켜 "하나님의 복음"(살전 2:2, 8; 롬 1:1)이라고 부른다. 이때 복음이란 개념은 "행위 명사"(nomen actionis)로 이해해야 한다. 다시 말하면 복음은 하나님의 사역을 가리키는 개념이다. 바울은 하나님의 복음을 죄인 된 인간을 구원하는 하나님의 능력으로 이해한다(롬 1:16 "**내가 복음을 부끄러워하지 아니하노니 이 <u>복음은 모든 믿는 자에게 구원을 주시는 하나님의 능력</u>이 됨이라 먼저는 유대인에게요 그리고 헬라인에게로다**").

2) 그리스도에 대한 선포로서의 복음

공관복음서기자들이 복음의 내용으로 하나님의 나라를 선포한 것과

16, 27(2회); 2:22; 4:3, 15; 살전 1:5; 2:2, 4, 8, 9; 3:2; 몬 13 .

11) F. Hahn, *Theologie des Neuen Testaments, Bd. 1: Die Vielfalt des Neuen Testaments* (Tübingen, 2002), 189.

달리,[12] 바울은 복음을 기독론적으로 묘사한다. 즉, 바울은 하나님에 의해 파송되어 ***십자가에 죽었다가 부활한 그리스도에 대한 선포***를 복음으로 이해한다. 다메섹 체험을 통해 그리스도에 대한 진정한 깨달음에 도달한 바울은 십자가에 죽은 자를 하나님의 능력과 지혜로 선포한다.

> (고전 1:23-24) 23 우리는 **십자가에 못 박힌 그리스도를 전하니**[=선포하니] 유대인에게는 거리끼는 것이요 이방인에게는 미련한 것이로되 24 오직 부르심을 받은 자들에게는 유대인이나 헬라인이나 **그리스도는 하나님의 능력이요 하나님의 지혜**니라
> (고전 1:30) 너희는 하나님으로부터 나서 그리스도 예수 안에 있고 **예수는** 하나님으로부터 나와서 우리에게 **지혜와 의로움과 거룩함과 구원함이 되셨으니**
> (고전 2:2) 내가 너희 중에서 **예수 그리스도와 그가 십자가에 못 박히신 것** 외에는 아무 것도 알지 아니하기로 작정하였음이라

3) 율법과 대립된 개념으로서의 복음

바울은 복음을 ***율법과 대립된 개념***으로 이해한다. 그리스도의 계시를 통해 바울은 율법 추종에 열정적이었던 삶에서 벗어나 그리스도를 섬기는 삶으로 전환하였으며(갈 1:13-14), 그리스도를 "모든 믿는 자에게 의를 이루기 위한 율법의 마침"(롬 10:4)으로 선포한다. 율법과 대립된 개념으로서의 복음을 가리켜 바울은 "자신의 복음"이라고 강조한다(갈 1:11 "내가 전한 복음"; 살전 1:5 "우리 복음"; 롬 2:16 "나의 복음").

4) 믿음으로 주어지는 죄인의 칭의로서의 복음

죄인 된 자신을 그리스도가 용납한 것을 깨달은(롬 15:7) 바울은 죄인 된 인간들과 하나님을 화목하게 만드는 말씀으로 복음을 이해하는 가운

---

12) "그 나라(basileia)의 복음"(마 4:23; 9:35; 24:14; cf. 막 1:14-15); "하나님의 나라 복음을 전하다"(눅 4:43; 8:1; 16:16; 행 8:12).

데(고후 5:17–21), 율법에 대한 순종을 통해서가 아니라 오직 그리스도를 믿음으로 주어지는 ***죄인의 칭의***를 복음의 중심으로 선포한다.

(빌 3:7–10) 7 그러나 무엇이든지 내게 유익하던 것을 내가 그리스도를 위하여 다 해로 여길뿐더러 8 또한 모든 것을 해로 여김은 내 주 그리스도 예수를 아는 지식이 가장 고상하기 때문이라 내가 그를 위하여 모든 것을 잃어버리고 배설물로 여김은 그리스도를 얻고 9 그 안에서 발견되려 함이니 **내가 가진 의는 율법에서 난 것이 아니요 오직 그리스도를 믿음으로 말미암은 것이니 곧 믿음으로 하나님께로부터 난 의라** 10 내가 그리스도와 그 부활의 권능과 그 고난에 참여함을 알고자 하여 그의 죽으심을 본받아

(롬 3:21–26) 21 이제는 율법 외에 하나님의 한 의가 나타났으니 율법과 선지자들에게 증거를 받은 것이라 22 곧 **예수 그리스도를 믿음으로 말미암아 모든 믿는 자에게 미치는 하나님의 의**니 차별이 없느니라 23 **모든 사람이 죄를 범하였으매 하나님의 영광에 이르지 못하더니** 24 **그리스도 예수 안에 있는 속량으로 말미암아 하나님의 은혜로 값 없이 의롭다 하심을 얻은 자 되었느니라** 25 이 예수를 하나님이 그의 피로써 믿음으로 말미암는 화목제물로 세우셨으니 이는 하나님께서 길이 참으시는 중에 전에 지은 죄를 간과하심으로 자기의 의로우심을 나타내려 하심이니 26 곧 이 때에 자기의 의로우심을 나타내사 자기도 의로우시며 또한 **예수 믿는 자를 의롭다 하려 하심이라**

5) 불신자에겐 감춰져 있는 하나님의 지혜와 약속으로서의 복음

바울은 복음을 구전으로 전해 내려오는 만세 전에 약속된 지혜의 말씀으로 이해한다.

(고전 2:6–16) "6 그러나 우리가 온전한 자들 중에서는 지혜를 말하노니 이는 이 세상의 지혜가 아니요 또 이 세상에서 없어질 통치자들의 지혜도 아니요 7 **오직 은밀한 가운데 있는 하나님의 지혜**를 말하는 것으로서 곧 감추어졌던 것인데 하나님이 우리의 영광을 위하여 만세 전에 미리 정하신 것이라 …"

(고후 4:3–4) "3 만일 **우리의 복음**이 가리었으면 망하는 자들에게 가리어진 것이라 4 그 중에 이 세상의 신이 믿지 아니하는 자들의 마음을 혼미하게 하

여 **<u>그리스도의 영광의 복음</u>**의 광채가 비치지 못하게 함이니 그리스도는 하나님의 형상이니라"

믿지 않는 자에게는 숨겨져 있는 복음은 구약성서에 예언된 하나님의 약속에 뿌리를 두고 있으며(롬 1:1-2), 그리스도의 재림과 온 이스라엘의 구원을 목표로 삼고 있다(롬 11:25-31).

4. 제2바울서신의 복음 이해

바울의 유산을 잘 물려받은 바울학파(골, 엡, 살후, 딤전/후, 딛)에 따르면,[13] 복음은 그리스도에 나타난 하나님의 구원 계획에 관한 비밀을 계시하며(엡 1:9ff; 6:19), 구원을 약속하는 "진리의 말씀"(ὁ λόγος τοῦ ἀληθείας 엡 1:13; 골 1:5)이다. 특히 목회서신은 거짓 가르침이 아니라 바울로부터 전해 내려오는 복음을 "부탁된 아름다운 것"(딤후 1:14; 2:8ff)으로 받아들이면서 기억하고 보존해야 할 귀한 교훈 전승(= 가르침)으로 여긴다.

(딤후 1:14) "우리 안에 거하시는 성령으로 말미암아 네게 부탁한 아름다운 것을 ***지키라***"
(딤후 2:8) "내가 전한 복음대로 다윗의 씨로 죽은 자 가운데서 다시 살아나신 예수 그리스도를 ***기억하라***"

한마디로, 사도 바울로부터 유래하는 귀한 가르침이 곧 대대로 보존하며 전해야 할 아름다운 복음과 동일시된다.

---

13) 이른바 "제2바울서신"에 관한 개론적인 설명을 위해서는 예컨대: 김창선, 『한국교회를 위한 21세기 신약성서 해설』, (시유시 2005)을 참조하시오. "복음"이란 단어가 다음의 구절에 나타난다: 또한 엡 1:13; 3:6; 6:15, 19; 골 1:5, 23; 살후 1:8; 2:14; 딤전 1:11; 딤후 1:8, 10; 2:8.

5. 네 복음서의 복음 이해

1) 마가의 복음 이해

마가복음에서 "복음"이란 개념은 중요한 역할을 한다. 훗날 만들어진 제목(εὐαγγέλιον κατὰ Μᾶρκον)과 마가 이후 시대에서 유래한 확대된 본문(16:15)을 제한다면, 마가복음에 나타나는 7 구절은 모두 마가의 편집에서 비롯된 것이다(1:1; 1:14; 1:15; 8:35; 10:29; 13:10; 14:9; [cf. 16:15]). 이 가운데 특히 마가복음의 본래제목으로 간주되는 1장 1절과 또한 예수의 갈릴리 사역을 종합하고 있는 진술(1:14-15)에 마가의 복음이해가 잘 나타난다.

> (막 1:1) 1 하나님의 아들 예수 그리스도의 복음의 시작이라
> (막 1:14-15) 14 요한이 잡힌 후 예수께서 갈릴리에 오셔서 하나님의 복음을 전파하여 15 이르시되 때가 찼고 하나님의 나라가 가까이 왔으니 회개하고 복음을 믿으라 하시더라

여기에서 마가는 예수의 선포와 역사를 온 세상에 증거해야 할 복음(13:10)의 기원이며 내용으로 이해했다는 사실을 알 수 있다. 이처럼 나사렛 ***예수의 전체 역사***를 복음의 내용과 동일시하는 시각은 초기교회나 바울이 ***예수의 십자가죽음과 부활사건***을 복음으로 강조하는 시각과는 차이가 있다. 역사에 대한 이해와 그리스도에 관한 이해가 함께 어울림으로써 나사렛 예수의 전체 역사를 하나님의 구원활동의 완성으로 본다.

2) 마태의 복음 이해

마태복음에는 "복음"이란 개념이 네 번 나타나는데, 복음이란 개념이 절대적인 용법으로 사용되지 않고 지시어와 함께 사용되거나(마 24:14 τοῦτο τὸ εὐαγγέλιον τῆς βασιλείας "하나님 나라에 대한 이 복음"[14]; 26:13 τὸ εὐαγγέλιον

14) "개역개정판"은 "이 천국복음"이라고 번역하였고, "표준새번역"은 "이 하늘 나라의 복음"이라

τοῦτο "이 복음") 혹은 "하나님 나라(=천국)"와 더불어 사용된다(마 4:23; 9:35; 24:14). 이로써 이 개념에 대한 정의가 열려있다는 사실을 알 수 있다. 마태가 마가복음의 영향을 받았으나 마가보다 더욱 강조하여 복음이란 개념을 "선포하다"(κηρύσσειν)라는 동사와 연결시킨다. 마태에게 복음이란 ***구원을 중개하는 선포이면서 동시에 실천사항***이다(마 4:23; 9:35 "천국 복음을 전파하시며 백성 중의 모든 병과 모든 약한 것을 고치시니라"). 이런 시각에 따라 마태는 하나님의 뜻을 행함을 나타내는 "의의 길"("Der Weg der Gerechtigkeit")을 강조한다(마 7:21 "나더러 주여 주여 하는 자마다 다 천국에 들어갈 것이 아니요 다만 하늘에 계신 내 아버지의 뜻대로 행하는 자라야 들어가리라").[15)]

3) 누가의 복음 이해

누가는 자신의 복음서에는 "복음"이란 명사를 사용하지 않고 동사 "εὐαγγελίζεσθαι"(="좋은 소식을 전하다")를 사용한다. 누가는 역사와 관련짓는 문맥에서 이 동사를 천사의 선포(1:19; 2:10)와 세례 요한의 선포(3:18) 및 예수의 선포(4:18; 7:22)를 가리키는 것으로 사용한다. 반면 사도행전에는 복음이란 개념이 두 번 나타나는데, 이방인 가운데 선교하는 ***사도들의 선포***를 가리킨다. 따라서 베드로 설교와 바울의 설교를 복음으로 이해한다(행 15:7 "베드로가 일어나 말하되 형제들아 너희도 알거니와 하나님이 이방인들로 내 입에서 복음의 말씀을 들어 믿게 하시려고 오래 전부터 너희 가운데서 나를 택하시고"; 행 20:24 "내가 달려갈 길과 주 예수께 받은 사명 곧 ***하나님의 은혜의 복음***을 증언하는 일을 마치려 함에는 나의 생명조차 조금도 귀한 것으로 여기지 아니하노라"). 이로써 누가는 ***사도적 선포***(apostolische Verkündigung)를 예수의 설교를 단순히 반복하는 것으로 이해하지 않고, 예수 그리스도의 십자가와 부활에 결정적으로 드러난 구원사건으로 이해하였음을 알 수 있다.

고 번역하였다.

15) 이와 관련하여 G. Strecker, *Der Weg der Gerechtigkeit, Untersuchung zur Theologie des Matthäus* (Göttingen, ^{3}1971)을 참조하시오.

4) 요한의 복음 이해

독자적인 전승 과정을 갖고 있는 요한은 (요한복음과 요한서신) 복음이란 개념을 전혀 사용하지 않는다. 그 대신 복음이 목표로 삼고 있는 것을 나타내기 위해 "증언" 혹은 "증언하다"라는 단어를 즐겨 사용한다.[16] 예를 들면:

> (요 21:24) "이 일들을 증언하고 이 일들을 기록한 제자가 이 사람이라 우리는 그의 ***증언***이 참된 줄 아노라"

6. 베드로전서

4:17에 유일하게 언급되는 "하나님의 복음"은 영원한 하나님의 말씀(1:23–25)으로 이해할 수 있는데, 이를 믿지 않는 자는 죽음의 심판에 떨어질 것을 말한다(4:17 "하나님의 집에서 심판을 시작할 때가 되었나니 만일 우리에게 먼저 하면 ***하나님의 복음***을 순종하지 아니하는 자들의 그 마지막은 어떠하며").

7. 요한계시록

복음이란 단어가 유일하게 14장 6절에 나타난다("또 보니 다른 천사가 공중에 날아가는데 땅에 거주하는 자들 곧 모든 민족과 종족과 방언과 백성에게 전할 ***영원한 복음***을 가졌더라"). 여기에 유대 그리스도교가 사용했던 고답적인 언어 사용이 드러나고 있는데, ***임박한 하나님의 심판에 대한 선포***를 만백성을 향한 "영원한 복음"으로 부른다.

---

16) "증언"이라는 명사는 신약성서 가운데 모두 37회 상용되었는데, 주로 요한문서에 집중되어 있다(요한복음에 14회, 요한일서 6회, 요한삼서 1회, cf. 요한계시록 9회). 나머지는 마가복음에 3회, 누가복음과 사도행전에 각각 1회, 목회서신에 2회 나타난다.

Ⅲ. 구전 복음에서 "복음서"로

예수 그리스도에 대해 입으로 전하는 선포를 가리키는 "복음"(εὐαγγέλιον) 이란 용어가 2세기 전반에 와서는 좀 다른 의미를 가리키게 된다. 이제 "복음"이란 단어는 책을 가리키는 명칭으로 사용된다.

> (Didache 11,3) "3 사도 및 예언자와 관련하여서: ***복음서의 계명에 따라***(κατὰ τὸ δόγμα τοῦ εὐαγγελίου) 그와 같이 행하라. 4 너희에게 오는 사도마다 5 단지 하루만 머무르게 하라. 필요한 경우엔 이틀을. 그런데 그가 사흘을 머문다면, 그는 거짓사도이다" ; 15,3–4
> (2Clem 8,5) "***주님이 복음서에서*** 말씀하신다(λέγει γὰρ ὁ κύριος ἐν τῷ εὐαγγελίῳ): 너희가 작은 것을 보존하지 않는다면 누가 너희에게 큰 것을 주겠는가? …"
> (cf. Justinos, Apology I 66,3)[17]

이와 비슷한 시기에 신약성경에 나타나는 사 복음서의 제목들이 ("마가에 의한 복음", "마태에 의한 복음", "누가에 의한 복음" 그리고 "요한에 의한 복음") 생겨났을 것으로 보인다. 이 제목들은 의심의 여지없이 책을 가리킨다. 이 제목은 복음서기자들에 의해 명명된 것이 아니라, 후대 교회에 의해 붙여진 것이다. 마르틴 헹엘(Martin Hengel)에 따르면, 사 복음서의 제목들은 이미 70~100년 사이에 교회 도서관에 비치된 여러 복음서를 구분할 목적에서 생겨났을 것이라고 한다.[18] 이로부터 유추해낼 수 있는 사실은, "…에 의한 복음"이라는 제목은 단순히 저자가 누구인가를 말하는 정보를 뜻하는 것이 아니라, 계시된 복음은 오직 하나만이 존재하며 그것이 네 명의 증인에 의해서 다양한 방식으로 기술되었을 뿐이라는 것이다. 계시된

17) "열두 사도의 가르침"이라고도 불리는 디다케(Didache)는 2세기 초에 기록되었으며, 제2클레멘스서(2Klemens=2Clement)는 130~150년경에 기록된 것으로 추정한다: 이와 같이 K. Wengst, *Didache(Apostellehre), Barnabasbrief, Zweiter Klemensbrief, Schriften Diogenet*, (Darmstadt, 1984). 순교자 저스틴(Justinos)은 165년에 로마에서 죽는다.

18) M. Hengel, *Die Evangelienüberschriften*, 1984.

복음의 통일성을 강조한 표제임을 나타낸다.

복음서의 제목에는 긴 형태와 짧은 형태가 있다. 복음서들이 개별적으로 사용될 때에는 εὐαγγέλιον κατὰ Μᾶρκον("마가에 의한 복음"), εὐαγγέλιον κατὰ Μαθθαῖον("마태에 의한 복음") 등과 같이 긴 형태의 제목이 통상적이었다가, 사복음서가 정경으로 집약되면서 짧은 형태의 제목[Κατὰ Μᾶρκον("마가에 의한"), Κατὰ Μαθθαῖον("마태에 의한")] 등만으로 충분하게 되었다. 3세기 전반에 활동했던 오리게네스(Origenes, 185~254년)는 자신의 요한복음 주석서 가운데 사 복음서에서뿐만 아니라 *서신서*에서도 복음을 발견할 수 있다는 진술을 하고 있다(Johannes-Kommentar 1,3). 여기에서 오리게네스가 가리키는 "복음" 개념이 십자가죽음과 부활사건을 포함하는 예수의 전체 역사를 "복음"이라고 불렀던 마가의 복음이해로부터 벗어났음을 알 수 있다.

IV. "복음"과 "케리그마"(κήρυγμα)의 관계

본론의 마지막 부분으로 "복음"이란 개념과 관련하여, "케리그마"라는 단어에 대하여 살펴보는 것도 유익하리라고 생각된다. 내용적인 면에서 볼 때, 명사 "선포"(κήρυγμα) 혹은 동사 "선포하다"(κηρύσσω)라는 단어는 "복음"이란 개념과 밀접하게 연관되었기 때문이다. 이들 단어는 "복음"(εὐαγγέλιον) 혹은 "좋은 소식을 전하다"(εὐαγγελίζεσθαι)라는 개념과 더불어 초기 그리스도교가 즐겨 선교어로 사용했던 개념이다.

바울서신뿐만 아니라 마가복음에도 동사 "선포하다"는 종종 "복음" 혹은 "그리스도"를 목적어로 삼아 함께 사용된다(예를 들면, 살전 2:9 "하나님의 복음을 전하다"; 갈 2:2 "이방 가운데서 전파하는 복음을"; 고전 1:23 "십자가에 못 박힌 그리스도를 전하니"; 막 1:14 "하나님의 복음을 전파하다"; 13:10 "복음이 먼저 만국에 전파되어야 할 것이니라"; 14:9 "복음이 전파되는 곳에는"; 16:15 "만민에게 복음을 전파하라"). 이 경우, 선포의 행위는 선포하는 자와 이를 듣는 자를 하나로 묶는 사건을 뜻한다.

바울서신에는 "선포하다"라는 동사 외에도 명사형 **"케리그마"**가 나타나는데, 아마도 바울이 최초로 "케리그마"라는 명사를 그리스도에 관한 선포를 가리키는 전문 용어로 사용한 것으로 보인다. 바울학파에서는 단지 딤후 4:17; 딛 1:3(cf. 롬 16:25)에만 나타날 뿐, 신약성서 다른 어느 곳에서도 찾을 수 없기 때문이다.[19] 고전 2:4("내 말과 내 ***전도함***[=케리그마]이 설득력 있는 지혜의 말로 하지 아니하고 다만 성령의 나타나심과 능력으로 하여")와 고전 15:14("그리스도께서 만일 다시 살아나지 못하셨으면 우리가 ***전파하는 것***[=케리그마]도 헛것이요 또 너희 믿음도 헛것이며")의 경우, 케리그마는 선포하는 행위를 가리킨다면, 고전 1:21의 경우에는 복음의 내용, 즉 예수 십자가의 어리석음을 나타낸다("하나님의 지혜에 있어서는 이 세상이 자기 지혜로 하나님을 알지 못하므로 하나님께서 ***전도***[=케리그마]의 미련한 것으로 믿는 자들을 구원하시기를 기뻐하셨도다").

복음서에 나타나는 "선포하다"라는 개념의 사용은 앞서 언급한 것과 유사하다. 마가는 예수의 지상 사역과 말씀선포를 십자가와 부활에 관한 초기 그리스도교의 케리그마에 포함시켰는데, 바로 이 점에 그의 신학적 공헌이 있다. 마태는 복음 선포를 교훈의 차원과 긴밀하게 연결시키는 특징을 갖고 있다(예를 들면, 마 4:23 "예수께서 온 갈릴리에 두루 다니사 그들의 회당에서 ***가르치시며 천국 복음을 전파하시며*** 백성 중의 모든 병과 모든 약한 것을 고치시니"; 9:35 "예수께서 모든 도시와 마을에 두루 다니사 그들의 회당에서 ***가르치시며 천국 복음을 전파하시며*** 모든 병과 모든 약한 것을 고치시니라"; 11:1 "예수께서 열두 제자에게 명하기를 마치시고 이에 그들의 여러 동네에서 ***가르치시며 전도하시려고*** 거기를 떠나 가시니라"). 누가는 "εὐαγγελίζεσθαι", "κηρύσσω"라는 동사를 동시에 사용하는 가운데, 케리그마를 구원사적인 문맥에서 이해한다(예를 들면, 눅 4:43–44 "43 예수께서 이르시되 내가 다른 동

19) 마 12:41 혹은 눅 11:32는 칠십인경(LXX) 요나서 3:2, 4에서 유래한 것이며, 마가복음의 보다 짧은 형태의 비정경적 결말어 가운데도 나타난다.[두 문장으로 이루어진 이 구절은 Nestle–Aland판 16장 8절과 9절 중간에서 찾을 수 있다.]

네들에서도 하나님의 나라 ***복음을 전하여야*** 하리니 나는 이 일을 위해 보내심을 받았노라 하시고 44 갈릴리 여러 회당에서 ***전도하시더라***"; 8:1 "그 후에 예수께서 각 성과 마을에 두루 다니시며 하나님의 나라를 선포하시며 그 복음을 전하실새 열두 제자가 함께 하였고"). 뿐만 아니라 누가는 교회가 선포하는 케리그마도 강조한다(행 10:42 "우리에게 명하사 ***백성에게 전도하되*** [κηρύξαι τῷ λαῷ] 하나님이 살아 있는 자와 죽은 자의 재판장으로 정하신 자가 곧 이 사람인 것을 증언하게 하셨고"; cf.행 8:5; 9:20; 19:13; 20:25; 28:31).

V. 나오면서

지금까지의 묘사에서, 신약성서에 나타나는 "복음"이란 용어는 당시 비교적 열린 개념이었으며 또한 신약성서저자들은 저마다 자신이 처한 상황 가운데에서 복음을 이해했다는 사실이 드러난다. 다시 말하면, 복음은 항상 특정한 상황 가운데 선포되고 해석되었으며, 이에 걸맞게 듣는 대상에 따라 복음 선포의 메시지도 독특한 특징을 띠게 되었다는 사실을 배울 수 있었다. 이것은 초기교회가 복음을 듣는 사람의 상황을 고려하여 그들이 이해할 수 있는 언어로 선포하고자 진지하게 노력하였다는 사실을 뜻한다. 그럼에도 불구하고 신약성서 저자들은 "복음"이란 단어를 오직 단수로만 사용하였다는 사실은 의미심장하다. 여기에서 이들은 복음에 대한 하나로 통일된 이해를 전제하고 있었음을 알 수 있다. 그것은 예수 그리스도 안에서 또한 그를 통해서 역사하시는 하나님의 사역에 관한 구원의 메시지는 오직 하나라는 사실이다.

오늘 우리 교회는 어떤 복음을 선포하고 있으며, 복음을 어떻게 선포하고 있는가? 주일날 수많은 교회에서 선포되고 있는 복음은 진정 신약성서 저자가 선포했던 복음과 내용적으로 일치하고 있는가 하고 진지하게 묻지 않을 수 없다. 오늘 우리 사회에는 이단의 움직임이 너무 영향력이 크다는 사실을 바라볼 때, 복음의 정체성이 심히 흔들리고 있다는 사실을 안타깝지만 인정하지 않을 수 없다. 이러한 상황에 있는 오늘 우리의 목회자는 복음의 정체성을 바로 전하기 위해 더욱 노력하지 않으면 안 될 것이다. 이와 더불어 첨단 문화와 대중매체가 지배하고 있는 오늘 우리의 복잡한 사회 가운데서 복음을 어떻게 선포해야 하는가에 대한 진지한 고민도 필요하다고 생각한다. 우리의 상황과 문맥에 어울리는 언어로 복음을 "번역하여" 선포해야 한다는 당위성을 신약성서 저자들로부터 배울 수 있다.

끝으로 개신교 믿음의 선배가 되는 위대한 종교개혁가 마르틴 루터가 복음에 대하여 언급한 옛말, 그러나 오늘 우리에게는 여전히 새롭게 들리는 복음에 대한 정의를 소개하면서 글을 마치고자 한다.

> "복음이란 하나님의 은혜와 자비에 대한 설교와 외침 외에 다른 어떤 것도 아니다. 그것은 주님 되시는 그리스도를 통해서 그의 죽으심의 공적으로 주어진 것이다. 또한 그것은 본래 책들 가운데 기록되어 있거나 문자로 작성된 것이 아니라, 오히려 살아있는 설교요 살아계신 말씀이며, 또한 온 세상 안으로 울려 퍼지며 공개적으로 외침으로써 도처에서 들을 수 있는 음성이다."
> "E. aber heyßet nichts anders, denn ein predigt und geschrey von der gnad und barmhertzikeytt Gottis, durch den herren Christum mit seynem todt verdienet und erworben. Und ist eygentlich nicht das, das ynn büchern stehet und ynn buchstaben verfasset wirtt, sondernn mehr eyn mundliche predig und lebendig wortt, und eyn stym, die da ynn die gantz wellt erschallet und offentlich wirt außgeschreyen, das mans uberal höret"(WA 12,259,8ff).

Chapter_11

바울의 복음

I. 들어가면서

바울이 전하는 복음 이해를 다루기에 앞서, 먼저 그것을 담고 있는 바울서신의 중요성에 대해 간단히 언급하는 것이 좋을듯하다. 바울서신이 중요한 이유는 다음의 네 가지로 요약할 수 있다. 첫째, 바울서신은 부활하신 주님의 증인인 사도 바울에 대한 간접적인 정보가 아니라 바울 자신의 참된 음성이자 초기 그리스도교에서 유래한 가장 이른 시기의 음성이다.[1] 둘째, 바울서신은 1세대 그리스도교가 남긴 문서 중 유일하게 보존된 문서이기에 바울에 대한 이해는 다름 아닌 초기 그리스도교에 대한 이해를 결정한다.[2] 셋째, 바울은 구원소식을 앵무새처럼 단순히 반복하는 데 그치지 않고 그에 대한 독자적인 해석을 내린 사람으로서 헬레니즘 전통에 속해 있던 이방 그리스도인들이 구원소식을 바르게 이해할 수 있는 길을 열었다. 바울서신에서 우리는 복음의 메시지를 새로운 상황 가운데로 전이시키고 있는 바울의 엄청난 노력과 능력을 엿볼 수 있다. 마지막 넷째, 바울서신은 예수 그리스도를 통해 구현된 구원소식을 철저하면서도 일관성 있게 사고하는 법을 가르친다. 신학적 사고를 열정적으로 한 위대한 사상가 바울을 통해 신학이 무엇이며 교회가 신학을 필요로 하는 이유

1) 물론 여기서 말하는 바울의 참 목소리는 논란의 여지가 없는 7개의 바울친서(살전, 갈, 고전, 고후, 롬, 빌, 몬)를 염두에 둔 말이다.

2) "바울의 이해에 초기 그리스도교의 이해가 결정된다"고 본 불트만의 진술은 여전히 타당하다 (R. Bultmann, "Zur Geschichte der Paulus–Forschung", in: *ThR NF* 1929, 27, 29).

가 무엇인지 배울 수 있다. 신학이 부재할 경우 교회는 나아갈 방향을 잃고 복음은 왜곡된 모습으로 변질되기 쉽다. 이 점을 특히 오늘의 한국교회가 기억할 필요가 있다.

II. 바울신학에 관한 대표적인 해석 모델

이어서 바울의 복음 이해에 담긴 신학적 의미를 파악하는 데 도움이 되는 세 가지 중요한 바울해석에 대해 살펴보고자 한다. 먼저 루돌프 불트만(Rudolf Bultmann)에 의해 발전된 것으로 인간론적이며 구원론적인 바울해석에 대해 언급한 다음, 그의 바울해석에 이의를 제기하는 에른스트 케제만(Ernst Käsemann)이 발전시킨 묵시적이며 기독론적인 바울해석을 다루고자 한다. 이 두 해석은 서로 대립하는 가운데 지금까지도 커다란 영향을 미치고 있다. 그런 다음 페르디난트 한(Ferdinand Hahn)이 제시하는 새로운 바울해석을 소개하고자 한다.

1. 불트만(R. Bultmann)의 인간론적이며 구원론적인 바울해석

20세기 신약성서학의 거장으로서 오늘날까지도 신약학 연구에 커다란 영향을 끼치고 있는 루돌프 불트만(Rudolf Bultmann, 1884~1976년)은 바울신학에 대한 정당한 해석은 그의 인간론에서 출발해야 한다고 역설했다. 그러한 해석학적 전제 위에서 바울이 가졌던 사고 체계의 인간론적인 기본 구조를 밝혀내고자 했다. 그는 자신의 『신약성서신학』에서 다음과 같은 유명한 진술을 하였다.

> "바울신학은 … 사변적인 체계가 아니다. 그것은 하나님의 본질 자체에 대하여 다루고 있지 않고, 인간과 그의 책임 그리고 그의 구원과 관련하여 하나

님이 어떤 의미가 있는가에 대하여 다룬다. 마찬가지로 그것은 세상과 인간 그 자체에 대하여 다루지 않고, 세상과 인간을 언제나 하나님과 관련시켜 바라본다. 하나님에 대한 각 문장은 동시에 인간에 대한 문장이며, 그 역도 마찬가지이다. 따라서 그리고 이런 의미에서 바울신학은 동시에 인간학이다. … 이러한 시각 위에 바울의 기독론도 있다. 그것은 그리스도의 형이상학적 본질과 하나님에 대한 그의 관계 그리고 그의 본성들을 사변적으로 설명하지 않고, 하나님이 그리스도를 통해 세상과 인간의 구원을 위해 활동한다고 말함으로써 그리스도에 대해 설명한다. 따라서 그리스도에 대한 각 문장은 인간에 대한 문장이기도 하며 그 역도 마찬가지이다. 또한 바울의 기독론은 동시에 구원론이다. 이에 걸맞게 바울 신학은 인간에 관한 가르침으로 묘사될 때 가장 잘 발전된 것이다. 말하자면, 1. pistis[=신앙]의 계시 이전의 인간에 대하여 그리고 2. pistis 아래에 있는 인간에 대한 가르침으로 묘사될 때 말이다. 왜냐하면 바로 이와 같은 방식으로 바울신학의 인간론적이며 구원론적인 방향설정이 제대로 드러나기 때문이다"(*Theologie des Neuen Testaments*, ^{8}1980, 191f).

불트만은 바울신학에 대해 다루면서, 바울에게서 몸(Leib), 육신(Fleisch), 이성(Verstand), 마음(Herz), 양심(Gewissen)과 같은 인간론적인 개념들이 두드러지고 있음을 지적하였다. 이와 같은 개념들의 이면에서 불트만은 바울이 갖고 있던 하나의 신학적인 프로그램을 엿보았다. 곧 바울은 자신의 메시지를 의도적으로 인간론적인 섬세한 표현을 통해 선포했다는 것이다. 이러한 의미에서 불트만은 바울신학을 "신학적 인간론"(theologische Anthropologie)으로 파악했다.[3] 바울서신에 자주 나타나는 "하나님의 의"(롬 1:17; 3:5; 5:21-26; 10:3; 고후 5:21; 빌 3:9)라는 개념을 개개의 신앙인에게 "하나님에 의해 선사되고 약속된 의"로 이해하는 가운데 불트만은, 죄인 개개인에 대한 칭의론이 바울신학의 중심에 자리 잡고 있다고 보았다.

---

3) 불트만의 제자인 발터 슈미탈스는 롬 7:17-8:39에 대한 자신의 주석을 담은 단행본을 가리켜 "바울의 신학적 인간학"이라 명명했다: W. Schmithals, *Die theologische Anthropologie des Paulus: Auslegung von Röm 7,17-8,39* (Stuttgart: Kohlhammer, 1980).

2. 케제만(E. Käsemann)의 묵시적이며 기독론적인 바울해석

불트만에게서 1931년에 박사학위논문을 쓴 그의 제자이면서 훗날 맞적수가 된 에른스트 케제만(Ernst Käsemann, 1906~1998년)은 앞서 약술한 불트만의 바울해석에 세 가지 이의를 제기했다. 첫째, 바울의 인간론은 불트만이 본 것처럼 한 개인에 관심을 둔 것이 아니라, 하나님 혹은 다른 동료 인간 내지는 인간들을 지배하는 세력들과 관계를 맺고 있는 인간에게 관심을 두었다는 점을 강조했다. 둘째, 칭의론이 바울신학의 핵심인 것은 사실이나 하나님 앞에서 죄인인 인간 개개인의 사면에만 관련된 것이 아니라 동시에 그리스도 안에서 구현된 온 피조물의 창조와 관련을 맺고 있다. 셋째, 불트만이 바울사상에 담겨 있는 종말론적인 역사 및 창조의 지평을 개개 인간의 종말론적인 실존으로 축소시킨 것과 달리, 바울은 세상과 창조 전체의 거듭남과 관련된 하나님나라의 임박한 도래를 희망했다는 사실에 대해 역사적이며 신학적으로 사고했다는 것이다. 이와 같이 불트만의 바울해석을 비판한 케제만에 따르면, 올바른 바울해석은 결국 신학적 인간론을 통해서가 아니라 바울의 기독론 및 종말론적 소망을 통해서(롬 11:13-32; 15:14-24) 가능하다는 입장이다.[4)]

3. 복음을 바울신학의 출발점으로 삼는 페르디난트 한(F. Hahn)의 바울해석

바울신학에 대한 위의 두 가지 접근법과 달리 "복음" 혹은 "복음선포"를 바울신학의 출발점으로 삼을 수도 있다. 복음은 바울이 특히 강조하며 선호하는 주제일 뿐만 아니라 바울의 핵심 진술들 가운데 나타나기 때문이다. 우리말로 "복음"이라고 번역한 그리스어 "유앙겔리온"(εὐαγγέλιον)

4) E. Käsemann, *Paulinische Perspektiven* (Tübingen: Mohr, 1969); idem, "Gottesgerechtigkeit bei Paulus", in: idem, *Exegetische Versuche und Besinnungen II* (Göttingen: V.&R., 1965), 181-193.

이라는 단어는 일반적으로 "좋은 소식" 혹은 "기쁜 소식"을 나타낸다. 그런데 그리스도인들이 이 단어를 하나님과 관련되거나 하나님으로부터 온 소식을 가리키는 개념으로 사용하면서 그리스도교가 선포하는 핵심 메시지를 나타내는 전문용어(terminus technicus)가 되었다. 이 단어는 신약성서에 모두 76회에 걸쳐 나타나는데, 그 중 압도적인 다수인 61회가 바울서신 가운데 사용된다(바울친서에 49회, 제2바울서신에 12회).[5] 바울서신을 제외한 나머지 문서들 안에서는 단지 간헐적으로 나타날 뿐이다. 사도행전에 2회, 베드로전서에 1회, 요한계시록에 1회 나타난다. 복음서 중에는 단지 마가복음에 7번 그리고 마태복음에 4번 나타날 뿐이다. 누가복음과 요한문서를 비롯하여 디도서, 히브리서, 베드로후서, 야고보서 및 유다서에는 전혀 나타나지 않는다.[6]

이러한 통계를 통해 신약성경저자 가운데 바울이 "복음"이란 단어를 가장 즐겨 사용했다는 사실이 드러난다. 이러한 빈도수만 고려해도 복음이란 단어가 바울에게 중요한 단어였을 것이라는 추측이 가능하다. 실제로 바울이 강조한 복음 및 복음 선포는 그의 서신 전체에 걸쳐 예외 없이 나타날 뿐만 아니라 자신의 실존 전체 및 선교사로서의 자신의 사명을 규정짓는 가운데 바울신학의 중심을 이룬다. 예컨대, 바울신학을 종합하는 성격을 띤 로마서의 경우 복음의 구원론적 의미가 로마서 전체의 주제를 담은 로마서 1장 16-17절의 진술에 나타나고, 고린도전서 첫 부분에서 바울은 자신의 사명이 세례를 주는 일에 있지 아니하고 오직 복음을 전하는 일에 있음을 강조한다(고전 1:17). 또한 바울에게 대적하는 유대주의 선교

5) 바울친서: 롬 1:1, 9, 16; 2:16; 10:16; 11:28; 15:16, 19, 29; 16:25; 고전 4:15; 9:12, 14[2번], 18[2번], 23; 15:1; 고후 2:12; 4:3, 4; 8:18; 9:13; 10:14; 11:4, 7; 갈 1:6, 7, 11; 2:2, 5, 7, 14; 빌 1:5, 7, 12, 16, 27[2번]; 2:22; 4:3, 15; 살전 1:5; 2:2, 4, 8, 9; 3:2; 몬 13. 제2바울서신: 엡 1:13; 3:6; 6:15, 19; 골 1:5, 23; 살후 1:8; 2:14; 딤전 1:11; 딤후 1:8, 10; 2:8. 또한 "복음을 선포하다"는 뜻을 지닌 동사형 "유앙겔리제인(εὐαγγελίζειν)은 신약성경에 54회 사용되었는데, 바울친서 가운데 19회 나타난다(롬 1:15; 10:15; 15:20; 고전 1:17; 9:16[2번]; 9:18; 15:1, 2; 고후 10:16; 11:7; 갈 1:8[2번]; 1:9, 11, 16, 23; 4:13; 살전 3:6).

6) K. Aland(ed.), *Vollständige Konkordanz zum griechischen Neuen Testament* (Berlin/New York, de Gruyter 1975).

사들과 벌이는 논쟁서인 갈라디아서의 경우 바울은 무엇보다도 "복음의 진리"(갈 2:5, 14)를 최우선 순위에 두었다.

한마디로, 바울의 신학 전체는 세상 사람들을 구원의 길로 인도하는 ***복음에 관한 신학***, 즉 복음의 신학이라고 요약할 수 있다. 이런 의미에서 뮌헨 대학교의 은퇴교수인 페르디난트 한(Ferdinand Hahn, 1926~현재)이 신약성서학에 관한 자신의 연구를 종합하여 2005년에 출간한 역저 『신약성서신학 I』(대한그리스도교서회, 2007)에서 복음을 바울신학의 출발점으로 삼은 모델은 시사하는 바가 크다.[7] 여기에서 그는 모두 7장에 걸쳐 바울신학의 내용을 묘사한다(246~385쪽):

- 구약성서에 약속된 구원 성취의 선포로서 복음 (바울의 선포와 신학을 위한 토대로서 복음 이해)
- 예수 그리스도의 인격과 사역에 관한 메시지로서 복음 (바울의 기독론)
- 인간, 그의 죄의 상실에 대한 인식으로서 복음과 율법 문제 (바울의 인간론과 율법 이해)
- 구원을 일으키는 능력으로서 복음 (바울의 구원론)
- 믿음과 믿음의 공동체 안에서 생활의 근거가 되는 복음 (바울의 교회론)
- 세상을 위한 구원의 메시지로서 복음 (바울의 선교론)
- 희망의 증언으로서 복음 (바울의 종말론)

---

7) 20세기 후반에 영향력이 컸던 불트만의 『신약성서신학』 중 바울신학을 다루는 부분에는 "복음"이란 표제어가 전혀 나타나지 않는 것과 달리, 근자에 출간되는 바울신학 관련 서적들은 대체로 "복음"을 바울신학의 중요 주제로 취급한다: 예컨대 J. Dunn, 『바울신학』, 박문재 역 (서울: 크리스챤다이제스트, 2003), 252ff; U. Schnelle, *Paulus: Leben und Denken* (Berlin/New York: de Gruyter, 2003), 454ff; idem, *Theologie des NT*, 2007, 192ff; M. Wolter, *Paulus: Ein Grundriss seiner Theologie* (Neukirchen-Vluyn: Neukirchner, 2011), 52ff; F.W. Horn(ed), *Paulus Handbuch* (Tübingen: Mohr, 2013), 337ff; 마이클 고맨, 『신학적 방법을 적용한 새로운 바울연구개론』, 소기천/심상섭/윤철원/장동수 역 (서울: 대한그리스도교서회, 2014), 138-157.

III. "복음"과 관련된 바울의 언어사용법

오늘날 신앙인들은 신약정경에 속한 바울서신을 가리켜 "하나님의 말씀"이라 부른다. 그러나 신약성경 최초의 저자인 바울은 자신의 편지를 가리켜 "유앙겔리온" 곧 "복음"이라 부르지 않았다. 오직 선교사로서 자신이 선포하는 메시지를 가리키는 경우에만 그 개념을 사용했다. 다시 말해 바울은 사람들을 구원의 길로 인도하는 예수 그리스도의 십자가 죽음과 부활에 관한 그리스도교의 핵심 메시지를 가리키는 개념으로서 복음이란 단어를 사용했다. 이러한 의미에서 사용된 복음의 용법은 아마도 바울 자신에게서 비롯되었을 가능성이 크다.[8)] 그러한 의미에서 갈라디아서 1장 11절에 나오는 "내가 전한 복음"이란 바울의 표현을 이해할 수 있다. 바울이 "복음"이란 단어를 최초로 그리스도교의 메시지를 요약하는 말로 사용함으로써, 향후 이 단어는 그리스도교 신학에서 핵심 개념으로 자리잡게 된다. 먼저 복음에 관한 바울의 언어적 특징에 대해 살펴보자.[9)]

1. 바울은 "복음"이란 단어를 항상 관사를 동반한 단수형으로 사용했다.

두 구절인 고후 11:4와 갈 1:6가 예외에 속한다고 말할 수 있다. 여기서 복음이란 단어가 관사 없이 사용되나, 두 경우 모두 경쟁관계에 있는 선포자가 전하는 거짓된 "다른 복음"(ἕτερον εὐαγγέλιον)을 염두에 둔 것이다. 따라서 바울은 자신이 선포하는 복음에 대해 말할 때는 예외 없이 관사를 동

---

8) U. Wilckens, *Der Brief an die Römer(Röm 1-5)*, EKK VI/1 (Neukirchen-Vluyn: Neukirchner, ^{2}1987), 75; James Dunn, 『바울신학』, 255-258. 역사적 예수는 "복음"이란 개념을 사용하지 않았을 것으로 보인다. 그에 해당하는 단어가 예수 어록(Q) 가운데 나타나지 않는 사실이 그것을 뒷받침한다. 막 1:15; 14:9에 예수의 말씀으로 나타나나, 이는 초기 그리스도교 선교의 문맥에서 비롯된 것으로 간주된다.

9) M. Wolter, *Paulus*, 54-56 참조.

반한 단수형으로만 사용했다는 것을 알 수 있다. 이를 통해 바울에게 복음은 오직 하나의 복음으로서만 존재한다는 사실이 명백히 드러난다.

2. 바울이 사용하는 "복음"이란 단어에는 대체로 세 종류의 속격형 단어가 따라붙는다.

곧 "하나님의 복음"(롬 1:1, 9; 15:16; 고후 4:4; 11:7; 살전 2:2, 8, 9) 혹은 "그리스도의 복음"(롬 15:19; 고전 9:12; 고후 2:12; 9:13; 10:14; 갈 1:7; 빌 1:27a; 살전 3:2; cf. 살후 1:8) 혹은 "나의/우리의 복음"(롬 2:16; [16:25]; 고후 4:3; 살전 1:5). 이와 같은 세 종류 표현은 표현상의 차이를 나타낼 뿐 내용적으로 동일하기 때문에 서로 치환하여 사용할 수 있다. 게다가 바울은 관사를 사용하여 "그 복음"이라 말하거나, 혹은 절대적 용법으로 사용하기도 한다. 여기서 바울이 말하는 "나의/우리의 복음"은 선포자로서의 바울의 개인적 성향이나 인격과 무관한 것으로 오로지 바울에 의해 바르게 선포되는 내용을 가리킨다. 만일 누군가가 전하는 복음의 내용이 "하나님의 복음" 혹은 "그리스도의 복음"에 합당하지 않을 경우, 그것은 결코 "복음"이 아님을 뜻한다.

3. 바울은 "복음"이란 단어 외에도 다른 표현들을 사용하여 복음의 내용을 나타내는 경우도 있다.

"내가 선포하는 복음"(τὸ εὐαγγέλιον ὅ κηρύσσω 갈 2:2; 살전 2:9); "그리스도를 선포하다"(κηρύσσομεν Χριστόν 고전 1:23; 고후 1:19; 4:5; 빌 1:15); "믿음의 말씀을 선포하다"(τὸ ρῆμα τῆς πίστεως ὅ κηρύσσομεν 롬 10:8). 또는 복음의 대상을 그와 유사한 개념들로써 나타내기도 한다: "하나님의 말씀"(ὁ λόγος τοῦ θεου/ 고전 14:36; 고후 2:17; 4:2; 살전 2:13), "주님의 말씀"(ὁ λόγος τοῦ κυρίου 살전 1:8), "나의 말"(ὁ λόγος μου 고전 2:4), "그 말씀[을 말하다]"(τὸν λόγον λαλεῖν 빌 1:14; 살전 1:6). 또한 "말씀"을 수식하는 속격형 명사를 사용하여 다양한 강조점을 드러내기도 한다. "십자가의 말씀"(ὁ λόγος ὁ τοῦ σταυροῦ 고전 1:18), "화목의 말씀"(ὁ λόγος τῆς καταλλαγῆς 고후 5:19), "생명의 말씀"(λόγος ζωῆς 빌 2:16), "그리스도의 말씀"(ῥῆμα Χριστοῦ 롬 10:17; cf. 골 3:16; 딤전 6:3) 등.

4. "복음"의 속격형(εὐαγγελίου)이 다른 명사와 연계된 형태로 사용되는 경우도 있다.

바울은 거짓 복음에 흔들리고 있는 갈라디아 교인들을 향해 자신이 전하는 참된 복음을 가리켜 "복음의 진리"(ἡ ἀλήθεια τοῦ εὐαγγελίου 갈 2:5, 14)라고 말하며, 또한 고린도교인들을 향해서는 세상의 신이 믿지 아니하는 자들의 마음을 혼미하게 하는 것과 대비되는 "그리스도의 영광의 복음의 광채"(φωτισμός τοῦ εὐαγγελίου τῆς δόξης τοῦ Χριστοῦ 고후 4:4)에 대해 말한다. 또한 빌레몬서에서 바울은 자신이 현재 옥중에 처해 있는 상태를 가리켜 "복음의 포로 됨"(δεσμός τοῦ εὐαγγελίου 몬 13)이라 부른다.

5. 마지막으로 바울은 "복음"이란 단어를 자신이 선포하는 대상을 가리키는 개념으로 사용하지 않고, 복음을 선포하는 일을 나타내는 단어로도 사용한다.

예컨대, (고후 2:12) "내가 <u>그리스도의 복음을 위하여</u>[=그리스도를 선포하기 위하여] 드로아에 이르매 …"; (빌 4:15)"빌리보 사람들아 너희도 알거니와 복음의 시초에 [=<u>복음 선포의 시초에</u>] 내가 마케도냐를 떠날 때에 …").

Ⅳ. "복음"이란 개념의 유래

바울을 필두로 신약성서 저자들이 사용한 "εὐαγγέλιον"이라는 개념은 그리스도인들만 사용하는 용어가 아니라 오랜 역사를 갖고 있는 개념이다. 이 개념의 유래에 대해 학계에 논란이 있다. 두 가지 입장이 서로 맞서고 있다.

1. 헬레니즘 문화권에서 유래했을 가능성

"복음"이란 개념은 이미 고대 그리스 작가 호메로스의 서사시 『오디세이아』 안에 처음으로 나타나며(Od. 14,152.166), 호메로스 이후 키케로(BC 106~43년)와 플루타르코스(AD 45~125년)가 남긴 작품에도 나타난다. 여기서 "복음"은 복수 형태로 나타나는 가운데 전쟁의 승리를 전하는 좋은 소식을 가리키거나 혹은 그와 같은 좋은 소식을 전해주는 자가 받게 되는 사례금을 가리킨다(Cicero, *ad Attic*. 2,10,1; Plutarchos, *Ages*. 33,5; *Demetr*. 17,6). 또한 유대 역사가 요세푸스의 작품인 『유대전쟁기』(Bell. 4,618.656)에서 요세푸스는 베스파시안의 황제 등극과 관련하여 모든 도시들이 그것을 "유앙엘리아"(εὐαγγέλια), 즉 좋은 소식들이라 축하했으며, 그의 속국이 된 모든 지역의 대표단들이 그것을 "로마로부터 온 좋은 소식들"(τὰ ἀπὸ Ῥώμης εὐαγγέλια)이라고 전한다. 3세기에 살았던 필로스트라투스(Flavius Philostratus)의 작품 *Vita Apollonii* 8,27,1에서는 도미티아누스 황제를 살해한 일을 가리켜 복음(εὐαγγέλια)이라 말한다.

복음이 단수 형태로 사용되는 경우는 많지 않다(Josephus, Bell, 2,420; Appianos, *Bell. Civ*. 3,93; 4,20.113; Ps-Lukianos, *Asin* 26; Charito v. Aphrodisias 6,5,5; Heliodoros, *Aeth*. 1,14,3-4. 마지막에 언급한 헬리오도로스의 소설 "에티오피카"(Aethiopika)에서는 못된 시어머니의 죽음이 "복음"이라 불린다.

그리스어 구약성경에 해당하는 칠십인경(LXX)에도 "복음"이 몇 차례 사용된다. 사무엘하 4:10의 경우 εὐαγγέλια는 좋은 소식을 전하는 자가 받게 되는 사례금을 뜻하고, 사무엘하 18:20a, 22, 25, 27; 왕하 7:9에 나오는 εὐαγγέλιον 혹은 여성명사 단수형 εὐαγγέλια는 "좋은 소식"을 가리킨다. 위에서 언급한 예들에서 드러나듯이 "복음"은 신학적이거나 종교적인 의미로 사용되지 않았다.

그러나 헬레니즘 시대에 "복음"이란 개념은 황제 제의[10]와 관련하여 사용되는 경우도 있다. 로마 황제의 탄생이나 그가 베푼 선행, 전쟁의 종식, 혹은 새 시대의 도래와 관련된 좋은 소식을 가리키는 용어로 사용되었다. 이때 신약성서의 용법과 다른 점은, 복음이란 단어가 언제나 복수 형태로 사용된다는 사실이다. 황제 제의와 관련된 복음의 용법에 대해 좀 더 구체적으로 살펴보자. 몸젠(Th. Mommsen)과 빌라모비츠-묄렌도르프(U. v. Wilamowitz-Moellendorf)가 1892년에 공개한 터키의 프리네(Priene)라는 지방에서 나온 한 비문이 있다. 이 비문은 기원전 9년경에 기록된 것으로 아시아 총독인 파울루스 파비우스 막시무스가 지방으로 보내는 편지의 내용을 기록한 것이다. 여기에 다음과 같은 글이 기록되어 있다:

> ἦρξεν δὲ τῷ κόσμῳ τῶν δι αὐτὸν εὐανγελί[ων
> ἡ γενέθλιος (ἡμέρα)] τοῦ θεοῦ
> ("그 신의 탄생일이 세상에게는 그 사람으로 말미암은 기쁜 소식들의
> 시작이었다").

여기서 "그 신"이란 다름 아닌 로마 황제 아우구스투스를 가리킨다. 신으로 추앙받고 있는 로마 황제의 탄생을 온 세상을 위한 정치적인 구원사건으로 이해하고 있음을 엿볼 수 있다. 이러한 시각에서 예컨대 독일 할레 대학교의 교수인 우도 슈넬레(Udo Schnelle)는 "복음"이 헬레니즘 시대

10) 헬라시대의 황제 제의에 대해서 H.-J. Klauck, *Die religiöse Umwelt des Urchristentums II: Herrscher- und Kaiserkult, Philosophie, Gnosis* (Stuttgart/Berlin/Köln: Kohlhammer, 1996), 17ff를 참조하시오.

의 황제 숭배에서 "핵심 역할"을 했으며, 바울은 그런 개념을 의도적으로 정치 · 종교적 의미에서 사용한 것이라 주장한다.[11] 한마디로 "복음"은 헬레니즘 시대의 황제 숭배에서 유래한 것으로서 초기 그리스도교가 그것을 취하여 예수 그리스도에 관한 하나님의 복음을 선포하는 그리스도교 전문 용어로 사용하게 되었다는 입장이다.[12] 여기서 주목할 만한 사실은, "복음"에 해당하는 단어는 신약성경에 나오는 경우처럼 단수형이 아니라 복수형(εὐαγγέλια)으로 나타나고 있다는 점이다.[13]

2. 구약성서 및 고대유대교 전통에서 유래했을 가능성

"복음"이란 개념의 유래를 구약성경 및 고대유대교 전통에서 찾으려는 시각도 있다. "복음"이란 단어가 칠십인경(LXX)에 세 번 나타나나, 모두

---

11) U. Schnelle, *Paulus: Leben und Denken* (Berlin: de Gruyter, 2003) 456f; 동저자, *Theologie des Neuen Testaments* (Göttingen: V.&R., 2007), 192ff; 또한 마이클 고맨은 바울의 복음이 "신학적-정치적 의미의 복음"임을 강조한다(M.J. Gorman, 『신학적 방법을 적용한 새로운 바울연구개론』, 대한그리스도교서회, 2014, 150). 그러나 미카엘 볼터는 슈넬레의 입장에 반대하는 가운데, 복음이란 개념이 헬레니즘 시대의 통치자 숭배에서 "핵심 역할"을 했으며, 바울이 그러한 정치 종교적 의미를 담고 있는 단어를 의식적으로 사용했다는 주장은 타당하지 않다고 말한다. 그런 주장을 입증하는 어휘 사용의 빈도수가 너무 빈약하다는 이유에서다(M. Wolter, Paulus, 53).

12) 이와 같이, 예를 들면 G. Strecker, *Theologie des Neuen Testaments* (Berlin: de Gruyter, 1995), 355-357; U. Schnelle, *Einleitung in das Neue Testament*, 1999, 167ff. 이와 같은 사실을 아돌프 다이스만이 이미 주장했다: A. Deißmann, "Die Botschaft der Kirche an die Welt: Das Evangelium", in: H. Sasse(ed.), *Die Weltkonferenz für Glauben und Kirchenverfassung* (Berlin: Furche, 1929), 128-136.

13) 타이센(G. Theissen)은 자신의 저서 『복음서의 교회정치학』에서 마가복음에 나타나는 "복음"이라는 용어가 세속적 통치자인 로마 황제에 의해 공표되는 정치적인 사건과 관련될 수 있다고 주장한다. 이런 전제 위에서 예컨대 마가복음 저자가 이 단어를 사용할 때 플라비안 가문의 통치자와 구분되는 의미에서 예수를 대안적인 통치자로 이해했을 수 있다는 입장을 표방한다(타이센, 『복음서의 교회정치학』, 류호성/김학철 역, 대한그리스도교서회, 2002, 33ff.). 그러나 신약성서에 나오는 "복음"이란 개념은 이러한 정치적인 의미에서 사용된 복음 이해와 논쟁하거나 혹은 그와 같은 논쟁을 염두에 두고서 사용된 것으로 보기 어렵다는 롤로프의 시각이 정당하다: cf. J. Roloff, *Einführung in das Neue Testament* (Stuttgart: Reclam, 1995), 146f.

복수 형태로 나타나며 신학적인 의미도 띠지 않았다.[14] 히브리어 구약성서에 나오는 이 단어에 대한 해당어도 신학적인 의미를 띠고 있지 않다. 그러나 동사 ([무엇인가 좋은 것을] "선포하다") 형태로는 이 단어가 구약성서 가운데 여러 번 나타나며 신학적인 의미를 담고 있는 경우도 있다. 이에 대한 좋은 예를 이사야서 52장 7절에서 찾아볼 수 있다. 이 구절은 종말론적인 구원을 선포하는 문맥에 나타난다.

מה־נאוו על־ההרים רגלי מבשׂר משׁמיע שׁלום מבשׂר טוב

משׁמיע ישׁועה אמר לציון מלך אלהי

"좋은 소식을 가져오며 평화를 공포하며 복된 좋은 소식을 가져오며 구원을 공포하며 시온을 향하여 이르기를 네 하나님이 통치하신다 하는 자의 산을 넘는 발이 어찌 그리 아름다운고"(사 52:7)

여기서 우리말 성서번역 "복된 좋은 소식을 가져오며"에 해당하는 히브리어 표현은 '므바세르 토브'(מבשׂר פוב = "좋은 것을 선포하다")이다. 하나님의 임박한 도래가 평화와 구원을 가져오는 좋고 복된 소식으로 선포되고 있는 것을 볼 수 있다. 또한 이사야서 60장 6절과 61장 1절에도 종말론적인 구원 선포와 관련하여 동사 בשׂר가 나타난다.

(사 60:6) "허다한 낙타, 미디안과 에바의 어린 낙타가 네 가운데에 가득할 것이며 스바 사람들은 다 금과 유향을 가지고 와서 여호와의 찬송을 전파할 것이며"
(사 61:1) "주 여호와의 영이 내게 내리셨으니 이는 여호와께서 내게 기름을 부으사 가난한 자에게 아름다운 소식을 전하게 하려 하심이라 나를 보내사 마음이 상한 자를 고치며 포로된 자에게 자유를, 갇힌 자에게 놓임을 선포하며"

또한 쿰란 사람들의 찬송시편을 담은 "호다욧"(Hodayot)뿐만 아니라, 네

14) I. Broer, *Einleitung in das Neue Testament I* (Würzburg: Echter, 1998), 27.

번째 쿰란 동굴에서 발견된 한 단편 가운데 역시 유사한 표현이 나타난다.

> 1QH XXIII(XVIII),14 "당신의 좋은 것을(= 좋은 소식을) 겸손한 자들에게 선포하기 위해 당신의 풍성한 자비에 따라"(לבשׂר ענוים לרוב רחמיכה טובכה).
> 4Q 521 Fragm. 2, II,12 "또한 죽은 자들을 그가 살게 하며, 가난한 자들에게 좋은 소식을 전할 것이다"(ומתים יחיה ענוים יבשׂר).

이와 같은 시각에서 볼 때, 초기 그리스도교가 사용한 "복음"이란 개념은 이와 같은 구약성경 및 고대유대교의 전통에서 유래했을 가능성이 크다.[15] 바울이 로마서 10장 15절에서 바로 이 이사야 구절을 직접 인용하고 있는 사실도 이를 뒷받침한다.

> (롬 10:15) "보내심을 받지 아니하였으면 어찌 전파하리요 기록된 바 아름답도다 좋은 소식[=복음]을 전하는 자들의 발이여 함과 같으니라."
> (사 52:7) "좋은 소식을 전하며 평화를 공포하며 복된 좋은 소식을 가져오며 구원을 공포하며 시온을 향하여 이르기를 네 하나님이 통치하신다 하는 자의 산을 넘는 발이 어찌 그리 아름다운가."

여기서 바울은 이사야서 구절을 염두에 두면서 "좋은 소식" 즉 복음에 대하여 말하고 있는 것이 확실하다.

V. 바울 복음의 기원과 내용

앞에서 신약성서저자 가운데 바울이 압도적으로 "복음"이란 단어를 가장 즐겨 사용했다는 말을 했다. 이른바 바울친서에만 모두 49회 사용되었

15) 이와 같이: 예를 들면, P. Stuhlmacher, "Evangelium", in: *EKL* I, 1217; J. Roloff, *Einführung in das NT*, 146f); F. Hahn, *Theologie des Neuen Testaments I: Die Vielfalt des Neuen Testaments* (Tübingen: Mohr, 2002), 189; E. Lohse, *Der Brief an die Römer* (Göttingen: V.&R., 2003), 62f,

는데, 이것은 신약성서에 나타나는 전체 빈도수의 거의 3분의 2에 해당하는 숫자이다. "복음"이란 단어를 이처럼 많이 언급한다는 사실에서 바울이 복음이란 개념에 남다른 애착을 갖고 있다는 것을 쉽게 유추해낼 수 있다. 실로 바울의 선포와 신학에서 "복음"은 핵심 역할을 하고 있다.[16) 이처럼 중요한 복음의 순수성을 지키기 위해 바울은 "다른 복음"(갈 1:6)을 전하는 적대자들과 심한 논쟁도 불사하였으며, 복음을 전하기 위해 자신의 온 생애를 바친 사람이었다.

1. 바울 복음의 기원 – 계시와 전승의 양면성

바울은 이른바 다메섹 체험에서 자신에게 나타난 예수 그리스도의 계시를 통해 복음을 받았다는 사실을 강조한다. 바울은 자신이 전하는 복음이 누군가로부터 전해 받은 전승이 아니라 예수 그리스도의 계시로 주어진 것이라는 사실을 갈라디아서 1장 11–12절에서 분명히 밝힌다: **"형제들아 내가 너희에게 알게 하노니 내가 전한 복음은 사람의 뜻을 따라 된 것이 아니니라. 이는 내가 사람에게서 받은 것도 아니요 배운 것도 아니요 오직 예수 그리스도의 계시로 말미암은 것이라."**[17)]

그러나 바울은 동시에 고린도전서 15장 1절과 3절 전반에서 다음과 같이 말한다: "[1]**형제들아 내가 너희에게 전한 복음을 너희에게 알게 하노니 이는 너희가 받은 것이요 … [3]내가 받은 것을 먼저 너희에게 전하였노니.**" 여기에서 바울은 자신이 전하는 복음은 자신보다 앞선 신앙의 선배들로부터 유래한 전승임을 역시 분명히 밝힌다. 그러면서 이어지는 3b절–5절에서 자신이 전수받은 복음의 내용을 구체적으로 언급한다("[3b]**성경대로 그**

16) F. Hahn, *Theologie des Neuen Testaments*, 189.

17) 또한 바울이 이방인의 사도로 소명 받은 다메섹 체험을 돌아보고 있는 고후 4:6("어두운 데에 빛이 비치라 말씀하셨던 그 하나님께서 예수 그리스도의 얼굴에 있는 하나님의 영광을 아는 빛을 우리 마음에 비추셨느니라")의 진술도 참조하라.

리스도께서 우리 죄를 위하여 죽으시고 [4]장사 지낸 바 되었다가 성경대로 사흘 만에 다시 살아나사 [5]게바에게 보이시고 후에 열두 제자에게와"). 바울에게 나타나는 이와 같은 복음의 양면성, 즉 계시 및 전승과 관련된 양면성은 서로 모순처럼 보인다. 이 두 가지 측면을 어떻게 이해할 수 있을까?

이와 관련하여 불트만(R. Bultmann)은 갈라디아서 1장에 나오는 진술만이 참된 바울의 확신이고, 고린도전서 15장의 진술은 그리스도교적 제의 신화(Kult-Mythos)에나 어울리는 전승(paradosis)에서 유래한 신앙고백적 양식문일 뿐 순수한 바울의 생각으로 여기지 않았다.[18] 이러한 불트만의 입장은 일방적이다. 바울은 고린도전서 15장에 나타나는 역사적 전승 역시 자신의 확신으로 여겼음이 분명하기 때문이다. 그렇다면 갈라디아서 1장의 진술과 고린도전서 15장의 진술을 어떻게 둘 다 바울의 입장으로 설명할 수 있을까?

서로 모순된 것처럼 보이는 두 가지 진술은 당시 바울이 처한 특별한 상황들과 관련하여 이해할 수 있다. 다시 말해, 갈라디아서 1장의 경우 당시 바울은 토라 전승에 근거한 유대주의에 반대하는 상황에 처해 있었기 때문에 하늘로부터 직접 수여되는 계시의 측면을 강조할 필요가 있었다. 반면 고린도전서 15장의 경우 성령체험에 근거한 왜곡된 열광주의 신앙을 수정하려는 필요성에서 바울은 역사적 전승으로 내려오는 바른 복음에 관한 사도적 전승의 중요성을 강조하려는 상황에 있었다. 한마디로, 복음과 관련된 계시와 전승의 양면성은 바울의 체험 안에 서로 결합되어 있었고, 따라서 바울은 두 가지 측면을 모두 강조할 수 있었다고 보는 시각이 적절하다. 왜냐하면 다메섹 체험을 통해 바울은 예수 그리스도의 계시를 영적인 케리그마로서 체험했을 뿐만 아니라, 또한 역사적 예수와 관련된 복음의 의미를 초창기 그리스도교 전승을 통해서 잘 알고 있었음이 분명하기 때문이다(cf. 살전 4:15; 고전 11:23-26; cf. 고전 12:3; 14:37; 빌 2:11; 롬 10:9).

계시 및 전승과 관련된 바울복음의 양면성에도 불구하고 바울에게 분

18) R. Bultmann, *Theologie des Neuen Testaments* (Tübingen: Mohr, 1980), 473.

명한 사실은, 계시로서 주어진 구원의 메시지인 복음은 고착화된 신앙고백적 전승과는 구별된다는 것이다. 비록 바울이 사도적 전승을 수용하고 그것에 연결되어 있을지라도, 그 전승에 전적으로 얽매어 있지는 않았다고 말할 수 있다.[19] 바울은 신약성서 저자 중 제일 앞선 시대에 살았던 사람이었고(대략 40~50년대), 그가 활동하던 시기에 비록 앞선 시대로부터 유래한 복음의 내용에 관한 양식화된 전승들이 전해 내려왔을지라도(고전 15:3b-5; 롬 1:3b-4a; 살전 1:9b-10), 복음에 대한 내용 정의가 아직 확정된 시기가 아니었다. 따라서 바울은 자신의 신학적 관점에 따라 복음에 대한 메시지를 비교적 자유롭게 표현할 수 있었다. 바울의 복음 이해를 다음과 같이 6가지 관점으로 정리할 수 있다.

2. 바울 복음의 내용

1) 구원의 능력인 하나님의 복음

바울에게 복음은 무엇보다 "하나님의 복음"이다(살전 2:2, 8; 롬 1:1). 왜냐하면 바울이 전하는 메시지를 계시를 통해 "복음으로" 자기에게 주신 분이 하나님이기 때문이다. 자신에게 계시된 복음이자 자기에 의해 선포되는 복음이기 때문에 바울은 하나님의 복음을 가리켜 동시에 "나의 복음"이라고 부른다. 여기서 바울이 말하는 "복음"이란 개념은 하나님의 역동적인 활동과 관련된 "행위 명사"(nomen actionis)이다. 곧 복음은 하나님이 죄인 된 인간을 구원하시기 위해 행하시는 하나님의 능력이다(롬 1:16 "내가 복음을 부끄러워하지 아니하노니 이 복음은 모든 믿는 자에게 구원을 주시는 하나님의 능력이 됨이라 먼저는 유대인에게요 그리고 헬라인에게로다"). 하나님의 능력은 두 가지 차원으로 드러난다: 복음을 믿는 자에게는 구원을, 믿지 않는 자에게는 멸망을 선포한다. 바울은 구원을 베푸시는 하나

19) F. Hahn, 『신약성서신학 I』, 248.

님의 능력으로서 복음을 몸소 체험한 사람이었기에 모든 사람에게 복음을 구원을 가져다주는 하나님의 능력으로 담대히 선포할 수 있었다.

2) 그리스도 선포로서의 복음

바울에게 하나님의 복음은 동시에 "그리스도의 복음"이다(롬 15:19; 고전 9:12; 고후 2:12; 9:13; 10:14; 갈 1:7; 빌 1:27a; 살전 3:2; cf. 살후 1:8). 왜냐하면 자신에게 계시된 복음의 내용은 다름 아닌 예수 그리스도이기 때문이다. 예수 그리스도는 단지 계시의 수단에 불과하지 않고 계시의 내용이다. 곧 계시의 내용과 복음의 내용이 일치한다.

공관복음서 저자들이 복음의 내용으로 하나님의 나라를 선포한 것과 달리,[20] 바울은 복음을 기독론적으로 묘사한다. 곧 바울에게 복음은 하나님에 의해 파송되어 ***십자가에 죽었다가 부활하신 그리스도에 대한 선포***를 가리킨다. 다메섹 체험을 통해 그리스도에 대한 진정한 깨달음에 도달한 바울은 십자가에 죽은 자를 하나님의 능력과 지혜로 선포한다: (고전 1:23-24) "[23]우리는 <u>십자가에 못 박힌 그리스도를 전하니</u>[=선포하니] 유대인에게는 거리끼는 것이요 이방인에게는 미련한 것이로되 [24]오직 부르심을 받은 자들에게는 유대인이나 헬라인이나 <u>그리스도는 하나님의 능력이요 하나님의 지혜</u>니라"(cf. 고전 1:30; 2:2 "내가 너희 중에서 <u>예수 그리스도와 그가 십자가에 못 박히신 것</u> 외에는 아무것도 알지 아니하기로 작정하였음이라").

3) 율법과 대립된 개념으로서의 복음

바울은 복음을 ***율법과 대립된 개념***으로 이해한다. 그리스도의 계시를 통해 바울은 율법 추종에 열정적이었던 삶에서 벗어나 그리스도를 섬기는 삶으로 전환하였으며(갈 1:13-14), 그리스도를 "모든 믿는 자에게 의를 이루기 위한 율법의 마침"(롬 10:4)으로 선포한다. 율법과 대립된 개념으

20) "그 나라(basileia)의 복음"(마 4:23; 9:35; 24:14; cf. 막 1:14-15); "하나님의 나라 복음을 전하다"(눅 4:43; 8:1; 16:16; 행 8:12).

로서의 복음을 가리켜 바울은 "자신의 복음"이라고 강조한다(갈 1:11 "내가 전한 복음"; 살전 1:5 "우리 복음"; 롬 2:16 "나의 복음").

4) 믿음으로 주어지는 죄인의 칭의로서의 복음

죄인 된 자신을 그리스도가 용납한 것을 깨달은(롬 15:7) 바울은 죄인 된 인간들과 하나님을 화목하게 만드는 말씀으로 복음을 이해하는 가운데(고후 5:17-21), 율법에 대한 순종을 통해서가 아니라 오직 그리스도를 믿음으로 주어지는 ***죄인의 칭의***를 복음의 중심으로 선포한다.

> (빌 3:7-10) "7 그러나 무엇이든지 내게 유익하던 것을 내가 그리스도를 위하여 다 해로 여길뿐더러 8 또한 모든 것을 해로 여김은 내 주 그리스도 예수를 아는 지식이 가장 고상하기 때문이라 내가 그를 위하여 모든 것을 잃어버리고 배설물로 여김은 그리스도를 얻고 9 그 안에서 발견되려 함이니 **내가 가진 의는 율법에서 난 것이 아니요 오직 그리스도를 믿음으로 말미암은 것이니 곧 믿음으로 하나님께로부터** 난 의라 10 내가 그리스도와 그 부활의 권능과 그 고난에 참여함을 알고자 하여 그의 죽으심을 본받아"; cf. (롬 3:21-26) "21 이제는 율법 외에 하나님의 한 의가 나타났으니 율법과 선지자들에게 증거를 받은 것이라 22 곧 예수 그리스도를 믿음으로 말미암아 모든 믿는 자에게 미치는 하나님의 의니 차별이 없느니라 23 모든 사람이 죄를 범하였으매 하나님의 영광에 이르지 못하더니 24 그리스도 예수 안에 있는 속량으로 말미암아 하나님의 은혜로 값 없이 의롭다 하심을 얻은 자 되었느니라 25 이 예수를 하나님이 그의 피로써 믿음으로 말미암는 화목제물로 세우셨으니 이는 하나님께서 길이 참으시는 중에 전에 지은 죄를 간과하심으로 자기의 의로우심을 나타내려 하심이니 26 곧 이 때에 자기의 의로우심을 나타내사 자기도 의로우시며 또한 예수 믿는 자를 의롭다 하려 하심이라."

5) 불신자에겐 감춰져 있는 하나님의 지혜와 약속으로서의 복음

바울은 복음을 구전으로 전해 내려오는, 만세 전에 약속된 지혜의 말씀으로 이해한다.

(고전 2:6-16) "6 그러나 우리가 온전한 자들 중에서는 지혜를 말하노니 이는 이 세상의 지혜가 아니요 또 이 세상에서 없어질 통치자들의 지혜도 아니요 7 오직 은밀한 가운데 있는 하나님의 지혜를 말하는 것으로서 곧 감추어졌던 것인데 하나님이 우리의 영광을 위하여 만세 전에 미리 정하신 것이라 …"
(고후 4:3-4) "3 만일 우리의 복음이 가리었으면 망하는 자들에게 가리어진 것이라 4 그 중에 이 세상의 신이 믿지 아니하는 자들의 마음을 혼미하게 하여 그리스도의 영광의 복음의 광채가 비치지 못하게 함이니 그리스도는 하나님의 형상이니라"

믿지 않는 자에게는 숨겨져 있는 복음은 구약성서에 예언된 하나님의 약속에 뿌리를 두고 있으며(롬 1:1-2), 그리스도의 재림과 온 이스라엘의 구원을 목표로 삼고 있다(롬 11:25-31).

6) 정치 · 종교적 개념으로서의 복음?

오늘날 특히 영어권에서 신약성서에 나타나는 주요 개념들인 퀴리오스, 소테르, 파루시아, 디카오쉬네, 유앙겔리온 등을 헬레니즘 시대의 정치 종교적 문맥에서 이해하려는 시도가 강하다. 그리하여 바울이 강조한 복음을 로마 제국주의 이데올로기에 반대한 개념들로 이해하고자 한다. 예컨대 리처드 홀슬리(Richard Horsely)가 그러한 입장을 적극 표방한다. 그는 바울의 복음을 "반제국주의 복음"이라 부르는 가운데,[21] 바울이 선포한 복음은 로마 제국의 이데올로기가 성행하고 있던 역사적 상황에서 주어진 것이고 그러한 이데올로기에 반대하려는 의도를 담고 있다고 주장한다.

이러한 주장에는 일면 타당한 측면이 있어 보인다. 왜냐하면 바울에게 있어서 참된 복음은 로마 황제가 보장하는 정치 · 종교적 복음이 아니라, "하늘로부터 강림하는 하나님의 아들" 예수 그리스도의 십자가와 부활을

---

21) R. Horsely, 『바울과 로마제국』, 홍성철 역 (서울: 그리스도교문서선교회, 2007), 22-25. 또한 홀슬리는 예수의 행위와 가르침도 "로마의 제국적 질서에 대한 예수의 대안"으로 이해한다(『예수와 제국』, 김준우 역, 한국그리스도교연구소, 2004, 특히 207-210). Cf. N.T. Wright, "Paul's Gospel and Caesar's Empire", in: R.A. Horsley (ed.), *Paul and Politics* (Harrisburg: Clark, 2000), 160-183.

통해 사람들을 구원하는 복음을 의미하기 때문이다(살전 1:9-10). 이러한 복음에 관한 바울의 메시지는 로마 황제가 약속하는 정치 · 종교적 "복음들"에 이의를 제기하는 반제국주의적 연상을 불러일으킬 수 있다. 그러나 바울의 복음 개념뿐만 아니라 신약성서에 나타나는 복음 개념은 로마 제국과 연관된 정치 · 종교적 복음 이해와 논쟁을 벌이거나 혹은 그와 같은 논쟁을 염두에 둔 문맥에서 사용된 것으로 보기 어렵다.[22] 따라서 바울의 복음이 반제국주의적 함의를 지닐 수 있다는 가능성을 부인할 필요는 없으나, 바울이 의도적으로 자신이 선포하는 복음에 반제국주의적 강세를 부여한 것으로 간주하기는 어렵다.

VI. 나오면서

오늘날 특히 우리나라에 "값싼 은혜"로 주어지는 복음이 여러 형태로 유행하고 있다. 대표적인 현상이 우리나라에 만연되어 있는 기복주의 신앙이다. 기복주의 신앙이란, 그리스도교가 우리의 무속신앙 등과 연계된 가운데 예수 그리스도를 믿기만 하면 믿는 자에게 이런 저런 세속적인 부귀영화를 약속하는 왜곡된 형태의 신앙을 뜻한다. 또한 기복주의 신앙과 유사한 것으로 미국에서 수입된 이른바 "번영신학"(Prosperity Theology)이 있다. 이와 같은 왜곡된 신앙 형태가 현재 우리의 목회 현장과 삶의 현장에서 여전히 세를 과시하고 있다.

기복주의 신앙이나 번영신학의 근본적인 문제점은 인간에게 약속된 하나님의 구원을 이런저런 인간적 심성이나 행위와 결부시키면서 구원의 주체를 인간에게 돌리고 있다는 데 있다. 결국 기복주의나 번영신학에서 말하는 복음은 예수 그리스도를 통해 하나님이 베푸시는 종말론적인 선물이 아니라, 인간이 자신의 세상적 욕심을 채우기 위해 종교적 이름으로 구하는 인간적 탐욕과 다르지 않다. 이와 같은 왜곡된 형태의 복음이 오

22) 이와 같이 J. *Roloff, Einführung in das NT*, 146f.

늘날 한국 사회에 커다란 영향을 끼치고 있다. 그것은 결국 우리의 신앙이 예수 그리스도의 섬김의 정신을 따르는 이타적인 사랑으로 나아가지 못하게 하고 자신의 종교적 욕심을 채우려는 이른바 바리새파적인 행태를 취하게 만들었다. 그로 인해 오늘의 한국교회는 사회로부터 신뢰를 얻지 못하면서 커다란 위기 상황에 처해 있다.

이런 시점에 종교개혁 정신을 본받아 다시 성경으로 돌아갈 필요가 있다. 특히 바울이 힘주어 강조한 복음을 경청하는 일이 절실하다. 왜냐하면 바울은 당시 그리스도인들이 복음의 참된 의미를 잊고 인간의 행위를 내세우는 "유대주의"로 돌아가려는 왜곡된 신앙에 정면으로 맞서면서 "복음의 진리"를 수호하고 전파하기 위해 혼신을 다한 사람이었기 때문이다(갈 1:6 이하; 빌 1:7; 2:22; 4:3). 바울이 강조한 복음의 정신을 회복할 때 침체에 빠진 한국교회가 다시 일어날 수 있는 기회를 맞이하리라 전망해본다.

위에서 우리는 바울서신 가운데 나타나는 "복음"이란 용어에 집중하는 가운데 바울의 복음 이해를 살펴보았다. 바울은 다른 어떤 주제보다도 복음이란 주제에 특별한 관심을 보였고, 그러한 관심은 바울서신 전체에 걸쳐 나타난다. 바울이 말하는 복음은 근본적으로 "하나님의 복음"이다(살전 2:2, 8f; 고후 11:7; 롬 1:1; 15:16). 그런 의미에서 바울에게 복음은 단순히 기쁜 소식에 그치지 않는다. 그것은 오히려 예수 그리스도의 십자가와 부활 사건을 통해 드러난 하나님의 능력으로서 인간의 구원을 목표로 하는 종말론적인 구원의 선물이다. 따라서 복음은 인간적인 수단을 통해 우리 멋대로 좌지우지하거나 마음대로 취할 수 있는 대상이 결코 아니다. 그것은 오로지 예수 그리스도에 대한 신앙 가운데 전적으로 하나님이 베푸시는 은혜의 선물이다(갈 1:11ff; 고후 4:1-6; 롬 1:1-5). 바울에게 복음은 그가 전하는 메시지의 알파요 오메가이며, 바울신학 전체는 한마디로 세상 사람들을 구원의 길로 인도하는 복음에 관한 신학, 곧 ***복음의 신학***이라고 요약할 수 있다. 그가 전개한 복음의 신학은 오늘 한국교회가 선포해야 할 복음의 방향성을 제시한다.

Chapter_12
신약성서가 증언하는 믿음

I. 들어가면서

우리가 일상생활에서 자주 사용하는 "믿음"이란 단어는 사회 구성원 상호 간에 믿고 신뢰하는 마음을 나타낸다. 이러한 일상적 의미를 넘어서 이 단어는 그리스도교 신앙의 본질을 나타내며 그리스도교 신학의 핵심을 구성하는 중요한 개념이다. 그에 걸맞게 믿음은 "복음" 그리고 "칭의"와 더불어 종교개혁의 핵심 신학 용어에 속한다. 한마디로, 믿음은 그리스도교적인 실존을 포괄적으로 규정짓는 개념이다. 그래서 "믿는 자" 혹은 "신자"(πιστεύοντες / πιστεύσαντες, 살후 1:10; 고전 1:21; 롬 1:16; 3:22; 4:11)라는 단어는 이미 초기 그리스도교에서뿐만 아니라 오늘날까지 그리스도인을 가리키는 말로 사용되고 있다. 또한 믿음은 그리스도인이 되는 행위이며(행 20:21), 그리스도인 됨(고전 2:5)을 뜻하고, 나아가 그리스도교와 동일시할 수 있는 개념이기도 하다(딤전 4:1, 6).[1)]

이처럼 중요한 개념인 믿음은 기본적으로 예수 그리스도에 관한 케리그마를 수용하는 인간의 태도를 나타낸다. "그리스도를 믿는다"(πιστεύω εἰς Χριστόν)라는 표현도 사실상 케리그마에 선포된 하나님의 구원사역, 즉 하나님이 예수를 죽은 자 가운데서 부활시켰다는 구원사역을 수용하는 압축된 표현에 불과하다. 이런 의미에서 "믿다"(πιστεύω)라는 동사는 "고백하다"(ὁμολογέω)란 동사와 유사한 뜻을 갖는다(cf. 롬 10:9). 명사 πίστις 혹

---

1) K. Aland, *Vollständige Konkordanz zum griechischen NT*, (Berlin/NewYork, 1975), 1129–1132.

은 동사 πιστεύειν이 신약성서에 각 243회 나오는데, 요한이서와 요한삼서에만 전혀 나타나지 않는다. 요한복음에는 단지 동사형만 나오고 있는 반면, 골로새서와 빌레몬서 그리고 베드로후서와 요한계시록에는 오직 명사형만 나타난다. 명사 πίστις에만 국한할 경우, 공관복음서와 사도행전에 40회, 바울서신에 141회(7개의 바울친서에 90회, 이른바 제2바울서신[엡, 빌, 골, 딤전/후, 딛]에 51회), 히브리서에 32회, 야고보서에 16회, 그리고 요한일서에 1회 사용될 뿐, 요한복음에는 전혀 나타나지 않는다.

지금껏 우리 학계의 관심이 주로 바울과 야고보서의 믿음 이해를 둘러싼 논란에 집중된 반면, 신약의 주요 저자들이 언급하는 "믿음"에 대해서는 상대적으로 관심이 적었던 것 같다. 이런 상황을 고려할 때 이 주제에 대한 신약성서적 접근이 요청된다. 따라서 본 장에서는 그리스도교 신앙의 본질을 나타내는 개념인 "믿음"을 신약성서의 주요 저자들은 어떤 의미로 이해했으며 그와 직결된 신학적 특징은 무엇인지를 밝히려 한다. 이때 믿음과 관련된 전승사적 연구[2]에 초점을 맞추지 않고 신약성서가 증언하는 믿음 이해에 제한하고자 한다. 본론으로 들어가기 전에 그간 서구학계의 연구 흐름에 대하여 간단하게나마 살펴보는 것이 유익하리라 생각된다.

II. 연구사 개관

그리스도교 신앙의 본질을 나타내는 "믿음"은 신약성서를 해석하거나 신약신학을 묘사하려 할 때 반드시 다루는 중요한 주제에 속한다. 따라서 서구신학계는 오래 전부터 이 개념에 대해 많은 연구를 해왔다.[3] 근대에

2) 예컨대, Bultmann/Weiser, "πιστεύώ πίστις …", *ThWNT* 6, 174ff; H. Wildberger, "אמן", *ThHAT* I (München, 1978), 177–209.

3) A. Schlatter, *Der Glaube im NT*, (Darmstadt, ^{5}1963; 1885); Bultmann/Weiser, 위의 책, 174–230; R. Schnackenburg, "Glauben im Verständnis der Bibel", in *Christliche Existenz nach dem NT I*

들어와 믿음에 관한 본격적인 학문적 연구는 슐라터(A. Schlatter)의 저서 "Der Glaube im Neuen Testament"(1885)에서 시작된다고 말할 수 있다. 이 책은 단순히 믿음이란 개념을 언어적으로 분석한 것이라기보다, 믿음에 관한 진술을 신약성서의 중심주제로 삼으면서 초기 그리스도교의 본질을 묘사하려는 시도이다. 방대한 분량(621면)을 담은 이 책은 향후 이 개념 연구와 관련된 고전으로 통한다. 여기에서 저자는 그리스도교 신앙공동체의 가르침과 새로운 문서와 교회 질서 및 관습은 다름 아닌 "믿음"에서 생성된 것임을 서술하면서, 이 개념이 갖고 있는 내적 통일성을 강조하고자 했다. 이때 믿음을 인간 의지의 과정을 나타내는 개념으로 보면서, 믿음을 통해 인간이 하나님과 하나가 되며 인간의 내적 분열상태가 회복된다고 보았다.

"종교사학파"(Religionsgeschichtliche Schule)는 믿음을 "모든 종교의 태동점"으로 파악하는 가운데, "사랑과 경외와 신뢰 안에서 하나님을 향해 마음이 고양되는 것" 혹은 "하나님을 향한 단순하며 소박한 순종"으로 이해하였다.[4)] 믿음을 개인적인 차원으로 간주하였기 때문에 국가 종교나 제의와는 반대되는 것으로 보았다. 이런 의미에서 부셋(W. Bousset)은 유대 종교철학자 필로를 가리켜 "믿음의 첫 번째 신학자"로 불렀다(*Kyrios Christos*, 145). 불트만(R. Bultmann) 역시, 그리스도교적 믿음은 역사적인 체험들에 근거하여 생겨난 구약의 민족적 믿음과는 결정적으로 다르다고 보았다(*ThWNT* 6, 216f). 그리하여 라이첸슈타인(R. Reitzenstein)을 따르는 가운데 불트만은 믿음을 "선전을 꾀하는 종교들의 구호"라고 보았다(같은 곳,

---

(München, 1967), 61-85; D. Lührmann, *Glaube im frühen Christentum*, Gütersloh 1976; H.-J. Hermisson/E. Lohse, Glauben, (Stuttgart/Berlin/Köln/Mainz, 1978); F. Hahn/H. Klein(ed.), *Glaube im NT* (Neukirchen-Vluyn, 1982); G. Barth, πίστις *EWNT* 3, 1983, 216-231; E. Brandenburger, "Pistis und Soteria", *ZThK* 85 (1988), 165-198. 그 밖에 주요 신학사전들은 모두 "믿음"이란 항목을 자세히 다루고 있다(*TRE* 13, 1984, 275- 365; *EKL* 2, 1989, 186-205; *LThK* 4, 1995, 666-692; [4]RGG 3, 2000, 940-985). 여기에 제시된 방대한 문헌을 참조하라.

4) W. Bousset/H. Greßmann, *Die Religion des Judentums im späthellenistischen Zeitalter*, (Tübingen, 1926), 388, 193.

180f). 이러한 이해를 비스만(E. Wißmann)이 받아들여 다음과 같이 말했다: "믿음이란 선교 때 선포되는 것을 수용하며 그 자체로서 그리스도교 신앙에 대한 신앙고백을 포괄한다. 복음, 즉 케리그마를 믿어야만 한다. 정말 그 안에 담겨 있는 진리를 진리로 여겨야만 한다. 바로 그것이 '믿는다'는 뜻이다. πίστις는 하나님이나 그리스도 혹은 그의 죽음과 부활에 대한 신뢰를 뜻하지 않는다"(*Das Verhältnis von Pistis und Christusfrömmigkeit bei Paulus*, 1926, 66f).

종교사학파의 이와 같은 시각에 대해 뤼어만(D. Lührmann)이 강하게 반기를 들었다. 그는 그리스어 πίστις나 πιστεύειν을 히브리어 구약성서의 번역에서 비롯된 "의미 차용어"로 여기면서, 그것이 유대 문헌이나 그리스도교 문헌에서 종교적인 의미로 사용될 때, 그것의 내용은 전적으로 구약성서적 전제에 의해 규정되어야 한다고 주장하였다(*Glaube im frühen Christentum*, 1976). 이러한 입장은 일부 수용되었으나, 바르트(G. Barth)는 이에 대해 좀 더 세분화된 입장을 제시했다. 바르트의 견해에 따르면, 더 이상 불트만처럼 믿음에 관한 진술을 고대 세계의 선교적 종교들의 당연한 문체로 간주할 수 없고, 그렇다고 뤼어만처럼 믿음을 유대교나 그리스도교 내부에서만 통용되는 특별한 용어라고 말할 수도 없다. 바르트는 유대교나 그리스도교로부터 영향을 받지 않은 고전 문헌과 이방 헬레니즘 문헌에서 이 단어가 종교적인 의미에서 폭넓게 사용되었다는 사실을 밝혔다. 특히 고대 그리스 작가 플루타르크의 경우 "믿음은 반드시 신에 대한 숭배에 속한다"는 점을 지적했다("Pistis in hellenistischer Religiosität", *ZNW* 73, 1982, 110-126).

III. 신약의 주요 증인들이 증언하는 믿음

지면 관계상 신약성서의 모든 저자들을 다루지 않고 믿음에 관해 중요한 진술을 남긴 네 저자들(바울, 요한, 히브리서, 야고보서)에 국한하려 한다. 제1세대 그리스도인에 속하는 인물이면서 신약성서 최초의 저자로서 50년대에 기록된 서신들을 남긴 바울의 믿음 이해부터 살펴보자.

1. 바울의 믿음 이해

앞에서 언급했듯이, 신약성서 저자 가운데 바울이 "믿음"(πίστις)이란 개념을 압도적으로 많이 사용하고 있다는 사실로 미루어 그가 이 단어를 얼마나 중요하게 여겼는지를 쉽게 짐작할 수 있다. 실상 믿음은 바울이 선포하는 메시지의 특징을 가장 잘 나타내는 용어이다.[5] 바울은 이 개념을 인간의 종교적 심성이나 경건한 자세를 가리키는 개념으로 사용하지 않고, 구원을 향한 예수의 길과 인간을 정죄하는 율법의 길을 구분하는 문맥에서 즐겨 사용한다. 믿음과 행위를 대립시키는 가운데, 이 두 용어를 통해 서로 다른 두 가지 삶의 상황을 묘사하고자 한다. 한편에는 죄와 율법, 심판과 사망이 있는 반면, 다른 편에는 의와 그리스도, 은혜와 생명이 있다. 이와 같은 방식으로 믿음은 바울신학의 핵심 개념을 이룬다.[6] 바울이 말하는 믿음의 특징들을 다음과 같이 구분할 수 있다. 이 특징들은

5) Cf. E. Wissmann, *Das Verhältnis von pi,stij und Christusfrömmigkeit bei Paulus*, (Göttingen, 1926); H. Binder, *Der Glaube bei Paulus*, (Berlin, 1968); R. Bultmann, *Theologie des NT* (Tübingen, [8]1980), 315–331; G. Friedrich, "Glaube und Verkündigung bei Paulus", in *Glaube im NT* (FS H. Binder), ed. F. Hahn/H. Klein, Neukirchen 1982, 93–113. 또한 O. Hofius, "Wort Gottes und Glaube bei Paulus", idem, *Paulusstudien* (Tübingen, 1989), 148–174; D. Lührmann, *Glaube im frühen Christentum*, 46–59; W. Mundle, *Der Glaubensbegriff des Paulus*, 1932 (Darmstadt, 1977); E. Peterson, *Der Brief an die Römer* (Würzburg, 1999), 126–131; M. Theobald, "Zum Verständnis des 'Galubens' im Römerbrief", 같은 저자, *Der Römerbrief* (Darmstadt, 2000), 203–206.

6) 바울은 "믿음"을 강조함으로써 당시 유대교에 널리 성찰되던 개념을 수용한다. 예컨대, 유대역사가 요세푸스(Josephus)는 모세를 자기 동시대인에게만이 아니라 후대의 모든 세대에게도 하나님에 대한 믿음을 심은 사람으로 이해하면서 하나님 신앙에 의해 인도되는 경건하며 의로운 인생의 모범으로 소개한다(Ap. II,169). 필로(Philo)는 믿음을 지혜와 동일시하면서 지상적인 것들에 대한 신뢰와 대립시킨다(All. II,89). Sir 2:1–14는 믿음에 대한 찬양시로서 시련 중에 하나님에 대한 신뢰를 강조한다. 마카베오4서는 율법에 순종하는 사람들의 태도로서 믿음에 대해 언급한다(4Makk 4:7; 7:19, 21; 8:7; 15:24; 16:22; 17:2 등); cf. syrBar 54:5; 4Esr 13:23.

실상 서로 밀접히 연관되었으나 각 특징을 부각시키기 위해 편의상 구분한 것이다.

1) 복음에 근거한 믿음

바울이 말하는 믿음의 본질은 심리학적인 차원과 관련된 인간의 마음 상태에 있지 않고, 믿음의 대상이 되는 케리그마, 즉 복음선포와의 관계에서 드러난다. 한마디로, 믿음은 복음에 대한 인간의 응답이고 복음에 뿌리를 두고 있다. 다시 말하면, 믿음은 예수 그리스도를 통해 역사하시는 하나님의 구원활동에 대한 사도적 복음선포에 근거한다(cf. 고전 15:1ff). 따라서 믿음은 "오는 것"(ἐλθεῖν 갈 3:23)이고, 복음선포를 통해, 즉 케리그마를 들음으로써 성장하는 것이다(ἡ πίστις ἐξ ἀκοῆς 롬 10:17). 이런 시각에서 바울은 "믿음의 들음"(ἀκοὴ πίστεως 갈 3:2, 5)이란 표현을 사용한다. 이때 들음은 케리그마를 기꺼이 받아들임을 뜻하며, 자기 자신을 들은 것 아래에 내어맡김을 뜻한다. 따라서 바울은 "믿음의 순종"(ὑπακοὴ πίστεως 롬 1:5)이란 표현도 사용한다. 이렇게 보면, 바울의 믿음 이해는 복음에 의존할 뿐만 아니라 복음에 종속된다는 점이 분명하다. 복음이 선포되고 들려지는 곳에서만 믿음의 응답이 가능하기 때문이다. 이런 의미에서 믿음은 하나님이 주시는 은혜의 선물이다(cf. 빌 1:29). 믿음은 복음선포에 근거할 뿐만 아니라, 선포된 복음 그 자체를 내용으로 가지고 있다. 고전 15:11은 그와 같은 사실을 반영한다(οὕτως κηρύσσομεν οὕτως ἐπιστεύσατε "우리가 이같이 선포하매 너희가 이같이 믿었느니라"). 따라서 바울은 믿음을 "복음에 대한 믿음"(πίστις τοῦ εὐαγγελίου 빌 1:27)이라 부를 수 있다.[7]

2) 하나님과 예수 그리스도에 대한 믿음

바울이 말하는 믿음은 기본적으로 "하나님을 향한 믿음"을 가리킨다(살

---

7) Cf. O. Hofius, *Paulusstudien*, 154. 그러나 G. Friedrich는 빌 1:27의 표현 πίστις τοῦ εὐαγγελίου을 "복음이 영향을 끼치는 믿음"으로 해석한다: *Der Brief an die Philipper* (Göttingen, 1985), 146.

전 1:8 ἡ πίστις ὑμῶν ἡ πρὸς τὸν θεόν). 그러한 믿음은 "죽은 자를 살리시며 없는 것을 있는 것으로 부르시는 하나님"에 대한 믿음을 뜻한다(롬 4:17b). 그것은 구약 및 유대 전통적인 신앙고백과 다르지 않다(예컨대, 신 32:39; 삼상 2:6; 지혜서 16:13; Shmoneh Esreh의 제2기도). 그러나 바울이 말하는 하나님에 대한 믿음은 무엇보다도 예수 그리스도를 죽은 자 가운데서 살리신 하나님에 대한 믿음을 가리킨다(롬 4:24; 8:11; 10:9). 다시 말해 예수 그리스도 안에서 역사하시고 예수 그리스도를 통해서 세상을 향한 자신의 구원활동을 구체적으로 보여주신 바로 그 하나님에 대한 믿음을 뜻한다. 따라서 하나님에 대한 믿음은 동시에 "그리스도에 대한 믿음"(πίστις εἰς Χριστόν)을 내포한다.[8] 믿음을 가능하게 하는 복음선포의 말씀은 십자가에 죽으신 분의 부활을 통해 드러난 것이기 때문이다. 이렇게 볼 때, 예수 그리스도에 대한 믿음은 롬 10:9의 내용을 한 마디로 요약한 것이라고 말할 수 있다: "네가 만일 예수를 주로 시인하며 또 하나님께서 그를 죽은 자 가운데서 살리신 것을 네 마음에 믿으면 구원을 받으리라." 여기에 드러나듯이, 예수 그리스도를 믿는다는 것은 그리스도의 죽음과 부활을 하나님의 구원 사역으로 받아들이는 것이며 또한 그리스도를 주님으로 받아들이는 것임을 강조한다. 바울의 기독론이 신론과 직결되어 있듯이, 예수 그리스도에 대한 믿음은 인간을 구원하기 위해 자신을 계시하신 하나님에 대한 믿음과 본질적으로 같다. 이 경우 하나님 혹은 그리스도 자신이 믿음의 내용이다. 이때 하나님은 지극히 높으신 존재자로서 자신을 계시하시는 분으로서가 아니라, 위에서 살펴보았듯이 복음을 통해, 예수 그리스도를 통해 스스로를 나타내 보이신 분이라는 의미로 이해해야 한다.

---

8) 바울서신에 나타나는 "πίστις Χριστοῦ"라는 표현(갈 2:16c; 빌 3:9; cf. 롬 3:22; 갈 2:16a; 3:22; 롬 3:26; 갈 2:20)은 주어적 소유격(Gen. subj.)이 아니라 목적어적 소유격(Gen. obj.)으로 이해하는 것이 옳다. 그와 같은 사실은 예컨대 갈 2:16에서 바울이 διὰ πίστεως Ἰησοῦ Χριστοῦ를 εἰς Χριστὸν Ἰησοῦν ἐπιστεύσαμεν이란 표현으로 다시 설명하는 데서 분명히 드러난다. Cf. O. Hofius, *Paulusstudien*, 154f, 각주 51.

3) 하나님의 약속에 대한 절대적 신뢰로서의 믿음

바울에게 있어서 하나님에 대한 믿음은 하나님의 언약에 대한 절대적인 신뢰를 뜻한다. 이는 구약성서에 나오는 동사 אמן의 히필(hiphil)형 '헤에민'(האמין)과 일치한다.[9] 이 믿음은 어떠한 상황에 처해서도 하나님을 전적으로 신뢰하는 믿음을 뜻한다(cf. 창 15:6; 출 14:31; 민 14:11; 20:12; 신 1:32; 사 28:16; 53:1; 시 116:10 등). 로마서 4장에서 바울은 아브라함을 믿는 자의 전형이라고 부른다. 아브라함이 인간적인 시각에서 볼 때 일말의 소망도 기대할 수 없는 처지에서도 바라고 믿었기 때문이다(롬 4:18). 즉, "그가 백 세가 되어 자기 몸이 죽은 것 같고 사라의 태가 죽은 것 같음을 알고도 믿음이 약하여지지 아니하고 믿음이 없어 하나님의 약속을 의심하지 않고 믿음으로 견고하여져서 하나님께 영광을 돌리며 약속하신 그것을 능히 이루실 줄을 확신"하였기 때문이다(롬 4:19-21). 여기에서 바울은 하나님의 약속을 전적으로 신뢰하면서 그 약속이 성취될 것을 확신하는 소망으로 아브라함의 믿음을 이해한다. 그리스도인의 믿음은 바로 이와 같은 아브라함의 믿음에 상응한다(롬 4:23-24).

4) 칭의 신앙으로서의 믿음 / "율법의 행위"와 대립된 믿음

피스티스(πίστις)는 바울서신 중에서도 특히 갈라디아서와 로마서에 집중되어 나타난다. 로마서에 나오는 35구절 가운데 27구절, 또한 갈라디아서에 나오는 21구절 가운데 18구절이 칭의 주제와 관련되어 있다. 여기에서 바울의 "믿음" 개념은 하나님의 의가 갖고 있는 은혜의 성격을 강조하는 칭의론 문맥에 속한다는 사실이 잘 드러난다. 바울이 믿음을 강조한 것은, 구원을 향한 예수의 길과 인간을 정죄하는 율법의 길을 구분하기 위한 것이다. 따라서 바울은 믿음을 "율법의 행위"(ἔργα νόμου)와 대립시키

---

9) 구약성서는 하나님의 행위에 대한 인간의 반응인 믿음을 전면에 내세우지 않는다. 인간학적 관심은 대체로 하나님 중심적 관찰 배후에 나타날 뿐이다. 구약 및 유대적 의미의 믿음/신뢰에 대해 예컨대 A. Weiser, *ThWNT* 6, 182-218; H. Wildberger, *ThWAT* 1, 187-193을 참조하라.

거나(롬 3:28; 9:32; 갈 2:16) 행위의 원리로 이해된 "율법"(νόμος)과 대립시킨다(롬 3:21f; 갈 3:12; 빌 3:9).[10] 그렇다고 해서 바울이 윤리적 실천의 차원을 부정한 것은 결코 아니다.

아브라함은 모세보다 훨씬 앞선 시대에 살았던 사람이며 따라서 시내산 율법이 수여되기 전 시대의 사람임에도 불구하고, 유대 전승은 아브라함을 하나님의 뜻을 완전히 파악하여 철저하게 순종한 사람으로 여겼다. 따라서 창 15:6에 나오는 "믿음"을 아브라함이 시험을 받을 때 보여준 하나님의 명령에 대한 무조건적인 순종으로 해석했다(1Makk 2:52; 4QMMT). 이런 시각에서 고대유대교는 아브라함을 경건한 자의 모범으로 이해했다(Sir 44:19-21; Philo, Virt. 216). 그의 삶은 행위를 통해 보여준 순종의 삶을 입증한 것으로 간주되었다. 결국 아브라함의 행위는 율법의 요구를 온전히 실행한 의로운 삶으로 여겨졌고, 그의 "믿음"은 하나님으로부터 인정을 받은 여러 공적 가운데 하나로 간주되었다(cf. Jub 23:10). 같은 선상에서 하박국서 2:4에 대한 (쿰란)에센파의 주석을 담은 1QpHab 7:17-8:3에 따르면, 하나님은 에센파의 설립자 의의 교사에 대해 순종하며 그가 요구하는 율법을 온전히 지키는 자를 구원하리라고 한다.[11]

그러나 바울은 믿음에 대한 이러한 유대 전통적인 시각에 반대하면서 아브라함의 믿음을 새롭게 해석한다(롬 4:3). 그리하여 "아브라함이 여호와를 믿으니 여호와께서 이를 그의 의로 여기셨다"는 창 15:6의 진술 자체에 초점을 맞춘다. 믿음 가운데 아브라함은 자신을 전적으로 하나님의 약속에 의탁하였다. 그가 하나님의 약속을 그 무엇보다도 신뢰하였기 때문에, 하나님과 올바른 관계에 들어갈 수 있었고, 그의 이러한 관계가 의로 간주된 것이다. 이와 같은 이해는 동시에 율법의 행위를 통한 길은 구원

10) 바울의 ἔργα νόμου 이해를 둘러싸고 논란이 많다. 이에 관해 예컨대 U. Schnelle, *Einleitung in das NT* (Göttingen, ³1999), 120ff를 보라. 바울은 νόμος 개념의 내용과 범위와 의미를 정의내리지 않으나, 그 개념을 사용할 때 일반적으로 하나님의 계명으로서의 "토라"와 그에 합당한 해석을 염두에 두었으며 당시 헬레니즘적 유대교의 경우처럼 윤리적 계명과 제의적 계명을 서로 구분하지 않았다: cf. E. Lohse, Der Brief an die Römer (Göttingen, 2003), 210.

11) 김창선, 『쿰란문서와 유대교』(한국성서학연구소, 2007), 171-175를 참조하라.

의 길이 아님을 뜻한다. 결국, 바울에게 구원의 은사인 하나님의 의는 '믿음을 통해 주어진 의'를 뜻한다(롬 1:17; 5:1; 9:30; 10:6; 14:23; 갈 3:7ff. 22. 24; 5:5; διὰ πίστεως 롬 3:31; 갈 2:16; 3:14. 26; 빌 3:9).[12] 바울이 말하는 믿음은 칭의 신앙과 다르지 않으며 행위의 원리로 이해된 율법과 대립된 개념이다.

5) 그리스도교적인 삶의 특징으로서의 믿음

믿음은 그리스도인의 삶을 규정짓는 특징이다. 다시 말해, 그리스도인의 삶은 믿음 가운데 구원을 체험하며 살아가는 삶이다. 따라서 믿음은 "구원 영접과 구원 참여의 양태"(O. Hofius)라고 말할 수 있다. 바울은 그리스도인의 삶을 가리켜 갈 2:20에서 "이제 내가 육체 가운데 사는 것은 나를 사랑하사 나를 위하여 자기 자신을 버리신 하나님의 아들을 믿는 믿음 안에서 사는 것"이라고 말한다(cf. 갈 5:5f; 롬 14:22f; 고전 13:13). 이러한 믿음에는 연약하고 부족한 믿음이 있는가 하면(롬 14:1; 살전 3:10), 진보하고 성장하는 믿음도 있다(빌 1:25; 고후 10:15). 믿음은 예수 그리스도에 나타난 하나님의 사랑의 행위에 근거한 것이기 때문에, 그리스도교적 삶의 특징인 믿음은 사랑의 삶을 실천함으로써 드러난다(갈 5:6). 또한 바울은 세상 속에서의 그리스도인의 실존을 가리켜 '보는 것 안에서가 아니라 믿음 안에서 행하는 삶'(고후 5:7)으로 이해한다. 이에 걸맞게 고전 13:12에서 "우리가 지금은 거울로 보는 것 같이 희미하나 그 때에는 얼굴과 얼굴을 대하여 볼 것이요 지금은 내가 부분적으로 아나 그 때에는 주께서 나를 아신 것 같이 내가 온전히 알리라"고 말한다(cf. 고후 4:18). 즉, 이 세상 가운데 살아가면서 하나님과 구원에 대해 인식하는 것은 부분적일 뿐이고, 미래 종말론적인 완성이 이루어질 때 비로소 온전한 인식이 가능하다는 사실을 말한다.

---

12) 케제만은 로마서 주석서에서 롬 3:21-4:25의 표제를 "믿음의 의로서의 하나님의 의"(Die Gottesgerechtigkeit als Glaubensgerechtigkeit)로 삼으면서 그 점을 강조했다(*An die Römer*, Tübingen ^{4}1980, 85).

2. 요한의 믿음 이해

보통 1세기 말경에 생성된 것으로 추정하는 요한복음은 공관복음에 비해 부활 이전 시기의 예수 역사로부터 더욱 멀어져 있고, 그로 인해 요한서신과 함께 독자적으로 발전한 전승의 산물로 간주된다. 이와 같은 사실은, "요한"이 특히 믿음에 대해 자주 언급하고 있는 것과 관련이 있어 보인다. 사람들로 하여금 "믿으라"는 권면(요 6:29; 12:36; 요일 3:23)과, 또한 믿는 자를 위한 약속의 말씀(요 6:35, 40, 47; 7:37, 38a; 11:25-26; 12:44-46; 14:12; 요일 5:1; 10, 13)이 요한복음과 요한일서를 관통하여 나타난다.[13] 이로써 믿음이 요한신학의 중심 주제에 속한다는 사실이 드러난다.[14] 이에 걸맞게 요 20:31은 요한복음의 기록목적을 "너희로 예수께서 하나님의 아들 그리스도이심을 믿게 하려 함이요 또 너희로 믿고 그 이름을 힘입어 생명을 얻게 하려 함이니라"고 밝힌다. 또한 그리스도교 구원관을 요약하는 요 3:16에 따르면 하나님이 독생자 예수 그리스도를 이 세상에 보낸 것은 "그를 믿는 자마다 멸망하지 않고 영생을 얻게 하려 하심이라"고 강조한다.

흥미롭게도 요한복음에는 명사 πίστις가 전혀 사용되지 않고, 동사 πισ̂τεύειν만 98회 나타난다. 신약성서 중 바울서신을 제외하면 요한복음에 이 동사가 가장 많이 사용된다. 또한 요한일서에는 명사형이 한 번 나오는 것을 제외하면(5:4) 역시 동사형으로만 9회 나타난다. 동사형이 집중적으

13) R. Bultmann, *Theologie des NT*, 422.

14) 요한의 믿음 이해와 관련하여: R. Bultmann, pisteu,w …, *ThWNT* VI, 224ff; idem,『신약성서신학』, 허혁 역 (성광문화사, 1981), 434-459; R. Bergmeier, *Glaube als Gabe nach Johannes*, 1980; F. Hahn, "Sehen und Glauben im Johannesevangelium", in H. Baltensweiler/B. Reicke(eds.), *NT und Geschichte*, FS O. Cullmann, 1972, 125-141; idem, "Das Glaubensverständnis im Johannesevangelium", in *Glaube und Eschatologie*, FS W.G. Kümmel, ed. by E. Gräßer/O. Merk, 1985, 51-69; H. Schlier, "Glaunen, Erkennen, Lieben nach dem Johannesevangelium", in idem, *Besinnung auf das NT*, ²1964, 264-271; J. Zumstein, "Das Johannesevangelium: Eine Strategie des Glaubens", *ThBeitr* 28, 1997, 350-363; F. 한,『신약성서신학 I』(대한그리스도교서회, 2007), 740-756; 김문경,『요한신학』(한국성서학연구소, 2004), 127-153.

로 사용되는 사실에서 이 단어가 요한신학에서 역동적인 관계를 나타내고 있음을 짐작할 수 있다. 공관복음에서 πιστεύειν이 하나님이나 예수의 권세 내지는 청원기도의 응답에 대한 개별적인 신뢰 행위를 강조하는 것과 달리, 요한의 경우에는 인격과의 결합을 통한 신뢰가 특징적이다.[15)]

그런데 요한복음에는 주로 세 가지 방식으로 πιστεύειν이 사용된다. 첫 번째 경우는 전치사 εἰς와 함께 사용되면서 믿는 대상과의 인격적 신뢰를 드러낸다. 그리하여 믿음은 하나님을 믿는 것이며(요 14:1 εἰς τὸν θεὸν), 예수를 보내신 분을 믿는 것이며(6:29; 12:44 εἰς τὸν πέμψαντά με), 예수를 믿는 것이며(7:39; 12:11 εἰς τὸν Ἰησοῦν), 아들을 믿는 것이며(3:36 εἰς τὸν υἱὸν), 인자를 믿는 것이며(9:35 εἰς τὸν υἱὸν τοῦ ἀνθρώπου), 빛을 믿는 것이다(12:36 εἰς τὸ φῶς). 이때 믿음의 내용은 예수가 "그리스도시요 세상에 오시는 하나님의 아들"이시며(요 11:27), "예수께서 하나님의 아들 그리스도이시며"(20:31), "하나님이 그리스도를 보내셨으며"(11:42; 17:8, 21), "그리스도가 아버지 안에 그리고 아버지가 그 안에 계시며"(14:10), 예수가 "하나님께로부터 나오셨다"(16:30; 17:8)는 사실을 가리킨다. 두 번째 경우는 접속사 ὅτι를 통해 믿어야 할 대상을 제시한다(6:69 ὅτι σὺ εἶ ὁ ἅγιος τοῦ θεοῦ; 10:38; 11:27, 42; 13:19; 16:27; 17:8; 20:31; 요일 5:1, 5 등). 세 번째 경우는 πιστεύω 동사가 여격형 목적어와 함께 사용되는 것으로 특별히 요한적인 용법에 해당한다(요 5:24, 38, 46; 8:31, 46 등). 가끔 아무 수식어가 붙지 않는 절대적인 용법으로도 사용된다(요 6:47, 64; 19:35; 20:29).

1) 믿음과 따름

요한복음에는 "따름"을 뜻하는 동사 ἀκολουθεῖν이 모두 19번 사용된다. 그중 17번이 예수를 따르는 것과 관련된다. 백성의 무리가 예수를 따르는 경우가 한 번 나오고(요 6:2), 나머지 16번은 제자들과 관련된다(요 1:37, 38, 40, 43; 8:12; 10:4, 5, 27; 12:26; 13:36a,b, 37; 18:15; 21:19, 20, 22). 이 동사는 공

---

15) F. 한, 『신약성서신학 I』, 740.

관복음서에 사용된 것보다(마태, 마가, 누가에 각각 5번) 압도적으로 요한복음에 많이 사용된다. 공관복음서의 경우, 예수를 "따름"(ἀκολουθεῖν)이 그리스도인의 존재를 규정하고 제자 됨의 토대를 이루며, "믿는 것"은 사람들의 개별적인 신뢰 행위와 직결된다. 그와 달리 바울의 경우, 믿음은 그리스도인의 존재를 규정하는 방식으로서 따름을 대체한다고 말할 수 있다.[16] 그런데 요한에게서는 믿음과 따름의 내용이 서로 완벽하게 일치한다. 예컨대 요 6:35에서 예수께 나아가는 자(ὁ ἐρχόμενος πρὸς ἐμὲ), 즉 예수를 따르는 자는 결코 주리지 아니하며, 예수를 믿는 자(ὁ πιστεύων εἰς ἐμὲ)는 영원히 목마르지 아니하리라고 말한다. 생명의 떡인 예수께 나아가는 자와 예수를 믿는 자가 평행 구조 속에서 동일시되고 있다. 또한 요 8:12 경우 세상의 빛인 예수를 따르는 자(ὁ ἀκολουθῶν ἐμοὶ)는 어두움에 다니지 않고 생명의 빛을 얻으리라 한다. 여기서 예수를 따르는 자는 생명의 빛을 얻는 자, 곧 믿는 자를 가리킨다.

2) 믿음과 들음, 봄, 앎

요한복음에서 들음(ἀκουεῖν)은 단순히 청각적인 인지를 넘어서 예수의 말씀을 순종적으로 수용하는 것을 뜻한다. 예컨대, 요 18:37("무릇 진리에 속한 자는 내 소리를 듣느니라")에 드러나듯이, 진리에 속한 자, 곧 믿는 자는 예수의 말씀에 순종하는 자를 뜻한다. 반면 유대인들은 예수의 말씀을 "들을 줄 알지 못한다"(요 8:43). 그들이 예수의 말씀에 순종하지 않고 예수를 믿지 아니하기 때문이다(요 8:45-46). 의도적으로 청각적 인지와 믿음의 수용, 두 가지를 함께 담고 있는 경우도 있다(예컨대, 요 5:25 "죽은 자들이 하나님의 아들의 음성을 들을 때가 오나니 곧 이 때라 듣는 자는 살아나리라"; cf. 5:28). 목자와 양의 비유를 통해서도 설명한다. 양들은 선한 목자의 음성을 듣고 따른다(요 10:27 "내 양은 내 음성을 들으며 나는 그들을 알며 그들은 나를 따르느니라"; cf. 요 10:3, 16). 여기서 양은 진리에서 난 자로서 예

---

16) 위의 책, 747.

수의 말씀을 듣는 자이며 예수를 따르는 자이다. '목자의 음성을 듣는 자'는 곧 예수를 믿는 자이다. 이처럼 요한의 경우 "듣는 것"(ἀκουεῖν)은 "믿는 것"(πιστευεῖν)과 동일하다.

그런데 "믿는 것"은 "보는 것"(ὁρᾶν, βλεπεῖν, θεωρεῖν)과도 밀접하게 연결되어 있다. 이 점은 무엇보다 요 12:44–45에 잘 나타난다: "[44]나를 믿는 자는 나를 믿는 것이 아니요 나를 보내신 이를 믿는 것이며 [45]나를 보는 자는 나를 보내신 이를 보는 것이니라." 두 문장이 평행 구조를 이루고 있는 것에서 "믿는 것"과 "보는 것"이 하나임을 알 수 있다.[17] 여기서 "보는 것"은 신앙 가운데 이루어지는 영적인 인지 혹은 신앙적인 인지를 가리키는데, 그것은 곧 하나님의 아들의 영광이 예수의 사역에서 발현하고 있는 것에 대한 깨달음을 뜻한다. 그것은 요한 특유의 어법이다. 또한 신앙 고유의 인식인 "보는 것"은 "아는 것"(γινώσκειν)과도 긴밀하게 연결된다. 그와 같은 점이 예컨대 요 14:7 혹은 요 14:17에 잘 나타난다.[18] 예수 그리스도를 믿지 않는 세상은 보혜사인 진리의 영을 보지도 못하고 알지도 못하나, 예수 그리스도를 믿는 제자들은 그가 길이요 진리요 생명이라는 것을 믿음을 통해 안다. 예수를 보는 것과 아는 것은 믿는다는 차원과 동일하다. 따라서 요한문서에서 믿는 것과 "아는 것"이 서로 긴밀하게 연결되어 나온다(요 6:69; 8:31–32; 10:38; 17:8; 요일 4:16).

들음과 봄과 믿음의 밀접한 관계는 요한서신에서도 살펴볼 수 있다. 예컨대, 요일 1:1–3은, 저자가 선포하는 것은 "태초부터 있는 생명의 말씀에 관한 것으로 우리가 들은 바요 눈으로 본 바요 자세히 보고 우리의 손으로 만진 것"과 일치한다는 점을 강조한다. 여기서 "우리가 듣고 보고 만진 것"은 감각적인 인지를 나타내는 것이 아니라 신앙의 눈으로 깨닫는

---

17) 또한 요 6:40("아들을 보고 믿는 자마다 영생을 얻는 이것이니"); cf. 요 1:14. 50–51; 14:19; 16:16. 이와 관련하여 H. Wenz, "Sehen und Glauben bei Johannes", *ThZ* 17 (1961), 17–25; K. Lammers, *Hören, Sehen und Glauben im NT*, 1966; Hahn, "Sehen und Glauben im Johannesevangelium", in *Neues Testament und Geschichte* (FS Oscar Cullmann), 1972, 125–141을 참조하라.

18) 그 밖에도 요 14:9; 요일 3:6. 또한 요 5:37과 8:55를 비교하고 요 6:46과 17:25를 비교하라.

인식을 뜻한다. 이 구절에 드러나듯이 "듣는 것"과 "보는 것"은 같은 차원의 묘사로서 생명의 말씀인 예수 그리스도를 믿는 것과 일치한다. 요약하면, 요한문서에서 예수의 말씀을 듣는 것 (ἀκουεῖν)과 예수를 "보는 것"(θεωρεῖν) 혹은 예수를 "아는 것"(γινώσκειν)은 서로 밀접히 연결되거나 교체될 수 있는 개념으로서 "믿는 것"(πιστευεῖν)과 같은 뜻을 지닌다.

3) 은혜로 선사된 종말론적 실존으로서의 믿음

믿음은 세상적인 척도들과 판단에 근거하여 지금까지 구축해 놓은 자기 이해를 완전히 버릴 것을 요청한다. 세상과 대립된 결단으로서의 믿음은 탈세계화를 뜻하고, 그것은 곧 종말론적인 실존으로 넘어가는 것을 의미한다.[19] 믿는 자는 세상에 속해 있으면서 동시에 세상적 존재를 넘어선 자이다. 신약성서 저자 가운데 요한이 특히 이 점을 강조한다. 요한의 경우, 믿는다는 것은 이 세상에 속해 있으면서 이미 역사의 끝 종말에나 체험하게 될 차원을 이미 이 세상에서 체험하는 것을 뜻한다. 따라서 믿는 자는 세상 안에 있으면서 이미 세상에 속해 있는 존재가 아니며(요 17:11, 14, 16), 이미 심판을 극복하고 생명으로 넘어간 존재이고(3:18; 5:24f), 죽음을 넘어서 이미 생명을 가지고 있는 사람이다(요 8:51; 11:25f; 3:36; 6:47; 요일 5:12). 이처럼 변화된 차원을 가리켜 요한일서는 "어둠이 지나가고 참 빛이 벌써 비치고 있다"(2:8)고 말한다. 한마디로, 믿는 자는 죄와 사망과 어둠의 권세가 지배하는 이 세상에 살고 있으나, 예수 그리스도에 대한 믿음을 통해 최후 종말에 얻게 될 영생의 삶에 현재 참여하고 있는 종말론적 실존의 삶을 살아가는 자이다(cf. 요 3:15-16).[20] 결국, 요한은 예수

19) Cf. R. Bultmann, *Theologie des NT*, 428: "믿음은 세상에서의 전환이고 탈세계화의 행위(Akt der Entweltlichung)이며 피상적 안전과 거짓된 삶의 포기이고 보이지 않는 것과 마음대로 이용할 수 없는 것에 의해 기꺼이 살려는 것이다. 즉 생과 사가 뜻하는 것에 관한 전적으로 새로운 척도들을 받아들이고 예수가 제공하며 예수와 동일한(요 5:19ff; 11:25f) 세상에서 증명될 수 없는 생명을 과감하게 영접하는 것이다."

20) 요한문서는 현재 종말론적 사고를 강조한다(요 3:13-21, 31-36; 12:44-50; 5:20-29; 요일 3:14). 현재를 구원의 시대로 규정짓는 요한의 종말론을 가리켜 C.H. Dodd는 "실현된 종말

그리스도에 대한 믿음만이 믿는 자들을 영생으로 인도하는 종말론적 실존을 가능하게 한다고 확신한다. 이런 의미에서 요한 역시 바울처럼 믿음을 하나님이 주신 은혜의 선물로 이해했음이 분명하다(cf. 요 7:37-38).

3. 히브리서의 믿음 이해

예수 그리스도가 영원한 대제사장이라는 새로운 형태의 기독론을 표방하는 일종의 신학적 논설이거나 혹은 구약성서 여러 구절을 해석한 설교문으로 간주되는 히브리서[21]는 이미 박해를 체험했으며 머지않아 닥칠 새로운 고난에 직면하여(히 10:32-36; 12:4; 13:3) 믿음을 저버릴 위험에 처한 교인들에게 위로와 권면을 하기 위해 제2세대에 속한 익명의 그리스도인이 기록한 것으로 보인다(히 2:3). 이 문서에는 명사형 πίστις가 32번 나타나는데, 그중 11장에만 24번 사용된다. 거의 전적으로(31번) 수식어가 따라붙지 않는 절대적인 용법으로 사용된다(히 6:1만 예외). 그와 달리 동사형 πιστεύειν은 단지 2번만 사용된다(히 4:3; 11:6). 이처럼 절대적 용법의 πίστις가 강조되고 있는 것 외에도 믿음에 대한 정의가 히 11:1에 나타나고 있는 것으로 미루어 "믿음"이 히브리서에서 중요한 주제라는 사실을

론"(realized eschatology)이라 불렀다. 요한의 종말론과 관련하여 논란이 있다. 불트만은 요 6:39, 40, 44, 45와 같은 미래 종말론적 진술을 후대 교회의 첨가로 간주했다("Die Eschatologie des Johannes-Evangeliums", in: *Glauben und Verstehen I*, Tübingen 1933, 134-152). 그러나 요한신학의 범주 안에 미래 종말론적 진술이 불가피하다는 입장을 여러 학자들이 강조한다: L. Goppelt, *Theologie des NT*, 640-643; C.K. Barrett, *Das Evangelium nach Johannes*, Göttingen 1990, 83-86; J. Frey, *Johanneische Eschatologie III*, Tübingen 2000, 85-87; F. 한, 『신약성서신학 I』, 778-783; K. Wengst, *Johannesevangelium I*, 202f; U. Schnelle, *Theologie des NT*, Göttingen 2007, 706f. 그러나 J. Becker는 그러한 입장에 반대한다("Die Hoffnung auf ewiges Leben im Johannesevangelium", *ZNW* 91, 2000, 192-211).

21) 이미 로이스(Ed. Reuß)는 히브리서를 가리켜 "그리스도교 신학 일반에 관한 최초의 체계적 논문"이라 불렀다(*Die Geschichte des heiligen Schriften Neuen Testaments*, [6]1887). A. Vanhoye, O. Michel, Pokorny/Heckel 등은 "설교"로 이해한다.

알 수 있다.[22] 이런 의미에서 오토 쿠스(O. Kuss)가 히브리서를 가리켜 "믿음의 신학"을 보여주는 문서로 이해한 것은 정당하다.[23]

1) 권면의 문맥에 나타나는 믿음

명사형 πίστις가 32번 절대적 용법으로 사용되는 가운데, 히 6:11(πίστεως ἐπὶ θεόν)은 단 한 번 목적어를 동반하는 경우에 해당한다. 여기서 특이한 점은 그리스도가 아니라 하나님이 믿음의 대상으로 나타난다는 것이다(cf. 히 11:6). 이에 걸맞게 히브리서의 믿음 이해는 바울이나 요한의 경우와 크게 차이가 난다. 바울이나 요한의 믿음 이해가 주로 기독론과 관련된 것과 달리, 히브리서의 믿음 이해는 예수 그리스도의 위엄을 강조하는 기독론의 문맥이 아니라 신앙공동체를 향한 권면의 문맥에 나타난다(히 3:7-4:13; 5:11-6:20; 10:19-13:17). 그것은 우연이 아니다. 히브리서는 기독론적인 진술과 권면의 진술을 교대로 전하는 특징을 갖고 있으며(히 2:1-4; 3:7-4:11; 4:14-16; 5:11-6:12; 10:19-39; 12:1ff; 12:12ff; 13:1ff), 또한 자신을 "권면의 말"(λόγος τῆς παρακλήσεως 히 13:22)로 이해한다. 히브리서의 믿음 이해가 권면의 문맥과 직결되어 있다는 사실은, 히브리서가 고난 가운데 있는 신앙공동체를 향해 쓴 문서라는 점과 관련이 있다(cf. 히 10:32-36; 12:4; 13:3).

---

22) E. Grässer, *Der Glaube im Hebräerbrief*, Marburg 1965; G. Dautzenberg, "Der Glaube im Hebräerbrief", *BZ* N.F. 17 (1973), 161-177; D. Lührmann, "Pistis im Judentum", *ZNW* 64 (1973), 19-38; idem, *Glaube im frühen Christentum*, Gütersloh 1976, 70-77; J.W. Thompson, "Faith in Hebrews", idem, *The Beginnings of Christian Philosophy*, 53-80; K. Haaker, "Der Glaube im Hebräerbrief und die hermeneutische Bedeutung des Holocaust", *ThZ* 39 (1983), 152-165; M. Rissi, *Die Theologie des Hebräerbriefes*, Tübingen 1987, 104-113; E. Brandenburger, "Pistis und Soteria: Zum Verstehenshorizont von Glaube im Urchristentum", *ZThK* 85 (1988), 165-198.

23) O. Kuss, "Der theologische Grundgedanke des Hebräerbriefes", *MThZ* 7 (1956), 233-271, 이곳 257; cf. P.P. Saydon, "The Master-Idea of the Epistle to the Hebrews", *MTh* 13 (1961), 19-26.

2) 오래 참음, 인내, 소망으로서의 믿음

히브리서는 믿음의 주체적인 측면을 강조한다. 그리하여 믿음은 "오래 참음"(μακροθυμία 6:12, 15)과 나란히 나타나며 "인내"(ὑπομονη, 10:36; 12:1)와 동일시되고 있다. 히 6:12("게으르지 아니하고 믿음과 오래 참음[μακροθυμία]으로 말미암아 약속들을 기업으로 받는 자들을 본받는 자 되게 하려는 것이니라")에서 믿음은 오래 참음과 서로 연결되어 하나의 통일체를 이룬다(cf. 히 6:15). 또한 히 10:36–39에 "인내"가 믿음과 관련하여 나타난다. 여기서 "인내"는 수동적인 참아냄을 뜻하는 것이 아니라 악에 적극적으로 대항하는 담대한 인내라는 의미에서[24] "종말론적 소망의 능력"을 나타내는 순수 그리스도교적인 모티브이다.[25] 그래서 인내로서의 믿음은 하나님이 예비하신 "큰 상(μεγάλη μισταποδοσία)을 얻는 일", 즉 "약속(ἐπαγγελία)을 받는 일"과 직결된다(히 10:35–36). 또한 히 12:1–2의 경우, 예수가 "믿음의 주요 또 온전하게 하시는 이"로 불리는 가운데, 신자들의 믿음은 인내를 통한 경주에 비유된다. 그리고 히 10:22–23에서는 믿음이 '소망을 향한 고백을 굳게 잡는 것'으로 이해된다. 이렇게 보면, 히브리서에서 믿음과 인내와 소망은 서로 긴밀하게 연결되어 있다는 사실이 드러난다. 한마디로 히브리서에서 믿음은 "본질적으로 소망의 구조"를 갖고 있다고 말할 수 있다.[26]

3) 확실성과 증언으로서의 믿음

믿음이 소망의 구조를 갖고 있다는 전제 위에서 히 11:1에 나오는 믿음에 대한 정의("Εστιν δὲ πίστις ἐλπιζομένων ὑπόστασιζ πραγμάτων ἔλεγχος οὐ

---

24) 그러한 의미의 "인내"는 그리스 · 로마 문화권에 나타난다. 예컨대, 키케로(Cicero)는 인내를 "정직과 유용성 때문에 어려운 일들을 자발적으로 지속적으로 참아냄"을 뜻하는 것으로 설명한다(Inv. 2,54,163).

25) E. Grässer, *An die Hebräer III*, 73.

26) Cf. F. 한, 『신약성서신학 I』, 503.

βλεπομένων)를 온전히 이해할 수 있다. 신약성서 중 믿음에 대한 유일한 정의를 담고 있는 이 구절은 히브리서의 믿음 이해와 관련하여 많은 논란을 낳았다. 이미 종교개혁자들도 이 구절에 관심을 보였다. 칼뱅(J. Calvin)은 이 구절을 "믿음은 드러나지 않은 것들의 드러남이요, 보이지 않는 것의 봄이요, 어두운 것의 밝아짐이요, 존재하지 않는 것의 존재함이요, 감춰진 것의 나타남"으로 해석했다.[27] 루터(M. Luther)는 자신의 히브리서 강해에서 ὑπόστασις를 다양한 개념으로 해석했다: Substanz(실체), Ursache(원인), Grundlage(토대), Wesenheit(본질), Besitz(소유), Vermögen(능력). 그러면서 이 단어를 다음과 같이 설명했다: "사람들이 가정하듯이, 소망해야만 하는 것들이 실재가 아니라면, 믿음은 그것들에 실재를 부여한다. 더 나아가 그것[=믿음]은 그것들에게 실재를 부여할 뿐만 아니라, 그것이 그것들의 존재 자체이다. 그러므로 예컨대, 부활은 현실 속에서 일어나지 않았으나, 소망은 그것을 우리의 영혼 속에서 실재로 만든다."[28] 이런 시각에서 루터는 믿음을 일종의 감정으로 이해하려는 시도에 반대하면서, 히 3:14와 11:1에 나오는 ὑπόστασις를 "zuuorsicht"(= 확고한 신뢰)로 번역했다.

ὑπόστασις를 철학적 전통에서 발전된 개념인 "실재"(Wirklichkeit)로 번역하려는 시도가 여전히 확산되어 있다. 예컨대, 쾨스터(H. Köster)는 히 1:1에 나오는 ὑπόστασις ἐλπιζομένων을 본질상 저세상에 속한 "바라는 보화들의 실재"로 해석했고, 바우어 · 알란트의 『신약성서사전』 제6판도 그러한 해석을 따르고 있다.[29] 그러나 이러한 해석은 이미 고펠트(L. Goppelt)가 지적했듯이[30], 히브리서의 종말론을 고려할 때 문제가 있다. 히브리서 저자에게 믿음이란 바라는 것이 완전히 성취된 것이라고 말하기 어렵기 때

---

27) *Institutio* III 2,41. Cf. P. Brunner, *Vom Glauben bei Calvin*, 1925, 162.

28) Scholien 해당 부분(= WA 57,3, 1939, 228). O. Michel, *Der Brief an die Hebräer*, 379에서 재인용.

29) H. Köster, "ὑπόστασις", *THWNT* VIII, 585; Bauer/Aland, *Griechisch-deutsches Wörterbuch zu den Schriften des NT und der frühchristlichen Literatur*, Berlin/New York 1988, 1688.

30) L. Goppelt, *Theologie des NT*, 598.

문이다. 오히려 바라는 것들의 미래적 완성의 실재를 뜻하는 것으로 해석하는 것이 보다 적절하다. 그것은 구체적으로 하늘의 안식처(κατάπαυσις 히 4:1,3,10,11), 하늘의 선물(ἐπουράνια 히 6:4; 9:23), 하늘의 예루살렘(히 12:22)을 가리킨다. 이런 의미에서 ὑπόστασις는 소망하는 것에 대한 "확실성" 혹은 "보증"이라고 말할 수 있다.[31] 이는 평행 구조 속에 나오는 "증거"(ἔλεγχος)에 상응하는 개념이다. 여기서 중요한 것은, 이 두 개념(ὑπόστασις, ἔλεγχος)은 믿음에 대한 주관적인 행동 양식을 드러내는 개념이 아니라 믿음의 객관적인 성격을 강조하는 개념이라는 사실이다. 따라서 히 11:1은 믿음에 대한 두 가지 특징을 나타내는 진술로 파악해서는 아니 되고, 믿음의 영향을 나타내는 하나의 역설적인 진술로 이해하는 것이 마땅하다.[32] 여기서 믿음은 하나님의 약속의 말씀에 대한 인간의 응답이며 동시에 그 말씀에 대한 순종의 표현이다. 믿음에 관한 이러한 정의는 신론적이거나 기독론적이지 아니하고, 오히려 인간론적이다. 믿음은 그 자체 안에 이미 객관적 확실성을 갖고 있으므로 믿음의 대상이 보이지 않는다고 하여 동요할 필요가 없다는 사실을 신앙공동체에게 권면하는 문맥(히 10:19 이하)과 관련되어 있기 때문이다.

4. 야고보서의 믿음 이해

야고보서를 가리켜 복음적 성격을 갖고 있지 않은 "지푸라기 문서"라고 혹평한 루터의 시각과 달리 오늘날 이 문서는 초기 그리스도교의 지혜 전통에 대한 신학적 성찰을 담은, 특히 헬레니즘적 유대 그리스도교의 유

---

31) Cf. O. Kuss, *Der Brief an die Hebräer*, Regensburg 1966, 165("ein Stehen"); H.-F. Weiß, *Der Brief an die Hebräer*, Göttingen 1991, 559("eine Befestigung"); E. Grässer, *An die Hebräer III*, Neukirchen-Vluyn 1997, 96("ein Feststehen"); 가톨릭『성경』(2005) 히 11:1 "믿음은 우리가 바라는 것들의 ***보증***이며 보이지 않는 실체들의 ***확증***입니다."

32) E. Grässer, *An die Hebräer III*, 94.

산을 물려받은 문서로 새롭게 조명되고 있다. 그리스도교 2~3세대에 속한 익명의 그리스도인이 디아스포라에 흩어져 있는 전체 그리스도인들을 위해 기록한 문서로 간주되는 야고보서에는 하나로 통일된 믿음 이해가 나타나지 않고, 믿음과 관련된 다양한 진술이 나타난다.[33] 약 2:1은 "영광의 주인 예수 그리스도에 대한 믿음"에 대해 언급하는가 하면, 약 1:6은 "의심하지 아니하는 믿음"에 대해, 5:15는 "믿음의 기도"에 대해 말한다. 약 1:2-4에선 시련이 믿음의 검증수단으로 언급되면서 시련은 인내를 만들고, 인내는 온전한 행위를 낳는다고 말한다. 믿음과 인내가 히브리서의 경우처럼(cf. 히 6:12, 15) 나란히 나온다. 또한 약 2:5에서는 가난한 자들이 "믿음에 부요한" 자로 묘사되는데, 이것은 가난을 미화하고 있는 진술이 아니다. 신앙인은 가난에도 불구하고 믿음을 통해 자신의 삶을 풍요롭게 할 수 있다. 마치 시험을 당하는 중에도 기뻐할 수 있는 것(약 1:2)과 유사한 진술이다.

야고보서의 믿음 이해와 관련하여 무엇보다 중요한 단락은 믿음과 행위의 관계를 다룬 약 2:14-26이다. 이 단락은 교회에 들어온 신참자가 믿음이 갖고 있는 구원의 의미를 오해하지 않도록 권면할 목적에서 나온 진술로 보인다.[34] 여기서 야고보서는 행함이 없는 믿음은 죽은 것이며 사람이 의로워지고 구원받게 되는 것은 믿음에 의해서만이 아니라 또한 행함에 의한 것이며(약 2:14, 17, 24, 26), 행함으로 믿음이 비로소 온전해진다는 논지를 표방한다(약 2:22). 이러한 입장은 율법의 행위를 통해서가 아니라 오직 믿음으로만 사람이 의롭게 된다는 바울의 가르침과 충돌하는 듯하다(갈 2:16; 롬 3:28).

그런데 바울과 야고보서가 사용하는 용어의 의미가 서로 다르다는 사

---

33) 야고보서의 믿음 이해와 관련하여: H. Frankemölle, *Der Brief des Jakobus*, Würzburg 1994, 222-231; E. Lohse, "Glaube und Werke - Zur Theologie des Jakobusbriefes", *ZNW* 48(1957), 1-22; D. Lührmann, *Glaube im frühen Christentum*, 1976; R. Schnackenburg, *Die sittliche Botschaft II*, Freiburg/Basel/Wien 1988, 215-225; Th. Söding, "Zuversicht und Geduld im Schauen auf Jesus: Zum Glaubensbegriff des Hebräerbriefes", *ZNW* 82(1991), 214-241.

34) Chr. Burchard, "Zu Jakobus 2:14-26", *ZNW* 71 (1980), 27-45.

실을 간과할 수 없다. 바울이 언급하는 "율법의 행위"(ἔργα νόμου 갈 2:16; 3:2, 5, 10; 롬 3:20, 28)는 온전한 삶을 위해 토라가 요구하는 할례 계명이나 절기 계명 혹은 정결법 등을 행하는 것을 뜻한다. 바울은 예수의 구원 의미에 비추어 그러한 것들을 더 이상 하나님 앞에 해당하는 의의 조건으로 여기지 않는다. 반면 야고보서가 말하는 "행함"은 레 19:18에서 유래한 이웃 사랑의 계명을 실천하는 행위를 뜻하거나(약 2:8), 또는 거듭난 그리스도인으로서 이웃에게 행하는 선행(약 3:13), 예컨대 고아와 과부를 돌보는 일과(약 1:27) 헐벗고 일용할 양식이 없는 형제자매를 돌보는 일을 뜻한다(약 2:15–16; 3:13). 사실상 바울 역시 자선 행위를 강조한다는 점에서는 야고보서와 다르지 않다. 바울 역시 이웃 사랑을 토라의 성취로 여길 뿐만 아니라(갈 5:14; 롬 13:9), 예루살렘의 가난한 자들을 위한 모금을 "착한 일", 즉 선한 행위(ἔργον ἀγατόν 고후 9:8)로 부르기 때문이다. 여기서 우리가 간과해서는 아니 되는 점은, 바울은 토라가 요구하는 행위가 구원의 차원을 담고 있다는 사실을 거부하고 있으며, 그가 말하는 믿음은 사랑의 행위를 통해 역사하는 믿음이라는 것이다(갈 5:6; cf. 롬 13:8–10).

바울과 야고보서 사이에 나타나는 입장 차이는 각자가 대면한 전선이 서로 다르다는 사실과 직결된다. 바울의 행위 개념은 칭의론을 둘러싼 논쟁에서 사용된 것으로 구원론적이며 교회론적인 질문에 대한 대답에서 비롯된 개념인 반면, 야고보서의 행위 개념은 신앙 공동체를 위한 권면의 문맥에서 그리스도교적 윤리의 중요성을 강조하기 위해 사용한 것이다. 바울은 유대주의자들과 논쟁하는 가운데 이방 그리스도인들을 교회의 온전한 성원으로 인정하기 위해 믿음을 그리스도인 됨의 유일한 조건으로 내세웠다. 하지만 야고보서는 그리스도인이 된 다음 그에 합당한 행위가 없이 맹목적 믿음 상태에 빠져있는 삶의 태도를 문제로 여긴 것이다. 이렇게 볼 때, 야고보서의 문제 제기는 바울의 가르침이나 바울 자신을 직접 겨냥한 것이 아니라, 바울 이후의 시기에 자라난 왜곡된 바울주의, 즉 바울적 칭의론의 형식화를 겨냥한 비판으로 보아야 한다.[35] 다시 말해, 야고보서는 바울의 칭의론 자체를 반박하는 것이 아니라, 신앙공동체와 그리스도인에게 결핍된 그리스도교적 선행과 이웃사랑의 실천을 권면하는 문서이다.

바울은 믿음을 그리스도에게 나타난 하나님의 은혜에서 비롯된 것으로 여기면서 하나님의 구원의 약속을 무조건적으로 수용하는 근본 행위로 이해하며, 자신을 온전히 하나님께 바치는 인격적인 개념으로 이해한다. 따라서 믿음을 자기의 업적에서 나온 부산물로 여기지 않는다. 바울 역시 믿음에서 나온 변화된 삶의 중요성을 강조한다. 그러나 야고보서가 거론하는 믿음은 구원의 조건과는 무관한 순수한 지적 확신에 지나지 않으며, 단지 참된 것으로 인정하는 태도를 뜻할 뿐이다. 따라서 귀신도 한 분 하나님의 존재에 대한 믿음을 말할 수 있다(약 2:19). 그러한 믿음은 삶으로 드러나는 행위가 없이 그저 입술로만 외우는 죽은 믿음이고(약 2:17, 26) 아무 쓸모없는 허탄한 믿음(약 2:20)이다.

Ⅳ. 나오면서

우리는 위에서 신약성서의 믿음 이해에 관해 중요한 진술을 남긴 네 명의 저자가 증언하는 믿음의 의미와 그 특징에 대해 살펴보았다. 바울에게 믿음은 기본적으로 하나님과 예수 그리스도에 대한 믿음으로서 예수 그리스도의 죽음과 부활을 통해 역사하시는 하나님의 구원활동을 수용하는 것이며, 하나님의 약속에 대한 절대적인 신뢰이며, 행위의 원리로 이해된 율법과 대립된 칭의신앙을 뜻하며 나아가 그리스도인의 삶 전체를

35) 그러나 야고보서가 직접 바울과 논쟁을 벌이고 있다고 여기는 사람도 있다: M. Hengel, "Der Jakobusbrief als antipaulinische Polemik", *Tradition und Interpretation in the NT*, ed. G.F. Hawthorne, 1987, 248–278; M. Tsuji, *Glaube zwischen Vollkommenheit und Verweltlichung*, Tübingen 1997, 202; F. Avemarie, "Die Werke des Gesetzes im Spiegel des Jakobusbriefes", *ZThK* 98 (2001), 282–309.

규정짓는 개념이다. 요한의 경우, 믿음은 길이요 진리요 생명이신 예수 그리스도를 따르는 것이며, 그러한 믿음은 예수 그리스도의 말씀에 대한 순종을 뜻한다. 동시에 요한은 믿음을 예수의 음성을 듣는 것, 그를 바라보는 것, 그를 아는 것과 동일한 차원으로 표현하면서 신앙의 눈으로 깨닫는 인식으로 이해한다. 나아가 요한은 믿음을 영생의 삶에 참여하는 현재 종말론적인 실존으로 이해한다. 이처럼 바울과 요한의 믿음 이해는 믿음의 대상으로서 하나님과 예수 그리스도를 강조하면서 기독론적이며 구원론적인 측면을 부각시키는 특징을 지니며, 또한 양자 모두 믿음을 은혜의 선물로 이해하고 있다는 점에서 공통점을 지닌다.

이와 달리 히브리서와 야고보서의 믿음 이해는 믿음의 대상보다는 오히려 믿음의 주체적인 측면에 초점을 맞춘다. 믿음의 신학을 발전시킨 히브리서는 믿음을 기독론의 문맥이 아니라 고난에 처한 신앙공동체를 위한 권면의 문맥에 주로 언급한다. 이때 믿음은 오래 참음, 인내, 소망과 동일한 뜻을 지니며, 하나님의 약속에 대한 확실성이자 증거로 이해된다. 야고보서 역시 믿음의 주체와 관련된 다양한 측면을 강조한다. 그리하여 신앙고백의 믿음, 신뢰의 믿음, 기적의 믿음, 기도의 믿음, 행함이 없는 믿음, 실천하는 믿음에 관해 말한다. 특히 약 2:14-26에서 저자는 바울의 칭의론의 형식화를 비판하는 가운데 믿음을 구원의 조건과는 무관한 지적 확신 정도로 이해한다. 믿음의 주체적인 측면을 부각시키는 히브리서와 야고보서의 믿음 이해는 이들 문서가 향하고 있는 수신자 교회가 처한 특별한 상황과 맞물려 있다.

찾아보기

인명

주제

저자_ 김 창 선

연세대학교에서 독어독문학과를 졸업하고, 독일로 유학하여 Göttingen 대학교에서 신학 학부를 마친 후, Tübingen 대학교에서 쿰란문서 연구로 신학석사학위(Mag. theol.)와 복음서 연구로 신학박사학위(Dr. theol.)를 받았다. 루터대학교와 장로회신학대학교에서 2015년까지 전임교수로 봉직했고, 현재는 장로회신학대학교 초빙교수로 섬기고 있다.

학위논문:

- *Die Aussagen über den Geist Gottes in den "Lobliedern" von Qumran(1QH)*, Magisterschrift, Tübingen 1989/90.
- *Das Leiden Jesu: Exegetische Studien zu indirekten Leidensankündigungen Jesu und ihrem Verhältnis zu seiner Basileia-Verkündigung*, Dissertation, Tübingen 1998.

저서:

- 『21세기 신약성서신학』, 예영커뮤니케이션, 2004.
- 『쿰란문서와 유대교』, 한국성서학연구소, 2007(수정증보판).
- 『복음의 진리를 위한 사도바울의 투쟁』, 한국성서학연구소, 2007.
- 『유대교와 헬레니즘』, 한국성서학연구소, 2011.
- 『공관복음서의 예수』, 비블리카 아카데미아, 2012.
- 『독일학계의 최신 연구를 반영한 신약성경해설』, 한국성서학연구소, 2013.

역사적 성서해석과 신학적 성서해석

2016년 5월 10일 1판 1쇄 인쇄
2016년 5월 15일 1판 1쇄 발행

저 자 : 김 창 선
발행인 : 김 동 규
발행처 : 교육과학사

경기도 파주시 광인사길 71(문발동)
전화 : (031) 955-6956~8 팩스 : (031) 955-6037
Home-page : www.kyoyookbook.co.kr / E-mail : kyoyook@chol.com
등록 : 1970년 5월 18일 제2-73호

값 15,000원

ISBN 978-89-254-1056-2